W0324856

Serge K.D. Sulz:

Strategische Kurzzeittherapie

Wege zur effizienten Psychotherapie

CIP-Medien München 1994

Der Autor:

Serge K.D. Sulz, Dr.med.Dr.phil., Diplom-Psychologe,
Facharzt für Psychiatrie und Psychotherapie - Psychoanalyse,
Facharzt für psychotherapeutische Medizin.
1946 in Tübingen geboren,
studierte Psychologie, Philosophie, Soziologie und Medizin an der Ludwig-Maximilian-Universität München.
Diplom in Psychologie 1973. Approbation als Arzt 1980.
Klinische Tätigkeit in der Psychiatrischen Klinik der Technischen Universität 1980 bis 1983 (Direktor: Professor H. Lauter). Dort Aufbau einer Verhaltenstherapiestation.
Einjährige Tätigkeit im BKH Mainkofen April 1983 bis März 1984. Dort Erprobung eines stationären Behandlungskonzepts für psychotische Patienten.
Anschließend 1-jährige Tätigkeit in der Neurologischen Klinik der Technischen Universität München.
1983 Zusatzbezeichnung Psychotherapie,
seit 1983 Verhaltenstherapie-Supervisor und Lehrtherapeut,
1985 Facharztprüfung Psychiatrie.
Ärztliche Tätigkeit in der Psychosomatischen Poliklinik der Technischen Universität München (Direktor: Professor M. von Rad) von 1985 bis1987.
Seit 1982 Dozent der Verhaltenstherapiewochen Freiburg,
1982-1988 Dozent für Verhaltenstherapie des Bildungswerks des Bundes Deutscher Psychologen BDP,
seit 1985 Dozent des Ärztlichen Weiterbildungskreises für Psychotherapie ÄWK,
Seit 1987 LÄK-Anerkennung als Balintgruppenleiter.
Seit Oktober 1987 in eigener Praxis tätig.
Ab 1986 Aufbau und Geschäftsführung eines verhaltenstherapeutischen Weiterbildungsinstituts (Bayerische Akademie für Psychotherapie BAP, gemeinsam mit Prof. Willi Butollo, Prof Manfred Fichter und Dr. Rita Ullrich de Muynck),
Seit 1990 Leitung des Centrums für Integrative Psychotherapie CIP,

ISBN 3-9803074-2-5
Sulz, Serge K.D.: Strategische Kurzzeittherapie - Wege zur effizienten Psychotherapie
CIP-Medien 1994, 424 Seiten, Paperback, DM 98.-

Bezugsquelle: CIP-Mediendienst, Nymphenburger Str. 185,
80634 München, Fax 089/132133

Inhaltsverzeichnis

Verzeichnis der Tabellen

Verzeichnis der Abbildungen

Seite

Vorwort

Dieses Buch sollte ursprünglich der zweite Band meines 1992 erschienen Buchs „Das Verhaltensdiagnostiksystem VDS: Von der Anamnese zum Therapieplan“ (Sulz, 1992a) werden. Darin sollte aufgezeigt werden, daß eine systematische Betrachtung der Störungsbedingungen zu einem ganzheitlichen Verständnis des Menschen führt, aus dem sich die wirklich zentralen Therapieziele wie von selbst herausschälen und das die indizierten Therapiestrategien als etwas implizit Existierendes an den Tag befördert.

Dem Praktiker sollte geholfen werden, die unbefriedigende psychische Situation zu meistern, die darin besteht, den Fall zwar verstanden zu haben, aber ohne Bezug dazu, irgendwo Therapieziele mühsam her zu zerren und schließlich ideenlos einen Therapieplan zu formulieren, zu dem keinerlei innerer Bezug besteht und der auf diese Weise sicher nie realisiert werden wird. Daraus resultiert nicht selten der Selbstbetrug, wahre therapeutische Kreativität bestehe darin, aus der momentanen Intuition heraus die therapeutische Intervention der nächsten fünfzehn Minuten entstehen zu lassen. Dabei ist wirkliche Intuition das Ergebnis einer, allerdings nicht bewußten, komplexen Störungs-, Situations- und Beziehungsanalyse. Sie läuft so schnell und treffsicher ab, daß die kognitive Kapazität des Therapeuten nicht ausreicht, gedanklich diese intuitive Analyse seiner autonomen Psyche nachzuvollziehen. Man könnte sagen, daß die bewußte „willkürliche“ Psyche des Therapeuten der Intelligenz seiner nicht bewußten „autonomen“ Psyche nicht gewachsen ist. Dieses Buch soll nun denjenigen, die sich mangels klinischer Erfahrung noch nicht auf die Intuition ihrer autonomen Psyche verlassen können, die Möglichkeit bieten, die Kapazitäten ihrer willkürlichen Psyche zum Lernen von therapeutischer Intuition zu nutzen. Wie bei jedem Lernprozeß, wie zum Beispiel dem Lernen des Fahrradfahrens, besteht auch hier das Lernergebnis darin, daß die willkürliche Psyche die Steuerung der Prozeßabfolge zunehmend an die autonome Psyche abgibt. Was am Anfang ein mühsamer und umständlicher gedanklicher Ablauf ist, wird mit jedem neuen Therapiefall ein zunehmend eleganterer intuitiv-kreativer Prozeß.

Das Anliegen des Buches hat sich verselbständigt. Nicht nur die halbe Therapie, sondern die ganze ergibt sich aus dem strategischen Ansatz. Deshalb handelt dieses Buch nicht nur von Therapiestrategie, sondern von strategischer Therapie - die mit zunehmender Erfahrung weniger durch zielorientierte Kognition gesteuert wird, sondern sich vermehrt als strategische Intuition im therapeutischen Dialog mit dem Patienten ereignet. Dadurch wird viel psychische Energie und Aufmerksamkeit für die Interaktions- und Beziehungsaspekte frei, aber auch für die subtile Wahrnehmung dysfunktionaler affektiv-kognitiver Sequenzen in der Selbstregulation des Patienten.

Ich behaupte also, daß therapeutische Intuition erlernbar ist - durch Üben. Das Buch soll helfen, in diesen Lernprozeß hinein zu finden.

Am Zustandekommen deses Buches haben vor allem diejenigen Menschen, die als Patienten zu mir in psychotherapeutische Behandlung kamen mitgewirkt. Ihnen möchte ich ebenso danken, wie meiner Frau und meinen Kindern Julian und Aline, denen ich die Zeit des Buchschreibens schuldig geblieben bin. Diejenigen Kollegen und Kolleginnen, mit denen ich im Rahmen der psychotherapeutischen Fort- und Weiterbildung Gelegenheit hatte, meine Gedanken auszutauschen, verdanke ich viele Anregungen. Ebenso haben meine Mitarbeiterinnen an den vielen Schritten der Entstehung des Buches direkt oder indirekt mitgewirkt, wofür Ihnen mein Dank gilt - wie auch meinem Kollegen Gerd Brunner, der sich gründlich mit Form und Inhalt des Buches auseinandergesetzt und viele Korrekturen initiiert hat,

A) DER KONTEXT DIESES BUCHES

Wo liegt der Beginn einer Lebensgeschichte? Offensichtlich bei der Geburt. Fragt man, wann menschliches Leben beginnt, so offensichtlich bei der Zeugung. Die Samenzelle des Vaters und die Eizelle der Mutter bringen objektiv gesehen nur genetische Information mit, die eine Mischung von vererbten Merkmalen ergibt, den wichtigsten Teil der angeborenen Dispositionen und Eigenschaften eines Menschen. Es wäre allerdings zu einfach, menschliche Eigenschaften in vererbt und erworben einzuordnen. Wir wissen z.B. nicht, ob aktuelle Einflüsse ab der Befruchtung schon einen wesentlichen Einfluß darauf haben, welche Teilmenge der genetischen Information für den künftigen Menschen „ausgewählt" wird. Vielleicht sind nicht nur massive Beschüsse mit Röntgenstrahlen in der Lage, auf das genetische Material einzuwirken, sondern auch akzidentelle biochemische bzw. hormonelle Steuerung von mütterlicher Seite. aus. Die ganze Schwangerschaft hindurch wirken zahlreiche, kaum kalkulierbare und steuerbare Faktoren auf den Fötus ein, und wir wissen nicht, welche angeborenen Eigenschaften vererbt und welche in der mütterlichen Umwelt erworben wurden bzw. das Ergebnis einer Wechselwirkung zwischen Mutter und Fötus sind.

Doch abgesehen von biologisch-medizinisch prinzipiell objektivierbaren vererbten bzw. intrauterin erworbenen Eigenschaften ist zusätzlich ein weiterer Entwicklungsfaktor von großer Bedeutung: die entwicklungsfördernden und die entwicklungshemmenden bzw. entwicklungsbegrenzenden Faktoren. So wie in der Klimazone Deutschlands kaum Palmen wachsen können und in hochalpinen Gegenden in 2000 m Höhe kein Oleander blüht, so ist auch, zunächst im Mutterleib die psychosomatische Umwelt der Mutter entwicklungsbegrenzend. Dabei ist nicht nur an die optimale Ernährung des Fötus über die Plazenta bzw. die Ver- und Entsorgung über die Nabelschnur zu denken oder Stressoren und Streßreaktionsmuster der Mutter, die auf den Fötus übergehen. Wir müssen darüber hinaus auch den „Kontext" der Partnerschaft, der Eltern, der Zeugung, der Schwangerschaft und Bedeutung der kommenden Geburt und des „ein (weiteres) Kind Habens" für die Eltern und deren Lebenspläne berücksichtigen.

Beim Versuch, eine Biographie zu verstehen, neigen wir zu sehr zu Kausalattributionen, sei es, daß wir von familiären Häufungen z.B. von Alkoholismus oder Depression auf die Erblichkeit schließen, sei es, daß wir uns durch traumatische Kindheitserlebnisse auf eins-zu-eins-Verursachungen aus Plausibilitätsgründen einlassen. Sowohl der gesunde Menschenverstand als auch die Krankheitslehre der Psychiatrie oder einer Therapieschule lassen uns zu rasch zum scheinbaren Verstehen einer Krankheit und ihrer Ursache kommen. Life events als belastende Lebensereignisse sind im Erwachsenenalter so gut wir gar nicht krankheitsverursachend, im Schulalter und in der Jugend auch nur begrenzt und im Vorschulalter stehen sie oft nur symptomatisch für insgesamt äußerst ungünstige Entwicklungsbedingungen, deren eventueller Höhepunkt sie sein mögen.
Die Mehrgenerationenbetrachtung von Familien ist weniger von Bedeutung, als sie Ursachenketten soweit zurück verfolgt, daß aus dem Weitergehen das Verstehen elterlicher Eigenschaften und Handlungsweisen resultiert. Ihre große Bedeutung liegt vielmehr darin, daß sie das Familiensystem, das sonst nur im Querschnitt betrachtet wird, in Zeiträumen verfolgt, die Gesetzmäßigkeiten und Regeln erkennen lassen, die in der Hier und Jetzt-Betrachtung völlig unverständlich bleiben. Die intrasystemischen Regeln einer Familie mögen im Kurzzeitquerschnitt noch identifizierbar erscheinen, die sozio-ökologische Einbettung der Familie im allgemein-historischen, im familiengeschichtlichen und im gesellschaftlichen Kontext müssen aber verborgen bleiben. So wie die somatische Konstitution der Mutter und die spezielle Ausstattung der Plazenta sowie der Verbindungen zum Fötus limitierend für das biologische Wachstum und die Entwicklung sind, so ist die systemisch-ökologische Konstitution der Vater-Mutter-Einheit als Familienkern limitierend für das psychisch-soziale Wachstum des Kindes.
Ein hochkarätiger Manager, der den letzten Karrieresprung nicht mehr verkraftete, hat sich z.B. zu weit von seiner systemisch-ökologischen Herkunft entfernt. Obgleich seine Persönlichkeitsentwicklung noch ganz auf eine Anpassung an das System seiner Herkunftsfamilie ausgerichtet war - einer strengen protestantischen armen Arbeiterfamilie, führte ihn seine Karriere nicht nur von seiner Familie und deren Stützung, sondern auch von der eigenen Persönlichkeit weg. Dadurch konnte er weder sozialen Halt im familiären System finden, um sich zu stabilisieren, noch in sich selbst Halt und Bestätigung verfügbar machen, um die nötige Regeneration und Ausbalancierung erreichen zu können. Im Längsschnitt betrachtet, ist dies ein vorhersehbares „Psycho-Infarkt“-Ereignis: Er war sich seiner „natürlichen“ Grenzen nicht bewußt, orientierte sich in seinem beruflichen Streben an seinen intellektuellen Fähigkeiten, die von seiner angeborenen Begabung und seinem Fleiß bestimmt wurden. Er wollte die Intensität und Chronizität des Stresses nicht

wahrhaben, der daher rührt, daß er von seinem Persönlichkeitsprofil, d.h. von seinen affektiven, kognitiven und sozialen Reaktionstendenzen her, immer weniger in der Lage war, den beruflichen Aufstieg mitzuvollziehen. Sein Intellekt war noch lange Zeit in der Lage, die übrigen Persönlichkeitsdefizite zu kompensieren, aber der Spielraum wurde enger und enger, so daß schließlich der Zusammenbruch folgen mußte.

Wäre sein Vater nicht ein einfacher Arbeiter gewesen, sondern etwa Prokurist einer kleinen Firma, so hätte dieser ihm als Modell für viele in seinem späteren Beruf auftretenden Situationen dienen können. Die Geschäftswelt, die Gesellschaftskreise, in denen er sich später bewegte, wären ihm von Kindheit an vertraut gewesen. Gemessen an der Ausgangsposition hätte der Aufstieg nicht in so schwindelerregende Höhen geführt. Er hätte durch seine Karriere nicht seine persönlichen Grenzen überschritten.

Allgemein gilt es demnach, die limitierenden Faktoren, deren Einfluß nicht beseitigt werden kann, zu benennen. Jeder Mensch hat persönliche Grenzen, die biographisch auf sozio-ökologische Begrenzungen zurückgeführt werden können. Sie sind nicht nur für das Verständnis der Entstehung psychischer Störungen wichtig, sondern auch für die Grenzen des Psychotherapie-outcomes.

Für unsere Betrachtungen ist die Bedeutung genau dieses gerade geborenen Kindes für die Eltern eine wichtige Frage, deren Antwort wir aus Erzählungen über Eltern und Familie herausfiltern können. So kann einer Mutter größter Stolz sein, daß ihr bis kurz vor der Geburt kaum jemand ihre Schwangerschaft angemerkt hat und sie sich bis dahin in keiner Weise in ihrem Lebenswandel durch die Schwangerschaft beeinträchtigen ließ. Eine andere besteht 9 Monate lang nur aus Bauch und hält permanent innigen Kontakt und Zwiesprache zu ihrem Kind. Nichts auf der Welt hat daneben noch Bedeutung, auch nicht der Vater des Kindes. Eine Dritte ist so voll Glück und Freude, daß sie allen Leuten von ihrer Schwangerschaft erzählen muß und diese gar nicht anders können, als sich mit ihr zu freuen.

Sowohl positive als auch negative Einstellungen können von der Geburt an ins Gegenteil umschlagen. Eine vorher skeptisch-ablehnende Haltung kann durch den Mutterinstinkt völlig weggeschoben werden. Während der Schwangerschaft kann auch eine unrealistisch paradiesische Phantasie vom Kind und von der Mutter-Kind-Beziehung gewachsen sein, die durch das schrumpelige, schreiende Etwas so zerstört wird, daß die Mutter das Kind nicht annehmen kann. Wenn wir während der Psychotherapie solche frühen Traumatisierungen nicht in Erfahrung bringen, so bleibt bei einigen Patienten deren Problem und die Funktion ihrer Symptome unter Umständen bis zuletzt unverstanden. Zufälligerweise kann nach 180 Stunden Psychoanalyse eine prinzipiell durch Fremdanamnese zu gewinnende Information über eine massive Traumatisierung im 1. oder 2. Lebensjahr bekannt

werden. Oder ein Ex-Patient hört zufälligerweise 1 Jahr nach Abschluß einer Verhaltenstherapie davon. Hier stellt sich wirklich die Frage, ob bei psychosomatischen Patienten, bei psychotischen Patienten bzw. Patienten mit „Frühstörungen" die Einbestellung der Eltern des Patienten und deren gezielte Befragung bezüglich der ersten beiden Lebensjahre ökonomischer ist!
Im Zeitalter eleganter Hypnotechnologien und heroischer systemischer Therapieinterventionen scheint die Biographie eines Menschen unnötiger Ballast beim intelligenten sensibel-intuitiven Jonglieren mit überraschenden, provokativen oder paradoxen Problemlösungen zu sein. Es mehren sich jedoch die Fälle der kurzfristigen Therapieerfolge, die zeigen, daß nur ein bruchstückhaftes Fallverständnis vorlag, das die wirklich verhaltenssteuernden funktionellen Bedingungen und Zusammenhänge nicht berücksichtigt hatte. Auch scheint es nicht zu einer modernen Kurzzeittherapie zu gehören, so aufwendige diagnostische Überlegungen anzustellen. In der bisherigen Kassenpraxis bestand der unbestreitbare Vorteil der Kurzzeittherapie darin, daß keine aufwendigen diagnostischen Überlegungen angestellt zu werden brauchten, um die Therapie von der Kasse bezahlt zu bekommen. Mangels einer fundierten Ausbildung in Kurzzeittherapie wurde und wird deshalb im Praxisalltag die Diagnostik übersprungen und eventuell nachgeholt, wenn eine Verlängerung doch zur Berichterstattung an den Gutachter der Krankenkasse zwingt.
Der Gedanke, daß Kurzzeittherapie umfassender intensiver und qualifizierter Diagnostik bedarf, steht nur bei wenigen ernsthaften Kurzzeittherapien-Ansätzen wie z.B. Sifneos (1979), Grawe (1987) und Klerman et al. (1984) im Vordergrund. Aber gerade dieser große diagnostische Aufwand als Auftakt einer Kurzzeittherapie hält die meisten Psychotherapeuten von der eigentlichen Kurzzeittherapie ab. Er ist ungewohnt und eben deswegen mühsam. Zweifelsfrei gilt jedoch: je kürzer die Therapie, um so aufwendiger die diagnostischen Vorbereitungen.

B) DIE THEORETISCHE UND KLINISCHE BASIS DIESES BUCHES

Die kognitive Sichtweise wird aus Abbildung 1 deutlich. Das Selbstbild, das Weltbild und die Überlebensregel sind kognitive Konstrukte.
Versucht man Piagets Theorie (1981) der kognitiven Entwicklung auf die klinische Entwicklungspsychologie anzuwenden, so kommt man - ähnlich wie Aaron T. Beck (Wright und Beck 1986) - zu zwei grundsätzlichen Feststellungen:
1. Kinder haben im Vorschulalter noch eine sehr undifferenzierte Art zu denken. Infolgedessen sind ihre Vorstellungen über das Funktionieren des Weltgeschehens noch sehr unrealistisch.
2. Manche Menschen versäumen es, dieses kindliche Selbst- und Weltbild der allgemeinen psychischen Reifung entsprechend im Lauf der weiteren Kindheits- und Jugendjahre zu modifizieren.
Trotz oft sehr guter Intelligenz und Auffassungsgabe bleiben bei diesen Menschen einige - für ihre Lebensgestaltung zentrale - Aspekte ihres Selbst- und Weltbilds durch die ganze Episode des Erwachsenenlebens in dieser undifferenzierten und unrealistischen Weise aufrecht erhalten. Auf Befragen können nicht wenige spontan sagen, daß sie - mit Abstand betrachtet - ihren kritischen Erwachsenenverstand sehr wohl einsetzen können und die Dinge so sehen, wie sie wirklich sind. In der Situation selbst ist dann aber sofort das unrealistische Zerrbild der Kindheit da und fängt den ganzen Menschen ein - weckt in ihm die entsprechenden kindlichen Bedürfnisse, Gefühle und Gedanken.

Ein Beispiel:
Der beruflich sehr erfolgreiche 40-jährige Leiter einer Steuerberaterkanzlei konnte Besprechungen und Beratungen mit seinen Klienten mit Eloquenz führen. Wenn es aber darum ging, seinen Mitarbeitern zu sagen, daß er unzufrieden über deren zunehmende Unpünktlichkeit sei, so begann

Abbildung 1:
Ein allgemeines Modell der Entstehung psychischer Störungen

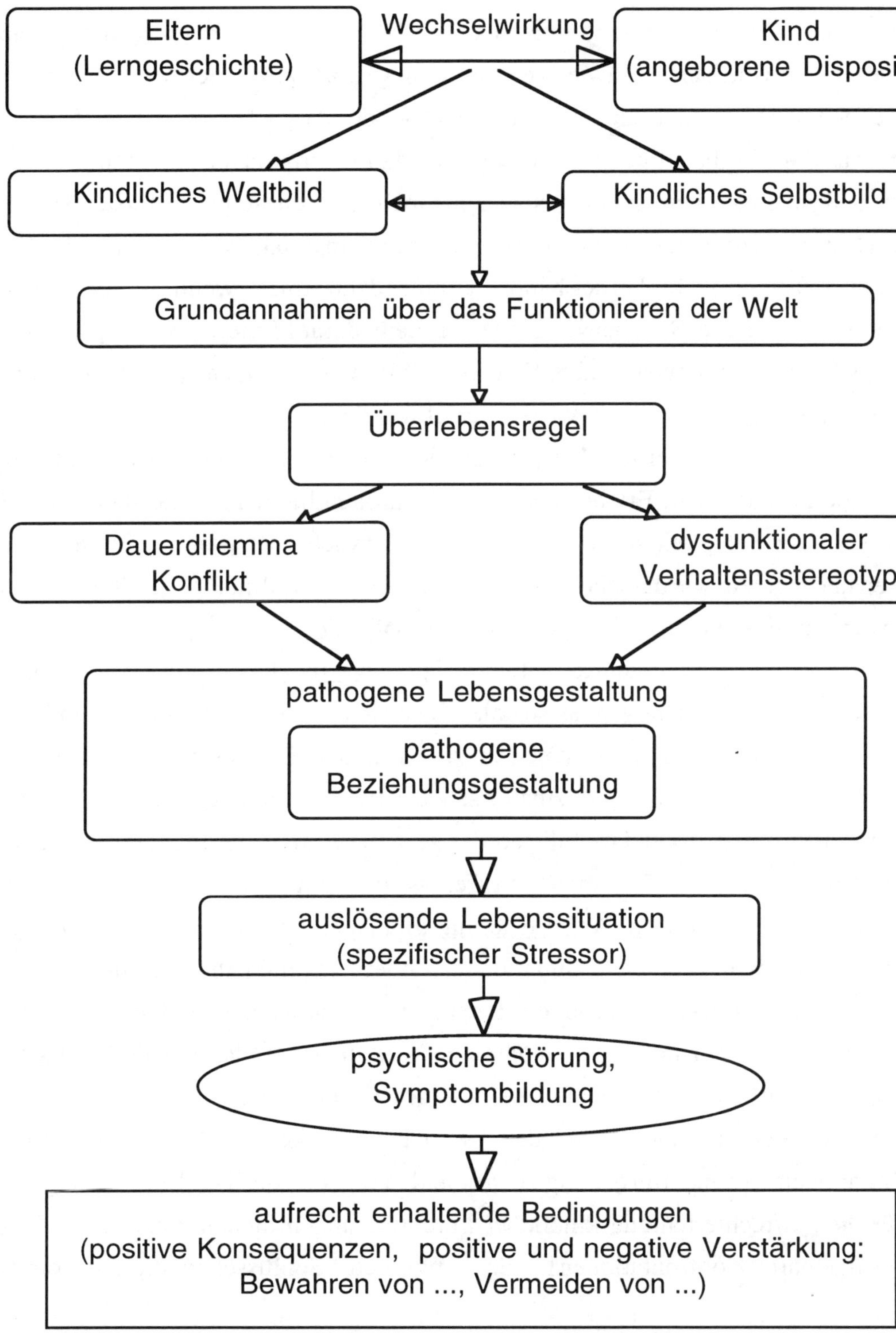

er zu schwitzen, bekam einen trockenen Mund, Schluckbeschwerden und Bauchweh. Er war nicht in der Lage, den einen Satz auszusprechen, den er schon seit 6 Monaten auf den Lippen trug. Also blieb der Mund wieder verschlossen. Zurück blieb ein Gefühl der Ohnmacht und eine Mischung aus Erleichterung und schlechtem Gewissen - letzteres als ob er es tatsächlich gesagt hätte. Nach der Bedeutung dieser unüberwindbaren schwierigen Situation gefragt, antwortete er, er fürchte, völlig und für immer abgelehnt zu werden. In diesem Moment sei der Ärger des kritisierten Mitarbeiters das Schlimmste, das ihm überhaupt passieren könne. Die damit verbundene Ablehnung sei einfach unerträglich, dürfe deshalb auf keinen Fall geschehen. Obgleich nicht sein wichtigster Mitarbeiter, werde in diesem Moment er und die gute Beziehung zu ihm zum einzig wichtigen auf der Erde. Er erinnert sich daran, daß dieses Gefühl in der Kindheit immer dann auftrat, wenn es Unstimmigkeiten mit seiner Mutter gegeben hatte. Sein ganzes Sinnen sei dann darauf fixiert gewesen, die Mutter so schnell wie möglich wieder gut zu stimmen. Erst wenn ihm dies gelungen sei, sei diese quälende Mischung aus Angst und Schuldgefühlen wieder verschwunden.

Dieses Beispiel zeigt uns, wie unvermittelt ein im Erwachsenenleben gut etablierter Mann in einer spezifischen Situation wieder in die Erlebensweise des 4-jährigen Jungen zurückfallen kann. Nichts bleibt mehr übrig von den Fähigkeiten und Fertigkeiten des erwachsenen Mannes. Er kann nur noch so fühlen, denken und handeln wie damals als 4-jähriger Junge seiner Mutter gegenüber. Wie konnte er fast 40 Jahre lang diese kindlichen Sichtweisen konservieren?

Die Verhaltenstherapie gibt die einfachste Antwort: Durch Vermeidung. Seine Angst vor diesen Situationen führte dazu, daß er sein ganzes soziales Geschick einsetzte und diese ständig weiter entwickelte, um diese Situationen möglichst perfekt zu vermeiden. Der zusätzliche Lernprozeß der Generalisierung hilft, einen gewissen antizipatorischen Effekt zu erzielen: Bereits das Vorfeld solcher Situationen löst Angst aus und mobilisiert das gesamte Arsenal verfügbarer Vermeidungsstrategien, so daß immer früher Maßnahmen getroffen werden, um die bevorstehenden Schrecken abzuwenden. Neben dieser zeitlichen Generalisierung gibt es eine Generalisierung entlang eines Ähnlichkeitsgradienten: Nicht nur gleiche Situationen, sondern ungefähr ähnliche Situationen lösen Alarm aus, nicht nur die Mutter, sondern ähnliche Personen sorgen für äußerste Beunruhigung, wenn Auseinandersetzungen auch nur in Sichtweite geraten. Wer so perfekt vermeidet, kann sich auch niemals von der Ungefährlichkeit solcher Situationen für Erwachsene überzeugen.

Kritiker der Lernpsychologie wenden ein, daß es so gut wie keinem Menschen gelingt, die gefürchteten Situationen so hundertprozentig zu vermeiden und daß deshalb Vermeidung nicht als Begründung für die Aufrechterhaltung kindlicher Furchthaltungen dienen kann. Betrachtet man jedoch die unvermeidbaren Konfrontationen mit der gefürchteten Schlüsselsituation, so kommt man schnell zu einer die Lernpsychologie bestätigenden Einsicht: Gelingt z.B..dem 47-jährigen „Jungen“ die Vermeidung der Auseinandersetzung nicht, so erlebt er diese Situation als ebenso existentiell bedrohlich wie 43 Jahre zuvor. Es ist wieder einmal eine so traumatische Erfahrung, daß er daraus nur lernen kann, künftig noch peinlicher auf deren Vermeidung bedacht sein zu müssen. Lernpsychologisch können wir dies so ausdrücken, daß die gelernte Situation (conditioned stimulus, CS) nicht nur die gelernte Angstreaktion (conditioned reaction, CR) auslöst, sondern daß sie im Konfrontationsfalle so traumatisch wirkt, daß sie ein neues Trauma setzt (unconditioned stimulus, UCS). Damit können wir die Aufrechterhaltung der Furcht durch ein doppeltes Prinzip erklären:

1. Vermeidung (und dadurch Verhinderung der Löschung),
2. Erneute Traumatisierung durch wenige kurze Situationskonfrontationen (erneuter UCS).

Dies alles geschieht ohne bewußte gedankliche Verarbeitung.

Das Konstrukt der autonomen Psyche

Es ist ein Hauptübel von Psychologen und psychologisierenden Ärzten, daß sie, die ja durch kognitive Konzepte versuchen, die Psyche des Menschen zu verstehen und zu erklären, den Einfluß bewußter gedanklicher Verarbeitung von Erlebnissen und Erfahrungen tausendfach überschätzen. Wer kognitive Theorie und Therapie in diesem kausalen Sinne mißinterpretiert, kann klinische Psychologie nicht begreifen. So groß die menschliche Intelligenz auch ist, so wenig wäre bewußtes Denken in der Lage, uns auch nur leidlich durch unser Menschenleben zu führen. Ganzheitliches Erfassen ist menschlicher Denkart relativ fremd und multimodales Reagieren auf eine situative Anforderung würde die Steuerungsfähigkeiten unseres Bewußtsein schon vom Ansatz her überfordern. Wir maßen uns nicht an, die Regulation unserer körperlichen Prozesse wie Atmung, Kreislaufregulation, Hormonsystem etc. unter bewußte Kontrolle zu stellen. Wie kommen wir denn auf die Idee, das psychische System des Menschen sei so viel simpler aufgebaut als das somatische, daß wir durch unser meist ein-, höchstens dreidimensionales Denken in der Lage sein könnten, dessen Steuerung zu übernehmen?
Die menschliche Errungenschaft der Sprache hat zwar unser Denkvermögen immens vergrößert. Und durch ihren eher analytischen Charakter hilft sie uns wohl die äußere Welt zu begreifen, sie führt

jedoch unsere Denkprozesse gleichzeitig eher weg von ganzheitlich-systemischen Betrachtungen. Zudem richtet unsere Sprache unsere Aufmerksamkeit vorzugsweise auf das Denken. Wir kommen zu gedanklichem Verstehen und Erklären statt zum Erfühlen und Erspüren. Wir müssen deshalb davon ausgehen, daß wir für wesentliche psychische Abläufe noch gar keine Worte haben. Da Worte aber bereits Hypothesen sind, in dem Sinne, daß ich das mir wörtlich Bekannte wiederfinden, erkennen und benennen kann, fehlen uns für unsere Erforschung unserer Psyche auch die Hypothesen. Wir wissen nicht, wonach wir suchen. Unsere (relevanten) Forschungsanliegen lassen sich ehrlicherweise nicht selten auf die Aussage reduzieren: „Ich möchte verstehen, was da wie geschieht."

Nehmen wir ein Beispiel:
Eine 30-jährige Kosmetikerin berichtet, daß sie sich immer in sehr verschiedene Männer verliebt, um nach ein bis zwei Jahren feststellen zu müssen, daß sie doch alle eine grundsätzliche Gemeinsamkeit haben: Sie werden bei Auseinandersetzungen handgreiflich und brutal, was die Patientin so entsetzt, daß sie sofort die Beziehung beendet. Geht sie statt dessen „Vernunft" -Beziehungen ein, d.h. mit einem Mann, den sie zwar mag, bei dem aber keine Verliebtheit und keine erotische Faszination auftritt, so behandelt sie ihn solange schlecht, bis er geht. Nun hat sie Angst vor der nächsten Partnerschaft und fürchtet ihren Wunsch nach Familie und Kind nie erfüllen zu können. Erfahrenen Psychotherapeuten sind solche Fälle sehr vertraut.
Und doch werden sie die naheliegende Frage nicht beantworten können: Wie nimmt diese Frau bei so verschiedenen Männern das Gemeinsame schon in den ersten Minuten und Stunden des Kennenlernens wahr? Wie kommt es genau bei diesem Männertyp zum Verliebtsein? Aus eigener Erfahrung kennen wir, zwar nicht so drastisch, aber doch auch erstaunlich treffsichere Wahrnehmungen und Reaktionen unserer Psyche, die jenseits unseres Bewußtseins abgelaufen sind.
Wir können, wenn wir ehrlich zu uns selbst sind, behaupten, daß die wesentlichen Weichenstellungen unserer Lebensgestaltung nicht das Ergebnis bewußter rationaler Entscheidungen waren, sondern unsere „autonome" Psyche ohne unser bewußtes Zutun für uns entschieden hat, so wie unser Körper im wesentlichen autonom, d.h. ohne von uns willkürlich gesteuert zu werden, für sich sorgt. Betrachtet man die somatische Homöostase des Menschen, so wird sie durch das autonome Nervensystem und autonome biochemische Prozesse aufrecht erhalten. Im Dienste dieser autonomen Regulation wird schließlich das willkürliche Nervensystem aktiviert, die Großhirnrinde übernimmt den Auftrag, z.B. Hunger oder Durst zu stillen. Der Mensch wird schließlich motorisch aktiv. Er bewegt sich in der physikalischen Außenwelt. Sein Verhalten hat instrumentelle Funktion:

Es dient als Instrument der Nahrungs- oder Flüssigkeitsbeschaffung. D.h., was unsere körperlichen Belange betrifft, ist unser willkürliches motorisches Verhaltenssystem lediglich Erfüllungshilfe unseres autonomen Systems. Warum sollte es ausgerechnet bei der psychischen Homöostase anders sein? Versuchen wir unser gewohntes Denken beiseite zu lassen und die „psycho-somatische" Analogie nachzuvollziehen: Die autonome Psyche reguliert sich homöostastisch. In unser Bewußtsein gelangt nur dann etwas, wenn wir den „Auftrag" erhalten, das psychische Fließgleichgewicht unter Zuhilfenahme der physikalischen und sozialen Außenwelt wieder herzustellen. Wenn dies nicht erforderlich ist, sorgt die autonome Psyche ohne unsere bewußte Wahrnehmung für sich durch Selbstregulation. Die bewußte Psyche ist im Größenverhältnis zur autonomen Psyche lediglich die Spitze des Eisberges und ihr Funktionsniveau ist relativ gesehen ähnlich primitiv wie die eines 2-jährigen Kindes im Vergleich zum Erwachsenen.
Versuchen wir dies auf unser Beispiel zu übertragen. Die autonome Psyche der jungen Frau „weiß" genau, was sie will und „braucht", nämlich einen Mann, der Merkmale unkontrollierter Aggressivität aufweist - sicher zusätzlich noch andere wichtige Merkmale, aber unter denen leidet sie nicht, kann sie uns also nicht so deutlich berichten. Die autonome Psyche erkennt den geeigneten Mann. Sowenig wie Eltern ihre Kinder oder Politiker ihre Wähler über die wahren Hintergründe mehr als unbedingt nötig aufklären, so wenig gibt die autonome Psyche im Moment verzichtbare Information an die bewußte „Willkür"-Psyche weiter. Nur so viel: Verheißung von Wunscherfüllung und Realisierung von Glücksphantasien mit dem auserwählten Mann und durch ihn. Soviel, daß verliebt Fühlen und verliebt Reagieren ausreichen, um den Mann für sich zu gewinnen.
Wozu der Mann wirklich benötigt wird, weiß die junge Frau jetzt besser nicht. Denn sie würde sonst ebensowenig bereitwillig funktionieren, wie das aufgeklärte Kind oder der aufgeklärte Wähler. Der psychisch gesunde Mensch kann sich auf seine autonome Psyche verlassen. Sie wird ohne sein bewußtes Tun die psychische Homöostase besorgen, wird ihn zuverlässig informieren und auch steuern. Umgekehrt wird er sich mit seiner bewußten Psyche so verhalten, daß das Fließgleichgewicht nicht gestört wird.
Wer meint, daß damit lediglich das instinkthafte Reflexverhalten von Tieren beschrieben ist, verfällt wiederum dem menschlichen Größenwahn, so gut wie im Besitz des Wissens und der Macht seines inneren und des äußeren Kosmos zu sein. Statt dessen müssen wir mit jedem wirklichen Zuwachs an Wissen und Erkenntnis feststellen, daß das Ausmaß dessen, was wir nicht wissen und verstehen, noch größer geworden ist als zuvor. Durch jede beantwortete Frage tun sich zehn neue Fragen auf. Wozu dient also menschliches Denken? Es hat zunächst lediglich instrumentelle Funktion, hilft dem Menschen bei der Selbst- und Arterhaltung. Es half ihm, sich erhebliche Vorteile vor anderen

Lebewesen dieser Erde zu verschaffen, bis der Mensch schließlich ohne natürlichen Feind - die Homöostase unseres Erdballs zerstörte. Betrachtet man die Krebszelle als Einzeller, der auf potente Weise seine Selbst- und Arterhaltung sichert, so fehlt ihr entweder der ebenso potente natürliche Feind im kranken Körper oder der „ökologisch-systemische" Bezug, d.h. das geordnete, gesteuerte Eingebettetsein in ein übergeordnetes System. Denn jenes würde ihm Selbstbegrenzung auferlegen. In der Gesamtschau der Ökologie unseres Erdballs hat der Mensch nicht wenig Ähnlichkeiten mit Krebszellen. Ähnlichkeiten, die von seiner intelligenten Potenz herrühren, die laufend wächst, ohne daß seine **ökologisch-systemische Ethik** sich entsprechend mitentwickelt hätte.

Die relativ zu anderen psychischen Funktionen wie Wahrnehmen oder Fühlen geblähte Progression der menschlichen Intelligenzentfaltung macht verständlich, daß wir in ihr die wahre Quelle des Menschseins vermuten. Was wäre der Mensch schon ohne seine Intelligenz. Hätte er z.B. ohne sie zur Sprachfähigkeit gefunden? Einem Kognitionspsychologen beantwortet all das die Frage nicht, in welchem Ausmaß menschliches Erleben und Handeln primär durch Kognitionen und kognitive Grundhaltungen gesteuert wird.

Inwiefern ersetzen beim Menschen Gedanken nonverbale Lernprozesse? Die Antwort liegt in der Beantwortung der Frage: Denkt unsere autonome Psyche? Wenn Sie denkt, wie ist die Logik ihrer Denkprozesse, ihre Intelligenz? Hat die autonome Psyche eine Sprache? Wenn ja, wie ist die Struktur ihrer Sprache? Nur wenn völlige Übereinstimmung von Logik und Sprache vorhanden sind, können wir unsere Denkart auf die autonome Psyche übertragen. Nur dann können wir unsere bewußten Kognitionen probatorisch als primär verhaltenssteuernd setzen. Da unsere Erkenntnisse nicht so weit reichen, können wir diese Annahme nicht aufrecht erhalten. Es bleibt uns die Alltagserfahrung, daß Gedanken mindestens sekundär unser Leben und Verhalten sehr stark beeinflussen, ja daß eine ständige gegenseitige Beeinflussung von Denken und Fühlen besteht, so daß Gedanken, Gefühle und Handeln als Bestandteil einer komplexen Gesamtreaktion betrachtet werden müssen (multimodales Verhalten nach Lazarus, 1978), bei der noch die körperlichen Vorgänge miteinbezogen werden müssen.

Legen wir das Eingebettetsein der Gedanken einem komplexen Erlebens- und Reaktionsablauf zugrunde, so bleibt nur ein legitimer Grund, ihnen besondere Aufmerksamkeit zukommen zu lassen: Wir machen in der Regel Psychotherapie über das Medium Sprache und Gedanken sind innerhalb der Therapiesitzung über dieses Medium am leichtesten und unmittelbarsten zu evozieren, zu kommunizieren und zu modifizieren. Dies trifft auf Mittelschichtpatienten zu, dagegen sind Patienten der Unterschicht häufig eher handlungsbezogen. Es bleibt also das Argument der Ökonomie als Begründung für einen kognitiven Ansatz des Verständnisses und der Therapie

psychischer Störungen. Um damit arbeiten zu können, benötigen wir kognitive Modelle der Entstehung und Aufrechterhaltung psychischer Störungen.
Ungeachtet ihres Wahrheitgehalts benötigen wir kognitive Heuristiken, um ein kognitives Therapiekonzept zur Anwendung bringen zu können. Wenn wir im folgenden immer wieder auf den kognitiven Aspekt psychischer Erlebens- und Reaktionsweisen abheben, so geschieht dies, um heuristische Arbeitsmodelle zu erstellen. Wir tun dies, obgleich wir Gefühlen eine zentralere Bedeutung beimessen und obwohl wir Bedürfnissen und Motiven eine Schlüsselfunktion in der Verhaltenssteuerung zuschreiben.

Weniger die Falsifizierung von motivationspsychologischen Ansätzen als der allgemeine Forschungstrend der letzten 50 Jahre hat eine Mode geschaffen, derer wir uns auch nicht erwehren können. Motivationspsychologisch scheint das Verwenden von Bedürfnisbegriffen veraltet zu sein und stets zu verkürzten Denkmodellen zu führen. Deshalb übersetzen wir heute motivationspsychologische Termini ins Kognitive: Aus dem Bedürfnis wird die Erwartung, aus dem Konflikt die kognitive Dissonanz usw. Um einige heutige kognitive Theorien zu verstehen, müssen wir allerdings ganz privat wieder zurückübersetzen. Um einen typischen automatischen dysfunktionalen Gedanken nach Wright und Beck (1986) in seiner Herkunft verstehen zu können, benötigen wir Informationen über die Bedürfnislage eines Menschen. Der Gedanke „Sie wird mich ja doch wieder ablehnen“ ist einerseits eine Wahrscheinlichkeitsaussage aufgrund bisheriger Erfahrungen. Andererseits gibt er Auskunft über das motivationale Anliegen: Er birgt die Hoffnung auf Erfüllung des Bedürfnisses, angenommen, aufgenommen, akzeptiert zu werden und er birgt die Furcht, daß dieses Bedürfnis frustriert wird.
Der Gedanke ist also assoziiert mit Erinnerungen, Gefühlen und Bedürfnissen. Solange ich keinen Blick für die Bedürfnislage eines Menschen in einer konkreten Situation habe, kann ich auch mit seinen Kognitionen nicht therapeutisch umgehen. Wir müssen in unseren Betrachtungen also die historische Entwicklung der Psychologie nachvollziehen und zunächst mit den Bedürfnissen beginnen und auch die Gefühle vorweg betrachten.

WAS BRAUCHT DER MENSCH?
- Motivationspsychologische Grundlagen I

Klinische Psychologie ohne Entwicklungspsychologie wurde und wird erstaunlicherweise ausgiebig betrieben. Allerdings gibt es eine neue Disziplin der „Developmental Psychopathology“ (Lewis and Miller, 1990) bzw. der „klinischen Entwicklungspsychologie“ (Kruse, 1991), die versucht, Ursachen psychischer Störungen in der Kindheit ausfindig zu machen. Ohne hier einen Abriß der Entwicklungspsychologie und der Motivationspsychologie geben zu können und zu wollen, versuchen wir einigen bedeutsamen Fragen nachzugehen.

Wir grenzen die Anzahl der uns interessierenden menschlichen Bedürfnisse auf mehrfache Weise ein. Zum einen interessieren uns vorrangig die primär zur Homöostase benötigten, zum anderen interessiert uns nicht die körperliche Homöostase (Hunger, Durst, Schlaf, Ausscheidung, Wärme), sondern nur die psychischen Bedürfnisse. Und zum dritten interessieren uns von den psychischen Bedürfnissen nur diejenigen, die soziale Bedürfnisse in dem Sinne sind, daß ich „es“ von einem anderen Menschen brauche. Die in diesem Sinne nicht sozialen Bedürfnissen wie Spieltrieb, Neugier, Bewegungs- und Abenteuerlust sind nur insofern für uns wichtig, als Eltern die Entfaltung der aktiven Befriedigung dieser Bedürfnisse systematisch einengen oder gar im Keim ersticken können.

Wenn wir versuchen, gedanklich nachzuvollziehen und emotional nachzuempfinden, was ein Kind von seinen Eltern braucht - zunächst von der Geburt bis zur Einschulung - so lassen sich folgende Bedürfnisse nennen:

1. Willkommen sein, Dazu gehören
2. Geborgenheit, Wärme
3. Schutz, Sicherheit, Zuverlässigkeit
4. Liebe
5. Aufmerksamkeit, Beachtung
6. Empathie, Verständnis
7. Wertschätzung, Bewunderung, Lob

8. Selbst machen, selbst können (Selbsteffizienz)
9. Selbstbestimmung, Freiraum
10. Grenzen setzen, Normen vermitteln
11. Gefordert und gefördert werden
12. Jemand zur Idealisierun,und als Vorbild haben
13. Intimität, Hingabe, Erotik
14. ein Gegenüber zum Lieben haben (Beziehung)

Man mag diese Einteilung als willkürlich empfinden; berücksichtigt man jedoch, daß es lediglich um einen Ordnungsversuch geht, bei dem wichtig war, alles was für die kindliche Entwicklung bedeutsam ist, zu sammeln und die Art und Weise, in der Eltern entwicklungsfördernd oder entwicklungshemmend sein können, aufzuzeigen, so wird man das Wesentliche unterbringen können, auch wenn man selbst die Kategorisierung etwas anders vollziehen würde und den Bedeutungsruf einzelner Bedürfnisse anders definieren würde. Wieder geht es nicht um eine Taxonomie, die wissenschaftliche Gültigkeit beansprucht, sondern um eine Heuristik, die hilft, weitere Betrachtungen anzustellen und diese kommunizierbar zu machen (Tabelle 1).

Tabelle 1: Bedürfnisse des Kindes

Abhängigkeitsbedürfnisse, Zugehörigkeitsbedürfnisse	**Autonomiebedürfnisse, Bedürfnisse nach Unterscheidung**
Willkommen sein, Dazu gehören	Selbst machen, selbst können (Selbsteffizienz)
Geborgenheit, Wärme	Selbstbestimmung, Freiraum
Schutz, Sicherheit, Zuverlässigkeit	Grenzen setzen, Normen vermitteln
Liebe erhalten	Gefordert und gefördert werden
Aufmerksamkeit, Beachtung	Idealisierung, Vorbild
Empathie, Verständnis	Intimität, Hingabe, Erotik
Wertschätzung, Bewunderung, Lob	ein Gegenüber (Beziehung), den andern lieben

Beginnen wir mit dem Neugeborenen. Welche Bedürfnisse hat es außer den körperlichen? Mutter-Kind-Beobachtungen (Stern, Hofer, 1985, Stern, 1991) zeigen, daß Säuglinge auf ihre Mutter eindeutig anders reagieren als auf andere Menschen, daß eine Kommunikation zwischen beiden abläuft, die die Mutter allerdings gar nicht verbalisieren könnte.
Die vom äußeren Beobachter zwar wahrnehmbare, aber nicht einfühlbare, ganz besondere Beziehung zwischen Säugling und Mutter befriedigt dessen erstes elementares Bedürfnis: Willkommen sein, angenommen sein, dazu gehören.
Dieses Bedürfnis wird von der Mutter zunächst dadurch befriedigt, daß sie spürt, was der Säugling wann braucht. Sie ist während der Säuglingszeit fast kontinuierlich befriedigend, kaum frustrierend. Sie freut sich, sobald sie ihr Kind sieht. Es zu befriedigen, befriedigt sie. Egal, was das Kind macht, jede noch so einfache Geste oder Reaktion findet ihren begeisterten Beifall. Schimpfen und Strafen, überhaupt Erziehung findet im ersten Lebensjahr nicht statt. Statt kreischend und brüllend die Langspielplatte und den Saphir des Plattenspielers zu schützen, lenkt sie das Kind behutsam ab. Für echte Gefahren hat sie ein gutes Voraus-Gefühl, so daß das Kind erst gar nicht in solche Situationen kommt. Das länger als 5 Minuten schreiende Kind bringt sie nicht aus der Fassung, macht sie weder verzweifelt noch rasend vor Wut. Sie fühlt sich während des Stillens nicht ausgesaugt und anschließend nicht verarmt. Sie hat weder ständige Angst, mit dem Kind etwas falsch zu machen, noch muß sie zwanghaft dem satten Kind den Rest des Breis hinein stopfen - aus Angst, daß es sonst nicht gedeiht. Sie gibt ihr Kind im ersten Lebensjahr nicht stundenlang an dritte Personen ab, die nicht zur Familie gehören und nicht im Haushalt wohnen.
Eine Mutter, die diese Bemutterung nicht als streßvolle Belastung empfindet, die nur mit selbstloser Aufopferung zu bewältigen wäre, sondern sich beim und durch das Geben soviel nehmen kann, daß sie emotional auf ihre Kosten kommt, kann dem Neugeborenen und dem Säugling das Willkommensein, das Dazugehören und Angenommensein vermitteln. Wenn sie in der Zeit von anderen Pflichten durch den Vater, durch Angehörige und Freunde entbunden wird und auch eine gewisse Bemutterung erfährt, so sind ihre und die Bedürfnisse ihres Kindes ausreichend befriedigt. Aus oben Gesagtem können wir nun auch die Phantasie ableiten, was geschieht, wenn das Kind nicht willkommen ist.
Ist mit dieser frühen Bemutterung ein Ideal geschildert, das realitätsfern ist? Läßt sich so etwas in einer modernen Industriegesellschaft kurz vor der Jahrtausendwende überhaupt realisieren - und ist es überhaupt wünschenswert?

Tabelle 2: Bedürfnis - Selbstgefühl - Entwicklung

Alter, in dem d. Bedürfn. vorrangig ist	BEDÜRFNIS	Welches Selbstgefühl entsteht durch Befriedig.?	Zu welchen Entwicklungsschritten befähigt dies?
ab Geburt	Willkommen sein, Dazu gehören	Ich bin willkommen und gehöre dazu	sich in menschlichen Gemeinschaften entfalten zu können
0 - 2 Jahre	Geborgenheit, Wärme	Ich kann Vertrauen haben	mit Selbstvertrauen der Welt neugierig zuwenden können
1 - 2 Jahre	Schutz, Sicherheit, Zuverläss.	Ich bin in Sicherheit	sich von der Familie trennen können
1 - 2 Jahre	Liebe erhalten	Ich bin liebenswert	sich lieben können
1 - 2 Jahre	Aufmerksamkeit, Beachtung	Ich bin beachtenswert, hörenswert, sehenswert	anderen Menschen mit Selbstachtung entgegentreten können
2 - 4 Jahre	Empathie, Verständnis	Ich werde verstanden	Bedürfnisse & Gefühle spüren und zeigen können (offene Emotionalität)
2 - 4 Jahre	Wertschätzung, Bewunderung,	Ich werde geschätzt, was ich tue, wird geschätzt	eigenen Gedanken und Ideen vertrauen (kogn. Produktivität und Kreativität)
2 - 4 Jahre	Selbst machen, selbst können	Ich kann's (Selbsteffizienzgefühl)	Selbständigkeit
2 - 4 Jahre	Selbstbestimmung,	Ich kann über mich bestimmen	Durchsetzungsfähigkeit
3 - 4 Jahre	Grenzen setzen, Normen vermitteln	Ich kenne meine Grenzen, kann mich an Normen orientieren	Orientierung an einer inneren Ethik und an sozialen Normen (Normsicherheit)
ab 4 Jahre	Fordern, Fördern	Ich stelle mich Herausforderungen, bekomme Förderung	Aufgaben als Herausforderung erleben, Solidarität
ab 3 Jahre	Idealisierung, Vorbild	Ich habe Vorbilder, an denen ich mich orientieren kann	Übernahmekulturell und familiär vorgegebener Rollen
ab 3 Jahre	Intimität, Hingabe, Erotik	Ich bewahre meine Intimität, genieße Erotik, ich kann/will mich hingeben	Hingabefähigkeit
ab 4 Jahre	ein Gegenüber (Beziehung), Liebe geben	Ich liebe	zu einer reifen Liebesbeziehung

Zunächst: Es ist das natürliche Mutterverhalten. Eine Frau, die meint, wegen der Raten für den Haus- oder Autokauf schon nach 6 Monaten wieder halbtags arbeiten zu müssen, erliegt den Anreizen unserer Konsumgesellschaft ebenso, wie jene Mutter, die schon bald nach der Geburt wieder jede Woche ins Theater und ins Konzert geht und ständig wechselnde Babysitter einstellt. Sicher ist es für so manches Elternpaar eine Überforderung, bei so mächtigen äußeren Anreizen materieller und kultureller Art und völlig fehlendem Schutz familiärer und gesellschaftlicher Tradition natürlicher Kinderbetreuung, sich noch auf die durchaus in ihnen wohnenden Mutter- und Vatergefühle zu besinnen und diesen gemäß mit dem Kind umzugehen.
Es besteht eine extreme Disbalance zwischen der naturgegebenen Homöostase der Familie und dem übergeordneten gesellschaftlichen System. Je bedürftiger das Elternpaar ist, um so mehr wird es sich am gesellschaftlichen System orientieren, um vom übergeordneten System Bedürfnisbefriedigung zu erhalten. Und um so weniger hat es Ressourcen und Energien, um ein eigenes Familiensystem zu kreieren, das partielle Autonomie und Autarkie besitzt und dadurch stark genug ist, den innerfamiliären Erfordernissen erste Priorität beizumessen und sie gegen die Ansprüche des gesellschaftlichen Systems zu verteidigen und durchzusetzen.
Eigentlich wären die 9 Monate der Schwangerschaft eine ausreichend lange Zeit der Vorbereitung und Einstimmung. Aber da ist die Schwangere ganz auf sich gestellt, es fehlt sowohl an brauchbaren Vorbildern in Familie und Freundeskreis, als auch an einer sozial getragenen Kultur der natürlichen Familiengründung. Und oft genug fehlt es an einer ausreichend gereiften Persönlichkeit, die den Mangel an äußeren Orientierungsmöglichkeiten durch zuverlässige Selbstregulation ausgleichen kann.
Unsere soziale Umwelt erschwert demnach auf zweifache Weise die Schaffung eines entwicklungsfördernden Familienkontextes. Zum einen dadurch, daß sie es versäumt, die Gestaltung eines optimalen Familienkontextes zu kultivieren und über Generationen zu tradieren. Zum anderen, indem sie ständig Anreize schafft, die weg von der Familie führen und eine gesellschaftliche Wertorientierung aufrecht erhält, in der Mutterschaft und Kinderbetreuung einen niedrigen Rangplatz einnehmen. Auch die Tatsache, daß Kindergärtner und Grundschullehrer einen niedrigeren Stellenwert haben als Realschul- und Gymnasiallehrer, weist darauf hin und ist, wie oben dargelegt, ein weiteres Symptom der einseitig auf die intellektuelle Entwicklung ausgelegten Orientierung des heutigen Menschen. Die Intelligenzentwicklung des Menschen ist so weit vorangeschritten, daß sie keiner zusätzlichen Förderung bedarf. Jedoch hinken andere Persönlichkeitsbereiche sehr weit nach (z.B. Ethik) bzw. sind sogar im Vergleich zu Naturvölkern unterentwickelt (z.B. Integration von Körper und Psyche), so daß die Pädagogik gut daran täte, sich auf neue Werte zu besinnen, statt sie

Tabelle 3: Frustration kindlicher Bedürfnisse durch die Eltern

BEDÜRFNIS	frustrierendes Elternverhalten	emotionale Reaktion des Kindes	spätere Verhaltenstendenzen
Willkommen sein, Dazu gehören	Das Kind zwar wahrnehmen, aber keine positive Reaktion auf sein Kommen oder Dasein haben oder zeigen	Angst vor Ablehnung & Feindschaft, Existenzangst, sich ausgeschlossen fühlen	eher schizoid (beziehungsmeidend,mißtrauisch, rational)
Geborgenheit, Wärme	Dem Kind fast nie warmherzige Nähe zum Auftanken von emotion. Wärme anbieten	Angst vor Alleinsein, Verlustangst, ungeborgen fühlen	eher dependent (Nähe &Geborgenheit suchend, unterordnend)
Schutz, Sicherheit, Zuverläss.	Nicht da sein, wenn das Kind Schutz sucht; dem Kind nicht zutrauen, daß es sich allein außer Sichtweite sicher bewegen kann	Angst allein äußeren Gefahren ausgesetzt zu sein, vor Unzuverlässigkeit	sich der Verfügbarkeit von Menschen verischern - nicht allein sein können
Liebe erhalten	Nicht das Gefühl der Liebe spüren und mit diesem Gefühl mit dem Kind in innigen Augen- und Körperkontakt treten	Angst vor Liebesverlust, sich ungeliebt fühlen	ambivalent verstrickte Beziehungen
Aufmerksamkeit, Beachtung	Sich in Gegenwart des Kindes überwiegend etwas wichtigerem zuwenden	Angst vor Nichtbeachtung, sich nicht beachtet fühlen	entweder graue Maus oder ständig im Mittelpunkt sein müsend
Empathie, Verständnis	Völlig aus Erwachsenenperspektive ohne Einfühlungsvermögen dem Kind Anpassung und Verzicht abverlangen	Gefühl, nicht verstanden zu werden, Bedürfnisse nicht zugestanden zu bekommen	in sich verschlossen
Wertschätzung, Bewunderung,	Kindliche Leistungen nicht lobend würdigen, stattdessen Mängel rügen	Angst vor Abwertung und Kritik, Gefühl der Minderwertigkeit	fehlendes Selbsteffizienzgefühl, evtl. extremer Ehrgeiz
Selbst machen, selbst können	Dem Kind etwas, das es noch nicht so gut kann, aus der Hand nehmen und selbst machen	Insuffizienzgefühl	Unselbständigkeit

Fortsetzung Tabelle 3: Frustration kindlicher Bedürfnisse durch die Eltern

BEDÜRFNIS	frustrierende Elternverhalten	emotionale Reaktion des Kindes	spätere Verhaltenstendenzen
Selbst-bestimmung,	Das Kind keine eigenen Entscheidungen über sich selbst treffen lassen	Gefühl der Unfreiheit und Fremdbestimmtheit, Angst vor Kontrollverlust & Schaden anzurichten	passiv-aggressiv (sich fügen, aber mit großem Sträuben) oder zwanghaft (Wut durch Zwanghaft. neutralisieren)
Grenzen gesetzt & Normen vermittelt bekommen	Dem Kind alles durchgehen lassen, keine Pflichten auferlegen, ihm diese nicht begründen	tyrannische Einsamkeit	in Beziehungen unglücklich einsam
Gefordert und gefördert werden	Nicht herausfordern, etwas zu probieren, das bisher noch nicht gelang/gewagt wurde. Keine Hilfestellung geben, damit etwas Schwieriges schließlich gelingt/ gelernt wird	Überforderungsgefühle	passiv
Idealisierung, Vorbild haben	Kein erstrebenswertes Vorbild hinsichtlich Lebens- und Beziehungsgestaltung sein (stattdessen z.B. selbstunsicher, submissiv, überemotional)	Etwas hervorbringen zu müssen, ohne jemals vorgemacht bekommen zu haben, wie es geht (Selbstunsicherheit)	Identitätsprobleme (z.B. Geschlechtsrolle), auf äußere Idole fixiert bleiben
Intimität, Hingabe, Erotik	Intimgrenzen durchbrechen, sexueller Mißbrauch, körperfeindliche Distanz	Scham, Hingabeangst	entweder sich promiskuitiv anbieten oder jegliche körperliche Nähe panisch meidend
ein Gegenüber (Beziehung), Liebe geben	Bei bestehendem intensivem Beziehungswunsch das Kind abweisen (z.B. aus Inzestangst)	Abgewiesen fühlen	vorwurfsvoll in Beziehungen auf Abgrenzung reagierend

sich von den Ansprüchen der Industriegesellschaft diktieren zu lassen.
Neben der störenden und gestörten Gesellschaft ist das Elternpaar die Hauptquelle von Entwicklungsstörungen des Kindes und der späteren Folge psychischer und psychosomatischer Erkrankungen. Abgesehen von gesellschaftlichen und biologischen Bedingungen scheint sich eine psychische bzw. psychosomatische Störung über zwei Generationen anzubahnen. Bereits die Eltern hatten so ungünstige Entwicklungsbedingungen, daß sie nur mit großem Aufwand an Copingstrategien, die sich später zu einer gestörten Persönlichkeit verfestigten, einer eigenen psychischen Erkrankung entgehen konnten. Sie haben, bildlich gesprochen, einen Damm gegen ihre eigene psychische Destabilisierung aufgebaut. Diesen Damm müssen sie entweder gegen ihre Kinder verteidigen oder die Kinder müssen helfen, den Damm bruchsicher zu halten bzw. die Kinder werden Bestandteil des Damms.
Eltern, die selbst ums emotionale Überleben kämpfen, finden keine Ruhe, um ihre Kinder in einem zugleich freien und geschützten Raum groß werden zu lassen. Der karrieresüchtige Vater nimmt Frau und Kindern soviel Lebenskraft weg, daß für ein entwicklungsförderndes Familienklima keine Energie mehr bleibt. Die ständig bei geselligen Ereignissen Bestätigung und Beifall als Frau suchende, werdende Mutter empfindet ihre Kinder als lästig, sie von ihren eigentlichen Anliegen nur abhaltend. Eine Frau, die ständig darum kämpft, von ihrem Ehemann endlich akzeptiert und anerkannt zu werden, kann nicht auch noch für ihre Kinder kämpfen. Die sich selbstlos aufopfernde Mutter verschließt ihren Kindern die Tür zu einer Genußfähigkeit, frei von Schuldgefühlen. Der intellektuell-introvertierte Vater kann seinen Kinder nicht vermitteln, wie Gefühle wahrgenommen und ausgedrückt werden. Umgekehrt nimmt eine Mutter, die aus geringsten Anlässen in einer überemotionalen Hilflosigkeit steckenbleibt, ihrer Tochter die Möglichkeit, so werden zu wollen wie sie, d.h. die Mutter ist ein untaugliches weibliches Identifikationsmodell für das Mädchen. Wenn solche Schwachstellen der Eltern im Sinne einer gestörten Persönlichkeit über das Alltagsmaß unserer Bevölkerung hinausgehen, so resultiert daraus eine gestörte Partnerschaft und eine gestörte Familie. Ein psychisch sehr stabiler Ehepartner könnte zwar die Störung des anderen kompensieren - was manchen Müttern gelingen mag - aber das geht wiederum auf eigene Kosten. Zudem suchen sich gestörte Persönlichkeiten meist einen Partner mit einer komplementären Störung des Rollenverhaltens.

Tabelle 4: Homöostatische Bedürfnisse des Kindes

Homöostatisches Bedürfnis	frustrierendes Elternverhalten	emotionale Reaktion des Kindes	spätere Verhaltenstendenzen
Angstfreiheit1: ein unängstliches Modell haben	Eltern haben selbst Angst und vermitteln die Gefährlichkeit der Welt als ängstliches Modell	verschiedene Phobien oder allgemeine Ängstlichkeit oder Selbstunsicherheit	Phobien, Selbstunsicherheit
Angstfreiheit 2: keine beängstigenden Familienmitglieder haben	Ein Elterrnteil schlägt oder droht oder schimpft	Angst vor den Menschen (soziale Angst)	Selbstunsicherheit
Angstfreiheit 3: keine bedrohliche Außenwelt haben	Ein Elternteil weist ständig darauf hin, was passieren kann, wenn ich die Welt erkunden will	Angst vor der Welt, dem Leben draußen	Nesthocker, Neigung zu Agoraphobie
Aggressionsfreiheit: Keine extrem frustrierenden oder feindseligen Familienmitglieder	Ein Elternteil verhält sich so extrem frustrierend oder verärgernd, daß eine sehr große Wut auf ihn entsteht	Angst vor dem Schaden, den die eigene Aggression anrichten kann	Zwanghaftigkeit, Neigung zu Zwangsstörung
zwei gleich starke Eltern haben	Ein Elternteil ist dem anderen völlig unterlegen, so daß das Kind dem überlegenen völlig ausgeliefert ist	fühlt sich vom Schwachen im Stich gelassen, dem Starken ausgeliefert, braucht dessen Liebe	Selbstunsicherheit, evtl. Dependenz
Schuldfreiheit	Eltern machen dem Kind ständig Schuldgefühle	Schuldgefühle, Strafangst, Schuldangst, schlechtes Gewissen	Zwanghaftigkeit, Selbstunsicherheit
Mißbrauchsfreiheit	Emotionaler Mißbrauch: Ausnützen des Kindes für eigene Bedürfnisse	Angst vor Mißbrauch, Mißtrauen	Beziehungsphobie

1. Willkommen sein, angenommen sein, dazu gehören

Willkommensein ist für manche Kinder schon eine sehr positive Formulierung. Manche Neugeborenen und Säuglinge erfahren gerade noch, daß ihre Existenz zugelassen wird, daß sie am Leben gelassen werden. Subsumieren wir das Bedürfnis nach Existenzberechtigung zu diesem Bedürfnis, so wird das Konstrukt recht heterogen. Wir haben dann nicht nur die selbstunsicheren Persönlichkeiten erfaßt, sondern auch die schizoiden, schizotypischen und insgesamt psychosenahen Menschen bzw. diejenigen, die später eine Psychose entwickeln.

Wenn nicht einmal das eigene Existieren, das Dasein, von der Mutter akzeptiert werden kann, wenn es für die Mutter besser wäre, würde das Kind nicht existieren, so sind dagegen alle anderen Bedürfnisse Luxus. Die Entwicklung der gesamten Psyche des Kindes wird deshalb unter dem Vorzeichen des psychischen Überlebens stehen. Alle Fähigkeiten, die entwickelt werden, müssen dazu dienen, die Existenz zu sichern bzw. die Existenzangst zu reduzieren. Das Leben eines solchen Kindes steht unter Vorzeichen, die wir nicht nachempfinden können. Das unvorstellbare Ausmaß der Bedrohung, die permanent das Leben und Erleben eines solchen Kindes durchdringt, führt auch zum Aufbau eines von der „Normal"-Psyche völlig verschiedenen intrapsychischen Regelkreises zur Aufrechterhaltung der psychischen Homöostase. Es scheint ein banales Beispiel zu sein, aber Angst, Bedrohung, Haß, Destruktion laufen bei ihnen so grundsätzlich anders ab, wie naßgespritzt werden durch eine Spritzpistole verschieden ist von zerfetzt werden durch eine Bombe.

Es gibt also nur eine Berechtigung, diese beiden Teilkonstrukte zusammenzufassen: Wenn es einen kontinuierlichen Übergang gibt zwischen den beiden Arten der Frustration des Bedürfnisses nach Willkommensein. Dabei zeigt sich gerade bei den Nicht-Willkommenen um so mehr ein Dazugehörenwollen, entsprechend der Sündenbock-Funktion in Familien.

Wir können festhalten, daß manche Eltern aufgrund ihrer eigenen Bedürftigkeit nicht auf die Bedürfnisse ihrer Kinder eingehen können. Oder: Persönlichkeitsstörungen der Eltern führen zu einem gestörten Familiensystem, in dem Kinder nicht zu einer gesunden Persönlichkeit heranwachsen können.

Das Bedürfnis „willkommen sein, dazu gehören" ist wie alle folgenden zu besprechenden Bedürfnisse kein notwendigerweise bewußt wahrgenommenes und artikuliertes Bedürfnis, also keine „Regelgröße" der bewußten, willkürlichen Psyche, sondern das, was die autonome Psyche unter anderem zur Aufrechterhaltung ihrer Homöostase benötigt. Dagegen müssen die bewußt wahrgenommenen und ausgedrückten Bedürfnisse nicht mit den „wahren“ Bedürfnissen korrelieren. Der Mensch entwickelt im Lauf des Lebens eine große Zahl von „instrumentellen“ Bedürfnissen, die nur dazu dienen, den Menschen zu instrumentellem Verhalten zu motivieren, das indirekt das eigentlich zur Homöostase Gebrauchte beschaffen soll. So mag die Sportbegeisterung eines Jugendlichen dazu dienen, zugleich aggressives und sexuelles Potential einer partiellen Spannungsabfuhr zuzuführen, dadurch nicht nur Konflikte mit der sozialen Umwelt zu vermeiden, sondern auch ein Gefühl von Selbsteffizienz herzustellen. Das heißt das Bedürfnis nach sportlicher Betätigung dient als Instrument, um aggressive, sexuelle und Selbsteffienzbedürfnisse zu befriedigen.

2. Geborgenheit und Wärme

Der zu Beginn des menschlichen Lebens beim Säugling vorherrschende Bedarf an körperlicher Versorgung impliziert auch die psychische Bedürfnisbefriedigung, er ist eine notwendige, aber nicht hinreichende Bedingung zur Vermittlung von psychischer Bedürfnisbefriedigung. Wäre die körperliche Versorgung auch für die Befriedigung psychischer Bedürfnisse ausreichend, so würde dies bedeuten, daß beim Neugeborenen noch keine nennenswerte Psyche vorhanden ist, die einen Unterschied machen kann zwischen der Mutter und anderen Personen. Diese bisher angenommene Bedeutungslosigkeit bzw. jederzeit und beliebig vornehmbare Austauschbarkeit der Pflegepersonen ist durch Mutter-Kind-Beobachtungen zwischenzeitlich widerlegt (Dornes, 1993).
Diese Beobachtungen zeigen auch, wie sehr sich empirische Forschung, die mit wissenschaftlicher Überzeugungskraft feststellt, daß bestimmte Zusammenhänge nicht nachweisbar sind und diese fehlende Nachweisbarkeit im nächsten Atemzug einem kognitiven Nichtvorhandensein gleichsetzt, systematisch Zerrbilder der Realität aufbauen und aufrecht erhalten kann. Ein Beispiel dafür ist die Life-Event-Forschung, deren Meßlatte ein so grobes Raster hatte, daß alle subtilen psychischen Wirkfaktoren unerfaßt bleiben mußten. In der Mikrobiologie würde man sich wundern, wenn Bakterien mit Fischernetzen gefunden werden sollten. In klinischer Psychologie und Psychiatrie werden dagegen die derzeit noch ähnlich groben Meßinstrumente kaum in Frage gestellt, was sicher daran liegt, daß das wissenschaftliche Anliegen, daß da doch etwas sein müsse, das man doch irgendwie finden und nachweisen können müßte, nicht überall groß ist. Wie in anderen Wissenschaften würden sonst die Untersuchungsergebnisse heißen: „Das der klinischen Erfahrung bekannte Phänomen ist derzeit wissenschaftlich noch nicht nachweisbar". Das Funktionieren der menschlichen Psyche (auch des Wissenschaftlers) ist eben darauf ausgerichtet, definitive Aussagen machen zu können. Es ist weniger befriedigend, sagen zu müssen „ich weiß noch nicht" als sagen zu können „das ist nicht so!".

In unserem Zusammenhang haben wir es leichter, da wir nur subjektive individuelle klinische Erfahrung wiedergeben, wohl wissend, daß jeder Psychotherapeut zu anderen klinischen Erfahrungen kommt. Gleichwohl besteht Konsenz darin, emotionale Wärme und Geborgenheit als eines der grundlegendsten und frühesten menschlichen Bedürfnisse zu betrachten. Gerade bei diesen Bedürfnissen tauchen am häufigsten Assoziationen von überwiegend körperlicher Vermittlung der Bedürfnisbefriedigung auf: In den Arm nehmen, wiegen, liebevoll zudecken, eine kuschelig-behagliche Höhle einrichten, im Kreis von Vertrauten am Kamin sitzen etc. Wir wollen dem Wort Geborgenheit nicht zusätzlich noch die Bedeutung von Schutz und Sicherheit verleihen, sondern nur als Herstellen von etwas Positivem verstanden wissen im Gegensatz zu dem davon abzugrenzenden Begriff „Schutz" (vor etwas Negativem).

Geborgenheit und Wärme sind allerdings nicht nur als punktuelle emotionale „Fütterung" zu sehen, sondern auch als etwas Atmosphärisches, als die emotionale Charakterisierung der Beziehung zwischen Mutter und Kind. Es fällt schwer, das Wort Beziehung auf Mutter und Säugling so anzuwenden, daß es nicht etwas völlig einseitig von der Mutter aus Gestaltetes sein muß. Hier müssen wir wieder sagen, daß wir noch zu wenig darüber wissen. Es gibt aber sehr aufschlußreiche Erkenntnisse der Bindungsforschung. Bowlby (1976) stellte fest, daß in den ersten 8 Monaten ab Geburt die emotionale Bindung zur Mutter aufgebaut wird und Störungen des Bindungsaufbaus charakteristische Auswirkungen auf das Kind haben.

Bowlbys Theorie und die empirischen Studien von Mary Ainsworth (1974) haben die Bedeutung der Emotionalität für die menschliche Entwicklung gezeigt. Sie postulieren eine angeborene Tendenz zum Aufbau einer emotionalen Bindung (attachment), die das Kind zum Überleben braucht. Alle hieraus resultierenden Reaktionen des Kindes und der Eltern sind Bindungsverhalten. Das Kind kann zum Ende des ersten Lebensjahres eine sichere Bindung aufbauen, wenn die Mutter nicht zu stark von den biologisch vorgegebenen Interaktionsmustern abweicht. Deren psychische Störungen können dies jedoch verhindern, vor allem indem statt Feinfühligkeit eine Insensitivität vorherrscht, statt Akzeptanz eine Zurückweisung, statt Kooperation eine Störung der natürlichen Tendenzen des Kindes und statt Verfügbarkeit ein Ignorieren des Kindes. Uhlich und Mayring (1992) zitieren empirische Studien, die Störungen des mütterlichen Bindungsverhaltens dann fanden, wenn die Mutter

1. ihr Kind nicht bejahen kann,
2. sich selbst nicht bejahen kann,
3. zu großen Belastungen ausgesetzt ist,
4. keine soziale Unterstützung erfährt,
5. zu viel Widersprüche zwischen kindlichen und eigenen Bedürfnissen erlebt,

6. eine gestörte Lebenslage bzw, Partnerbeziehung hat, die ein entspanntes Umgehen mit dem Kind nicht zuläßt.

Diese Untersuchungen sind leider erst ein bescheidener Anfang im Vergleich zu den klinischen Erfordernissen der Psychotherapie. Die Wissenschaft bemüht sich bislang leider in viel zu geringem Ausmaß um die klinisch relevantesten Themen der Psychotherapie

Neben den Störungen des Bindungsaufbaus im 1. Lebensjahr ist im 2. Lebensjahr die Qualität der entstandenen Bindung maßgeblich für gestörte oder ungestörte Entwicklung des Kindes. Die „unsichere Bindung" zur Mutter ist eine Quelle der Angst. Wir können davon ausgehen, daß Geborgenheit und Wärme nur erfahren wird, wenn der Bindungsaufbau nicht gestört ist. Ist nicht ausreichend Wärme und Geborgenheit vorhanden, setzt das Kind sein Regulationssystem in Aktion und wird jede Gelegenheit nutzen, mehr davon zu erhalten. Der Unterschied zu späteren Frustrationen anderer Bedürfnisse ist der, daß im 1. Lebensjahr noch kaum gezielte Aktivität im Sinne eines instrumentellen Verhaltens verfügbar ist, das kurzfristig zum Ziel führt. Das Kind ist noch zu sehr auf entgegenkommendes Verhalten der Eltern angewiesen. Es kann schreien, bis es in den Arm genommen wird. Meist wird das Schreien aber nicht mit Körperkontakt beendet, sondern durch Nahrungsverabreichung mit dem Fläschchen oder durch den Schnuller als Brustersatz.
Manche Kinder lernen deshalb schon sehr früh das Bedürfnis nach Wärme und Geborgenheit durch Nahrungs- oder Flüssigkeitszufuhr zu stillen. Wieder andere, die weniger stark frustriert wurden, werden anschmiegsam, greifen jede Gelegenheit nach Körperkontakt auf, um wieder ein bißchen aufzutanken. Später werden sie eventuell darauf achten, daß so wenig wie möglich distanzierende Disharmonie in einer Beziehung aufkommt, um die Wahrscheinlichkeit des sich Geborgenfühlenkönnens zu erhöhen.
Es gibt einige Menschen, für die es nur ein einziges emotionales Anliegen in ihrem Leben gibt: So viel wie möglich Geborgenheit bekommen. Ohne daß sie es sich bewußt machen, ist ihre Lebens- und Beziehungsgestaltung darauf ausgerichtet, zu einem ewigen Maximum an Geborgenheit zu kommen. Andere Menschen werden auch nur unter dem Aspekt wahrgenommen, wieviel Geborgenheit sie verheißen. Manchmal sind es ganz offensichtliche Indikatoren: Noch im Erwachsenenalter ist das Zimmer voll von Kuscheltieren oder eine Frau sucht sich immer Teddybären-Männer aus. Männer nehmen sich großbusige Mamatypen als Frau. Es kann jedoch auch sein, daß dieses Bedürfnis über die Sexualität gesättigt wird. Es ist deshalb die Frage, wie groß der Anteil an Männern

ist, die in lang dauernden Beziehungen mehr Sexualität wünschen als die Frau und darüber hauptsächlich versteckt uneingestandene Geborgenheitssehnsüchte stillen. Doch auch intensive Aktivitäten des „Nestbaus" in Haus und Garten, stete Häuslichkeitspflege oder ständiges Frösteln (ich habe es gerne warm) können ein Hinweis auf eine ausgeprägte Geborgenheitssuche sein. Wenn nichts anderes mehr im Leben Bedeutung hat, so wächst die Sehnsucht zur permanenten aktiven Suche und zur „Geborgenheitssucht" aus. Alarmierende „Entzugs"-Symptome als quälendes psychisches Leiden treten auf, wenn der Partner nicht oder nicht mehr bereit ist, die für ihn unbefriedigende Geborgenheitsgabe zu spenden. Kaum hat der Partner sich doch wieder „anzapfen" lassen, ist die Welt wieder heil, wie beim Säugling, der innerhalb von Sekunden vom herzerweichenden Schreien zum Wonnegefühl an der Mutterbrust wechselt.

Auf Dauer wird keine Partnerschaft dieses Ungleichgewicht überleben. Entweder verharren die Partner ihr Leben lang in einer unglücklichen Beziehung oder sie suchen immer wieder den gleichen Partnertyp und stellen mit ihm wiederholt die gleiche Beziehungskonstellation her. Und obwohl ihnen vielleicht der Grund des stets gleichen Scheiterns bewußt ist, können sie affektiv nicht aus den vorausgegangenen Fehlern lernen. Sie bleiben ihrer Geborgenheitssucht verhaftet. Nicht notwendigerweise, aber sehr oft, bilden sie einen dependenten Persönlichkeitstypus aus, d.h. die abhängige submissive Rolle in Beziehungen übernehmend.

Von Kindesseite aus kann es im 1. Lebensjahr kein Zuviel an Wärme und Geborgenheit geben, wenn das Kind nicht darin festgehalten wird, so daß seine Sättigungssignale von der Mutter mißachtet werden. Das heißt, daß ein bewußtes Zurückhalten oder Zurücknehmen auf alle Fälle falsch ist, wenn es aus eigenen Befürchtungen resultiert, dem Kind durch Verwöhnung zu schaden oder später mit dem verwöhnten Kind Erziehungsprobleme zu bekommen. Durch sensible Wahrnehmung der Äußerungen des Säuglings spürt die Mutter, daß das Kind sich genug geholt hat und sich anderem zuwenden möchte. Eine Mutter, der diese Wahrnehmung fehlt, wird entweder aus rationalen Gründen zu früh, d.h. bevor es wirklich ganz aufgetankt hatte, das Kind abweisen. Dann bleibt das Kind auf die Mutter fixiert, sie bleibt noch wichtig, es kann sich nicht frei anderen Gegenständen zuwenden, andere Bedürfnisse können nicht in den Vordergrund treten. Das heißt eine Mutter, die ihr Kind schnell wieder los haben möchte, erreicht das Gegenteil. Es bleibt an ihr kleben. Und je mehr sie es abweist, um so mehr wird es anhänglich an ihr kleben. Wo sollte es sich auch sonst hin wenden in seiner Not?

Oder andere Mütter respektieren das „Ich bin satt"-Signal bzw. die momentane Botschaft „Ich will nichts mehr von dir!" nicht. Sei es, weil sie eigene Geborgenheitsbedürfnisse mit Hilfe des Kindes befriedigen wollen, d. h. das Kind emotional mißbrauchen, sei es, daß sie das satte Abwenden des

Kindes als feindselig erleben und mit Macht dagegen halten. Am deutlichsten wird dies, wenn ein Säugling die Brust oder das Fläschchen zunehmend kategorisch ablehnt, weil das Nahrungsangebot der Mutter mit soviel unterschwelligem Zorn oder Haß verbunden ist, daß der Säugling die Haß-Milch verweigert. Er kann in seiner Wahrnehmung den ihn sehr störenden Haß der Mutter nicht von der ihn nährenden Milch unterscheiden. Durch behutsame Gesprächsführung mit den Müttern späterer Patienten läßt sich manchmal deren damaliger emotional-motivationaler Kontext herausarbeiten.

Obgleich wir von einer biologisch determinierten Hierarchie der Bedürfnisse ausgehen müssen, können wir für die sozialen Bedürfnisse nicht annehmen, daß bei Frustration eines so frühen Bedürfnisses wie Geborgenheit alle späteren Bedürfnisse bedeutungslos würden. Vielmehr finden wir immer wieder Menschen, die ihre großen Geborgenheitsbedürfnisse mit großem Aufwand abwehren müssen, sich in pseudoautonome Haltung fliehen und sich wundern, wie wenig ihnen ihre heldenhaft erkämpfte Selbstbestimmung an Glücksgewinn bringt. Sie wissen nicht, daß sie ihnen auch niemals Befriedigung verschaffen kann. So wenig wie Essen den Durst stillt, können Selbstbestimmungserrungenschaften Geborgenheitssehnsüchte stillen. Andere schleichen um die sich anbietende Geborgenheit herum wie die Katze um den heißen Brei. Sie wollen sie, schaffen es aber nicht, sich hinzugeben.

Für die einen ist „Geborgenheit erhalten" untrennbar verbunden mit „wieder klein und ausgeliefert sein". Andere meiden den großen Schmerz, der spürbar werden würde, wenn sie sich emotional der Geborgenheit öffnen würden. Durch die geöffnete Pforte würden mit den Geborgenheitsempfindungen auch all jene Gefühle des Schmerzes und der Trauer ins Bewußtsein gelangen, die mit der frühkindlichen Geschichte um Befriedigung und Frustration dieses Bedürfnisses im Schicksal des Kindes verknüpft waren. Bei manchen geborgenheitssüchtigen Männern ist auch das sexuelle Erleben auf ihre eher feminine passiv-empfangende Befriedigung ausgerichtet.

Zusammenfassend führen massive protrahierte Störungen der Regulation der Geborgenheitsaspekte der psychischen Homöostase des Kleinkindes zur späteren Fixierung auf dieses Bedürfnis mit offener, uneingestandener oder bewußter Suche nach Geborgenheit oder der Unfähigkeit, sich diesem Bedürfnis öffnen zu können. Die Hauptangst dieser Menschen ist die Angst vor dem Verlust der Bezugsperson. Umgekehrt führt die ungestörte Erfahrung von Geborgenheit und Wärme zu Vertrauen, zu der Zuversicht, daß die Welt schon die benötigte Bedürfnisbefriedigung ermöglichen wird. Dadurch kann sich das Kind und später der Erwachsene der Welt mit Selbstvertrauen - ohne Angst - neugierig, explorativ zuwenden, sich die Welt aneignen. Die Welt wird als im Prinzip gut, friedlich und befriedigend gesehen.

3. Schutz, Sicherheit, Zuverlässigkeit

Nicht die Suche nach dem Positiven und dem Herstellen eines Optimums, sondern das Vermeiden von Negativem beinhaltet dieses Bedürfnis. Ein Vermeidungsmotiv setzt aber bereits die Erfahrung von Angst bzw. Furcht voraus. Während Geborgenheit eher zur Phase des Bindungsaufbaus nach Bowlby (1976) gehört, ist dieses Bedürfnis das Thema nach dem Herstellen der Bindung zur Mutter und der Erfahrung der Unsicherheit dieser Bindung.

Da die Mutter nicht rund um die Uhr hundertprozentigen Schutz gewährt, kommt es unvermeidbar zu Situationen, in denen das Kind des zweiten Lebensjahres die Erfahrung macht, wie hilflos und ausgeliefert es ohne schützende Person sein kann. Sein Schreien und Rufen läßt die Mutter herbeieilen und das Kind auf den schützenden Arm nehmen. Das hierauf eintretende entlastende Gefühl ist erst durch den Kontrast zur vorausgegangenen Angst eine große Wohltat. Das traumatisch erlebte Getrenntsein von der Mutter schafft das Bedürfnis nach Schutz und Sicherheit bzw. nach zuverlässiger Verfügbarkeit, wenn das Kind sich verletzt hat oder erschrocken ist. Um überhaupt in solche Situationen zu geraten, muß das Kind sowohl in seiner motorischen Entwicklung (Laufen, Weglaufen) als auch in seiner kognitiven Entwicklung weit genug vorangeschritten sein. Das Kind wendet sich von der Mutter ab, exploriert neugierig mit immer größerem Aktionsradius die Welt. Die Entfernungen werden so groß, daß schließlich ein Getrenntsein von der Mutter erlebt wird.

Die emotionale Reaktion auf dieses Gewahrwerden wird, abgesehen von schnell zu beruhigenden situativen Schreckmomenten, nur dann zur traumatischen Erfahrung, wenn das Kind eine situationsübergreifende Trennung von der Mutter assoziiert. Nach Bowlbys Untersuchungen ist dies bei Kindern mit einer unsicheren Bindung zur Mutter der Fall. Diese für viele Kinder erstmals in ihrem Leben gemachten Erfahrungen des Getrennt- und dadurch Schutz- und Hilflosseins ist eine erprobte Änderung des Selbst- und Weltbildes. „In der Welt geschehen von mir nicht kontrollierbare Dinge." Oder „allein bin ich der Welt hilflos ausgeliefert."

Dieses neue Selbst- und Weltbild kann verkraftet werden, wenn die beruhigende Erfahrung gemacht wird: „Aber wenn ich sie brauche, ist Mutter ganz schnell da - oder Vater". Genau diese notwendige dritte Erfahrung wird von manchen Müttern nicht vermittelt. Sie vermitteln die Erfahrung von Unsicherheit, Unzuverlässigkeit, brüchigem Schutz. Dies kann allein durch die Ängstlichkeit der

Mutter vermittelt werden, deren Angst ansteckend wirkt. Von Tierbeobachtungen bei Herdentieren her wissen wir, daß dieses Ansteckende der Angst ein wichtiger Schutzreflex ist, um Gefahrensignale schnell genug und wirksam genug weiterzugeben. Für Kinder ist das Lernen am Modell der Mutter ebenfalls ein wichtiges Weitergeben potentieller Gefahren. Das Kind übernimmt die Erfahrungen der Mutter.

Andere Mütter zeigen nicht Angst, sondern Unmut, wenn das Kind sich außerhalb ihrer Kontrollsphäre bewegt hat. Sie vermitteln dem Kind, daß es nur bei ihnen Schutz und Sicherheit gibt, daß die Welt bedrohlich ist und daß es deshalb wichtig ist, in ihrer Nähe und unter ihrer Aufsicht zu bleiben. Das Kind befindet sich nun in der Zwickmühle. Für seine psychische Homöostase braucht es beides: die Entfernung von der Mutter, sei es zu anderen, neuen Dingen, sei es zu anderen Personen, um das Selbstgefühl zu entwickeln, fähig zu sein, allein (ohne Mutter) der Welt zu begegnen - aber mit einem Gefühl der Sicherheit, das wiederum nur die Mutter vermitteln kann. Wenn sich im falschen Moment - oder zu spät, d.h. dann, wenn das Kind schon Angst hat, der Vater (oder auch die Mutter) als großer Christopherus, Fels in der Brandung und Schützer von unendlicher Macht anbietet, wird das Kind zwar angstfrei, aber nur mit Beschützer. Es wird rasch lernen, sich so zu verhalten, daß dieser Schutz zuverlässig verfügbar ist, ihn freundlich umwerben und auf ihn eingehen. Und es wird später über eine glückliche, harmonische Kindheit berichten, in der es so gut wie keine Angst gab.

Solche Berichte sprechen aber gerade nicht für einen natürlichen kindgemäßen Umgang mit dem Bedürfnis nach Schutz, Sicherheit und Zuverlässigkeit. Statt das Kind rechtzeitig im voraus mit Sicherheit und Zuverlässigkeit auszustatten, damit es den großen Christopherus nicht so dringend benötigt, wurde es zunächst verunsichert und verängstigt, um ihm dann Schutz anzubieten und sich im narzißtischen Gefühl des glorreichen Beschützers sonnen zu können.

Das maßlos unglückliche Rückkehren mancher Kinder, das uns ihr Gefühl der Insuffizienz, d.h. der fehlenden Selbsteffizienz nachempfinden läßt, wurde von Margret Mahler (1980) als Wiederannäherungskrise bezeichnet. Sie drückt dadurch aus, daß die zuvor bestehende expansive Entfernung von der Mutter mit einer illusorischen Selbstüberschätzung des Kleinkindes durch einen zu plötzlich eintretenden Zuwachs an Realitätswahrnehmung das Kind zur Wiederannäherung an die Mutter zwingt und es in eine Krise des Selbstgefühls stürzt.

Bei einer zeitgerechten Vermittlung von Sicherheit und Zuverlässigkeit (bedarfsweiser Verfügbarkeit) macht das Kind die Erfahrung, daß es zwar nicht bedenkenlos weit und lange außerhalb der elterlichen Schutzzone bleiben kann, daß es also prinzipiell schutzbedürftig ist, daß aber der elterliche Schutz rasch genug verfügbar ist und daß im Gefühl der Erreichbarkeit und Verfügbarkeit dieses Schutzes dennoch die kindliche Welt von ihm erkundet werden kann. Die Grunderfahrung

heißt also: „Ich brauche einen gewissen Schutz, ich habe zuverlässig ausreichenden Schutz. Mit der Gewißheit des im Bedarfsfall verfügbaren Schutzes bin ich in der Lage, mich allein von Mutters Fittichen weg zu bewegen und meine Welt zu erkunden und in Besitz zu nehmen."
Die homöostatische Befriedigung des Bedürfnisses nach Schutz, Sicherheit und Zuverlässigkeit vermittelt das Selbstgefühl „Ich kann mich in Sicherheit in der Welt bewegen. Ich muß mich nicht ständiger Verfügbarkeit eines Schützers oder eines schützenden Ortes vergewissern." Zu welchen Entwicklungsschritten befähigt das? Es schafft die Voraussetzung dafür, sich von der Mutter, der Familie, der Heimat entfernen zu können, sich die außerfamiliäre Welt anzuschauen, zu eigen zu machen und sich irgendwo (nicht zu rasch) einen eigenen Lebensort auswählen zu können, nicht ständig an Schutz und Sicherheit denken zu müssen oder gar unentwegt auf Sicherheit bedacht zu sein. So wie es bezüglich der Geborgenheit Menschen gibt, die ihre Lebensenergie dazu verwenden, ihre Geborgenheitssehnsucht durch Pseudoautonomie oder durch Bedürfnislosigkeit abzuwehren, gibt es auch Menschen, die im Gegensatz zu den oben beschriebenen „Nesthockern" dieses Bedürfnis abwehren, ja geradezu klaustrophobische „Nestflüchter" sind. Ihr Beziehungsverhalten gleicht in manchem Vögeln, die sich manchmal bis auf eine sichere Distanz freundlich annähern, aber in dem Moment, in dem der andere auf sie zugeht, sofort wegfliegen, stets darauf bedacht, nicht in einem Käfig eingesperrt zu werden. Für sie bedeutet Sicherheit, sich niemandem anzuvertrauen, indem nur unverbindliche, lockere Kontakte gepflegt werden. Auf diese Weise bewahren sie die alleinige Kontrolle, kann es ihnen nicht passieren, daß der andere Kontrolle über sie gewinnt. Ihre Hauptangst ist die vor Verlust der Kontrolle über eine Situation. Solche Menschen entwickeln später manchmal eine „Heiratsphobie", d.h. zu dem Zeitpunkt der Entscheidung, sich in einer dauerhaften Partnerschaft zu binden, entwickeln sie eine Agoraphobie oder Panikattacken, wie der Vogel in Panik gerät, wenn der Mensch ihn mit seiner zur Faust geschlossenen Hand umschließt. Beim Vogel ist das verständlich. Beim Menschen zeugt es von einem stark unterentwickelten Selbstgefühl.

4. Liebe erhalten - geliebt werden

Woran erkennen Sie, daß Sie geliebt werden? Was spüren Sie in diesem Moment, in dem Sie sich geliebt fühlen? Jeder, dem die Frage gestellt wird, hat einige Mühe, Worte zu finden, die den Fragenden diesen Vorgang nachempfinden lassen. Oft wird geantwortet, durch Geschenke, durch Liebesdienste, durch Blumen. Doch wissen wir, daß all dies auch ohne Liebe abgegeben wird. Viele verwechseln Wissen mit Spüren, sie können zwar Erinnerungen berichten, aus denen zweifelsfrei geschlossen werden muß, daß sie von der betroffenen Person geliebt werden, z.B. wenn der andere seine gute Arbeitsstelle aufgibt und in eine andere Stadt zieht, damit ein Zusammenleben möglich wird. Aber Momente zu schildern, in denen sie sich wirklich geliebt fühlten, fällt vielen schwer. Und noch schwerer fällt es, zu benennen, woran sie die Liebe des anderen spürten.
Wenn diese Momente etwas zu Seltenes sind, können sie dann für die psychische Homöostase des Kindes notwendig sein? Die Zahl der Menschen, die in ihrem ganzen Leben noch nie wirklich geliebt wurden, ist sicher groß. Fragt man Patienten, ob sie sich von ihren Eltern geliebt fühlten, so antworten sie oft mit einem klaren Nein und ebenso oft, daß sie sich der Liebe der Eltern nicht sicher waren. Andere geben an, daß sie sich die Liebe der Eltern erarbeiten mußten oder dafür auf ihr natürliches Kindsein verzichten mußten. Wenn man aus den Biographien psychischer und psychosomatischer Patienten erfährt, wieviel Kinder tun, welche Anstrengungen sie unternehmen, welche Verzichte sie leisten, um die Liebe ihrer Eltern zu bewahren oder zu gewinnen, weiß man, daß Liebe eine zentrales Regulativ der psychischen Homöostase des Kindes ist.
Die kindliche Psyche ist allerdings auch flexibel genug, ihre Anstrengungen einzustellen, wenn keine Liebe zu erhalten ist und dafür anderen Bedürfnissen nachzugehen, wie Akzeptanz oder Anerkennung. Ein immerwährender Ehrgeiz fesselt das Bewußtsein so sehr, daß die fehlende Liebe nicht wahrgenommen wird. Soll Leistungsstreben allein das Bedürfnis nach Liebe ersetzen, so entsteht krankhafter Ehrgeiz. Uns wird verständlich, daß krankhafter Ehrgeiz eher dazu führt, noch weniger geliebt zu werden und deshalb ewig weiter betrieben werden muß. Ähnlich unergiebig ist der Versuch, durch auffallende Großartigkeit, etwa bezüglich perfekter Figur, Kleidung oder Auftreten, einem Ideal möglichst nahezukommen oder weit genug von der Durchschnittlichkeit entfernt zu sein. Kurze Momente schaffen die Illusion, endlich das Geliebtwerden geschafft zu haben. Doch sehr bald müssen die Anstrengungen weiter aufgenommen werden, angetrieben durch

die Angst, völlig ins Nichts abzustürzen. Auffallend liebenswerte Menschen finden nicht selten unsere Bewunderung oder gar unseren Neid, wie sie es bloß schaffen, so erfolgreich die Herzen der anderen Menschen zu erobern. Manche von ihnen sind einfach gesund und emotional stabil. Einige haben aus der Not des kindlichen Mangels an Liebe eine Tugend gemacht und ihre psychische Energie ganz auf den Aufbau von liebenswertem Verhalten verlegt. Sie können das sehr gut, es blieb aber nichts übrig für andere Fähigkeiten - sonst können sie nichts. Der Blick hinter die Kulissen zeigt, wie arm sie in ihren Gefühlen sind, wie bedürftig und wie abhängig von den anderen Menschen. Bei manchen Frauen ist der Erfolg ihrer Liebenswürdigkeit mit ihrem Aussehen und ihrer Jugend verbunden. Sie geraten mit dem Älterwerden in schwere psychische Krisen, manche mit 30, manche mit 40 Jahren.

Es zählt sicher zu den schwersten Aufgaben, sich so verhalten zu müssen, daß man geliebt wird. Und dies führt zu zweierlei, einerseits zu großer Wut auf den, der einem dies abverlangt, andererseits zu einem Selbstgefühl fehlender Liebenswürdigkeit. „So wie ich bin, bin ich nicht liebenswert." Dies führt wiederum dazu, daß die Fähigkeit, sich selbst zu lieben, nicht aufgebaut werden kann. Jeder Mensch benötigt aber ein Mindestmaß an Selbstliebe, um psychisch gut für sich sorgen zu können. Andernfalls treten Depressionen auf, oder als deren Vorläufer in Beziehungen ständige Ängste vor Liebesverlust.

Man mag dem Satz einer Mutter „dann mag Dich Mama aber nicht mehr!" wenig Bedeutung beimessen. Wenn er nicht systematisch als Erziehungsmittel eingesetzt wird, wenn die Mutter nicht ohnehin dem Kind zuwenig Liebe geben kann, ist dies zutreffend. Steckt aber Wahrheit in diesen Worten, so fühlt sich das Kind existentiell bedroht. Wenn die Liebe der Mutter Mangelware ist, wenn zudem Haß an die Stelle der schwindenden Liebe tritt, so bekommt der Satz eine doppelte Bedeutung: „Dann wird meine Liebe in Haß umschlagen!". Gehen von der Mutter solche unausgesprochene Botschaften aus, so wird für das Kind der Umgang mit der Mutter wie das Hantieren mit einer nicht entschärften Bombe. Nichts ist wichtiger als die Gemütslage der Mutter genau zu kennen und nichts ist wichtiger als das zu tun, was deren Gemüt entschärft. So kann es z.B. obsolet sein, mit dem Vater eine gute Beziehung haben, da er ja der „Feind" der Mutter ist. Oder es kann umgekehrt wichtig sein, den von der Mutter frustrierten Vater zu bezirzen, um diesen zu besänftigen, dadurch Streit zu vermeiden, nachdem die Mutter jedesmal ihre Tochter voll Wut dafür verantwortlich macht, bei diesem Mann bleiben zu müssen.

Wenn bisher immer die Mutter als Dreh- und Angelpunkt der kindlichen Entwicklung bezeichnet wurde, so zum Teil aus Gründen der Vereinfachung, d.h. oft könnte es heißen „Vater und/oder Mutter". Generell läßt sich sagen, daß meist ein Elternteil ganztags berufstätig ist und deshalb für

die kontinuierliche Bemutterung nicht zur Verfügung steht. Meist ist dies der Vater. In Familien, in denen die Rollen anders verteilt sind, ist eben der Vater die Person, die die Bemutterung übernimmt. Sind beide berufstätig, findet keine Bemutterung statt, wir können dann höchstens von einer Kinderpflege sprechen. Auch die liebste Großmutter kann die Mutter nicht ganz ersetzen.
Nehmen wir an, eine Mutter hatte solche Freude an ihrem Beruf und an der reichen Bestätigung, die sie sich durch die zahlreichen Kontakte an ihrer Arbeitsstelle geholt hatte, daß sie wieder in den Beruf zurückkehrt, als ihr Sohn 1 Jahr alt ist. Er wurde von diesem Zeitpunkt an ein sehr stilles Kind, das von der tagsüber betreuenden Großmutter als erfreulich brav und lieb bezeichnet wurde. Das Kind hatte zwar die Erfahrung, geliebt zu werden, aber von der falschen Person. Für sein weiteres Leben bleibt die unerledigte Aufgabe, von der richtigen Person geliebt zu werden. Eine Aufgabe ist definiert durch eine festgelegte Problemsituation, im sozialen Kontext also durch die Personen, deren Persönlichkeit, deren Interessen und Anliegen und damit durch ihren Schwierigkeitsgrad sowie durch die gewünschte Lösung. Wenn die Aufgabe lauten würde, von einem Menschen geliebt zu werden, der dies schon lange ersehnt und nur das Wörtchen „ja" die Aufgabe lösen würde, wäre es eine sehr leichte Aufgabe, sie wäre schnell erledigt, abgehakt und vergessen. Um die genannte Aufgabe „von der richtigen Person geliebt zu werden" zu lösen, müssen jedoch mehrere Schritte unternommen werden:

1. Die richtige Person muß identifiziert werden. Das ist in unserem Beispiel für den inzwischen erwachsenen jungen Mann eine Frau, die so wie früher die Mutter sich oder jemand anderen liebte, aber nicht den jungen Mann: Eine Frau, die keine Anstalten macht, Liebe zu geben.
2. Es muß Kontakt aufgenommen und Beziehung zu ihr hergestellt werden. Dies gelingt nur, wenn irgendwie ihr Interesse geweckt werden kann. Oft sind es Menschen, denen es gefällt, begehrt und bestätigt zu werden. Also fügt es sich gut zusammen.
3. Wenn die Beziehung zu ihr hergestellt ist, kann die Arbeit an der Aufgabe beginnen: Alles erdenkliche tun, um bei ihr das Gefühl der Liebe zu erwecken: lieb sein, freundlich sein, lustig sein, aufmerksam sein, gut aussehen, viel Beifall geben, viel Bewunderung aussprechen, ihr deutlich machen, wie begehrenswert sie ist und: wie sehr er sie liebt. Die Aufgabe scheint zu gelingen, die erwählte Frau ist glücklich. Dies kann einige Zeit - Monate oder Jahre - so gehen, bis der Frau die Anstrengungen des jungen Mannes nicht mehr reichen, sie wird unzufrieden. Er strengt sich sofort noch mehr an und die Unglücksspirale beginnt sich zu drehen. Schließlich wirkt sein Bemühen so liebedienerisch, daß sie ihn verachtet und zuletzt auch nicht mehr mag. Das erinnert ihn wiederum daran, wie demütigend seine Mutter ihn gerade dann behandelt hatte, wenn er ihre Liebe am dringendsten benötigt hätte. Und in diesem Moment steigt Haß in ihm auf - er hat ganz kurz die

Phantasie, sie zu erwürgen. Darüber erschrickt er sehr. Am nächsten Morgen wacht er mit einer schweren depressiven Verstimmung auf, die erst wieder nachläßt, als die Frau wieder aus seiner Wohnung ausgezogen ist. Die Aufgabe wurde nicht gelöst. Aber es wird sich wieder eine Frau finden, die sich für diese Aufgabe eignet.

Dieser ständig neue Versuch, eine unerledigte Aufgabe der Kindheit zu lösen, wurde von Freud „Wiederholungszwang" genannt. Wie wir an unserem Beispiel sehen, ist dies eine sehr komplexe Konstruktion, die unter der Regie der „autonomen Psyche" steht. Das Drehbuch wurde in der Kindheit geschrieben, die Dramaturgie wurde von der kindlichen Homöostase übertragen, die Auswahl der Schauspieler erfolgt mit größtem Fingerspitzengefühl von der autonomen Psyche, die auch die Regie übernimmt. Hauptdarsteller ist natürlich unsere bewußte, willkürliche Psyche, die allerdings stets eine letztendlich sehr unglückliche Rolle spielt.

Nach diesen Betrachtungen ahnen wir, daß das Wesen des Wiederholungszwangs darin besteht, die Wiederholung des kindlichen Dramas im Erwachsenenalter so zu inszenieren, daß die Aufgabe unerledigt bleibt. Somit unterscheidet sich der Wiederholungszwang auch vom Zeigarnik-Effekt, wie er als klassisches Experiment in der Gestaltpsychologie und in der Feldtheorie Kurt Lewins (1963) bekannt ist.

5. Aufmerksamkeit, Beachtung, Zuwendung

Manche Patienten nehmen das Wort Liebe nicht in den Mund, wenn es um die erfüllenden und nicht erfüllenden Seiten ihrer Eltern geht. Ihre Klage lautet „Mein Vater hat mich nie beachtet. Wir Kinder waren Luft für ihn. Da mußte schon etwas ganz außergewöhnliches passieren, daß er sich mal für uns interessiert hat.“ Und in ihren Worten steckt mehr Groll als Trauer.

Ein Kind braucht schon sehr früh die ganze Aufmerksamkeit der Eltern, nicht ständig, aber wenn, dann mit ganzer Konzentration. Diese konzentrierte Zuwendung beinhaltet zweierlei. Zum einen das sich bewußt völlig auf das Kind einstellen, und nicht nebenher mit einem Erwachsenen weiter reden oder immer wieder einen Blick in die Zeitung oder den Fernsehapparat werfen, zum anderen auch nicht innerlich abwesend sein z.B. bei der gedanklichen Planung einer Einladung oder einem beruflichen Problem. Das Kind soll die Zuwendung nicht mit etwas oder jemand anderem teilen müssen. Erfährt ein Kind in ausreichendem Ausmaß diese ungeteilte Aufmerksamkeit und Zuwendung, so erfährt es etwas, das über Willkommensein, Dazugehören und Akzeptanz hinausgeht. Zu der Erfahrung, ein Teil des Ganzen zu sein, kommt nun die Erfahrung, als etwas Eigenes, Individuelles wahrgenommen zu werden. „Ich bin beachtenswert. Ich tue Beachtenswertes.“ Über das Wahrgenommenwerden entsteht Selbstwahrnehmung, über die Beachtung entsteht Selbstachtung.

Natürlich kann selektive Aufmerksamkeit kindliches Verhalten schon sehr früh steuern, z.B. in Richtung auditiver oder visueller Signale. Kinder lernen schnell, wie sie Aufmerksamkeit auf sich ziehen können. Noch nicht 1 Jahr alt, wiederholen sie das, was die Erwachsenen auf sie aufmerksam machte. Zum Teil sind es akzidentelle Lernprozesse, die sich wieder verlieren. Nur wenn Aufmerksamkeit eine Rarität ist, die durch ihre Seltenheit kostbar wird, wird das Kind gezwungen, alle Gelegenheiten zu nutzen, um etwas davon abzubekommen. Es hängt auch davon ab, auf welche Weise Nichtbeachtung erfolgt. Diese kann sehr verschiedene Botschaften enthalten:

„Du bist nichts“. „Du existierst nicht für mich“.

„Du bist nichts für mich.“ „Du bist mir zu wenig.“

„Du bist o.k., aber ich habe so viel mit mir selbst zu tun.“

Manche Eltern strafen ihre Kinder dadurch, daß sie einige Tage lang keine Notiz mehr von ihnen nehmen. Dies wird von diesen als so schrecklich berichtet, daß sie lieber Schläge in Kauf genommen hätten. Hier kommt eine eisige Kälte und Ablehnung zu der Nichtbeachtung hinzu, so daß eine Waffe entsteht, der vom Kind nichts entgegengesetzt werden kann.

Ein Problem fehlender Beachtung ist demnach, daß die betroffenen Kinder sich später als nicht beachtenswert erleben, es also schwer haben, ihr Selbstwertgefühl aufrecht zu erhalten und im Kontakt anderen Menschen mit einem ausreichenden Selbstbewußtsein entgegenzutreten.

Einige entwickeln Kompensationsmechanismen. Sie bleiben nicht unbeachtet, sondern sie entwickeln früh Bewältigungsstrategien, durch die sie ausreichend oder sogar zu viel Aufmerksamkeit auf sich ziehen. So wie für manche Dazugehören oder Geborgenheit oder Schutz bzw. Liebe das lebenslange Dauerthema ist, haben sie einen unersättlichen Hunger nach Aufmerksamkeit. Die Überlebensregel könnte z.B. heißen „Nur wenn ich die ganze Aufmerksamkeit und Beachtung aller Menschen in meiner Nähe auf mich lenken kann, bin ich ein wirklich beachtenswerter Mensch.“ Die Frage stellt sich, wozu so ein Mensch soviel Beachtung braucht. Eine Patientin berichtet, das elterliche Haus sei abgebrannt und ihre Mutter habe sie als Baby im Haus vergessen.

Manche achten zwar „streng“ darauf, ob andere sie genügend beachten, machen aber auf keinen Fall aktiv auf sich aufmerksam. Sie prüfen die anderen jedes Mal, ob sie ihnen den ihnen gebührenden Tribut auf Aufmerksamkeit oder Berücksichtigung zollen. Manchmal werden regelrechte Fallen von ihnen aufgestellt, die offensichtlich nur dazu dienen, den Beweis beizubringen, daß sie nicht genügend beachtet werden. Manche sind dann empört, beleidigt, gekränkt, andere ganz unglücklich. Fazit ist die Bestätigung ihrer alten Weltsicht: Die Welt geht so schlecht mit ihnen um. Dies sind verschiedene Stufen der Bewältigung: Wer die Nichtbeachtung ganz auf sich bezieht, bleibt bei der Erfahrung nicht beachtenswert zu sein. Wer beleidigt reagiert, zeigt dem anderen dadurch, welchen Fehler er begangen hat. Wer Fallen aufstellt, in die der andere ahnungslos tritt, hilft etwas nach, um den anderen als Missetäter anprangern zu können, ihm die Verantwortung für die Täterschaft zuschieben zu können. Darin steckt bereits eine aggressive Wehrhaftigkeit, von der wir wissen, daß sie auf den Partner durch die Auslösung von Schuldgefühlen sehr großen Einfluß haben kann.

6. Empathie, Verständnis

Wer sein Kind wirklich liebt, fühlt sich auch richtig ein und versteht es. Das klingt plausibel, ist aber falsch. Schicksale, in denen Liebe vorhanden war, aber kein Einfühlungsvermögen, wirken auf uns viel tragischer, da sie nicht in die Täter-Opfer-Schablone passen, sondern aus und mit Liebe großer Schaden angerichtet wurde. Bedenkt man, wie grundverschieden erwachsenes und kindliches Wahrnehmen, Denken und Fühlen abläuft, so muß man eingestehen, daß es zu den schwierigsten Aufgaben gehört, Kinder im Vorschulalter wirklich zu verstehen. Kinder können ihre momentane innere Situation, was sie wie wahrgenommen und gedanklich verarbeitet haben und welche Gefühle sie jetzt haben, was sie in Folge dessen von den Eltern gerade jetzt brauchen, nicht in Worte fassen, die die Erwachsenen verstehen können.

Es würde viel Zeit und Geduld kosten, diese innere Situation des Kindes zu explorieren, um dann adäquat darauf reagieren zu können. Adäquat muß nicht heißen wunscherfüllend, sondern kann z.B. heißen, dem Kind einen momentanen Sachzwang des Erwachsenen so mitzuteilen, daß das Kind bereit sein kann, die Wunscherfüllung aufzuschieben. Gerade Kinder zwischen 2 und 3 Jahren haben oft magische Vorstellungen vom Funktionieren der Welt. So kann es sein, daß ein Kind sich strikt weigert, sich auf den Stuhl des Bruders zu setzen, in der Annahme, daß dieser dann tot werde. Oder ein Fruchtsaft, der gestern noch schmeckte, wird heute nicht mehr angerührt, weil eine Hexe ihn vergiftet hat. Wer würde schon ein Kind zwingen Gift zu trinken? Oder ein Kind will unbedingt, daß der Vater nach dem Zu-Bett-Geh-Ritual im Zimmer bleibt, weil sobald es die Augen zumacht, das Zimmer voll von schrecklichen Ungeheuern ist. Das Problem ist nur, daß die Kinder uns ihre für sie von der Realität nicht unterscheidbaren Phantasien nicht mitteilen und wir uns nicht vergegenwärtigen können, daß sie Realität für sie sind.

Am meisten sind die Eltern in der Trotzphase des Kindes gefordert. Es gibt keinen nachvollziehbaren Grund, die Lieblingshose ab heute nicht mehr anzuziehen. Erst das Wissen um die Bedeutung des endlosen Einübens des Wortes „Nein“ für die Abgrenzung des eigenen Selbst von Mutter und Vater läßt beide Eltern verständnisvoll werden. Doch es wird einfach davon ausgegangen, daß die Logik des Erwachsenen auch der Denkweise des Kindes entspricht. Was dem Erwachsenen unvernünftig erscheint, ist unerzogen, gegen die Eltern gerichtet und muß bestraft werden. Nicht nur, daß das Kind mit seinen Problemen im Stich gelassen wird, es wird ihm signalisiert, daß seine Gefühle nicht in Ordnung sind, daß seine Bedürfnisse nicht berechtigt sind. Und die elterlichen Signale sind meist mit zunehmender Aggression verknüpft. Es beginnt eine Eskalation. Das im Stich gelassene Kind fühlt sich nur unglücklicher, wird noch bedürftiger, bräuchte noch mehr Verständnis. Der Erwachsene wird noch hilfloser. Mit seiner Ohnmacht wächst seine Wut, die sich schließlich über dem Kind entlädt, mit Worten, handgreiflich oder indem mit Zuschlagen der Tür das Kind allein zurückgelassen wird. Wir müssen uns nur vorstellen, daß mit uns jemand so umginge, wie unempathische Eltern es mit ihren Kindern tun.

Wir gestehen Kindern im Konfliktfall keine eigene Selbst- und Weltsicht zu. Wenn aus dem Blickwinkel des Erwachsenen ein kindliches Gefühl nicht angemessen erscheint, wird es zurückgewiesen. Erwachsene haben das Vorrecht, Gefühle zu entwickeln, die im Einklang mit ihrer Selbst- und Weltsicht sind. Von Kindern wird erwartet, daß sie nur solche Gefühle haben, die zusätzlich auch mit der Erwachsenenwelt- und Selbstsicht übereinstimmen. Viele bleiben da nicht übrig, wenn ein Kind sich keine Disharmonie mit den Erwachsenen leisten kann. Manche Kinder lernen so schnell, wann sie welche Gefühle haben dürfen, daß sie gar nicht mehr in Situationen kommen, in denen sie sich von ihren Eltern nicht verstanden fühlen. D.h. nur ein Teil der Kinder unempathischer Eltern wird sich später über deren fehlendes Verständnis beklagen. Erst eine genauere Exploration des Umgangs mit Gefühlen offenbart das Schicksal kindlicher Emotionen (Sulz, 1992a, Seite 37ff.). Meist erfahren wir in der Anamnese, daß expressive, laute, ausgelassene oder aggressive Gefühlsäußerungen von den Eltern bestraft wurden und deshalb unterdrückt werden mußten bzw. nicht mehr vorkamen.

Wozu brauchen Kinder die Empathie ihrer Eltern? Damit sie kindgemäße Gefühle und Bedürfnisse zulassen können. Damit sie den Umgang mit Gefühlen und Bedürfnissen lernen können. Wer z.B. Aggression immer völlig unterdrücken muß, kann nicht lernen sie in zivilisierter Weise auszudrükken bzw. in konstruktive Wehrhaftigkeit umzusetzen. Wer immer die Rückmeldung bekommt, daß seine Gefühle falsch sind, kann nicht lernen, sich auf sie als hilfreiche Signale im Umgang mit sich selbst und anderen zu nutzen. Wer für Bedürfnisäußerungen bestraft wird, verlernt schließlich, sie wahrzunehmen. Wer nicht lernt, sich an eigenen Bedürfnissen und Gefühlen zu orientieren, muß sich entweder ganz auf seinen Intellekt verlassen, diesen als Krücke benützen oder er muß sich völlig auf das sozial Erwünschte konzentrieren. Er wird weder zu einer psychischen Homöostase in der Lage sein noch wird er fähig sein, mit eigenem aktivem Beitrag die sozial-systemische Homöostase seiner Umwelt mitzugestalten. Empathische Eltern, die ihrem Kind den Raum lassen, ihre Gefühle und Bedürfnisse im sozialen Kontext zu leben und zu entwickeln, schaffen damit die Voraussetzung dafür, daß ihr Sohn bzw. ihre Tochter ein ganzer Mensch wird, der seine ganze Psyche entwickeln konnte und dadurch gute Fähigkeiten für eine gut funktionierende Selbstregulation und für eine aktiv-mündige Teilnahme an der Regulation sozialer Systeme besitzt. Nicht zuletzt wird er zu Empathie mit seinen Kindern fähig sein.

7. Wertschätzung, Bewunderung, Lob

Willkommen sein, geborgen sein, geschützt sein, geliebt sein, beachtet sein, verstanden werden tut dem Kind gut und schafft entwicklungsfördernde Bedingungen, gibt ihm aber kein Feedback für das, was es tut und wie es das tut. Neben all diesen bedingungslosen Bedürfnisbefriedigungen oder Verstärkungen beginnen allmählich differentielle Reaktionen der Umwelt durch die das Kind schnell lernt, welche Handlungen bewundernswert sind und wodurch es Lob erzielen kann.

Doch muß ein Teil der Wertschätzung und Bewunderung auch noch bedingungslos erfolgen. „Ich schätze dich so, wie du bist. Ich freue mich über dich und bewundere dich". Es reicht nicht, daß Handlungen und Leistungen geschätzt werden. Und es reicht auch nicht, daß ein Mensch nur durch seine Taten Wertschätzung erringen kann, auch wenn dies bei Erwachsenen Usus ist. Meist fällt es Erwachsenen auch nicht schwer, die Kinder ab dem Krabbelalter bis kurz nach dem Gehenlernen uneingeschränkt zu bewundern. Eltern und Kind finden einfach alles, was das Kind in seiner tollpatschigen Art gerade macht, begeisternswert. Zirkusclowns, die Kinder dieses Entwicklungsstadiums sehr gut imitieren können, kommen auch bei ihrem Publikum am besten an. Erfolge und Mißerfolge des Kindes führen gleichermaßen zur Begeisterung der Erwachsenen. Weit entfernt von der objektiven Realität fühlen sich die Einjährigen wie Könige und Welteroberer und die Eltern bestätigen sie in diesem Gefühl. Sie geben ihre Wertschätzung und Bewunderung dafür, daß sie so sind, wie sie sind, ungeachtet eines erfolgreichen Handlungsvollzugs.

Der zunehmende Realitätssinn des Kleinkindes bringt es mit sich, daß es auf Mißerfolge ärgerlich oder unglücklich reagiert. Und in den anstehenden psychomotorischen Lernprozessen des zweiten Lebensjahres gibt es eine große Anzahl anfänglicher Mißerfolge. Es scheint einen Knick im Selbstwertgefühl vieler Kinder zu diesem Zeitpunkt zu geben. Sie nehmen wahr, was sie alles nicht können und sie können das Selbstgefühl des Welteroberers nicht länger aufrechterhalten. Sie merken, wie sehr sie die Mutter brauchen, reagieren darüber oft weinerlich. Die bis dahin von einem glücklichen Kind verwöhnte Mutter kann nun - unempathisch - viele Fehler machen, je nachdem wie sehr sie für ihr eigenes Selbstwertgefühl dieses bewundernswerte Kind weiterhin gebraucht hätte. Manche Mütter reagieren genervt, manche zornig, manche deprimiert auf diesen „Rückfall" des Kindes, bei dem es wieder anhänglicher wird, mehr Schutz braucht, mehr Geborgenheit sucht, ängstlicher wird, nachts nicht mehr durchschläft, falls es dies getan hatte, nicht mehr so gut ißt usw. Wie manche Eltern die Trotzphase des Kindes auf folgenschwere Weise stören, weil sie nicht verstehen, um welchen wichtigen Entwicklungsschritt es geht, so gibt es zahlreiche Eltern, die in dieser für das Kind so schwierigen Zeit versagen, indem sie, wie das Kind selbst oder noch mehr als dieses, enttäuscht auf den „Verlierer" reagieren und dem Kind dadurch die bisherige Wertschätzung und Bewunderung entziehen. Statt dessen bräuchte das Kind die Botschaft, daß es als „Verlierer" immer noch die Wertschätzung der Eltern hat. Wenn es zu früh die Erfahrung machen muß, daß nur der „strahlende Sieger" den Eltern etwas wert ist, entwickelt es als Selbst- und Weltbild die Formel: „Nur wenn ich erfolgreich bin, bin ich ein wertvoller Mensch". Daraus kann die Überlebensregel entstehen „ich muß in allen wichtigen Situationen dafür sorgen, daß ich der Erfolgreiche bin, sonst bin ich nichts wert". Dies ist die Überlebensregel der narzißtischen Persönlichkeit. Man kann sie nicht gleichsetzen mit Ehrgeiz, der zielorientiert ist.

Diese Bemühungen haben den Charakter eines Überlebenskampfes, den wir kopfschüttelnd betrachten, wenn ein kleiner Schönheitsfehler in der narzißtischen Präsentation das Selbstwertgefühl völlig vernichtet und den Menschen demoralisiert zurückläßt, als ob ihm nicht einmal ansatzweise etwas gelungen sei. Ein Schauspieler etwa, der in allen guten Zeitungen ausgezeichnete Rezensionen erhielt. Nur ein mittelmäßiges Blatt mit einem Artikel, der sich bekanntermaßen nur durch wenig qualifizierte Angriffe hervortut, hat auch ihn nicht verschont. Obwohl sein Verstand ihm sagt, daß diese Rezension von keinem vernünftigen Menschen ernst genommen werden kann, stürzt er mit seinem Selbstwertgefühl in einen höllischen Abgrund. Nur wenn wirklich alle Menschen, die ihn bei der Theaterpremiere sahen, ihn ohne jegliche Einschränkung „ganz und gar" bewundert und begeistert gefeiert hätten, wäre die Premiere ein wirklicher Erfolg für ihn gewesen. Die Totalität der Aussagen über Selbst und Welt weist auf die sehr frühe Störung hin. Weshalb entstand gerade bei ihm eine Störung auf der Bedürfnisdimension der Wertschätzung, der Selbstwertregulation? Vermutlich haben die Eltern, bedingt durch eine narzißtische Störung, in dieser vulnerablen Phase der Selbstwertentwicklung nicht verkraftbare Störungen der psychischen Homöostase des Kindes herbeigeführt, die das Regulationssystem des Kindes dauerhaft verändert haben.

8. Selbstmachen, Selbstkönnen (Selbsteffizienz)

Der Begriff der subjektiven Selbsteffizienz wurde von Bandura (1975) im Rahmen seiner sozial-kognitiven Lerntheorie geprägt. Es stellt sich die Frage, ob er ein Synonym für Selbstwert ist, oder lediglich ein Unterbegriff. Ich möchte vorausschicken, daß er für unsere therapeutischen Zielsetzungen hilfreicher ist als der Selbstwertbegriff und sehr nahe an die Bedeutung von psychischer Gesundheit herankommt. Alle bisher beschriebenen Bedürfnisse kennzeichneten eine Bedürftigkeit, die nur in Abhängigkeit von den Eltern und später von zentralen Bezugspersonen im privaten oder beruflichen Bereich zu befriedigen war: „Ich brauche dich, damit du mir dieses Bedürfnis befriedigst". Deshalb können wir sie auch Abhängigkeitsbedürfnisse nennen, im Gegensatz zu den jetzt zu besprechenden Selbständigkeits- oder Autonomiebedürfnissen. Auch die Erfüllung dieser Bedürfnisse ist von den Eltern abhängig, aber nicht als Brauchen von Abhängigkeit und passivem Empfangen von deren Gaben. Vielmehr könnte als Wunsch formuliert werden:
„Ich brauche von dir, daß du es mich selbst machen läßt, daß du mir die eigene Erfahrung zugestehst, selbst etwas zu können, nicht so abhängig zu sein von dir."
Dadurch wird der Gegensatz zu dem vorigen Bedürfnis nach Bewunderung und Lob deutlich:

nicht
versorgen, füttern, geben, für mich machen ist gefragt,
sondern
lassen, zulassen, eventuell sogar wegschauen.

Das Kind macht nicht etwas, um gelobt zu werden, sondern um die Selbstwahrnehmung des Selbstkönnens zu erfahren. Bewunderung und Lob ist zwar nicht verboten, aber höchstens als sekundäre Bestätigung der primären Selbstbewertung des Kindes zulässig: „Ich finde auch, daß du das schon selbst kannst und freue mich auch darüber." Bemächtigende Eltern können dies nicht. Sie müssen dem Kind, das sich gerade über das Selbstmachen gefreut hat, auch wenn sie das Selbstmachen nicht verhindern können, auch noch dieses Selbsteffizienzgefühl wegnehmen: „Du bist mein süßes Kleinod und ich bin so glücklich, das hast du ja so toll gemacht". Wie eine große Welle schwemmt diese Emotionalität die kindlichen Empfindungen weg, wieder steht es nicht auf eigenen Füßen, sondern schwimmt im Einflußbereich der alles könnenden Eltern. Dieser emotionale Mißbrauch des Kindes hemmt dessen Eigenentwicklung, vermittelt die Erfahrung, doch nie die Fähigkeit aufzubringen, sich durch eigene Effizienz aus dem elterlichen Kräftefeld heraus bewegen zu können.

Noch viel schlimmer machen es diejenigen Eltern, die nicht zuschauen können, wie ihr Kind fast die Tasse umschüttet, die Hose falsch herum anzieht und sofort eingreifen: „Laß mich das machen, das kannst du noch nicht." Oder Eltern, die dem Kind zwar eigene Leistungen abverlangen, mit den Ergebnissen aber nie zufrieden sind: „Bis das was Ordentliches wird, mußt du noch viel lernen".

Ihre Kinder bleiben in einem unglücklichen Abhängigkeitsbewußtsein, das sie zu unselbständigen, quengelnden Kindern macht. Die Ungeduld der Eltern wird durch dieses Verhalten vergrößert, sie werden noch weniger in der Lage sein, etwa dem Kind zuzugestehen, daß es Hemd, Tischtuch und Boden mit Bratensoße beschmutzt, weil halt nur der halbe Löffelinhalt den Weg in den Kindermund gefunden hat.

Der Mangel an Selbsteffizienzgefühl ist bei fast allen Patienten durchgängig eine Hintergrundstörung. Sie haben nicht gelernt ihre psychische Homöostase durch ausreichende Selbsteffizienzerfahrungen zu balancieren.

Ausreichende Selbsteffizienzerfahrungen dagegen geben die Zuversicht und den Mut, den Schritt in die Selbständigkeit und Autonomie zu tun.

9. Selbstbestimmung, Freiraum

Machtbedürfnis und Dominanzstreben hindern manche Eltern ebenso wie Furcht vor Kontrollverlust oder soziale Überangepaßtheit daran, ihren Kindern Selbstbestimmung zu geben. Nach dem Aufbau von Selbstwertgefühl und Selbsteffizienzerfahrung ist Selbstbestimmung der dritte wichtige Schritt zur Formung eines eigenständigen Selbsts, das die Chance hat, später als Erwachsener eine mündige Persönlichkeit zu entfalten: eigenen Wert, eigenes Können und eigenen Willen als Bestimmungsstücke der Wahrnehmung der eigenen Identität und Individualität, der Abgegrenztheit von den Eltern. Zum Können gehört nicht nur das Handeln, sondern jegliche eigene Reaktionsweise inklusive der Wahrnehmungen.

Einige Eltern können optimal auf die Abhängigkeitsbedürfnisse ihres Kindes eingehen, reagieren aber höchst sensibel auf alle Tendenzen, die ein Anderssein, eine Distanzierung oder eine Entgegnung beinhalten. Eltern, die sich ein Kind „angeschafft" haben, beginnen bereits jetzt etwas zu verlieren und wehren sich dagegen. Das nun im dritten Lebensjahr immer häufiger werdende „nein" ist ein ungehöriger Affront für sie. Ihr Ärger wächst zum Zorn. „Ich werde mich doch nicht von so einem kleinen Ding da tyrannisieren lassen. Da muß man frühzeitig etwas entgegensetzen, sonst wachsen die einem schnell über den Kopf".
Dies ist die typische, völlig unempathische Reaktion mancher Eltern. Wer von beiden sich stärker bedroht fühlt, drängt den anderen dazu, der harten Erziehungslinie treu zu bleiben, denn zu zweit schafft man es eher, so eines Wesens Herr zu werden. Nicht viele Eltern haben einen so günstigen psychosozialen Kontext und eine so ausgeglichene Persönlichkeit, daß vitale Kinder, die in ihrer Entwicklung nicht vorher schon erheblich gestört wurden, sie nicht doch an ihre persönlichen Grenzen brächten. Wenn an dieser Grenze massive Angst oder Aggression das Elternverhalten dominiert, bleibt dem Kind keine Chance, sein „nein", das ursprünglich keineswegs feindselig war, zu erproben. Erst nach tausendmal „nein" beginnt die Erfahrung der Fähigkeit, selbst über sich bestimmen zu können.
Das Bewußtsein dieser Fähigkeit ist nicht auf hundertprozentige Durchsetzung des „Neins" angewiesen. Aber es sollten keine traumatisierenden Reaktionen der Eltern damit assoziiert sein.

Selbst wenn die Eltern in der Sache nicht nachgegeben haben, hat das „Nein“ des Kindes keinen nicht wieder gut zu machenden Schaden an der Beziehung zu den Eltern angerichtet. Nach kurzen Auseinandersetzungen finden Kind und Eltern zuverlässig wieder zueinander.

Aggressive oder beängstigende Reaktionen der Eltern führen zu Angst vor künftigen Aggressionen oder Strafen, zu Angst vor Ablehnung, vor Zurückgewiesen oder Verstoßen werden, wie bei der selbstunsicheren Persönlichkeit. Oder das Kind versucht künftig, alle selbstbezogenen triebhaften Tendenzen zu unterdrücken und das Gegenteil zu leben, sei es den Willen der Eltern zum Steuern eigenen Handelns heranzuziehen, ihn zur Norm zu machen, die möglichst perfekt erfüllt wird (zwanghafte Persönlichkeit), sei es ihr restliches Leben lang wie Michael Kohlhaas gegen alle Autoritäten zu kämpfen, ohne zu merken, daß die Anlässe, die sie sich auswählen oder konstruieren, in keinem Verhältnis zu ihrem groß angelegten Freiheitskampf stehen. Sie kämpfen im Erwachsenenalter gegen alles und jeden, um endlich das zu erhalten, was die Eltern ihnen in der Kindheit verwehrt haben: ihre Selbstbestimmung. Auch bei ihnen erscheint uns ihr Wiederholungszwang wie der Kratzer in der Schallplatte, der zu einer zusammenhangslosen, sinnentleerten Wiederholung ein- und derselben Sequenz der Melodie führt.

Die psychische Homöostase ist an einer Konstellation der Kindheit hängen geblieben und kann sie nicht überwinden. Einige Menschen trauen sich nicht, offen zu rebellieren. Sie fühlen sich zu sehr unterlegen. Aber sie tragen in sich die Aggression, die das elterliche Unverständnis in ihnen evoziert hat. Im Gegensatz zum Perfektionsstreben des zwanghaften Menschen leisten sie „Dienst nach Vorschrift“, sie tun nur das Nötigste, wenn ihnen etwas befohlen wird, sind aber leistungsfähig, wenn ihre Arbeit ihnen Genugtuung verschafft.

Die passiv-aggressive Persönlichkeit behält diesen kompromißhaften Modus des Umgangs mit Selbstbestimmung. Der selbstunsichere Mensch bleibt dagegen ständig vor der Tür zur Arena des Kampfes um Selbstbestimmung und hat deshalb Angst vor jeder Begegnung mit anderen Menschen. Der zwanghafte Mensch macht sich die fremden Normen zur eigenen Sache und bestimmt selbst über deren rigide hundertprozentige Einhaltung - er hat zumindest subjektiv genug Selbstbestimmung. Der Kohlhaas-Typ hat zumindest während jedes Freiheitskampfes die Hoffnung auf nahe Selbstbestimmung. Der passiv-aggressive Mensch jongliert mit einer gerade noch genügenden Fügsamkeit und soviel wie möglich Unpünktlichkeit, Langsamkeit, Nörgeln und heimlichem Opponieren.

Das Kind muß eventuell weitere Bewältigungsstrategien finden, um die ständig neu anwachsende Aggression zu kanalisieren. Eine zugleich sehr wirksame und sozial geschätzte Möglichkeit ist die Steigerung des motorischen Systems bis hin zum Leistungssport. Auch die Entwicklung von allgemeiner Leistungsmotivation führt zu Akzeptanz und verhindert die gefürchtete Ablehnung, die durch eine direkte streithafte Auseinandersetzung drohen würde. Sowohl der sportliche Wettkampf als auch das berufliche Leistungsstreben vermeiden die direkte Konfrontation und Durchsetzung. Sie sind indirekt, nicht primär als aggressiv apostrophierte Formen der Kanalisierung von Aggression, die die Aufrechterhaltung der psychischen Homöostase ermöglichen. zu verstehen.

10. Grenzen gesetzt und Normen vermittelt bekommen

Der Anteil der Kinder, die die hürdenreiche Strecke der psychischen Entwicklung bis hierher geschafft haben, ist nicht mehr groß. Ob die Kinder der 68-er Generation bei falsch verstandener antiautoritärer Erziehung die bis dahin absolvierten Entwicklungsschritte ohne erhebliche Störungen durch ihre Eltern soweit gehen konnten, sei dahingestellt. Spätestens beim Thema der Grenzen und Normen scheinen konservative Psychologen und reaktionäre Pädagogen wieder Terrain zu gewinnen. Wir müssen deshalb besonders sorgfältige Betrachtungen anstellen. Eltern, die es kaum schaffen, ihrem Kind ausreichend Selbstbestimmung zu lassen und Freiraum für eigene Erfahrung zu geben, werden dazu neigen, zu enge Grenzen zu setzen und kindliches Verhalten zu sehr nach normativen Gesichtspunkten zu beurteilen. Wenn einem Kind bei einem Handlungsimpuls als erstes die Frage einfällt, ob es das darf, ist sein Verhalten eventuell schon zu sehr von elterlichen Normen gesteuert und es kann kindliche Impulse nur noch spärlich ausleben. Was das Kind will, ist nur dann machbar, wenn auch die Eltern das wollen. Um frei von Angst und Schuldgefühlen zu sein, muß das Kind das elterliche Normsystem sehr gut kennen.

Umgekehrt wird eine nicht autoritäre Haltung der Eltern dem Kind vielleicht ein illusionäres Weltbild vermitteln: „Ich kann immer alles selbst bestimmen". Diese Nachgiebigkeit der Eltern wird leicht als deren Schwäche und Versagen empfunden, eventuell wird dem Kind dadurch zu früh die Möglichkeit genommen, seine Eltern zu idealisieren, so daß die spätere Neigung, sich mit ihnen zu identifizieren erheblich gestört wird, was wiederum die Identitätsentfaltung schwieriger gestaltet. Eine sich so verdächtig anhörende Aussage über Selbst und Welt muß natürlich öfter empirisch geprüft werden. Das Kind „sucht" nach Grenzen. Nur indem ich den anderen mit seinem Widerstand spüre, nehme ich Grenzen wahr, Grenzen zwischen ihm und mir, seine Grenzen sind meine Grenzen. Seine Grenzen zeigen mir aber auch, daß ich nicht allein bin, daß er da ist, daß er mich wahrnimmt, daß er Kontakt aufnimmt oder hält, daß er auf mich reagiert, daß er von mir verschieden ist, wie Selbst und Welt in Interaktion und in Beziehung treten.

Das Kind erfährt, wie weit es gehen darf, ohne die Grenzen des anderen zu überschreiten, was geschieht, wenn es Grenzen nicht achtet. Und es lernt, den anderen Menschen über dessen Grenzsignale zu achten, zu respektieren, daß er auch Schmerzen empfindet, aber auch Bedürfnisse hat und bereit und fähig ist, sich zu schützen und zu verteidigen. es geschieht „soziales Lernen".

Wer hat nicht schon irgendwo „den verwöhnten Fratz" mit seinen unerträglich nachgiebigen Eltern beobachtet, der zum Beispiel im Restaurant Würstchen haben möchte, diese aber nicht anrührt, weil am Nachbartisch ein Kind gerade ein Eis bekommen hat und er sofort auch eines möchte, dieses dann aber auch nicht ißt, weil das andere Kind ein rotes Schirmchen hat und die Bedienung ihm nur ein gelbes brachte. Nachdem das Schirmchen ausgetauscht ist, will das Kind dann doch lieber Pommes Frites, die es endlich verspeist, während der Vater als ungewollten Nachtisch seine Würstchen verzehrt und die Mutter das zerlaufene Eis auslöffelt. Aber das ist den Eltern immer noch lieber als jene Tyrannei, die eingesetzt hätte, wenn sie gesagt hätten, das Eis werde es dann als Nachtisch geben. Sie hätten dann nach 15-minütigen Beschwichtigungsversuchen und ungehörten Versprechungen fluchtartig das Lokal ohne Abendessen verlassen müssen, um im Auto dann wenigstens noch eine Wienerwaldhähnchen zu sich zu nehmen.
Diese Eltern setzen keine echten Grenzen, denn diese halten dem sieggewohnten Ansturm ihres Kindes nicht stand. So groß das Machtgefühl des Kindes auch sein mag, so einsam wird es sich doch fühlen, so wenig geborgen und geschützt durch so schwache Eltern. Und so wenig wird es in der Lage sein, ein soziales Selbst zu entwickeln, das sich auch für die Homöostase des übergeordneten sozialen Systems mitverantwortlich fühlen kann. Grenzziehungen in verschiedenen Situationen und Kontexten führen zu Regeln und Normen, deren Einhaltung vom Kind erwartet werden. Das Kind übernimmt diese großenteils ohne pädagogische Maßnahmen durch Imitation des Elternverhaltens. Wenn aber Eltern für sich andere Regeln und Grenzen beanspruchen als für das Kind, geschieht es, daß zwei Lernprinzipien einander entgegen wirken. Das Kind sieht, was die Eltern tun, soll es aber nicht machen, sondern soll auf Gebote und Verbote reagieren.
Dies ist eine Überforderung für Kinder unter drei Jahren. Das dritte Lebensjahr ist etwa die Zeit, in der ein Kind erst lernt, Wunscherfüllung und Bedürfnisbefriedigung allmählich aufzuschieben. Es lernt nicht nur zu anderen nein zu sagen, sondern auch zu sich. Erst wenn es dies kann, kann es Verbote einhalten, ohne durch Angst vor Strafe gesteuert werden zu müssen. Um Normen als handlungssteuernde Regeln aufnehmen zu können, muß auch die kognitive Entwicklung des Kindes weit genug gereift sein, bzw. die Formulierung der Normen muß dieser Entwicklung entsprechen (Piaget 1981). Meist richtet nicht die Norm, sondern die Art der Vermittlung der Norm bzw. die

impliziten Sanktionen bei Normverstoß oder der Zeitpunkt des Verbots Schaden an. Wenn ein Vater mit Aggressivität und Schärfe in der Stimme ein Verbot ausspricht, und dadurch massive Bestrafung androht, wenn er dies zu einem späteren Zeitpunkt tut, zu dem das Kind schon mitten im Handlungsvollzug und in der Erwartung der Bedürfnisbefriedigung ist, so ist mit einer sehr großen Aggression beim Kind zu rechnen. Wenn dies regelmäßig so abläuft, werden Grenzen und Normen zum „roten Tuch" und das Kind muß einen großen psychischen Aufwand betreiben, um diese Aggressionen zu unterdrücken. Zwanghaftes Verhalten scheint in diesen Situationen besonders geeignet zu sein, um Aggressionen zu neutralisieren.

So gut ein Kind zwischen drei und vier Jahren den Sinn von Grenzen und Normen verstehen kann, sollten ihm diejenigen Normen erklärt werden, die nicht durch vorbildhaftes Verhalten über Imitation zu vermitteln sind bzw. die einzuhalten dem Kind besonders schwer fällt, weil sie zu sehr seiner Bedürfnisstruktur entgegen gerichtet sind. Ideal wären Normen und Regeln, die das Ergebnis von Verhandlungen zwischen Kind und Eltern sind (Gordon, 1972). Um symbolisch eine gleichberechtigte Verhandlungssituation zu schaffen, müssen die Eltern dabei auf dem Kinderstühlchen und das Kind auf dem Erwachsenenstuhl sitzen. Eltern, die ein schlechtes Gewissen bekommen, wenn sie ihren Kindern Grenzen setzen und Normen mit einer Festigkeit vermitteln, die deren Gültigkeit klar macht, projizieren zu sehr ihre Abhängigkeitsbedürfnisse auf ihre Kinder und verhindern dadurch deren Orientierung in der sozialen Umwelt.

11. Gefördert werden, Gefordert werden

Der beleidigte Rückzug der Eltern auf das Selbständigkeitsstreben des Kindes hin kann die Botschaft enthalten „wenn du es schon allein machen willst, dann sieh nur zu, wie weit du ohne mich kommst". Diese passiv-aggressive Haltung legt dem Kind zwar nicht bewußt Steine in den Weg, erhofft aber insgeheim vielleicht doch dessen Scheitern: „Mein Vater hat mich zwar alles machen lassen. Er hat mir aber nie geholfen. Ich mußte mir alles mühsam selbst erarbeiten." Hilfe und Unterstützung im rechten Moment ein- und auszublenden, erfordert wiederum Empathie. Schafft das Kind eine anstehende Aufgabe allein? Wieviel und wie wenig Hilfestellung benötigt es, um eine etwas zu schwierige Aufgabe zu schaffen? Es macht die Erfahrung, noch ein bißchen Hilfe benötigt zu haben, schafft es das nächste Mal aber vielleicht schon allein.
Förderung ist: dort weiterhelfen, wo das Kind stecken bleibt, ihm etwas erklären, ihm nützliche praktische Tips geben, sich von ihm erklären lassen, was es gemacht hat, wie es das gemacht hat, gemeinsam Überlegungen anstellen bezüglich seines weiteren Vorgehens. Förderung ist aber auch die emotionale Unterstützung, das Daumendrücken, Trösten, Mitfreuen, kurz jegliches Verhalten, das dem Kind hilft, bei etwas zu bleiben und seiner Begabung entsprechend voranzukommen, bei etwas, das sein eigenes Projekt ist. Dabei ist wohl weniger wichtig, wie sehr das Elternverhalten objektiv förderlich war, als das Bewußtsein, daß die Eltern „mich und was ich tue unterstützen". Gegenteiligenfalls resultiert die Selbst- und Weltsicht „Ich muß mir immer alles selbst erarbeiten und kann auf niemandes Unterstützung bauen".

„Meine Mutter war fordernd" ist eine Aussage, die keine Bedürfnisbefriedigung ausdrückt, sondern ein Übermaß an Forderungen meint. „Mein Vater hat mich zu sehr geschont" meint hingegen die Frustration des Bedürfnisses gefordert zu werden oder herausgefordert zu werden. So wie Jungtiere, zum Beispiel Katzen und Hunde balgen wollen, wollen kleine Jungen zu ihrem Vater und Mädchen zu ihrer Mutter in spielerische Konkurrenz treten, vor Aufgaben gestellt werden, deren Lösung nicht sofort da ist und mit Problemen konfrontiert werden, die nicht ohne Streß bewältigbar sind. Das Kind würde sich von sich aus in dem Moment der Aufgabe nicht stellen, zum Beispiel ein Musikinstrument lernen. Die erfolgreiche Bewältigung des Lernprozesses gibt ihm aber ein größeres Selbsteffizienzgefühl, zeigt ihm, daß Ressourcen und Reserven in ihm stecken, die in schwierigen Situationen mobilisierbar sind. Das Kind lernt Aufgabenorientierung, lernt zu lernen, lernt, bei entsprechender Herausforderung auch kreativ zu sein, lernt, die in ihm schlummernden Begabungen und Fähigkeiten zu wecken.

Wir haben die Befriedigung des kindlichen Bedürfnisses, gefordert zu werden, weitgehend an unser Schulsystem delegiert. Dieses hat aber sicher nicht die Befriedigung des Kindes im Auge, sondern betreibt Erziehung im wörtlichen Sinne. Kinder werden oftmals dorthin gezogen, wo sie nicht hingezogen werden wollen. Das Wort Erziehung drückt dies ja auch aus. Die Ziele der Erziehung sind ausschließlich von Erwachsenen gesteckt, die nichts von den Bedürfnissen der Kinder wissen und keine Vorstellung davon haben, wie kindgemäße Lernprozesse ablaufen können, die Freude am Lernen vermitteln würden. Nur einem kleinen Teil der Kinder wird unser Schulsystem gerecht. Pädagogik wird reduziert auf eine Methodik zur Absolvierung wissenschaftlicher Curricula.

Ein Grund mehr, diese Bedürfnisdimension wieder mehr in die Familie zurückzuholen. Nicht in der Weise, daß lediglich gute Schulleistungen erwartet und die Zeugnisse kritisch bewertet werden, sondern daß fordernde und herausfordernde interaktionelle Lernprozesse und Aufgabenstellungen in der Familie stattfinden. Lernen ist dann soziale Begegnung und Dialog zwischen Eltern und Kind. Eltern, die nicht fordernd sind, verhindern, daß ihr Kind Kraft und Initiative entwickelt und im Bewußtsein dieser Kraft in schwierige Situationen zu gehen lernt.

12. Idealisierung, Vorbild

Die meisten bisher genannten Bedürfnisse sind schon im zweiten Lebensjahr bedeutsam. Es gibt jedoch für jedes Bedürfnis ein Entwicklungsstadium, in dem dieses Bedürfnis Hauptthema ist oder in dem sich eine Störung besonders stark auswirkt. Das Kind im ersten Lebensjahr lebt noch im nicht getrennten Erleben mit der Mutter - einer gemeinsamen Großartigkeit. Das Kind im zweiten Lebensjahr verliert das Bewußtsein eigener Grandiosität und Unverletzbarkeit und idealisiert weiterhin oder eventuell um so mehr die Eltern und mißt ihnen Allmacht bei. Bereits in dieser Zeit sind die Eltern ein Vorbild. Ihre Art zu reagieren wird aufgenommen, teils als komplexe soziale Verhaltensweisen.

Es scheint eine große Diskrepanz zu bestehen zwischen dem rezeptiven Lernvermögen wie Sprachverständnis und dem Verständnis nonverbaler Kommunikationsmuster einerseits und den noch wenig entwickelten aktiven kognitiven Fähigkeiten des Kindes andererseits. Erwachsene verwechseln oft dieses Nichtkönnen mit einem Nichtverstehen: „Das verstehst du ja doch nicht“. Wir können durchgängig annehmen, daß Kinder kognitive und soziale Fakten und Zusammenhänge mindestens zwei Jahre eher verstehen, als sie in aktiver Weise damit umgehen können. Dort, wo es ihnen noch am Sprachverständnis mangelt, erfassen sie um so sensibler die nonverbalen Begleitsignale von Erwachsenengesprächen, die ohnehin oft die relevantere Botschaft darstellen.

Im vierten und fünften Lebensjahr fällt uns auf, daß sich imitierendes Verhalten häuft, mal wird von der Tochter der Tonfall der Mutter übernommen, mal die Geste eines angehimmelten größeren Nachbarmädchens. Wir müssen uns bewußt sein, daß zu diesem Zeitpunkt die Eltern schon jahrelang „Modell gestanden“ haben und das Kind nahezu das gesamte Verhaltensrepertoire der Eltern schon gespeichert hat. Im Unterschied zu anderen Lebewesen ist beim Menschen das Verhalten nicht unflexibel auf Instinkte festgelegt, sondern in sehr großem Umfang plastisch veränderbar.

Es scheint, daß eine Aufgabe der im Vergleich zu anderen Säugern sehr langen Kindheitszeit die lernende Übernahme wichtiger Verhaltensmuster ist. Welche Verhaltensmuster biologisch vorgegeben sind und welche erlernt werden, wissen wir nicht genau. Jedoch sind auch die biologisch vorgegebenen Verhaltensweisen durch soziales Lernen sehr stark veränderbar. Manche sagen, Eltern bräuchten nur zwei Erziehungsmittel: Liebe und Vorbild sein. Natürlich übernehmen Kinder nicht nur bewußt modelliertes Elternverhalten. Deshalb bedeutet Vorbild sein nicht das momentane vorbildliche Verhalten, sondern ein Arbeiten an der eigenen Persönlichkeit, um diese dahin weiter zu entwickeln, wo wir unsere Kinder auch gerne sehen würden. Hier zeigt sich die eigentliche Herausforderung des Vater- und Mutterseins. Wer versucht, dem Kind emotional echt zu begegnen, sich so zu verhalten, wie er es sich von dem Kind wünschen würde, merkt bald die eigenen Schwachstellen - und kann im Dialog mit den Kindern an ihnen arbeiten. Diese Bemühungen haben wiederum die bedeutsamste Vorbildfunktion für das Kind.

Um die ganze Vielfältigkeit der sozialen Lernprozesse mit Hilfe des Modellernens kennenzulernen, ist die Lektüre von Banduras umfangreichen Studien unverzichtbar (Bandura, 1969). Für psychotherapeutische Belange ist zum Beispiel wichtig zu wissen, in welchem Kontext Kinder von welcher Person welche Verhaltensweisen übernehmen. So ist zum Beispiel die in einer Gruppe (oder einer Familie) dominierende Person (das erfolgreiche, starke Modell) eher Vorbild . Dies bedeutet, daß ein Junge, der einen von der Mutter völlig dominierten Vater hat, diesen nicht als Modell verwenden kann. Kinder benötigen die Idealisierung, um es für lohnend zu empfinden, den anderen etwas abzuschauen.
Wenn auf diese Weise die Identifikation mit dem Vater blockiert ist, fällt dem Kind die notwendige Übernahme männlichen Rollenverhaltens sehr schwer. Lebt der Vater gar nicht in der Familie, so ist der Junge auf fremde männliche Prototypen aus Literatur und Medien angewiesen. Manchmal eignet sich ein Lehrer als Vorbild, wenn dieser eine gute Beziehung zu dem Jungen zuläßt. Die Mutter, die schwach ist und unglücklich lebt, kann vom Kind auch nicht idealisiert werden. „Ich will auf keinen Fall so werden wie meine Mutter“ wird dann gesagt. Einerseits ist dann auch der Weg zu den positiven weiblichen Anteilen der Mutter versperrt. Denn Kinder schaffen es nicht, selektiv diese positiven Anteile zu übernehmen. Andererseits hat die Tochter in den ersten zwei bis drei Lebensjahren doch so viel von der Mutter als Verhaltensdisposition übernommen, daß sie diese ständig unterdrücken muß, also ein großen Teil ihrer psychischen Energie für diese Abwehr aufbringen muß.

13. Erotik, Intimität, Hingabe

Wer selbst Kinder hat, weiß von der Sexualität und Erotik des Kindes. Die Erektion des Penis ist schon beim zweijährigen Jungen unübersehbar. Das häufige Beschäftigen mit den erogenen Zonen kann nicht allein mit Neugier erklärt werden. Es ist ganz offensichtlich, daß taktile Wahrnehmungen um Mund, Anus und Genitalien lustvoller erlebt werden als an anderen Hautbereichen. Entsprechende Äußerungen der Lust hören wir beim Baden oder Duschen des Kindes. Wenn das Kind morgens ins Elternbett zum Kuscheln kommt, so versucht es auch immer wieder Berührungen an den erogenen Zonen herzustellen. Das Doktorspielen geschieht bis zu vier Jahren nur dann in Heimlichkeit, wenn Eltern Unmut gezeigt haben. Auch autoerotische Stimulierungen der Klitoris oder des Penis, die das Kind kaum in Gegenwart anderer Kinder durchführt, geschieht zunächst vor den Eltern noch öffentlich.

Nach wie vor sind Eltern der kindlichen Sexualität gegenüber oft ratlos. Was ist natürlich, was unnatürlich? Wie weit sollen die kindlichen Explorationen zugelassen werden, die ja auch nicht vor dem Körper der Eltern halt machen? Was kann geschehen, wenn Jungen und Mädchen versuchen, den Penis in die Scheide einzuführen? Was tun, wenn der Junge einem anderen Jungen den Penis in den Anus einführt und beide offensichtlich Lust empfinden? Eltern fehlt das Fachwissen, deshalb bremsen sie lieber zu früh als zu spät. Und das Kind übernimmt die elterliche Einstellung zur Sexualität sehr bald. Es wird künftig heimlich, im günstigsten Fall mit dem Reiz des Verbotenen oder im ungünstigsten Fall mit ständigen Schuldgefühlen und Angst vor Entdeckung seine kindliche Sexualität weiterleben.
Wenn die elterliche Reaktion zu massiv war und ein völliges Tabu ausgesprochen wurde, so unterdrückt das Kind sein sexuelles Interesse völlig. Hinzu kommt die Imitation elterlichen Umgangs mit deren eigener Sexualität. Manche Patienten berichten, daß es absolut nichts abzuschauen gab. „Ich habe meine Eltern nie nackt gesehen, nie sich küssend oder intensiv umarmen“. Um zur Entfaltung der vollen Erotik seines Körpers zu finden, ist das Vorbild der Eltern notwendig. Gibt es weder beim Vater noch bei der Mutter auch nur einen Anflug von Erotik in deren Verhalten, in deren Körperbewegungen, deren Gestik und im Ausdruck, so kann ein Kind nur einen kleinen Teil seiner natürlichen Erotik in das Erwachsenenalter hinüberretten. Wie wenige von uns können von

sich behaupten, ein erotischer Mann oder eine erotische Frau zu sein - mit einer natürlichen erotischen Ausstrahlung, die nicht von den Klischees der Medien abgeschaut wurde und auch kein gemachtes, antrainiertes Sexysein ist. Die wenigen Menschen, die in einem völligen Einklang von Körper und Psyche auf natürliche Weise erotisch sind, fallen uns sofort auf, wenn sie uns begegnen. Dies ist kein willkürliches zielorientiertes Verhalten, um eine erotische oder sexuelle Begegnung herbeizuführen, sondern dieser Mensch ist einfach so.

Dieses allgemeine Defizit unserer Zivilisation führt auch zu einem allgemeinen Bedürfnis nach mehr Erotik. Und genau dieser allgemeine Notstand wird von den Medien und der Werbung ausgenützt, um Aufmerksamkeit zu gewinnen. Hätte unsere Gesellschaft kein erotisches Defizit, müßten sich die Werbefachleute um andere Werbestrategien bemühen, sie müßten einen anderen Mangel nutzen, um unsere unbefriedigten Interessen anzusprechen.

Wir müssen davon ausgehen, daß die meisten Kinder von ihren Eltern gestört werden, wenn sie versuchen, ihre psychische Homöostase bezüglich ihres Bedürfnisses nach Erotik herzustellen. Andererseits bieten ihre Eltern als Vorbild zahlreiche Bewältigungsstrategien an, die ihnen selbst erfolgreich helfen, ihre Erotik und Sexualität zu unterdrücken. Die einen werden Sittenwächter, die anderen agieren sich durch sportliches oder berufliches Leistungsstreben aus, wieder andere verlieren den Kontakt zu ihrem Körper völlig. Bei manchen scheint er nur noch die Funktion zu haben, den Kopf zu tragen. Und der Körper wirkt entsprechend auch verdorrt, dystroph oder unförmig verfettet. Die eigene Gehemmtheit hindert Psychotherapeuten manchmal daran, die sexuelle Entwicklung ihrer Patienten angemessen zu würdigen. Ein ganzheitliches Verständnis des Menschen muß aber die Sexualität einbeziehen. Bei einer gehemmten Sexualität kann keine Integration von Psyche und Körper stattfinden. Erotik ist die ungehemmte Einbeziehung des Körpers in ein integriertes psychophysisches Selbsterleben.

Davon zu unterscheiden sind Menschen, die ohne dieser Integration fähig zu sein, ständig erotische Botschaften aussenden, teils völlig entgegen ihrer bewußten Selbstwahrnehmung, um dann Opfer von Mißbrauch zu werden. Für sie ist nicht selten diese Konstruktion von Opfer-Täter-Situationen der Versuch, einen Mißbrauch in der Kindheit durch den Mechanismus des Wiederholungszwangs aufzuarbeiten und zu bewältigen. Nicht nur den Täter zieht es an den Tatort zurück, sondern auch das Opfer! Ein Versuch des Ungeschehenmachens oder die irrationale Erwartung und Hoffnung, daß die traumatische Situation das nächste Mal glücklich enden möge! Oder die Männer und Frauen, die ständig zu einem Flirt bereit sind, ständig erotisches Interesse durch ihr Auftreten und Verhalten wecken, aber nur so lange, bis dieses Interesse wirklich entstanden ist. Dann haben sie ihr Ziel schon erreicht, brechen den Flirt ab und lassen ihr Gegenüber frustriert zurück. Versucht dieses darauf seinem entstanden Interesse tatsächlich deutlich Nachdruck zu verleihen, so wird es vehement und empört zurückgewiesen. Gewünscht war ja nicht erotische Begegnung, sondern Selbstbestätigung unter Einsatz des wirksamen Mittels „Flirt“. Aber nicht nur das, wenn dann doch eine erotisch-sexuelle Beziehung entstanden ist, entsteht beim Überschreiten derselben Grenze Angst, die sich beim Mann in Impotenz, bei der Frau in Frigidität und Anorgasmie oder Schmerzen beim Koitus (Dyspareunie) äußert.

Es ist die Angst vor Hingabe, die vielen so fremd ist, daß schon das Fremde an ihr beängstigend ist. Daß ein in der Kindheit oder im Erwachsenenalter stattgefundener sexueller Mißbrauch zu einer kaum zu beseitigenden Angst vor Hingabe führt, ist verständlich. Doch auch der in der Kindheit atmosphärisch drohende Mißbrauch führt zu einer Wachsamkeit und zur Notwendigkeit, die bewußte Kontrolle über eine Situation und über die eigenen Gefühle zu bewahren. Allein das Tabuisieren und zur Sünde Erklären erotischer und sexueller Hingabe muß die spätere Hingabe des erwachsenen Menschen blockieren.

Auch wenn wir bei der kindlichen Erotik und Sexualität noch nicht von stattfindender Hingabe als Preisgabe jeglicher kognitiver Kontrolle über ein sich steigerndes intensives emotionales erotisch-sexuelles Empfinden sprechen können, so ist doch „Hingabe“ als affektiv-kognitives Konzept beim Kind schon angelegt und der störende Umgang der Eltern mit diesem sich entwickelnden Konzept kann im Erwachsenenalter zu unüberwindbaren Blockierungen der Hingabefähigkeit führen. Wenn wir psychische Gesundheit des Menschen definieren, so ist die Fähigkeit zur Hingabe eine ihrer wichtigen Bestimmungsstücke.

In diesem Zusammenhang wird auch das Bedürfnis nach Intimität ein für den erwachsenen Beobachter erst ab vier bis fünf Jahren zum sichtbaren Geschehen. Auch ohne Dressur der Eltern entsteht das Bedürfnis nach Intimität. Wobei in der Regel im vierten Lebensjahr ein gesundes exhibitionistisches Stadium vorausgeht, in dem das Kind sich des Vorhandenseins seiner Genitalien offensichtlich erfreut und sie den Erwachsenen und den anderen Kindern stolz präsentiert. Dieser „gesunde Exhibitionismus“ ist eine wichtige Errungenschaft des Kindes als stolzes Herzeigen dessen, was ich habe und kann. Die Verklemmtheit unserer Generation bzw. unserer Normorientierung an Bescheidenheit und Understatement läßt die gesunden kindlichen Tendenzen bald versiegen. Statt zu sagen „schau mal her, was ich mir für ein tolles Kleid gekauft habe, ich freue mich so darüber“ wird stumm darauf gewartet, daß der andere das neue Kleid sieht und bewundernde Worte ausspricht. Tut er es nicht, hat er unsere verqueren Spielregeln nicht eingehalten und wir sind beleidigt. Das Bedürfnis nach Exhibition bleibt im Erwachsnenalter trotz des Verlustes von gesundem exhibitionistischem Verhalten bestehen und mancher versucht immer wieder es zu befriedigen. Für Psychotherapeuten ist diese mögliche Begründung für sonst schwer verstehbare Verhaltensweisen wichtig.

Die Erythrophobie kann wie andere sozial-phobische Symptome als Symptom verstanden werden, beim Versuch, sich anderen mit seinem affektiven Anliegen zu zeigen, ertappt worden zu sein. Auch ohne psychoanalytische Untersuchung der Psychodynamik ist bei der Unfähigkeit, in öffentlichen Toiletten zu urinieren, gut explorierbar, daß eine Störung des Bedürfnisses nach Exhibition zugrunde liegt, das in der Kindheit durch Eltern in massiver Weise tabuisiert wurde. Diese Störungen haben nichts zu tun mit dem Bedürfnis nach Intimität, die aus ihr sichtbar werdende überzogene Schamhaftigkeit ist ein Versuch, mit dem Tabu der Exhibition umzugehen. Dagegen führt das Bedürfnis nach Intimität erst durch inadäquates Verhalten der anderen zum Gefühl der Scham.

Ich möchte hier anmerken, daß ich mit Exhibition nicht das Verhalten eines Menschen mit der sexuellen Perversion des Exhibitionismus meine. Erst wenn andere in die vom Kind aufgebaute Intimsphäre beabsichtigt oder unbeabsichtigt eingedrungen sind, entsteht ein Schamgefühl. Diese natürliche Scham muß von der oben genannten Scham unterschieden werden, welche eine Copingstrategie zur Abwehr einer verbotenen Exhibition ist. Eine andere Copingstrategie ist eine Neigung zum Zuschauen, wenn andere sich exhibitionieren. Ein „gesunder Voyeurismus“ ist beim Kind gleichzeitig anzutreffen. Da er von den Eltern weniger tabuisiert, weil weniger oft bemerkt wird, ist er ein geeignetes Mittel, um die eigenen Exhibitionstendenzen zu bewältigen.

Die Berufswahl so manches Fotografen oder Regisseurs ist so nachvollziehbar. Obwohl ich hier die Worte Exhibitionismus und Voyeurismus verwende, meine ich damit nicht die enge Definition dieser Begriffe im Sinne von sexuellen Perversionen, sondern sehe sie als natürliche, gesunde kindliche und (wohl integriert) auch erwachsene Bedürfnisse. Zu verschiedenen Zeiten und in verschiedenem Kontext hat ein Mensch das Bedürfnis nach Intimität oder aber nach Exhibition.

Manche Mütter sind so unempathisch, daß sie die Existenz einer kindlichen Intimspäre überhaupt nicht wahrnehmen. Das Kind wächst so in dem Bewußtsein auf, daß es sich gar nicht erst lohnt, zu versuchen seine Intimität zu schützen, da es ohnehin nicht in der Lage ist. Dadurch kann es sich aber nicht gegen den Mißbrauch durch den Vater schützen. Es könnte heißen „Meine Intimsphäre gehört nicht mir, sondern den anderen“.

14. Ein Gegenüber haben, eine Beziehung haben, Liebe geben wollen

Ein Kind, das erfolgreich sein Selbst entwickelt hat, dank der ausreichenden Befriedigung seiner Abhängigkeitsbedürfnisse (Willkommen sein, Geborgenheit, Schutz, Liebe, Beachtung, Verständnis, Wertschätzung) und seiner Autonomiebedürfnisse (Selbsteffizienz, Selbstbestimmung, Normorientierung, Forderung und Förderung, Vorbild, Erotik) ist nun bereit und fähig in Beziehungen zu anderen Menschen zu treten und dies nicht mehr, um die früheren Bedürfnisse befriedigt zu bekommen, sondern auf einem neuen Funktionsniveau seiner psychischen Homöostase. Es hat sich, nachdem es im engen „Zellverband" zu einem auch psychisch ganzen Lebewesen herangereift ist, aus diesem ernährenden und steuernden Verband herausgelöst. Es ist ein eigenständiges Individuum, ein eigenes System geworden.

Die Bezeichnung „Individuation" von Margret Mahler (1980) ist recht treffend, auch ihre Bezeichnung dieses Abschlusses als „psychische Geburt des Menschen". Der nächste Schritt ist die Sozialisation, d.h. das Eingliedern in ein soziales System. Doch nach dieser „psychischen Geburt" sind die Vorzeichen anders: ein ganzes psychisches System tritt aktiv in Kontakt mit dem übergeordneten System der Familie und den Familienmitgliedern, sowie dem System der weiteren sozialen Gemeinschaft.

Beziehungen und Interaktionen sollten jetzt nur noch so viel wie unbedingt nötig komplementär sein, so viel als die Einhaltung der Generationengrenzen dies erfordert. Je mehr Beziehungen jetzt gleichberechtigt gestaltet werden, um so entwicklungsfördernder sind sie. Spätestens ab dem fünften Lebensjahr ist die Wahrnehmung und das Respektieren der Persönlichkeit des Kindes eine wichtige Aufgabe für die Eltern. Sie müssen sich in ihrer Sicht des Kindes und in der Art der Kommunikation umstellen. Wenn sie entsprechend den oben beschriebenen Bedürfnisdimensionen in empathischem Kontakt mit dem Kind waren, so sind sie als Eltern „mitgewachsen". Da das recht aufwendig ist, ersparen sich viele Eltern diese Mühe, worauf hin sich prompt Verhaltensstörungen wie Einnässen, Nägelkauen, Dunkelangst einstellen.

Das Kind fordert, als ganze Persönlichkeit in Beziehung zu treten zu Vater oder Mutter. Es fordert ein Gegenüber, das in gleichberechtigte Interaktion mit ihm tritt, sich stellt, nicht nur mit einem Ohr, nicht mit halbem Herzen. Es will Beziehung nicht mehr passiv-rezeptiv konsumieren, sondern aktiv gestalten. Es reicht ihm nicht mehr, geliebt zu werden, es will lieben. Und bei gesundem Selbstbewußtsein erweckt das frustrierende Zurückweisen der Eltern Aggression, die recht handlungsnah ist. Ein in der homöostatischen Regulation früherer Bedürfnisse deutlich gestörtes Kind kommt vielleicht gar nicht so weit, dieses Bedürfnis mit den Eltern aktiv befriedigen zu wollen. Oder es flüchtet schon bei den ersten Frustrationen wieder in die Befriedigung von Abhängigkeitsbedürfnissen bzw. in eine „Ich-Brauch-Dich-Nicht-Haltung".

Kopfschmerz- und Migränepatienten scheinen oft bei sonst befriedigend verlaufender Kindheit in der homöostatischen Regulation dieses Bedürfnisses gestört zu sein. Sie sind emotional relativ stabil mit einer funktionalen Selbst- und Weltsicht, haben es aber nicht geschafft, Beziehungen so zu gestalten, daß dieses Bedürfnis befriedigt wird. Die Tochter will den Vater lieben, in ihrer kindlichen Erotik. Dieser entzieht sich, sei es, weil er der Mutter unterlegen ist, oder aus Angst vor seinen eigenen inzestuösen Tendenzen, oder weil er aus beruflichen Gründen kaum in der Familie anzutreffen ist. Auch hier kann sich neben der Symptombildung wiederum ein Wiederholungszwang ergeben, indem eine gleichermaßen frustrierende Beziehungsgestaltung im Erwachsenenalter entsteht. Dann bleibt nur die Trennung oder die Migräne.

WOZU FÜHLT DER MENSCH?
- Emotionspsychologische Grundlagen

Es ist erstaunlich, daß die großen bedeutenden Therapien wie die Psychoanalyse und die Verhaltenstherapie bzw. die kognitive Therapie sich so wenig mit Emotionen (außer Angst und Aggression) befaßt haben, daß sie keine Emotionstheorien entwickelten. Auch die wissenschaftliche Psychologie begann erst im letzten Jahrzehnt mit systematischer Emotionsforschung und es gibt bisher nur wenige Bücher mit dem Titel „Emotionspsychologie“. Allerdings zeichnet sich nach der Erforschung des Unbewußten, des Verhaltens und der Kognitionen nun eine „emotive Ära“ ab. Ganzheitliche Ansätze wie Weizsäckers Gestaltkreislehre (1986) hatten zwar Gefühle in die Erklärung psychischer Prozesse integriert, aber ihre Steuerungsfunktionen zu wenig berücksichtigt. Daß die Psychoanalyse sich nicht auf bewußte Emotionen konzentriert, lag daran, daß diese kaum mit den psychodynamischen Abläufen des Unbewußten korrelieren, ebenso wenig wie die bewußten Kognitionen. Aus der Sicht der Tiefenpsychologie und der Psychoanalyse sind deshalb die Kognitions- und die Emotionspsychologie Bereiche, die sich nicht mit den wesentlichen Prozessen der menschlichen Psyche befassen, wie jegliche Bewußtseinspsychologie überhaupt.

Daß sich die Bewußtseinspsychologie so wenig mit Emotionen befaßt hat, liegt wohl auch daran, daß sie nicht so eng an die Sprache gekoppelt sind, wie Kognitionen. Nichtsprachliche Kognitionen sind ebenso wenig Gegenstand der Forschung wie Emotionen. Andere wiederum nehmen kurzerhand an, daß nur derjenige Gefühle habe, der sie verbalisieren könne. Der Mensch hat sich mit seiner Psyche so sehr auf die Sprache eingestellt, daß alles Nonverbale verkümmert oder undifferenziert bleibt.

Betrachten wir die verschieden hoch entwickelten Tiere, so können wir auf der niedrigsten Stufe eine Informationsverarbeitung und Reaktionsweise auf dem Niveau rein somatischer Reflexe (Reiz-Reaktion) beobachten:

REIZ - REAKTION.

Von der Verhaltenstherapie wissen wir, daß bereits auf diesem Niveau Lernprozesse ablaufen können. Wir werden sicher in der psychosomatischen Medizin zunehmend Belege erbringen können, daß die „Endstrecke“ der psychosomatischen Symptombildung diesem Mechanismus folgt. Das nächst höhere Niveau der Informationsverarbeitung ist an Emotionen gebunden. Eine Situation löst ein Gefühl aus, dieses mobilisiert den Organismus zu einer Antwort:

REIZ - EMOTION - REAKTION.

Das bedeutet, daß es sich um ein Lebewesen handelt, das über ein Bewußtsein verfügt, das eine Wahrnehmung so verarbeiten kann, daß als bewußtes Erleben ein Gefühl resultiert. Mit dieser Annahme müssen wir Tieren Gefühle zugestehen. Daß Tiere Angst und Wut haben, wissen wir. Ob weitere Gefühle bei ihnen vorhanden sind, ist für uns nur nachvollziehbar, wenn in einer uns bekannten Situation das beobachtbare Verhalten des Tieres dem des Menschen in vergleichbaren Situationen teilweise ähnelt, z.B. Trauer und Freude. Vielleicht reichen vier Emotionen:

Angst, Aggression, Trauer und Freude

als Erlebensdimensionen auf dem psychischen Niveau des Tieres aus. Wäre dies so, so könnten wir sie als Basis-Emotionen bezeichnen. Die vergleichende Verhaltensforschung zeigt, daß viele Tierarten in ihrer Informationsverarbeitung eine Stufe weiter gehen können. Sie entwickeln kognitive Konstrukte bzw. Konzepte, sie entwickeln Intelligenz. Das bedeutet, daß in einigen Situationen keine Emotionen zur Informationsverarbeitung notwendig ist, sondern die kognitive Verarbeitung direkt zur adäquaten Antwort führt:

REIZ - KOGNITION - REAKTION.

Dies ist sicher von der Geschwindigkeit der Informationsverarbeitung her viel effizienter. Bei neuen Situationen, in denen die Reaktion nicht selbstverständlich festliegt, helfen sowohl Emotionen als auch Kognitionen zu einer Reaktion, die dem Organismus zur Einhaltung oder Wiederherstellung seiner Homöostase dient. Wir können also sagen, Emotionen und Kognitionen sind Regelgrößen im homöostatischen System eines Lebewesens, sind Bestandteil der Informationsverarbeitung. Sie vermitteln in einem ersten Schritt dem Organismus die kognitive bzw. affektive Bedeutung einer

Situation. In einem zweiten Schritt sind sie Ausdruck der Bewertung des Vergleichs zwischen organismischen Bedürfnissen und situativen Gegebenheiten. Wenn eine bestimmte Kognition bzw. eine bestimmte Emotion nur mit einer Reaktionsweise des Organismus gekoppelt ist, so ist damit bereits eine Antwort festgelegt.

Wiederholt sich dann die Situation oft im Alltag des Lebewesens, so werden Kognitionen und Emotionen unökonomisch. Sie verzögern nur die Reaktion. Deshalb treten Lernprozesse ein, die bei bekannten Situationen einen automatisierten Ablauf analog obiger Reiz-Reaktions-Sequenz herstellen: die Gewohnheitsbildung. In unserem Modell der autonomen und willkürlichen Psyche betrachtet, bedeutet dies, daß der willkürlichen Psyche die Aufgabe der situativen Handlungssteuerung wieder entzogen wird. Der Mensch handelt nicht mehr bewußt intendiert, denn dies wäre erstens langsamer und zweitens auch weniger effizient, wie wir leicht anhand von automatisierten Fertigkeiten wie Autofahren oder Klavierspielen nachvollziehen können, überhaupt bei jeder gewohnten psychomotorischen Aktivität wie Gehen, Sprechen usw. Unser Alltag ist voll von autonomen psychischen Reaktionsweisen. Wir setzen nicht einmal einen gesprochenen Satz aus seinen einzelnen Worten und seinem Satzaufbau bewußt zusammen. Wenn das jemand versucht, so entwickelt er eine Sprachstörung.

Hier stellt sich die Frage nach der Unterscheidung zwischen bewußten Gedanken und Gefühlen und nicht bewußten Kognitionen, kognitiven Konzepten und Emotionen. Bezüglich der Kognitionen fällt es uns leicht, davon auszugehen, daß die autonome Psyche ständige kognitive Prozesse zur homöostatischen Regulation verwendet. Wir sollten also Kognition als übergeordneten Begriff verwenden. Bei bewußten Abläufen werden wir den Begriff Gedanke verwenden. Gleichermaßen ist es sinnvoll, das bewußte Erleben als Gefühl zu bezeichnen und Emotion als Überbegriff. Und wir wissen zumindest, daß unserer Erinnerungen und Vorstellungen affektive Bedeutungen haben. So wie die Denkpsychologie von einer „cognitive map“ spricht, können wir auch eine emotionale Landkarte oder ein System emotionaler Konstrukte annehmen.
Es muß gefragt werden, ob nicht jegliche Systematisierung schon wieder ein kognitiver Prozeß und ihr Ergebnis eine kognitive Struktur ist. Dann würde sich die autonome Psyche der Systematisierung bedienen als einer kognitiven Leistung, während die Inhalte des Ordnungssystems bzw. der Landkarte im Extremfall nur aus Emotionen und affektiven Bedeutungsgehalten besteht. Während beim erwachsenen Menschen eine reine „emotional map“ sicher nicht existiert, da sie unökonomisch und dysfunktional wäre, müssen wir aber beim Säugling doch eher von einer solchen ausgehen. Und

wir kennen auch Menschen mit einer ausgeprägten Dominanz ihrer „emotional map", so wie wir Menschen kennen, die der Welt mit einer fast ausschließlichen „cognitive map" begegnen. Wir können auf der Informationsverarbeitungsstufe der Wahrnehmung nur dann zu einer vollständigen Erfassung der Realität kommen, wenn wir einen Wahrnehmungsgegenstand mit allen Sinnesmodalitäten aufnehmen, also mit Augen, Ohren, Geruchssinn, Geschmackssinn, Tastsinn, Temperatursinn sowie den an der Schwerkraft orientierten Sinnen. Zusätzlich müssen wir aktiv versuchen, mit dem Gegenstand umzugehen, ihn begreifen, versuchen, ihn zu bewegen, ihn zu verformen, uns um ihn herum zu bewegen.

Auf der Stufe der inneren Verarbeitung von Informationen ist dies ähnlich. Je mehr Modalitäten der Informationsverarbeitung wir einschalten, um so umfassender wird unser Verständnis des wahrgenommenen Objekts. Über welche Modalitäten verfügen wir? Denken, d.h. gedankliches Erkennen ist der erste Prozeß. Dazu benutzen wir das Erinnern und das Vergleichen der Wahrnehmung mit der Erinnerung. Die vorausgehenden Leistungen, die Integration der Einzelwahrnehmungen zu einer Wahrnehmungsgestalt zählen noch zu dem vorausgehenden Prozeß der Wahrnehmung. Wenn aber darüber hinaus einzelne wahrgenommene Objekte zu einem Situationskontext zusammengefügt werden, ist dies eine kognitive Leistung, die wir als Integration oder Verstehen der Bedeutung bezeichnen können. Hierzu gehören bereits affektive Bedeutungsgehalte, die wir nur mit Hilfe unserer Emotionen „erkennen" können, wir müssen sagen, erfühlen können.

Da Fühlen etwas Unwissenschaftliches zu sein scheint, ist emotionale Erkenntnis nur wenig Gegenstand empirischer Forschung gewesen, zumindest nicht, wenn die Emotionen des Forschers als Meßinstrument verwendet werden müßten. Wir halten fest, daß die erste Funktion der Emotion ist, zum Erkennen einer Situation beizutragen, insbesondere indem deren affektiver Bedeutungsgehalt erfühlt wird. Dieses Erfühlen heißt, daß die Wahrnehmung der Situation zu einem Gefühl führt, das ein <u>erinnertes Gefühl</u> ist.

Wieder müssen wir davon ausgehen, daß unsere willkürliche Psyche nur einen Bruchteil des Bedeutungsgehalts einer Situation zur bewußten Verarbeitung bringt. Und es ist fraglich, ob unsere Reaktion Ergebnis dieser bewußten Informationsverarbeitung ist. Es ist natürlich ein Analogieschluß, wenn wir annehmen, daß unsere autonome Psyche auf gleiche Weise funktioniert wie unser Bewußtsein. Es ist eher denkbar, daß das Fokussierende und eine Gestalt Herstellende ein Merkmal der willkürlichen Psyche ist und daß die autonome Psyche diese Prozesse nicht benötigt, weil sie in der Lage ist, synchron und ganzheitlich zu erfassen, auch daß z.B. die Begrenzungen menschlicher Intelligenz, wie sie die Chaos-Theorie beschreibt, auf die autonome Psyche nicht oder in weit geringerem Ausmaß zutreffen.

Doch gerade beim Erkennen affektiver Bedeutungsgehalte gehe ich davon aus, daß die größte Diskrepanz zwischen autonomer und willkürlicher Psyche bezüglich der Informationsaufnahme und Verarbeitung besteht. Ich vermute, daß unsere autonome Psyche kaum Informationsverluste hinnehmen muß. Für unsere willkürliche Psyche wäre die gesamte Informationsverarbeitung hingegen eine verwirrende Forderung, die ihr die Möglichkeit nähme, das Wesentliche zu erfassen. Sie nimmt nur soviel auf, wie sie verarbeiten kann und nur so, wie sie sie verarbeiten kann.
Der zweite Schritt nach der Wahrnehmung und dem affektiv-kognitiven Erkennen der äußeren Situation ist die Rückbesinnung auf die eigene Person, die Wahrnehmung der Informationen, die vom eigenen Körper und der eigenen Psyche gesendet werden, die subjektive Befindlichkeit, der Bedürfniszustand, das eigene Anliegen oder das eigene Ziel bezüglich der momentanen Situation, d.h. die Erfordernisse der psycho-physischen Homöostase. Hier kann bereits eine Emotion vorhanden sein, die den Menschen motiviert hat, die betreffende Situation aufzusuchen.

Ein Beispiel:
Ein 24-jähriger Medizinstudent hat gerade eine Prüfung bestanden. Er ist stolz auf seine Leistung. Er fährt zum Semesterende zu seinen Eltern, die er 6 Monate nicht gesehen hatte. Er freut sich auf das Wiedersehen. Als er die Küche der elterlichen Wohnung betritt, steht der Vater vor dem Herd, die Arme verschränkt mit rotem Kopf, die Mutter sitzt halb abgewandt am Tisch, ein Taschentuch in der Hand. Die Eltern haben offensichtlich gestritten. Er erinnert sich sehr gut an diese typische Situation ehelicher Auseinandersetzungen der Eltern. Beim ihm stellt sich ein trauriges Gefühl ein, er fühlt sich körperlich angespannt. Er begrüßt die Mutter, spürt dabei Mitleid. Als er den Vater begrüßt, fühlt er sich ratlos. Sie kommen ins Gespräch, er erzählt von seinem Studium und der Prüfung und wieviel es ihm bedeutet, diese recht gut bestanden zu haben. Während dieses Berichtes hellt sich sein Gesicht erneut auf, die Freude und der Stolz sind wieder da. Die Mutter äußert sich ebenfalls erfreut und stolz. Der Vater sagt knapp und mürrisch „Dann hat sich das viele Geld für das Studium und die teuren Bücher wenigstens gelohnt." Der Sohn fragt ihn: Kannst Du Dich denn nicht mit freuen? Ich habe monatelang gelernt und gut abgeschnitten, obwohl die Prüfung diesmal ziemlich schwierig war." Der Vater antwortet „Ich arbeite nicht nur monatelang, sondern mein Leben lang und kein Mensch kümmert sich darum". Der Sohn spürt einen rasch ansteigenden Ärger. Schließlich geht er voll Zorn zur Tür, öffnet sie und ruft dem Vater zu „Du hast mich noch nie verstanden. Ich weiß, daß ich Dir nur lästig bin." Darauf schlägt er die Tür hinter sich zu. In seinem Zimmer kommen ihm die Tränen. Er fühlt sich verletzt und ist sehr enttäuscht.

Normale Probleme normaler Familien - und doch scheinen uns, wenn wir unser Augenmerk darauf richten, überraschend viele Gefühle im Spiel zu sein. Wir beachten sie normalerweise nicht, obgleich sie da sind und obwohl sie unser Verhalten steuern. Der Student hat die beiden Gefühle „Stolz" und „Vorfreude" in die Situation mitgebracht. Die Wahrnehmung der Situation mit dem elterlichen Streit führte zu den erinnerten Gefühlen Ratlosigkeit und Mitleid. Seine beiden Anliegen (Bedürfnisse, Erwartungen) in der Situation waren, daß die Eltern sich über sein Kommen freuen und daß der Vater Anerkennung über seine bestandene Prüfung äußert. Da das Verhalten der Eltern nicht erwartungsgemäß war und sie seine Bedürfnisse frustrierten, löste das unbefriedigende Ergebnis des Versuchs, Homöostase herzustellen, eine neue emotionale Reaktion aus. Er fühlte sich verletzt und enttäuscht.

Das direkte Output unseres Systems der psycho-physischen Homöostase ist demnach eine Emotion, die die Funktion einer Information, eines Signals hat. Darüber hinaus verläßt sich die autonome Psyche aber nicht darauf, daß unsere willkürliche Psyche, die Meldung einer zu behebenden Dysregulation rechtzeitig kognitiv verarbeitet und bewußt instrumentelle Verhaltensweisen initiiert. Viel mehr hat diese Emotion zugleich eine zweite Funktion, sie ist ein direktes Handlungsmotiv und mobilisiert den Organismus zu Handlungen, die das Gefühl reduzieren und schließlich beenden. Dann ist die Homöostase wieder hergestellt. Der wachsende Ärger mobilisierte den Sohn dazu, dem Vater deutlich zu machen, daß er mit seinem Verhalten nicht einverstanden ist, es sich nicht bieten lassen möchte und dazu, die unbefriedigende Situation zu verlassen.

Durch diese Betrachtungen gewinnen wir den Eindruck, daß Emotionen eher bedeutsamer für die psychische Homöostase des Menschen sind als Kognitionen, und daß sie in dieser Hinsicht direkter an der Selbstregulation beteiligt sind.
Psychophysiologische Untersuchungen zeigen, daß Emotionen nicht notwendigerweise als bewußte Gefühle erscheinen müssen (Birbaumer, 1973). Aus den Experimenten von Schachter und Singer (1964) können wir lediglich schließen, daß die Signalwirkung der Emotionen einer kognitiven Komponente bedarf, um als Gefühl identifiziert werden zu können. Wiederum können wir annehmen, daß dies auf die begrenzte Fähigkeit der willkürlichen Psyche zur Informationsverarbeitung zurückzuführen ist. Eine andere Ursache könnte der durch die Zivilisation aufgetretene Verlust der Fähigkeit sein, die Bedeutung emotionaler Signale ohne Umweg über Kognitionen zu erfassen. Wir beginnen uns zu fragen, wozu der Mensch überhaupt eine willkürliche Psyche benötigt, wenn doch die autonome Psyche in jeder Hinsicht tausendmal kompetenter ist.
Bewußtsein ist notwendig, um die Sinnesorgane mit ihren Wahrnehmungsprozessen zur Informations-

aufnahme zur Verfügung zu haben und die Informationen zur Informationsverarbeitung weiterleiten zu können. In welchem Ausmaß die Informationsverarbeitung selbst des Bewußtseins bedarf, ist sicher sehr verschieden. Betrachten wir eine Raubkatze, die sich auf den richtigen Moment zum Sprung auf ihre Beute vorbereitet und ihren Sprung selbst, so spüren wir deren äußerste Wachsamkeit, wir haben den Eindruck größtmöglicher Bewußtheit in der Konzentration auf das Jagdverhalten. Es ist dies ein Ausmaß an Bewußtheit im Hier und Jetzt, wie es uns als zivilisierten Menschen eher schwerfallen mag. Und doch wird die Raubkatze nicht sich selbst beobachten können und Selbstreflexionen anstellen können, nicht nachdenken, d.h. keine Reflexion über die Außenwelt anstellen können. Das Tier hat eine autonome Psyche, von der es nichts weiß, also auch nichts von ihr verstehen kann, von der es zu 100% in seinem Erleben und Verhalten gesteuert wird, auf die es also keinerlei Einfluß nehmen kann.

Der Mensch kann kognitiv und affektiv Stellung nehmen zur Welt und zum Selbst, er kann beide bewerten. Und er kann sein Wahrnehmen, Erleben, und Bewerten in eine Sprache bringen. Diese spezifisch menschlichen Fähigkeiten, die er in so unvergleichlichem Ausmaß differenzieren und weiter entwickeln konnte, sind vielleicht die Basis der Vielfalt und Reichhaltigkeit der menschlichen Psyche. Die sprachlichen, kognitiven und affektiven Fähigkeiten der willkürlichen Psyche des Menschen führten auch, relativ zu den Tieren, zum rascheren Wachstum der autonomen Psyche. So wie wir dies beim Erlernen motorischer Fertigkeiten wie Radfahren und bei der Gewohnheitsbildung betrachtet hatten, so können wir bei jeglicher menschlicher Erfahrung davon ausgehen, daß sie von der autonomen Psyche aufgenommen und aufbewahrt wird. Und wir können davon ausgehen, daß sie wiederum Erfahrungen vollständiger ausschöpft und nutzt als unsere willkürliche Psyche. Der Nutzen der willkürlichen Psyche liegt also darin, daß eine ständige Wechselwirkung mit der autonomen Psyche zu deren Weiterentwicklung und Differenzierung führt.

Persönliches Wachstum ist nur möglich mit Hilfe der Funktionen und Fähigkeiten der willkürlichen Psyche. Dies ist auch die Begründung für die Wirksamkeit von Therapieformen, die nicht direkt Vorgänge der autonomen Psyche verändern, wie Verhaltenstherapie und kognitiver Therapie. Allerdings sind diese Therapien nicht einfach eine Übertragung der Disziplinen der wissenschaftlichen Bewußtseinspsychologie (als Gegensatz zu Tiefenpsychologie). Sie befassen sich im Grunde mit der autonomen Psyche - Verhaltenstherapie weit mehr als die traditionelle kognitive Therapie. Die Koppelung von willkürlicher und autonomer Psyche kann nicht nur im Sinne von positiver und negativer Rückkoppelung gestört sein, sondern die Kommunikation kann bereits fehlerhaft sein. Die Hypnotherapie und NLP haben sich darauf spezialisiert, gestörte Kommunikation und störende Rückkoppelungsprozesse zwischen willkürlicher und autonomer Psyche direkt anzugehen.

Da menschliches Leid das Leid der bewußten, willkürlichen Psyche ist und Lebensqualität ein Begriff ist, den wir ihr ebenfalls zuordnen, interessiert die Psychotherapie nicht nur die Optimierung der psychischen Homöostase, sondern auch das Schicksal der willkürlichen Psyche, also des bewußten Menschen.

Zusammenfassend kommen wir zu dem Ergebnis, daß Emotionen ebenso bedeutsam sind wie Kognitionen, daß beide Prozesse und strukturelle Konzepte der autonomen Psyche sind und daß wir deren bewußte Korrelate Gefühle und Gedanken gleichfalls in unsere Betrachtungen einbeziehen - wohl wissend, daß sie nicht valide und reliabel die für die psychische Homöostase relevanten Emotionen und Kognitionen repräsentieren.

Gefühle und Gedanken sind oft die der willkürlichen Psyche zu Bewußtsein gelangenden Spitzen der beiden Eisberge Emotion und Kognition. Wenn eine Situation den Erwartungen entspricht, d.h. zur erwarteten Herstellung des homöostatischen Fließgleichgewichts führt, ist eine zum Handeln motivierende Emotion nicht mehr notwendig. Es ist lediglich eine Emotion angezeigt, die den Erfolg des instrumentellen Handelnd signalisiert, mit einem angenehmen moderaten bewußten Gefühl der Zufriedenheit oder Genugtuung einhergehend. Dieses Signal dient als positive Rückmeldung an die autonome Psyche, die das konkrete Verhalten in einer konkreten Situation verstärkt, d.h. die Wahrscheinlichkeit dieses Verhaltens in der konkreten Situation erhöht (positive Verstärkung). Damit nehmen wir an, daß Emotionen die intervenierenden Variablen der Verhaltenssteuerung sowohl über klassische als auch über operante Konditionierungsprozesse sind.

Es kann durchaus sein, daß die autonome Psyche bei der willkürlichen Psyche ein Gefühl induziert, das mit einer völlig anderen autonomen Zielsetzung, die für die willkürliche Psyche nicht durchschaubar ist zu einem zielgerichteten bewußten Handeln führt. Ein Mangel der Gestaltkreislehre von Weizäckers (1986) ist, daß er diese fehlende Validität und Reliabilität bewußter Gefühle nicht berücksichtigt, die gerade zentraler Gegenstand der Psychotherapie sind. Bevor wir darauf eingehen, sei eine Betrachtung der im Rahmen der Psychotherapie wichtigen Gefühle vorangestellt, die uns hilft, unsere bisherigen Aussagen über Emotionen und Gefühle zu überprüfen und mit Inhalt zu füllen.

Welche Gefühle hat der Mensch?

Obiges Beispiel des die Eltern besuchenden Studenten zeigt, wieviele verschiedene Gefühle im Alltag auftreten. Es lohnt, sich die verschiedenen Funktionen und Eigenschaften häufiger Gefühle in zwischenmenschlichen Situationen bewußt zu machen. Ulich and Mayring (1992) haben aus der von Schmidt-Atzert und Ströhm (1983) erstellten Liste mehr als fünfzig Gefühle extrahiert. In Abwandlung ihrer Liste gelangen wir zu 42 im Kontext der Psychotherapie relevanten Gefühlen.

Tabelle 5: Gefühle des Menschen

Freude	Traurigkeit	Angst	Ärger, Wut
Freude Begeisterung Glück Übermut Leidenschaft Lust Zufriedenheit Stolz Selbstvertrauen Gelassenheit Überlegenheit Dankbarkeit Vertrauen Zuneigung, Liebe Rührung	Traurigkeit Verzweiflung Sehnsucht Einsamkeit Leere, Langeweile Enttäuschung Beleidigtsein Mitgefühl	Angst, Furcht Anspannung, Nervosität Verlegenheit Selbstunsicherheit Unterlegenheit Scham Schuldgefühl Reue Sorge Ekel	Ärger, Wut, Zorn Mißmut Ungeduld Widerwille, Trotz Abneigung, Haß Verachtung Mißtrauen Neid Eifersucht
Bedürfnisbefriedigung versus Verlust		**Verletzung - Aggression**	

Die sehr grobe Zusammenfassung aller positiv getönten Gefühle unter der Überschrift der Freude in Tabelle 5 kann unter dem Aspekt der Bedürfnisbefriedigung gesehen werden oder unter dem der Zuneigung. Die unter Traurigkeit zusammengefaßten Gefühle haben gemeinsam, daß Bedürfnisbefriedigung verloren ging oder fehlt. Beide Kategorien vereint, daß es um Vorhandensein versus Verlust oder Fehlen von Bedürfnisbefriedigung geht. Die beiden nächsten Kategorien haben das

Thema der Aggression gemeinsam. Ärger und Wut als die eigene Aggression, Angst als die Reaktion auf die drohende Aggression und Verletzung durch die Umwelt.

Es ist naheliegend, einen Ordnungsversuch dieser Gefühle zu machen. Sowohl die klinische als auch die Entwicklungspsychologie legen nahe, die oben tentativ als Basisgefühle bezeichneten Gefühle Freude, Trauer, Angst und Aggression als Kategorien zu verwenden. Daneben wäre eine Ordnung der zeitlichen Entstehung oder der zeitlichen Bedeutung in der Entwicklung des Kindes sinnvoll. Darüber wissen wir aber sehr wenig wegen der fehlenden sprachlichen Kommunikation von Gefühlen bei Vorschulkindern. Ein weiteres Ordnungskriterium ist „eher selbstbezogen", d.h. als Indikator oder Motivator der individuellen psychischen Homöostase, versus „eher beziehungsbezogen", d. h. als Indikator oder Motivator der Homöostase der relevanten Beziehung, d. h. des sozialen Systems.
Die Betrachtung von Tabelle 6 zeigt, daß alle Gefühle Reaktionen in der Beziehung zum anderen Menschen sind und daß fast alle Gefühle eine affektive Bewertung des anderen Menschen bzw. seines Verhaltens und damit der zwischenmenschlichen Situation sind. Dagegen unterscheiden sie sich hinsichtlich Annäherungs- und Entfernungstendenz. Einige treten vorwiegend als affektive Konsequenz eigener Handlungen auf und steuern so als kontingente Verstärkungen oder Bestrafungen unser Verhalten. Selbstbezogene Gefühle finden sich nach der hier vorgeschlagenen Einteilung hauptsächlich als positive Gefühle. Oder: positive Gefühle unterscheiden sich von negativen dadurch, daß sie sowohl selbst- als auch beziehungsbezogen sind.

Darüber hinaus lassen sich Gefühle danach ordnen, ob sie „handlungsbezogen" sind, d.h. den Menschen zu einem bestimmten Verhalten motivieren (M) beziehungsweise seinem Verhalten als affektive Bewertung der Konsequenzen seines Verhaltens nachfolgen (positive Verstärkung K+, Bestrafung K-) oder „nicht handlungsbezogen" sind, d.h. eine affektive Bewertung (Af+/-) einer Situation oder allgemeiner des Weltgeschehens sind. Die Motivationseigenschaften von Gefühlen lassen sich allgemein als Motivation zur Annäherung (M+, lernpsychologisch diskriminativer Stimulus S (D)) oder als Motivation zur Entfernung (M-, lernpsychologisch S (Delta)) einteilen. Annäherung kann wiederum als Angriff, also aggressionsgeleitet erfolgen (M+ agg) oder als positive Zuwendung (M++). Ebenso kann Entfernung aus Abneigung geschehen (M- agg) oder aus Angst, (M- ang). Handlungsbezogene, nach einer Handlung folgende Gefühle bestimmen wesentlich das Selbstbild, nicht handlungsbezogene eher das Weltbild. Als weiteren Schritt können wir versuchen, die funktionale Einbettung der einzelnen Gefühle zu betrachten.

Tabelle 6: Gefühle im Beziehungs-, Handlungs- und Bewertungskontext

	selbst-bezogen	beziehungs-bezogen	Annäher.-tendenz	Entfernungs-tendenz	Handlungs-konsequenz	Affektive Bewertung
Freude		+	+			+
Begeisterung		+	+			+
Glück		+	+			+
Übermut	+	+	+			
Leidenschaft	+	+	+			
Lust	+	+	+			
Zufriedenheit		+	+		+	
Stolz	+		+		+	
Selbstvertrauen	+	+	+		+	
Gelassenheit	+		+			+
Überlegenheit	+	+	+		+	
Dankbarkeit		+	+			+
Vertrauen		+	+			+
Zuneigung, Liebe		+	+			+
Rührung		+	+			+
Traurigkeit		+	+			+
Verzweiflung		+	+			+
Sehnsucht		+	+			+
Einsamkeit		+	+			+
Leere, Langeweile		+				+
Enttäuschung		+		+		+
Beleidigtsein		+		+		+
Mitgefühl		+	+			+
Angst, Furcht		+		+		+
Anspannung, Nervosität	+			+		+
Verlegenheit		+		+		+
Selbstunsicherheit		+		+	+	
Unterlegenheit		+		+	+	
Scham		+		+	+	
Schuldgefühl		+		+	+	
Reue		+		+	+	
Sorge		+	+			+
Ekel		+			+	+
Ärger, Wut, Zorn		+	+(aggr)			+
Mißmut		+		+		+
Ungeduld		+		+		+
Widerwille, Trotz		+		+		+
Abneigung, Haß		+	+(aggr)			+
Verachtung		+		+		+
Mißtrauen		+		+		+
Neid		+		+		+
Eifersucht		+		+		+

Freude

Freude ist eine Reaktion auf den Beginn oder das Eintreten eines wünschenswerten, erwünschten, erhofften Ereignisses, sei es nun bewußt erwartet worden oder nicht. Beim Kind tritt Freude allein schon bei der herzlichen Kontaktaufnahme auf. Es freut sich, wenn etwas Neues in sein Blickfeld tritt, das es wiedererkennt oder das zu einer ihm bekannten Klasse von positiv besetzten Objekten gehört (Kinder, Tierbabys, Blumen, Spielzeug). Meist sind es Ereignisse, die nicht selbst durch eigenes aktives Handeln herbeigeführt wurden, sondern die die Welt dem Kind beschert - schenkt. Das Ereignis ist also keine in seiner Intensität erwartbare selbstverständliche Folge eigenen instrumentellen Handelns, also keine gewohnte Verstärkung. Das Kind hatte entweder nicht mit größter Wahrscheinlichkeit mit dem jetzigen Eintreten oder nicht mit seiner Reizintensität gerechnet. Oder das Kind kann sich noch riesig freuen, wo ein Erwachsener nur noch etwas Rührung zeigt, weil das Kind Gefühle noch nicht so modulieren kann, daß eine Korrelation zwischen der Wahrscheinlichkeit, der Intensität und der homöostatischen Defizitminderung einerseits und der Gefühlsintensität andererseits besteht: Das Kind freut sich, wo ein Erwachsener, weil er das Ereignis vorhersehen kann, nur noch mit Genugtuung und Zufriedenheit reagiert. Das homöostatische Defizit führt zu einer psychischen Spannung, eventuell zu einer bewußten Erwartungshaltung. Je größer die Diskrepanz im homöostatischen Regelsystem ist, um so größer ist die Bedeutung des Ereignisses. Allerdings besteht kein linearer Zusammenhang zwischen seiner Bedeutung und dem Ausmaß der Freude. Wenn ich zu lange warten mußte, ist lediglich noch eine Milderung meiner Ungeduld und meines Ärgers erreichbar.

Halten wir fest, Freude ist eng wahrnehmungsgebunden, ist eine Reaktion auf das Eintreten eines Ereignisses. Sie ist nicht assoziiert mit dem Vorgang der Bedürfnisbefriedigung, aber mit deren Beginn. Da Freude selbst eine der wohltuendsten Befindlichkeiten ist, hat sie große Verstärkerwirkung. Der Mensch versucht in Zukunft sowohl äußere Situationen als auch innere psychische Haltungen (z.B. Gestik, Mimik, Kognitionen) wieder herzustellen, um wieder in den Genuß dieses Gefühls zu kommen. Wir können sagen, die autonome Psyche benutzt die willkürliche Psyche zur homöostatischen Regulation, indem sie ihr über das positive Gefühl der Freude die bedürfnisbefriedigende Bedeutung bestimmter Ereignisse und Situationen zugänglich macht und künftig das Aufsuchen von solchen bedürfnisbefriedigenden Situationskonstellationen initiiert.

Freude hat keine unmittelbare handlungsmotivierende Funktion, da im Moment nichts mehr unternommen werden muß. Manche Kinder, die nur auf sehr wenige Arten den Eltern Reaktionen abgewinnen können, die beim Kind Freude erwecken, müssen z.B. entgegen ihrer altersgemäßen Entwicklung ein Verhalten gemäß einem Kindchen-Schema aufrecht erhalten. Die Eltern würden bei altersgemäßem Verhalten kaum mehr auf das Kind reagieren. Eltern verlangen von ihren Söhnen oft, daß sie schon im Vorschulalter ihre Gefühle zügeln. Ein richtiger Junge hat nicht „außer sich vor Freude“ zu sein. Wer so emotional wie ein Mädchen reagierte, kann nicht lernen, souverän, kraftvoll und männlich schwierige Situationen im Griff zu haben. Freude ist genau das Zeichen des Gegenteils. Nicht ich mache etwas mit der Welt, sondern die Welt mit mir und das, was sie mit mir macht, bereitet mir Freude. Wenn ich mich über einen Erfolg freue, so bezieht sich die Freude auf den Teil dieses Ereignisses, den ich in diesem Moment nicht als zwingend von mir herbeigeführt erlebe.

Begeisterung

Begeisterung ist eine Steigerung der Freude, gerade dieses „außer sich sein“. Die ganze Psyche und auch der Körper sind so erfüllt von diesem Gefühl, daß es nicht mehr verborgen werden kann. Die Umwelt sieht deutlich, was emotional abläuft und sie sieht, wie dieses Gefühl ausgedrückt wird und sie sieht den Menschen in diesem Moment unkontrolliert. Andererseits bezieht sich Begeisterung noch mehr als Freude auf das wahrgenommene Ereignis, wie schon die zugehörigen Verbalisierungen verraten: „ich freue mich“ und „ich bin begeistert von...“. Es ist mehr das Erlebnis selbst gemeint, ein Ereignis, ein Geschehen, das außergewöhnlich ist, dem man beiwohnen konnte.
Wichtiger als diese Begriffsklärungen sind für uns die Schicksale der Gefühle, d.h. die Begeisterungsfähigkeit. Da Begeisterung und deren Ausdruck auf die Umwelt „überschwappt“ ist entscheidend, ob die Eltern sich dadurch gestört fühlen oder sich mitfreuen können. Abgesehen von situativen Bedingtheiten ist die Persönlichkeit des Elternteils und die Qualität der Beziehung zum Kind entscheidend. Die Vitalität des Kindes wird von manchen Eltern als störendes oder aggressives Verhalten mißinterpretiert. Manche meinen, früh genug bremsen zu müssen, weil die Kinder sonst später nicht mehr kontrollierbar sind. Manche Eltern machen abfällige Bemerkungen über den Gefühlsausdruck. Manchen ist das intensive, auffallende Gefühlsgebaren ihres Kindes in der Öffentlichkeit peinlich. Begeisterung gehört zu den „lauten“ Gefühlen, die neben den aggressiven Gefühlen sehr oft von Eltern viel zu früh erstickt werden.

Glück

Glück ist das Gefühl, das am meisten mit Mythos verbunden ist. Es tritt nicht so schnell auf ein Ereignis hin ein wie Freude, braucht auch mehr Zeit, um sich entfalten zu können. Es hat viel Ähnlichkeiten mit einer Stimmung, die allerdings nicht ereignis- bzw. objektbezogen ist.
Freude kann in Glück übergehen. Wir können uns vorstellen, daß Freude noch in der Wahrnehmung des eingetretenen Ereignisses, des Geschehens geschieht, bildlich gesprochen noch zwischen der Welt und dem Selbst. Nun wirkt die eingetretene neue Tatsache, die da ist und da bleibt, mehr auf die Selbstwahrnehmung, das Gefühl „durchströmt“ das Selbst und geht ganz auf das Selbst über. Die erste spontane Aussage heißt: „Ich bin so glücklich“ oder „Ich bin erfüllt von Glück“. Erst im zweiten Atemzug wird Bezug genommen auf die beglückende Situation. Wie bei Stimmungen wird nicht nur der Glücksbringer, sondern die ganze Welt mit diesem Gefühl eingefärbt, es ist nicht eingrenzbar auf eine Reaktion in einer Situation. Hier stimmt die Formulierung: „Ich bin“ glücklich statt „Ich fühle mich glücklich“. Es ist deshalb zu fragen, ob Glück als situationsübergreifender Gefühlszustand, trotz der im Vergleich zu Stimmungen größeren Intensität nicht doch zu den Stimmungen gezählt werden sollte. Dann bliebe Glück als Gefühl jenen Reaktionen vorbehalten, die in einer prinzipiell beobachtbaren Situation ausgelöst werden und danach wieder abklingen. Dieses situative Glücksgefühl ist weitaus schwerer von Freude zu unterscheiden. Es bleibt dann nur die größere Selbstbezogenheit. Ein Ereignis, das mich freut, kann zusätzlich dazu führen, daß ich mich glücklich fühle, in meiner Selbstwahrnehmung in einen freudig-erhebenden Zustand gerate. Sowohl bei Freude, Begeisterung als auch bei Glück ist eine Erregtheit, eine psychophysiologische Aktivierung vorhanden.
Es klingt sehr nüchtern, wenn das Gefühl des Glücks als Signal einer nicht zu erwartenden, außergewöhnlich gut gelungenen Herstellung des homöostatischen Fließgleichgewichts der menschlichen Psyche betrachtet wird. Die autonome Psyche signalisiert der willkürlichen Psyche auf diese Weise besonders eindrücklich, wie das psychische Optimum beschaffen ist. Die inhaltliche Definition der situativen Bedingungen ist nicht festgelegt, sondern ist Ergebnis der Lerngeschichte eines Menschen und ändert sich laufend im Fortschreiten seines Lebens.
Glück ist kein Synonym für psychische Gesundheit und auch nicht für gesunde oder entwicklungsfördernde Kindheitsbedingungen. Die bereits gestörte Psyche wird auch dann Glück empfinden, wenn die Umwelt ihr ein Optimum ihres gestörten homöostatischen Regelsystems beschert. So erleben dependente Persönlichkeiten immer wieder Glücksgefühle genau dann, wenn ihre sie

beherrschende Bezugsperson ihnen Geborgenheit spendet, wie sie eigentlich nur beim Kleinkind angemessen gewesen wäre. Berichtet ein Patient über eine glückliche Kindheit, so müssen wir diese Aussage relativieren. Sie wurde aus dem Blickwinkel eines Menschen gemacht, dessen psychische Homöostase eventuell so gestört war, daß sie später zur psychischen Erkrankung führte. Die erinnerten Glücksmomente der Kindheit waren vielleicht zu einem Teil bereits Erlebnisse der Psyche eines Kindes, das zu keiner gesunden individuellen Homöostase mehr fähig war, da diese durch den Vorrang der sozialen Homöostase des Familiensystems nicht herstellbar war. Trotzdem fällt es bei der Mehrzahl unserer Patienten auf, daß sie eine unglückliche Kindheit hatten und daß sie mit ihren Eltern unglückliche Beziehungen hatten. Steigerungen des Unglücks im Sinne von Traumatisierungen werden schließlich gar nicht erinnert: „Ich kann mich an die Zeit vor Schulbeginn überhaupt nicht mehr erinnern".

Übermut

„Übermut tut selten gut." Übermut ist die frohe, vitale, bewegte Ausgelassenheit des Kindes, mit einem Schuß positiver Aggressivität im Sinne von frech, schelmisch, spitzbübisch sein. Übermut geht rasch an die Toleranzgrenze der Erziehungspersonen. Das Wort beinhaltet die Sichtweise des Außenstehenden mit der Bewertung eines Zuviel, einem Wunsch, Grenzen zu setzen. Der Außenstehende kann nicht empathisch sein, in ihm entsteht ein Mißempfinden. Kinder, die sich tagsüber zuwenig austoben konnten, werden kurz vor dem Bettgehen oft übermütig, zu einem Zeitpunkt, zu dem die Spielsachen schon aufgeräumt sind, die Eltern endlich Zeit für sich haben wollen, eventuell noch gestreßt, gereizt vom Berufstag sind - eher Ruhe und Entspannung wünschen. Wenn Eltern ihre Interessen rigoros durchsetzen, immer dann sehr aggressiv werden, wenn das Kind übermütig ist, so muß dieses sehr früh mit allen ihm zur Verfügung stehenden Mitteln seine Gefühlsimpulse unterdrücken. Mangels kognitiver Selbststeuerungsfähigkeiten, die sich erst spät entwickeln, muß es mit Hilfe von gegensteuernden Gefühlen wie Angst (vor Strafe) und Schuldgefühlen seine primären Emotionen beseitigen. Dies geschieht z.B. bei Übermut schließlich dauerhaft, so daß übermütiges Verhalten gar nicht mehr erinnerbar ist. Durch diese frühe und vollständige Unterdrükkung wird dem Kind die Möglichkeit genommen, seine ursprüngliche ungezähmte Wildheit, die wohl jedem Lebewesen angeboren ist, zu einer zivilisierten Vitalität zu transformieren. Hierzu wäre die empathisch-gewährende Haltung der Mutter nötig. Dieser fehlt aber in ihrer Wertorientierung eine positive Einstellung zu Wildheit und Vitalität. Deshalb kann sie diese auch nicht fördern bzw. konstruktiv zivilisieren helfen.

Leidenschaft

Leidenschaft wird selten als eigenes abgegrenztes Gefühl empfunden. Ihre Betrachtung ist jedoch für Begriffsbestimmungen anderer Gefühle bedeutsam. Sie gehört zu jenen Gefühlszuständen, die nicht nur einen Teilbereich des Bewußtseins in Beschlag nehmen, nicht in stiller Wahrnehmung des Selbst und der Welt verharren, sondern auf den Körper übergehen, dessen physiologische Abläufe verändern, dessen Wahrnehmung verändern, auf die Motorik übergehen und den ganzen Menschen in Bewegung versetzen. Die Handlungsorientierung steht im Vordergrund, eine große energetische Mobilisierung von Psyche und Körper. Die Wahrnehmung dieser großen Mobilisierung im Sinne eines Empfindens eines positiven „Erleidens" ist das Gefühl der Leidenschaft. In diesem Begriff steckt auch die Tendenz, diesen Zustand des Leidens wieder zu beenden. Er läßt sich aber auch so interpretieren, daß es Leiden macht, den durch den Handlungsimpuls angestrebten Zustand noch nicht oder nicht schnell oder umfassend genug erreicht zu haben. Übertragen wir diese Aussagen auf den Kernbereich leidenschaftlichen Erlebens, auf die Sexualität, so können wir sexuelle Erregung und Lustempfindung als den passiven, wahrnehmungsbezogenen und Leidenschaft als den aktiven, handlungsbezogenen Anteil des Gefühlsgemisches bezeichnen. Leidenschaft mobilisiert zu Handlungen, die in Situationen führen oder Situationen so gestalten, daß Lust entsteht, sich steigert und zum Höhepunkt gelangt. Leidenschaft und leidenschaftliches Verhalten versiegen, wenn durch den Orgasmus volle Bedürfnisbefriedigung eingetreten ist. Sie wird ersetzt durch das Nirwana-Gefühl des wunschlos Glücklich-/ Zufrieden-/ Befriedigtseins, das mit völliger psychischer und körperlicher Entspannung einher geht.
Leidenschaft hat demnach primär eine Funktion als Bestandteil menschlicher Sexualität und steht letztendlich im Dienst der Arterhaltung. Ohne Leidenschaft wäre der komplette Vollzug des Sexualaktes zum Orgasmus und zur Befruchtung gefährdet. Die Lernfähigkeit und Plastizität der menschlichen Psyche führte dazu, daß wir nicht nur sexuelle Leidenschaft kennen. Überall wo Spannungsreduktion und Lust sich paaren, kann Erleben und Handeln leidenschaftlich sein. Sei es Spiel, Sport, Musik oder Engagements, die von Menschen leidenschaftlich betrieben werden, sie sind Gewinne menschlicher Erlebnisvielfalt, ob sie nun zur Sublimierung und Kultivierung primär sexueller Energie dienen, wie Sigmund Freud dies postulierte oder keine primäre Abwehrfunktion haben, wie Wilhelm Reich (1975) dies einräumt.

Mit der traditionellen Verteufelung und Abwertung der animalisch triebhaften Seite des Menschen versuchen viele Eltern, die ihre Kinder zu wertvollen Mitgliedern unserer Gesellschaft machen wollen, leidenschaftliches Erleben und Verhalten von Anfang an zu tabuisieren und zu unterdrücken. Damit wird jegliche „bewegte" ganzheitlich die Psyche und den Körper erfassende Emotionalität stark gedämpft, das Kind wird in Dauerkonflikte gestoßen, in denen es permanent Angst, Schuldgefühle, Scham und Ekel zu Hilfe nehmen muß, um nicht in die tabuisierte Gefühlssphäre zu geraten.

Lust

Lust ist meist ein körperbezogenes Gefühl, sei es, daß eine Sinnesempfindung ein Lustgefühl hervorruft (Kitzeln), sei es daß eine motorische Handlung mit Lustgefühl verbunden ist (Bewegungslust). Sowohl handgreifliches Verletzen als auch das Quälen eines anderen durch verletzende Worte kann eine (sadistische) Lust hervorrufen. Ebenso kann eine Streitlust im wörtlichen Sinne entstehen. Auch Angstlust als Nervenkitzel vermittelt das Gefühl der Lust. Hier ist wie bei der Schmerzlust das deutliche Überwiegen der Lustkomponente über die aversive Komponente erforderlich. Bei Masochismus ist Schmerz die notwendige Vorraussetzung, daß Lust entsteht.
Lust und Unlust können als die beiden basalsten Empfindungsqualitäten von Lebewesen überhaupt betrachtet werden, als eigentliche Grundqualitäten des Gefühls. Lust veranlaßt das Lebewesen, den Lust erzeugenden Stimulus weiterwirken zu lassen. Unlust veranlaßt ihn, dessen Wirkung zu beenden.
Ohne diese beiden Gefühlsqualitäten und deren zwingende motivationale Komponente wären Lebewesen nicht in der Lage, für Selbst- und Arterhaltung zu sorgen. Die autonome Psyche setzt diese beiden Signale ein, damit der Mensch seine willkürlichen Funktionen in ihren Dienst stellt. Wiederum müssen wir uns eingestehen, daß die kognitiven Errungenschaften des Menschen (Intelligenz und Sprache) das Lust-/ Unlust-gesteuerte Handeln nicht ersetzen könnten. Man stelle sich einen Sexualakt ohne jegliches Lustempfinden vor - ein mühsames und wohl bald ekelbesetztes Unterfangen! Oder Essen ohne Appetit - eine Quälerei! Die Anpassungsfähigkeit eines Menschen hat schließlich eine neue Form der Lust kreiert, die im Leben der Industriegesellschaft so manche Last in Lust verwandelt: die „Arbeitslust". Wer diese nicht entwickeln kann bzw. nicht einmal Arbeitszufriedenheit herzustellen vermag, wird seinen Alltag mit mehr Unlustgefühlen und Anstrengung verbinden. Der sprachlichen Exaktheit halber sollten wir aber festhalten, daß Lustgefühle im obigen Sinne höchstens ausnahmsweise bei der Arbeit auftauchen. Es geht uns hier nicht um Erörterungen einer emotionsassoziierten Sprache, sondern ausschließlich um Emotionen und

Gefühle.
Die Generation der Eltern unserer Patienten lebte in einer Gesellschaft voll anhedonistischer Wertsetzungen, die Lust nur in anankastischen und Machtstrebungen tolerierte. Sie entfremdete dem Kind rasch seinen Körper und die direkte natürliche Lust-/-Unlust geleitete psychophysiologische Homöostase wurde seinem Leben unzugänglich. Die Wertorientierung unserer heutigen Gesellschaft erlaubt uns hedonistische Tendenzen, sofern sie unsere Leistungsfähigkeit in unserem Wirtschaftssystem nicht schmälert und so lange sie mit materiellem Konsum verbunden ist, d.h. wirtschaftsförderlich ist.
Heutigen Eltern ist es daher eher möglich, gewährender bezüglich der Lust ihrer Kinder zu sein. Unsere Patienten berichten dagegen, daß Eltern rigoros dem Kind die natürliche Lust-Unlust-Homöostase weggenommen haben, so daß es sich ausschließlich an den elterlichen Normen zu orientieren hatte. Als Psychotherapeuten können wir darüber hinaus zahlreiche Indizien dafür finden, daß über bewußt vermittelte Verbote und Gebote hinaus das Kind eine forcierte Sozialisierung erfuhr. Es richtete alsbald sein Verhalten nicht mehr nach den Signalen seiner eigenen individuellen Homöostase aus, sondern nach der sozialen Homöostase der Familie, die fast ausschließlich durch die Bedürfnisse der Eltern und die Notwendigkeit der Beziehung zwischen diesen bestimmt wurde. Dies macht verständlich, daß kindgemäße Lusterlebnisse in der Kindheit unserer Patienten weitgehend fehlten. Im Gegenteil, Lustsuche und Lusterfahrung bedeutet ja, sich nicht mehr dem familiären System und dessen Regeln unterworfen zu haben, was zu alarmierender Angst, Scham und Schuldgefühlen führen muß. Besondere depressive Menschen haben in ihrem bisherigen Leben Lust und Genuß kaum Raum gelassen.

Zufriedenheit

Zufriedenheit ist im Gegensatz zu den bisher besprochenen Gefühlen ein eher ruhiges Gefühl. „Ich bin mit mir und der Welt einverstanden, fühle mich mit mir und der Welt in Frieden. Es kann so bleiben, wie es ist.“ Es kann auch eine punktuelle Zufriedenheit bezüglich eines einzelnen Ereignisses sein. Bevor dieses Ereignis eintrat, mag eine psychische Spannung bestanden haben, ein Wunsch, eine Erwartung, die Ungewißheit, ob daß Ereignis wunschgemäß, erwartungsgemäß sein wird. Zufriedenheit ist dann mit der Beendigung dieser Spannung verbunden. Sie tritt auch eher verzögert, im Anschluß an kognitive Prozesse der Informationsverarbeitung und Situationsbewertung ein - als affektiver Bestandteil einer reiferen psychischen Bewertung des Erwachsenen. Es ist eher die kognitive Bestätigung, die Beseitigung von kognitiver Dissonanz oder von Ungewiß-

heit, die zu diesem Gefühl führt. Insofern bedarf es auch der weitgehend abgeschlossenen kognitiven Entwicklungsphasen nach Piaget (1981). Der Vergleich eines Ereignisses mit einem inneren oder äußeren Wertmaßstab führt gegebenenfalls zum Gefühl der Zufriedenheit. Die Bewertung ist:
- wie erwartet (das Selbstbild bestätigend, besser als erwartet würde Freude auslösen)
- normerfüllend (Harmonie mit der Welt herstellend oder bewahrend)
- einem Willen und wunschgemäß (meine internale Kontrollüberzeugung bestätigend).

Die Eltern mancher Patienten haben deren intrapsychisches System kognitiver Konstrukte so geformt, daß eine durch alltägliche Handlungen nicht überbrückbare Diskrepanz zwischen Selbstideal und Selbstbild besteht, d.h. kaum etwas zur eigenen Zufriedenheit gemacht werden kann. Andere sind wiederum so übertrieben normorientiert, daß bei ihnen Zufriedenheit nur unter dem Gesichtspunkt der gelungenen Erfüllung von äußeren Normen entsteht. Chronische Unzufriedenheit mit sich selbst führt zu einer Verminderung des Selbstwertgefühls. Kurzfristig kann sie zu größeren Anstrengungen führen, um das eigene Anspruchsniveau oder die äußere Norm doch noch zu erreichen. Wer die Erfahrung macht, daß er selbst in der Lage ist, zufrieden machende Ergebnisse zu erzielen, baut bei sich ein Gefühl der Selbsteffizienz (Bandura 1975) auf. Wer auf eine deprimierende Weise die Erfahrung macht, daß alle seine Bemühungen nicht dazu führten, zentrale Lebensbelange zufriedenstellend zu regeln, gelangt zu einem Gefühl der gelernten Hilflosigkeit (Seligman, 1979).

Stolz

Stolz ist ein Gefühl, das in der protestantisch-christlichen Tradition, die Demut und Bescheidenheit als Tugenden zu pflegen versuchte, verurteilt wurde. Nur Helden durften stolz sein. So wurde den Kindern schon sehr früh ein wichtige Stütze ihres psychischen Rückgrads genommen, wodurch sie sich denn auch besser zum Untertan eigneten, also besser in die früheren Staatsformen einpaßten. Aus einer anfänglichen Freude über ein Gelingen einer situativen Handlung löst sich das Gefühl ähnlich wie beim Glück von der Situation und geht auf die Person über. Wem so etwas gelingt, der ist auch wer. Die geschwellte Brust, der erhobene Kopf, der triumphierende Blick - von oben herab -wie beim spanischen Flamenco-Tänzer vermitteln Stolz. Dabei müssen wir wiederum ein stolze Grundhaltung vom situativ entstandenen Gefühl des Stolzes unterscheiden, das zu einer eher vorübergehenden Annäherung des Selbstbildes an das Selbstideal führt. Es ist meist noch mit Freude verbunden, eventuell mit Glück. Der in diesem Ausmaß eventuell erhoffte, aber nicht erwartete Erfolg macht stolz und - nicht jeder kann das. Es kann sich ein Gefühl der Überlegenheit beimengen,

aber Stolz ist mehr auf den Erfolg des Selbst bezogen, weniger ein Beziehungsgefühl, das aus dem Vergleich mit anderen resultiert, auch wenn im Gefühl des Stolzes die anderen Menschen und die Beziehungen zu ihnen verändert wahrgenommen werden. Die anderen werden zum Publikum, das den Erfolg und den Erfolgreichen sieht und ihn bewundert.
Perfektionistische Eltern geben ihrem Kind keine Chance, stolz auf ein subjektives Gelingen zu sein. Sie führen stattdessen Gefühle der Insuffizienz herbei, der externalen Kontrollüberzeugung oder gar der geteilten Kontrollüberzeugung, daß Mißerfolge selbstverschuldet sind, Erfolge aber von anderen oder aber vom Glück verursacht wurden (Roth und Rehm, 1986). Um ausreichend Selbsteffizienzgefühl aufbauen zu können, benötigen Kinder Erfolgserlebnisse und sie benötigen, daß diese mit Hilfe des Gefühls des Stolzes schließlich eigenen überdauernden Fähigkeiten und Eigenschaften zugeschrieben werden können.

Selbstvertrauen

Selbstvertrauen ist das Gefühl, sich in einer Situation auf seine eigenen Fähigkeiten verlassen zu können und mit deren Hilfe eventuell auftretende Schwierigkeiten bewältigen und meistern zu können, ohne die Kontrolle über die Situation zu verlieren und ohne daß die Situation zum Stressor wird. Vertrauen in sich selbst setzt ausreichend viele Erfahrungen voraus, die dieses Selbstgefühl bestätigten, d.h. die subjektive Erfahrung von Selbsteffizienz (Bandura 1975). Wem dieses Selbstvertrauen fehlt, wird die betreffende Situation vermeiden oder sich in ihr selbst unsicher oder gar ängstlich fühlen. Selbstvertrauen ist das Ergebnis des kognitiven Vergleichs der Schwierigkeit einer Situation mit der Einschätzung der eigenen Effizienz in solchen Situationen. Es signalisiert Freiheit von Gefahr und motiviert dazu, die Situation aufzusuchen und sie im intendierten Sinne für das eigene Vorhaben zu nutzen.
Die Entwicklung von Selbstvertrauen bedarf sowohl der Erfahrung von Vertrauen zu den Bezugspersonen, zu deren Fähigkeit, sich und das Kind in schwierigen Situationen zu schützen und zu behaupten, als auch der angstfreien Auseinandersetzung mit den Eltern bei Unstimmigkeiten und Interessenskollisionen. Die Mehrzahl der Eltern unserer Patienten konnten dies nicht leisten. Sie waren entweder selbst schwach und ängstlich bzw. mußten ihre eigenen Ängste permanent abwehren oder sie induzierten dem Kind soviel Angst, daß keine Selbsteffizienzerfahrung im zwischenmenschlichen Bereich aufgebaut werden konnte.

Gelassenheit

Gelassenheit ist ein Zustand von Angstfreiheit, Freiheit von Streßreaktionen in einer eher schwierigen Situation, ein Ausbleiben von vorbeugender Wachsamkeit und emotionalem Involvement, ein Ruhigbleiben, wo andere schon nervös werden. Sie erweckt den Eindruck der souveränen Beherrschung der Situation oder auch einer ungerührten Haltung bzw. einer gewissen Dickfelligkeit. Abgesehen davon, daß so manche gelassen wirkende Menschen ein hohes psychophysiologisches Arousal in einer schwierigen Situation haben, kann das anfänglich aufgebaute Selbstvertrauen im weiteren Ablauf der Situation zu einer Gelassenheit dem situativen Geschehen gegenüber führen. Selbstvertrauen führt nicht notwendigerweise zu Gelassenheit, es kann im Gegenteil zu erfolgsgewohntem engagiertem Verhalten führen, z.B. der Redner in einer politischen Diskussion, der nicht durch Gelassenheit, sondern durch vehementes Engagement die Zuhörer bewegt. Gelassenheit beruht auf einer realistischen Einschätzung der Situation, der eigenen Person und der Wahrscheinlichkeit eines Mißlingens. Gelassenheit ist oft mit großer Erfahrung assoziiert, die impliziert, daß Mißerfolge nicht den Weltuntergang bedeuten, sondern daß Erfolg und Mißerfolg zum Alltag gehören und mit beiden umgegangen werden kann. Gelassenheit ist Angstfreiheit. Sie ist assoziiert mit Zuversicht, mit Wissen um den weiteren erwartungsgemäßen Verlauf, einer Gewißheit, daß die Dinge wie erwartet verlaufen werden. Ist ein Elternteil hektisch-ängstlich, der andere unvorhersehbar strafend, so fehlen die Voraussetzungen, Gelassenheit zu entwickeln.

Überlegenheit

Überlegenheit ist ein Beziehungsgefühl, entweder in der direkten Begegnung und Auseinandersetzung oder in einem konkurrierend-komparativen Kontext bezüglich einer Leistung oder Aufgabe. Überlegenheit schwingt auch im Stolz mit. Allein der erste Anblick eines noch unbekannten Menschen kann das Gefühl der Überlegenheit hervorrufen. In Sekundenschnelle wird die andere Person wiederum unter Umgehung bewußter kognitiver Prozesse von unserer autonomen Psyche eingeschätzt und mit dem eigenen Selbstbild verglichen. Das Resultat des Vergleichs ist entweder ein Gefühl der Unterlegenheit oder der Ebenbürtigkeit oder der Überlegenheit. Diese Gefühle spielen bei manchen Menschen eine besonders große Rolle. Für sie ist auch Macht und Ohnmacht, Dominanz und Submissivität eine wichtige Erlebensdimension. Wir können davon ausgehen, daß ihre kindliche Lerngeschichte durch elterliche Leistungsorientierung (Ehrgeiz als Streben auch nach

Überlegenheit), ausgeprägtes Dominanzverhalten eines Elternteils und eventuelle Geschwisterrivalitäten geprägt ist. Dabei kann der permanente Versuch, Überlegenheit herzustellen, ein Vermeidungsmotiv sein. Die eigene Unterlegenheit und Ohnmacht können in der Kindheit so aversiv gewesen sein, daß nur das Gegenteil, die Überlegenheit, sicher genug davor schützt. Überlegenheit korrespondiert mit der Wahrnehmung eines Unterschiedes zum anderen Menschen, als angenehm erlebte Distanz und impliziert die Tendenz, diesen Unterschied aufrecht zu erhalten. Zwar kann helfend oder belehrend oder konkurrierend oder bekämpfend eine Annäherung zum anderen erfolgen, aber das Gefühl der Überlegenheit motiviert nicht direkt zur Annäherung an den anderen Menschen. Es entspricht der Genugtuung, daß es gut so ist, wie es ist.

Dankbarkeit

Dankbarkeit ist ebenfalls ein Beziehungsgefühl. Eine andere (schenkende) Person hat uns mehr gegeben oder geholfen, als wir erwarten durften. Sie wäre es uns nicht schuldig gewesen. Oder die Hilfe kam zu einem Zeitpunkt und in einer Situation, in der sie uns aus einer Not geholfen hat. Wir sind des Bewußtseins, viel Gutes vom anderen bekommen zu haben. Nicht wir selbst haben ein bedeutsames, für uns positives Ereignis herbeigeführt, sondern die andere Person. Wir empfinden darüber eine freudige Rührung und Verbundenheit. Es ist in diesem Moment eine deutlich spürbare emotionale Verbindung zum anderen vorhanden, die zunächst einseitig ist. Denn es ist kein primär gegenseitiges Fließen von Gefühlen. Die schenkende Person mag das Ausmaß der Dankbarkeit eventuell gar nicht spüren, vielleicht auch nicht so viel Gefühl in das Geschenk investiert haben oder eine Hilfe als gar nicht so große Tat empfinden. Eventuell bleibt ein großer Teil des Gefühls privat. Wird die Dankbarkeit aber frei oder offen ausgedrückt, gemischt mit Gefühlen der Freude oder gar des Glücks, so wirkt sie auf die schenkende Person zurück. Diese ist gerührt von der Wirkung des Geschenks und freut sich mit. Dadurch kann es doch zu einem gemeinsamen emotionalen Erlebnis werden, das die Beziehung und Bindung gegenseitig vertieft. Eltern wünschen sich Dankbarkeit, versuchen vielleicht dieses Gefühl beim Kind zu induzieren, um die Bindung durch Verpflichtungsgefühle in ihrem Sinne zu beeinflussen. Das Kind braucht für die notwendigen Ablösungsschritte dagegen eine Entpflichtung, um sich auf die für Eltern und Kind schmerzliche Trennung und Loslösung am Ende der Kindheit einlassen zu können: „Du darfst Deinen Weg gehen, auch wenn Du mir damit weh tust". Bedürftige Eltern verhindern unter anderem über Dankbarkeit und Schuldgefühle die Ablösung von erwachsener Tochter oder erwachsenem Sohn.

Vertrauen

Vertrauen ist ein zentrales Beziehungsgefühl, ohne das keine Geborgenheit und kein Schutz vermittelt bzw. empfunden werden kann. Es scheint naheliegend, daß der Aufbau einer sicheren Bindung zur Mutter im ersten Lebensjahr auch Vertrauen aufbaut (Ainsworth 1974). Ich vermute eher, daß im Normalfall von Geburt an Vertrauen besteht und nicht nur im ersten Lebensjahr, sondern die ganze Kindheit hindurch aufrecht erhalten wird. Es sei denn, die Mutter weicht in ihrem Verhalten von einer ausreichenden Bemutterung ständig bzw. wiederholt in psychisch nicht bewältigbarem Ausmaß ab, d.h. sie sorgt dafür, daß das Kind viele Situationen erleben muß, die ihm das Gefühl fehlenden Schutzes und fehlender Geborgenheit vermitteln. Zunächst ist es das Vertrauen auf die Anwesenheit der Mutter, dann auf ihre Verfügbarkeit, wenn sie gebraucht wird und schließlich auf die Zuverlässigkeit der Rückkehr nach einem Abschied. Auch die Ambivalenz der Mutter mit erheblichen feindseligen Impulsen gegenüber dem Kind zerstört den natürlichen Vertrauensvorschuß, den der Säugling noch geben kann. Eltern, die emotional sehr instabil sind, die um das eigene emotionale Überleben (oft gegeneinander) kämpfen, können die notwendige Bemutterung ebenfalls nicht erbringen. So kommt es zu einer Serie von Erschütterungen des ursprünglichen Vertrauens. Spätere Prozesse der Internalisierung der Welt werden dadurch erheblich gestört: Wer in den primären Beziehungen kein Vertrauen haben konnte, kann auch kein Selbstvertrauen entwickeln und umgekehrt: Vertrauen schafft Selbstvertrauen. Dies macht auch verständlich, daß Selbstunsicherheit nicht selten mit Mißtrauen assoziiert ist.

Zuneigung, Liebe

Zuneigung und Liebe sind Beziehungsgefühle, die Bindung herstellen. Hier ist nicht das Gefühl, geliebt oder gemocht zu werden, gemeint. Es geht um das Gefühl, selbst aktiv den anderen Menschen zu lieben: ein Gefühl, das innere Bewegtheit erzeugt und zur Hinwendung bewegt, Bindung sucht und bewahrt. Liebe räumt alle Hindernisse beiseite, die objektiv oder subjektiv zwischen zwei Menschen bestehen. Sie schafft einen großen Raum in der Psyche und im Leben für den geliebten Menschen. Sie erschöpft sich in der Zeit, stellt Zeitlosigkeit her.
Die Funktion dieses Gefühls, das bei Schriftstellern und ihren Lesern eines der bevorzugtesten Themen ist, klingt prosaisch: Die Liebe zwischen Mann und Frau fördert die Neigung zur sexuellen Vereinigung und dadurch auch die Arterhaltung. Die Liebe der Eltern zum Kind sichert deren

Entwicklung in einer förderlichen Umgebung. Auch die Liebe des Kindes zu den Eltern sichert ihm eine entwicklungsfördernde Umgebung. Zuneigung fördert das Zusammenleben in der sozialen Gemeinschaft, die wiederum Schutz für den einzelnen bietet.

Wir müssen uns fragen, von welchem Alter an ein Kind das Gefühl der Liebe empfindet. Folgt man der Bindungsforschung und setzt Liebe gleich Bindung, dann ist dieses Gefühl mit 6-8 Monaten vorhanden (Bowlby, 1976). Wir wissen aber nicht, ob dem so ist. Es bleibt uns, Eltern zu fragen wie alt ihr Kind war, als sie sich das erste mal von ihm geliebt fühlten. Hier wird oft das Alter zwischen ein und zwei Jahren angegeben. Mit der Liebe des Kindes zu seinen Eltern leistet dieses seinen Beitrag zur Bindung. Manche Eltern besitzen nicht die Fähigkeit, diese Liebe wahrzunehmen, deshalb kann sie ihre Elternschaft nicht erfüllen, sie verwenden viel Zeit und Energie, um ihr eigenes Bedürfnis, geliebt zu werden, durch Ersatzbedürfnisse, wie Aufmerksamkeit und Anerkennung in ihrer Erwachsenenwelt befriedigt zu bekommen, in dem sie anderen Werten nachjagen oder sich in Abhängigkeit von einer dominierenden Bezugsperson begeben, der gegenüber eine kindähnliche Rolle einnehmen. Sie haben so wenig emotionale Fülle, daß sie Liebe nicht mit ihrem Kind austauschen können. Manche Eltern sind so arm, haben ein so großes Defizit an Liebe, daß sie ebenso bedürftig sind wie ihre Kinder. Da können sie nicht auch noch etwas weggeben, wenn es nicht einmal für sie selbst reicht. Mancher Vater und manche Mutter konkurrieren denn auch mit ihrem Kind um die Liebe des anderen Elternteils. Eltern, die ihre Kinder permanent in ihren basalen Bedürfnissen frustrieren, wecken in ihnen Aggression bis zum Haß. Geschieht dies in den ersten beiden Lebensjahren, so kommt es zu hoch ambivalenten Beziehungen mit einem Nebeneinander von Liebe und Haß. Das Kind kann in dieser Entwicklungsphase seine Liebe nicht durch Haß zum Verschwinden bringen. Es muß, um emotional zu überleben, seine Eltern lieben, so hassenswert sie sich auch verhalten. Dies ist eine unumstößliche Regel seiner psychischen Homöostase.

Erst in einem späteren Alter ist das Kind in der Lage, von sich aus seine Liebe zurückzunehmen, wenn der betreffende Elternteil ihm nicht liebenswert erscheint. Es kann sich im Trotz auf sich selbst versteifen (nein, ich liebe dich nicht) oder sich dem zweiten Elternteil zuwenden (nein, ich liebe den anderen). Kinder im 4. und 5. Lebensjahr beginnen, ungeniert dem gegengeschlechtlichen Elternteil den Hof zu machen, Liebeserklärungen und Heiratsanträge folgen. Manche Eltern erschrecken und weisen das Kind zurück. Migränepatienten berichten oft über solche Zurückweisungen. Andere Eltern mißbrauchen die Form der kindlichen Liebe für die Befriedigung eigener emotionaler oder gar sexueller Defizite.

Traurigkeit

Traurigkeit ist eines der grundlegenden Gefühle, der bewußt wahrgenommene Anteil der entsprechenden Basisemotion. Traurigkeit entsteht, wenn eine Hoffnung nicht erfüllt wurde oder wenn ein Verlust eingetreten ist oder auch, wenn auf einmal oder allmählich das Bewußtsein entsteht, daß etwas Wichtiges fehlt. Wir müssen das Gefühl des Traurigseins unterscheiden von dem umfassenderen psychischen Prozeß der Trauer, zudem die unumstößliche Realität des Verlusts gehört und der ein inneres Loslassen und Abschiednehmen beinhaltet. Um zu diesem Prozeß fähig zu sein, ist das Bewußtsein erforderlich, selbst zu überleben, während der andere gestorben ist. Für Kleinkinder von bis zu 18 Lebensmonaten ist der Tod der Mutter von einer ganz ähnlichen Bedeutung wie bei einem Tierbaby in der freien Natur. Der Tod der Mutter bedeutet höchste Gefahr für das eigene Leben. Für diese Gefahr ist nicht Trauer, sondern Angst das angemessene Gefühl. Erwachsene Menschen, die auf Trennung oder Tod mit Angst reagieren, befinden sich emotional auf dieser frühen Entwicklungsstufe bzw. regredieren in ihrem Selbst- und Weltbild auf diese. Kinder, die in ihrer affektiv-kognitiven Entwicklung etwas weiter sind, sträuben sich gegen die Anerkennung dieser Realität und vermeiden dadurch den Trauerprozeß. Die depressive Verstimmung ist eine Möglichkeit, das nicht verkraftbare erscheinende Gefühl der Trauer zu verhindern - als kleineres Übel der verschiedenen Möglichkeiten des Umgangs mit zentralen Verlusten.

Manche Menschen vermeiden das Gefühl der Traurigkeit durch kognitive Umstrukturierungen im Sinne eines Bagatellisierens des Ausmaßes oder der Bedeutung des Verlustes. Andere schalten gleich alle Gefühle ab, wenn traumatische Ereignisse geschehen. Wieder andere ersetzen das Gefühl der Trauer durch ein anderes. Sie finden stets einen Verursacher, den sie verantwortlich machen können, der in ihren Augen vorsätzlich oder gar rücksichtslos gehandelt hat und reagieren mit Ärger und Zorn statt mit Traurigkeit. Aber auch das Gegenteil - die Schuld bei sich suchen - führt zu einem trauervermeidenden Ersatzgefühl, dem Schuldgefühl. Dies zeigt, daß sowohl externale als auch internale Attribuierung der Kausalität zu Vermeidungszwecken eingesetzt werden kann. Das Gefühl der Traurigkeit ist kein direkt handlungsorientiertes Gefühl, es ist vielmehr das Ergebnis der Wahrnehmung und Bewertung des Geschehens der Außenwelt, eine affektive Stellungnahme, die zu einer inneren Verarbeitung dieses Geschehens führt. Diese innere Verarbeitung kann so viel psychische Energie beanspruchen, daß sich ein Mensch Tage bis Wochen ganz von der Außenwelt zurückzieht.

Im Gegensatz zu Ärger und Wut entspricht Traurigkeit einem passiven Betroffensein, das von der Unveränderbarkeit des Verlusterlebnisses ausgeht. Bei intensiver Traurigkeit gesellt sich ein Empfinden von Hilflosigkeit hinzu. Seligmans (1979) Begriff der gelernten Hilflosigkeit müßte allerdings im Vergleich von Trauer und Depression diskutiert werden. Von diesem Konzept muß gefordert werden, daß es den Unterschied zwischen beiden erklärt. Warum ist gelernte Hilflosigkeit mit Depression und nicht mit Trauer assoziiert? Nur obige Gedanken zur Trauerfähigkeit geben meines Erachtens dem Konzept außer seiner Plausibilität auch die Schlüssigkeit zurück. Ich muß im Bewußtsein sein, den Verlust psychisch verkraften zu können und ohne das Verlorene weiterleben zu können, um keine gelernte Hilflosigkeit bzw. Depression zu entwickeln.

Verzweiflung

Verzweiflung ist eine Steigerung von Traurigkeit, ein intensives akutes sehr schmerzliches Empfinden, das am ehesten im Moment der Trennung von oder des Sterbens der zentralen Person entfacht wird. Der Mensch kann sich in diesem Moment mit seiner Aufmerksamkeit nichts anderem mehr zuwenden. Die restliche Welt ist bedeutungslos geworden, in die Ferne gerückt. Innerlich aufgewühlt, aufgelöst in Tränen, zu keinem geordneten Gedanken abseits des Verlustthemas fähig, werden auch die körperlichen Funktionen miteinbezogen. Körperliche Bedürfnisse wie Hunger und Durst werden nicht mehr wahrgenommen. Die individuelle psychische und somatische Homöostase ist außer Kraft gesetzt. Das ganze Selbst ist eingetaucht in das Geschehen und den Schmerz über dieses Geschehen.
Das Gefühl der Verzweiflung ist ein extremes Alarmieren des Organismus, das ihm anzeigt, daß sein homöostatisches System nicht in der Lage war, das Ereignis zu verhindern. Es kann dazu führen, daß künftig der sozialen oder systemischen Homöostase mehr Gewicht vor der individuellen eingeräumt wird, d.h. soziale Beziehungen so gepflegt werden, daß eine Wiederholung des Verlustes unwahrscheinlich wird. Manche Menschen vermeiden aber auch, künftig überhaupt wieder eine Beziehung einzugehen oder zumindest sich in Beziehungen emotional hinzugeben. Dann kann ihnen auch nicht mehr weh getan werden.

Sehnsucht

Sehnsucht ist ein Gefühl intensiven Wünschens, wobei der Wünschende unter dem Noch-nicht-erfüllt-sein des Wunsches leidet. Das Gefühl ist wie eine ziehende Spannung zwischen der Person und dem Ersehnten. Es bindet einen großen Teil der psychischen Energie und der Aufmerksamkeit. Wahrnehmung und Denkprozesse sind auf der Suche nach Möglichkeiten der Erfüllung. Es muß aber auch eine starke Kraft existieren, die die Person daran hindert, dem Ziehen nachzugeben. Oft sind es äußere Gründe, die mich hier festhalten, die verhindern, daß ich einfach zum anderen oder zum Ort der Wunscherfüllung gehe. Inneren Werten oder äußeren sozialen oder existentiellen Notwendigkeiten verpflichtet, ist ein aktiv handelndes Lösen des Problems nicht möglich. Oder man hat selbst schon das Nötige und Mögliche getan und es wäre am Gegenüber den entscheidenden Schritt zu tun, der aber noch ausbleibt. Sehnsucht ist ein bewußtes Zeichen der gestörten individuellen (z.B. Sehnsucht nach Erfolg) oder sozialen Homöostase (z.B. Sehnsucht nach einer Partnerschaft) angesichts der Unmöglichkeit zu einer ausreichend raschen Befriedigung von Erfüllung zu gelangen, d.h. es sind jetzt keine instrumentellen Verhaltensweisen verfügbar oder ausreichend erfolgversprechend. Vielmehr geht es um ein Warten und Suchen nach Lösungsmöglichkeiten.

Einsamkeit

Einsamkeit zeigt das Unerfülltsein sozialer Bedürfnisse an, z.B. „Ich habe niemanden, der mir mal zuhört“ oder „Ich habe niemanden, mit dem ich Spaziergänge oder Ausflüge machen kann“. Yalom (1989) unterscheidet existentielle Einsamkeit (es ist wirklich kein Mensch verfügbar) von sozialer Einsamkeit (Unfähigkeit, vorhandene Kontaktmöglichkeiten zu nutzen). Im Gegensatz zur Sehnsucht, die sich auf Wunscherfüllung bezieht, ist Einsamkeit auf das bloße Unbefriedigtsein, das Defizit bezogen. Es gibt eher vage Vorstellungen von der Person, die da sein müße. Und es ist ein Empfinden des grundsätzlichen oder allgemeinen Defizits: „Einen Menschen haben“ - „Jemanden haben“. Erst wenn ich einen Menschen habe, kann ich mir von ihm meine diversen sozialen Bedürfnisse befriedigen lassen.
Die bescheidenste Form der Befriedigung wäre, überhaupt unter Menschen sein zu können statt z.B. den ganzen Tag im Altenheim-Appartment zu sitzen und nur die Altenpflegerin 3x kurz zu sehen und einige Sätze mit ihr zu wechseln. Wen Ängste vor den Menschen zum Rückzug vor diesen getrieben haben, der kann sich gleichwohl mit Einsamkeitsgefühlen plagen. Ein Kind, daß sich von seinen Eltern zurückgezogen hat, weil doch nur Schelte und Herumgeschubstwerden das Fazit waren, kann teilweise Ersatz in einer Phantasiewelt suchen, in der sich die Menschen wunschgemäß verhalten, es bleibt aber doch eine Einsamkeit, gemeinsam mit der Erfahrung, daß diese nicht behebbar ist, ohne einen zu hohen Preis zu zahlen. Zahlreiche Bekannte, mit denen auf oberflächlicher Ebene

schablonenhaft kommuniziert wird, können doch eine innere Vereinsamung nicht verhindern: Das Fehlen echten emotionalen Austauschs, mich mit meinen Bedürfnissen und Gefühlen jemandem zeigen und anvertrauen können, ohne eine funktionierende Fassade aufrecht erhalten zu müssen. Auch das Gefühl, vom anderen ebenso gebraucht zu werden.

Rührung

Rührung ist eine gefühlsmäßige positive Bewegtheit angesichts der Beobachtung eines sozialen Geschehens, von dem in der Regel eine starke emotionale Ausstrahlung ausgeht. Oft sind es Kinder - oder Tierszenen, die mit „lieb", „süß", „niedlich" kommentiert werden, aber auch eine herzliche Begrüßungsszene kann zu einem Gefühl der Rührung führen. Da können Tränen in die Augen treten und Rührung kann in die spezifischen Gefühle der Freude oder des Glücks übergehen. Dies zeigt die Fähigkeit zu Empathie und Sympathie, die Fähigkeit zur sozialen Wahrnehmung und zum Miterleben der Gefühle anderer. Über unserer eigenen Empathie mit einem Patienten nehmen wir oft gar nicht war, wie wenig sie selbst oft wirklich empathisch sein können, wie extrem selbstbezogen manche in ihrem bewußten Leben sind. Manche müssen in ihrer Kindheit eine übernatürliche Sensibilität für die Emotionen der Eltern entwickeln, um heil durch die Kindheit zu kommen. Andere müssen sich auf einen egoistischen Existenzkampf einstellen, in dem die Wahrnehmung der Gefühle der anderen nur daran hindern würde, die für sich selbst günstigste Kampfstrategie einzusetzen. Offener Schlagabtausch mit Geschwistern oder einem Elternteil oder intrigengesponnene Manöver in machtorientierten Familien lassen keine zarten Gefühlsregungen zu.

Leere, Langeweile

Leere, Langeweile ist ein Gefühl des Fehlens innerer oder äußerer Lebensinhalte, die Anreiz geben, sich ihnen aufmerksam und interessiert zuzuwenden. Weder eigene Phantasien oder Gedanken noch Aspekte der äußeren Situation sind in der Lage, eine Motivation zur Zuwendung zu erzeugen. Es ist nichts da, bzw. was da ist, interessiert nicht. Wird das Gefühl der Langeweile zu aversiv, so mobilisiert es dazu, die Situation zu verlassen. Manche Menschen gewöhnen sich aber an Langeweile, sie ertragen sie lieber, als etwas zu ändern. Wer den Zugang zu seinen Bedürfnissen verloren hat, findet auch in den korrespondierenden Aspekten der Außenwelt nicht den Anreiz, diesen Situationsaspekt zur Bedürfnisbefriedigung zu nutzen. Wer die pauschale Erfahrung gemacht hat, daß die Welt keine Bedürfnisbefriedigung bietet, muß die Wahrnehmung aller Bedürfnisse abschalten, um sein

Leiden zu reduzieren. Dies hat aber den Nachteil, daß die Welt öde und leer wird.

Enttäuschung

Enttäuschung ist das Gefühl der Frustration einer fast sicher geglaubten Erwartung oder Hoffnung. Eine zuvor vorhandene erwartungsvolle Spannung erschlafft jäh, wie aus einem Luftballon die Luft entweicht. Die Aufmerksamkeit bleibt beim Erhofften, das Gefühl hat sich von ihm entfernt, ist in die Person zurückgewichen. Es ist noch offen, wie lange das Gefühl anhalten wird, was die Person tun wird, um die Enttäuschung zu verkraften. Manche Kinder sind viel öfter enttäuscht als ihre Eltern wahrnehmen. Einen großen Teil der Enttäuschung kann das Kind „wegstecken", innerlich verarbeiten. Chronische Frustration kindlicher Bedürfnisse führt aber zu einer Kumulation, die ein Zurücknehmen der Bindung bewirken kann. Die Liebe des Kindes zum betreffenden Elternteil kühlt ab. Andere Kinder machen Frustrationen aggressiver, nicht sofort in der enttäuschenden Situation, sondern erst später, wenn es nicht gelungen ist, die Frustration innerlich zu verarbeiten. Dann zeigt sich für die Eltern unerklärliches, aggressives Verhalten des Kindes bei Anlässen, die in keinem Zusammenhang mit der vorhergehenden frustrierenden Situation stehen. Die Enttäuschung eines Mädchens über ihren Vater kann generalisieren auf die Männer und in der Schwierigkeit enden, als erwachsene Frau eine heterosexuelle Beziehung aufzubauen. Die Enttäuschung über den gleichgeschlechtlichen Elternteil verhindert, daß dieser ein brauchbares Modell für geschlechtsspezifisches Rollenverhalten darstellen kann. D.h. das Frausein oder das Mannsein kann nicht durch Imitation und Identifikation gelernt werden. Im Extremfall kann die eigene Geschlechtsidentität nicht stabil genug aufgebaut werden.

Beleidigtsein

Beleidigtsein ist ein Beziehungsgefühl. Eine andere Person wird als Verursacher identifiziert und ihr das entstandene Leid angelastet. Sie hat etwas getan, das eine Verletzung meines Anspruches auf Aufmerksamkeit, Beachtung, Berücksichtigung, Würdigung meiner Person ist. Wenn ich es als Angriff empfinden würde, wäre ich ärgerlich oder wütend. Wenn ich es als unabsichtlich erlebt hätte, wäre ich enttäuscht. So aber ist es eine Kränkung meines Selbstgefühls und ich signalisiere diese mit dem Beleidigtsein ganz deutlich. Das Signal soll den anderen zur Reue, zum Zurücknehmen seiner Handlung, zur Entschuldigung bewegen und die Beobachter zur Parteinahme mit dem Opfer. Beleidigtsein entspricht einem Mangel an Wehrhaftigkeit und Schlagfertigkeit. Es liegt eine

Lerngeschichte vor, in der sich offenes Wehren als nachteilig erwies, in der der Stärkere (Vater oder Mutter) aber doch den im Beleidigtsein steckenden Anteil von Aggressivität tolerierte. Fehlt auch diese Toleranz, so kann sich das Kind nicht einmal das Beleidigtsein leisten, es bleibt ihm nur ein ganz privates Gefühl der Kränkung, das nicht nach außen dringt.
Beleidigtsein ist eine Situationsbewältigung, die auf halber Strecke stecken bleibt. Die Situation führt zur Emotion, diese aber nicht zur kognitiven oder handelnden Situationsmeisterung. Das Verharren im Gefühl ist einerseits eine Form der Ohnmacht. Andererseits wird doch noch versucht, genau über diese Emotion den anderen in dessen Verhalten zu steuern. Manche Menschen entwickeln eine erstaunliche Fähigkeit, allein über den Ausdruck eigener Gefühle ihre soziale Umwelt so effektiv zu steuern, daß sie es gar nicht nötig haben, kognitive und handelnde Bewältigungsstrategien zu entwickeln. Diese Menschen fallen uns als überemotional oder als histrionisch auf.

Mitgefühl

Mitgefühl wird meist als empathisches Einfühlen in schmerzliche Gefühle verstanden. Kinderbeobachtungen lassen das erstmalige Auftreten dieses Gefühls, von Winnicott (1993) als concern bezeichnet, im 3. Lebensjahr vermuten. Es ist eine wichtige Errungenschaft des Menschen in seiner Entwicklung zum sozialen Wesen und ist eine große Hilfe bei der Regulierung von aggressiven Tendenzen im zwischenmenschlichen Umgang. Wird dem Kind durch massive Strafen oder Strafandrohungen die Eindämmung von Aggressionen anderen Menschen gegenüber abverlangt, bevor es die Fähigkeit zu Empathie entwickelt hat, so muß es die typische rigide Zwanghaftigkeit einsetzen, um zu verhindern, daß aggressive Handlungen eine schädigende oder verletzende Wirkung haben. Andere Kinder entwickeln so viel Mitgefühl, daß sie darüber eigene Belange vernachlässigen und sich nicht wehren können. Sie lassen sich schlagen und können dem anderen nicht weh tun.

Angst, Furcht

Angst und Furcht sind Gefühle des sich Bedrohtfühlens. Angst ist der reine Affekt ohne kognitive Komponente („Ich habe Angst"). Bei der Furcht ist die kognitive Zuordnung zur wahrgenommenen Gefahr enthalten (z.B. Furcht vor der Strafe des Vaters). Angst ist das wichtigste Gefühl im Bereich der Psychiatrie und der psychosomatischen Medizin. Es gibt keinen Patienten, bei dem nicht Angst

eine zentrale Rolle spielt, entweder in der Gegenwart oder in der Entwicklung seiner zu behandelnden Störung. Ursprünglich ist Angst ein lebensnotwendiges Signal, daß zu selbstschützendem Verhalten mobilisiert (Flucht vor einer Gefahr oder Vermeidung der Situation, die mit Gefahr assoziiert ist). Deshalb ist Angst auch eines der am frühesten entwickelten Gefühle, zunächst als eine globale existentielle Angst, dann als eine noch allgemeine Angst vor dem Verlust der Bezugsperson, dann in eine Angst vor dem Verlust der Liebe der zentralen Bezugsperson übergehend. Es folgt die Angst vor dem Verlust der Selbstbestimmung und schließlich die Angst vor der Hingabe. Dies sind die bedeutendsten Ängste in Beziehungen und deshalb oft Gegenstand vieler Paartherapien. Die kindliche Lerngeschichte dieser Beziehungsängste determiniert weitgehend die spätere Persönlichkeitsentwicklung. Ein großer Teil unserer habituellen Verhaltenstendenzen hatte ursprünglich Vermeidungsfunktion.
Generell kann gesagt werden, daß Angst vor den Eltern, Angst vor den Auswirkungen eigenen Handelns auf die Eltern oder Angst um die Eltern wesentliche Hemmnisse unserer Patienten waren, in der Kindheit in ausreichendem Ausmaß instrumentelle Verhaltensweisen zur Befriedigung zunächst ihrer Abhängigkeitsbedürfnisse und danach ihrer Selbstbestimmungs- und Selbständigkeitsbedürfnisse zu entwickeln.

Anspannung, Nervosität

Anspannung und Nervosität sind die bewußt wahrnehmbaren Gefühlsanteile der physiologischen Korrelate der Angst. Das Spannungsgefühl, die körperliche oder motorische Unruhe ist bereits da. Hinzu kommen je nach individuellem Angst- und Streßreaktionsprofil kalte Akren, schweißige Hände und Stirn, leichter Tremor, verspannter Kiefer, vermehrtes Augenblinzeln, unruhiger Blick, Mundtrockenheit, fahrige Bewegungen, hastiges Sprechen, drängender, ungeduldiger oder unwirscher Unterton in der Stimme usw. Auf manche wirkt die Hektik ansteckend, andere reagieren ärgerlich. Da noch keine Angst spürbar ist, liegt auch noch keine Fluchttendenz vor. Vielmehr besteht noch eine Annäherungstendenz, allerdings keine frei gewählte. „Ich **muß** heute noch fertig werden, ich **muß** das ohne Fehler hinkriegen“.
Spannung entsteht, wenn eine Bewegung gebremst wird, wenn Agonist und Antagonist zugleich tätig werden. Sie enthält eine aggressive und eine ängstliche Komponente. Streß entsteht, wenn sich zu einer motorischen Annäherungskomponente Angst hinzugesellt, so daß Nervosität resultiert. Die Nervosität kann einerseits von einer Versagensangst herrühren, andererseits von einer Angst vor den Folgen einer Auflehnung gegen die Pflicht. Sie kann als Verhaltensstereotyp von einem Elternteil

durch Imitation übernommen worden sein. Sie ist quasi ein angefangenes Gefühl und hat deshalb noch keine Signalwirkung. Das erklärt, warum nichts getan wird, um sie zu beenden, bis schließlich gesundheitliche Streßfolgen entstanden sind.

Verlegenheit

Verlegenheit ist ein Gefühl der positiv getönten Unsicherheit in einer zwischenmenschlichen Situation. Es ist ein Unsicherheitsgefühl ohne Angstkomponente in einer neutralen Atmosphäre. Im Moment des Auftretens des Verlegenheitsgefühls tritt in die zuvor vielleicht sachliche Interaktion eine deutliche emotionale Komponente, vielleicht nur zunächst einseitig bei dem Menschen, der verlegen wird. Dabei wird das Gegenüber als nichtfeindlich, eventuell als wohlwollend empfunden. Im Gegensatz zum Erröten ist Verlegenheit nicht zwingend mit Mißbehagen verknüpft. Erst anschließend kann die kognitive Selbstbewertung das Schwäche zeigen kritisieren und ein unangenehmes Gefühl des Ärgers oder der Peinlichkeit hervorrufen. Der gerade noch in einem Selbstgefühl von rationaler Aktivität und zupackender Zielgerichtetheit mit der Außenwelt interagierte, fühlt sich nun dieser Werkzeuge beraubt. Durch das verlegen machende Ereignis ist zwischen dem anderen und mir eine schwache Seite von mir offen gelegt, nicht beschämend, kein Versagen.
Es wird keine weitere Konsequenz antizipiert, die aversiv wäre. Aber es ist ein unbeabsichtigtes Öffnen, das Einblick gibt in einen Teil meines Selbst, den ich nicht von mir aus nach außen darstellen würde. Ich fühle mich an einer Stelle entkleidet, die nicht zu meinem Schambereich gehört und die auch nicht die Entblößung einer Stelle bedeutet, die meine Verwundbarkeit offenbart. Ich habe diesen Teil noch nicht voll akzeptiert und kann deshalb nicht öffentlich dazu stehen. Durch mein verlegenes Lächeln werbe ich aber um wohlwollendes Verständnis, rufe tatsächlich meist Wohlwollen oder Sympathie hervor. Verlegenheit ist ein Gefühl in einer nicht bedrohlichen sozialen Umwelt, die vielen unserer Patienten als Kind nicht beschieden war. Sie entwickelten stattdessen soziale Angst (Unsicherheit) oder eine Gefühle verbergende Strategie des „nur keine Schwäche Zeigens".

Selbstunsicherheit

Selbstunsicherheit als situatives Gefühl ist eine soziale Ängstlichkeit, ohne daß im Moment das Gefühl der Angst spürbar ist. Sie ist eine Vorstufe der Angst vor dem anderen Menschen. So wie Nervosität in aufgabenorientierten Situationen eine Vorstufe der Versagensangst ist, ist dies Selbstunsicherheit in zwischenmenschlichen Situationen. Mir fehlt das Selbstbewußtsein meiner sozialen Fähigkeiten, des Angemessenseins meiner Verhaltensweisen. Ich bin mir nicht sicher, ob ich so sein darf, wie ich bin, ob ich ein Recht habe, das zu tun, was ich ursprünglich wollte, ich weiß auf einmal nicht mehr so recht, was ich tun wollte und tue es auch nicht. Ich sage etwas ganz anderes, weil das, was ich sagen wollte, im Moment des Aussprechens Angst vor Ablehnung gemacht hätte. Ich spüre nicht, was die anderen von mir wollen und erwarten. Ich suche in ihren Gesichtern nach Zeichen der Ablehnung oder Zustimmung. Was ich tue, mache ich zögerlich, schlechter als ich könnte. Ich empfinde den anderen als überlegen und eher streng, im Besitz der Norm und der Befugnis, mich zu kritisieren, abzulehnen und zu verstoßen. Die Wahrnehmung meiner Selbstunsicherheit gibt dem anderen automatisch ein Gefühl der Überlegenheit, wodurch er eventuell verleitet wird, seine Interessen stärker durchzusetzen als zuvor.

Das Gefühl der Unsicherheit ist eine Ergebnis des Vergleichs der eigenen Stärke mit der des anderen und eines Abwägens meiner konkurrierenden Werte und Bedürfnisse. Ergebnis ist eine Ungewißheit, die verhindert, daß ich aggressives Durchsetzungsverhalten zeige und dadurch die Zuneigung und Akzeptanz des anderen verliere. In einer eigenen nicht veröffentlichen Studie mit 62 Patienten verschiedener psychischer Störungen neigte über die Hälfte zu Selbstunsicherheit. Ein großer Teil dieser Patienten hatte in der Kindheit die Erfahrung gemacht, daß ihre Eltern sie ablehnen, wenn sie die Befriedigung selbstbezogener Bedürfnisse einfordern. Als Erwachsene bewahrten sie sich diese Selbst- und Weltsicht und konnten deshalb ihren Interessen in sozialen Beziehungen nie ausreichend Geltung verschaffen.

Unterlegenheit

Unterlegenheit ist ein Gefühl, das vor oder in einer Auseinandersetzung oder in einem konkurrierenden Geschehen auftritt. Während die Unsicherheit im Zuge einer positiven Annäherung an den anderen Menschen auftritt (ich hoffe, daß ich dir genüge und ich fürchte, daß du mich ablehnst), tritt das Gefühl der Unterlegenheit im Zuge einer gegnerischen, rivalisierenden oder feindseligen Annäherung auf (ich hoffe, dich zu bezwingen und ich fürchte, daß ich im Kampf gegen dich unterliege). Eine vergleichende Bewertung der eigenen kämpferischen Fähigkeiten und der des Gegners kam zu dem Ergebnis der eigenen Unterlegenheit. Wenn ein Kampf vermeidbar ist, führt dieses Gefühl dazu, daß ein Angriff unterlassen wird und die vorhersehbare Niederlage umgangen wird. Ging dem Gefühl eine realistische Einschätzung voraus, so hat das Unterlegenheitsgefühl durch seine spezifische verhaltenssteuernde Wirkung die Funktion des Selbstschutzes. Wer sich jedoch unterschätzt und Angst vor „Prügel“ hat, vermeidet ein Kräftemessen und versäumt zwei wichtige Erfahrungen:

- zum einen die neue Erfahrung, daß wesentlich öfter als erwartet keine Unterlegenheit bestand,
- zum anderen die ebenso bedeutsame Erfahrung, daß Verlieren oder Prügel einstecken nicht das Ende der Welt bedeutet, sondern man „halt mal verloren hat".

Kinder haben zu Recht ihren Eltern gegenüber Unterlegenheitsgefühle. Wenn Auseinandersetzungen mit ihnen regelmäßig traumatische Niederlagen bringen, kann es kein kämpferisches Selbstbewußtsein entwickeln. Wer Gleichaltrigen mit dem Selbstgefühl des Verlierers entgegentritt, wird diese Erfahrungen perpetuieren. Für Kinder ist Konkurrenz oder Kampf mit Aussicht auf Erfolg und mit erkämpften Siegen wichtig. Empathische Eltern lassen ihrem Kind sowohl im Spiel als auch in wirklichen Auseinandersetzungen solche Siege zukommen, nicht allzu realitätsfern, weil sonst im Kampf mit Gleichaltrigen bösartige Ernüchterungen kommen. Manche Eltern müssen ihre Überlegenheit jedoch ihrem Kind gegenüber mit so aggressiven Mitteln verteidigen, als ob die Kinder eine ernste Bedrohung für sie wären.

Scham

Scham ist ein Gefühl, das in einer zwischenmenschlichen Situation auftritt, wenn eine entferntere Person einen Einblick in den individuell definierten Intimbereich bekommen hat. Intim ist für manche die Wohnung, für andere ihr Zimmer, ihr Tagebuch, ihr nackter Körper oder gar nur erotische oder sexuelle Erlebnisse oder Handlungen. Ist es nicht gelungen, die Initimität zu schützen, so signalisiert das Gefühl der Scham ihre Bloßlegung. Scham hat also die Funktion, die Intimität zu schützen. Nur wenn zu einem Menschen eine ganz außerordentliche, d.h. liebende Beziehung entstanden ist, kommt ein starkes Bedürfnis nach Nähe und gemeinsamer Intimität auf. Auch ohne erzieherische Maßnahmen entwickeln Kinder mit 4-6 Jahren den Wunsch nach Intimität mit dem Gefühl der Scham, wenn eine Bloßstellung erfolgt. Während sie mit 4 Jahren noch der Öffentlichkeit ihrer kleinen Welt stolz ihren Genitalbereich zeigten und dies offensichtlich lustvoll fanden, sind nun nur noch wenige Personen zugelassen. Wenn es nicht manchmal verschämter wäre als die Eltern, würde man annehmen, daß einfach deren Umgang mit Intimität imitiert wird. Weshalb ist, abgesehen von unserer Wertorientierung, Intimität so schützenswert? Wir schützen das, war verletzlich ist. Zartes ist verletzlich. Unsere zartesten Gefühle öffnen wir nur in intimen Momenten einem Menschen gegenüber, der diese Gefühle erwidert, so daß keine Gefahr der Verletzung besteht. Eltern, die die Schamschranken ständig rücksichtslos durchbrechen („hab dich nicht so, ich bin doch deine Mutter"), lassen im Kind den Eindruck zurück, daß sein Intimbereich nicht ihm, sondern dem anderen Menschen gehört. Es kann ihn später nicht ausreichend schützen. Das Kind ist bereit, dem geliebten Vater gegenüber die Intimgrenzen zu öffnen, damit er seine Liebe erwidert. Inzest und sexueller Mißbrauch sind nahe. Schamgefühle können davor schützen, wenn im Erwachsenenalter ausreichendes Verantwortungsbewußtsein vorhanden ist.

Schuldgefühle

Schuldgefühl ist wie Angst ein zentrales verhaltenssteuerndes Gefühl im zwischenmenschlichen Umgang. Es besteht ein Unrechtsbewußtsein bzw. das Empfinden, einen immateriellen oder materiellen Schaden angerichtet zu haben. Das Bewußtsein fällt in ein „Gefühlsbecken", aus dem es wegen der unaufhebbaren eigenen Verursacherrolle kein Entrinnen gibt. Ein entwicklungspsychologischer Vorläufer ist die Strafangst des Kindes, das assoziativ gelernt hat, daß auf bestimmte Handlungen elterliche Strafe folgt, ohne ein Unrechtsbewußtsein zu haben. Das schlechte Gewissen ist ebenfalls noch mehr an der zu erwartenden Strafe orientiert, allerdings bereits mit dem Wissen, etwas Verbotenes getan zu haben. Im Gegensatz zu beiden bezieht sich das Schuldgefühl mehr auf die direkten Wirkungen des eigenen Verhaltens.
Nicht nur der Regelverstoß, sondern auch die entstandene Schädigung des anderen führt zu dem quälenden Gefühl der Schuld. Plötzlich wird versucht, Handlungen zu unterlassen, die dieses Gefühl hervorrufen. Auf diese Weise erhält das Gefühl die Funktion, das Zusammenleben in der sozialen Gemeinschaft zu fördern, indem soziale Regeln und Normen eingehalten werden und gemeinschaftsschädigende Handlungen unterlassen werden. Wegen der guten verhaltenssteuernden Wirkung induzieren manche Eltern im Übermaß gezielt Schuldgefühle beim Kind. Obwohl objektiv keine Schuld besteht, werden Schuldgefühle bei allen Impulsen entwickelt, die nicht dem ausgesprochenen Willen der Eltern entsprechen. Deren Wille wird zum Gesetz, eigene Befähigungen und eigenes Recht auf Definition von Gut und Böse wird unterbunden. So können übertriebene Normorientierung oder extremes Pflichtbewußtsein entstehen. Umgekehrt ist die fehlende Entwicklung von Schuldgefühlen mit der ausgebliebenen Internalisierung elterlicher Normen z.B. durch eine hoch ambivalente Beziehung mit Haß gegen den Vertreter der Norm verbunden.

Reue

Während das Schuldgefühl das Unabänderliche der Schuld konstatiert - ein auf das Selbst bezogenes Gefühl ist: „Ich bin schuld" - bezieht sich Reue mehr auf die begangene Tat: „ich bereue meine Tat". Nicht die ganze Person versinkt in Schuld, sondern die Person setzt sich mit ihrer Tat auseinander:

„Ich will das nicht getan haben“. Es ist ein rumorendes Gefühl, das scheinbar versucht, die bereute Handlung ungeschehen zu machen. Das Gefühl ist weiter entfernt von einer Strafangst und näher an einem Ärger über sich selbst: „Wie konnte ich das nur tun?“ Es scheint ein reiferes Gefühl zu sein als das Schuldgefühl, das eher der primitiven frühkindlichen Denkart entspricht: „Ich war böse“. Statt dessen könnte Reue bedeuten : „An und für sich bin ich mit mir einverstanden. Diese Tat paßt überhaupt nicht zu meinem Selbstbild. Zudem wollte ich die Beziehung zu der anderen Person nicht durch so eine Handlung belasten.“

Das Gefühl paßt gut zu einer relativ späten affektiv-kognitiven Entwicklungsphase, der „institutionellen Phase“ nach Kegan (1986), auf die später eingegangen wird: „Es ist mir bedauerlicherweise nicht gelungen, meine zwischenmenschlichen Beziehungen gemäß den sozialen Gesetzmäßigkeiten zu verwalten.“ Dagegen paßt das Schuldgefühl eher zur „zwischenmenschlichen Phase" Kegans: „Ich habe mich am anderen schuldig gemacht, nicht genug Opfer und Verzicht für die Beziehung erbracht“.

Die Funktion der Reue ist allerdings ähnlich der des Schuldgefühls. Es hilft, sich in die soziale Gemeinschaft einzuordnen und sich gemäß inneren und äußeren Normen dieser Gemeinschaft zu verhalten. Eltern, die ihre Kinder durch Normen steuern, induzieren das Gefühl der Reue, indem sie die Diskrepanz zwischen Verhalten und Norm anprangern.

Sorge

Sorge ist ein Gefühl, das den Gedanken begleitet, dem anderen Menschen könne etwas zustoßen oder er könne eine schlechte Entwicklung nehmen. Auch wenn die Sorge sich auf ein Ereignis bezieht, das einem selbst als Mitglied oder Oberhaupt einer Familie oder Gruppe widerfahren könnte, so bezieht es sich doch auf die anderen Mitglieder, die einem vielleicht anvertraut sind. Man könnte Sorge als die konjunktive Form des Mitleids bezeichnen. Die Situation ist dadurch gekennzeichnet, daß keine Möglichkeit besteht, Vorkehrungen zu treffen, daß das Sorge auslösende Geschehen ausbleibt. Vielleicht sind solche Vorkehrungen unangemessen, weil sie ein „Dreinreden“ wären. Sorge setzt Empathiefähigkeit voraus. Sie taucht bei Vorschulkindern nicht auf. Auch Schulkinder haben dieses Gefühl fast nur, wenn sie parentifiziert sind, d.h. elterliche Funktionen an sie delegiert wurden. Dies hat mit der fehlenden Zukunftsschau der Kinder zu tun. Sorge erscheint auf den ersten Blick als relativ passives Erleiden, das nicht zum Handeln motiviert, eher eine innere Unruhe hervorruft.

Allerdings fällt uns dieses Gefühl vor allem dann auf, wenn es nicht gelingt, es zum Abklingen zu bringen. Dagegen können wir davon ausgehen, daß Sorge eine bemutternde oder betreuende Person zu umsorgendem, versorgendem Verhalten motiviert, dessen Erfolg das Gefühl beendet. Das Gefühl bleibt nur bestehen, wenn diese Handlungen unterbunden werden oder nicht zum Erfolg führen. Kinder haben weniger mit der eigenen Sorge als mit der der Eltern zu tun. Wenn sie zu empathisch sind, lassen sie sich durch die Sorge der Eltern von natürlichen, spontanen, kindgemäßen Verhaltensweisen abbringen. Schon der Handlungsimpuls löst Schuldgefühle aus. Insbesondere in der „zwischenmenschlichen Phase" Kegans (1986) lassen sich Kinder durch die Sorge der Eltern in ihrem Verhalten steuern. Übertriebene Sorge der Eltern löst Aggression aus, die wiederum Schuldgefühle hervorruft.

Ekel

Ekel wird als wichtige primäre biologische Schutzreaktion zur Vermeidung des Genusses ungenießbarer Nahrung betrachtet. Im Rahmen der Psychotherapie sind lediglich übersteigerte oder zu stark generalisierte Ekelreaktionen interessant bzw. die Umfunktionierung des Ekels zur Regulation von sozialer Nähe und Distanz. Aber auch das Fehlen „normaler“ Ekelreaktionen hat zwischenmenschliche Bedeutung. Manche lehnen alles ab, was ein anderer Mensch schon angebissen oder angetrunken hat. Andere ekeln sich erst, wenn der andere es schon im Mund gehabt hat. Wie es Lust bereiten kann, Verbote und Tabugrenzen zu überschreiten, so kann auch bei Liebespaaren in der erotisch-sexuellen Begegnung das Überschreiten von Ekelgrenzen eine Lust hervorrufen, die etwas vom Thrill der Angstlust hat. Selbst wo der Anreiz der Grenzüberschreitung nicht gegeben ist, verschiebt oder beseitigt sexuelle Erregung Ekelschranken in individuell sehr verschiedenem Ausmaß.

Umgekehrt kann Ekel als Hilfsmittel zum Einhalten von Verboten und zum Schutz von Tabus eingesetzt werden. Ekel hat dann die gleiche Funktion wie Angst, ist aber ein eventuell wirksamerer Schutz als diese, auf alle Fälle ein zusätzlicher Schutzfaktor. So kann sich das Kind durch Ekel vor zu lang anhaltenden intimen Zärtlichkeiten der Mutter schützen, die das Ende des Babyalters nicht wahrnehmen mag. Aber auch übersteigerte, ins Erotische gehende zärtliche Annäherungsversuche der Eltern kann das Kind mit Hilfe von Ekelgefühlen leichter abweisen und so seine Grenzen, seine Intimität und seine Integrität schützen. Ekel richtet sich meist gegen Körperkontakte und kann deshalb auch dazu dienen, eigene Impulse zu bremsen, die zu verbotenen Handlungen führen. Aus einem „ich darf nicht“ wird ein „ich will nicht“, das hilfreicher bei der Kontrolle der eigenen Impulse sein kann.

Ärger, Wut, Zorn

Neben der Angst sind Ärger und Wut die für die Psychotherapie bedeutsamsten Emotionen. Angst hat im zwischenmenschlichen Bereich meist die Funktion, Aggression zu verhindern. Deshalb taucht in vielen Therapien das Thema Aggression erst spät auf - einhergehend mit einem Nachlassen der Ängste. Im Gegensatz zum Haß, der später besprochen wird, bezieht sich Ärger nicht ausschließlich auf die andere Person, nicht darauf, daß sie so ist, wie sie ist. Ärger und Wut entstehen aus konkreten Handlungen des anderen heraus. Diese Handlungen werden als Angriff auf die eigene Person erlebt, als vorsätzliches feindseliges Verhalten.

Ärger ist das Vorstadium der Wut, das mimische Warnsignale und gestische Drohgebärden auslöst, die dem anderen Einhalt gebieten sollen. Wut ist das Gefühl, das die aggressive Kampfhandlung einleitet und aufrecht erhält. Zivilisierte Menschen bringen diese Impulse auf die sprachliche Ebene, Wortgefechte ersetzen die Handgreiflichkeiten. Diese Zivilisierung der Aggression kann aber nur stattfinden, wenn sie nicht viel zu früh im Keim erstickt wird. Ich habe den Eindruck, daß fast durchgängig diese zu frühe radikale Blockierung aggressiver Impulse den größten Schaden am Menschen anrichtet. Das Kind hat durch das „Abwürgen“ seiner Aggression keine Chance, diese zu zivilisieren, in eine konstruktive Wehrhaftigkeit umzuwandeln und auch die Erfahrung zu machen, daß das eigene aggressive Potential nicht per se destruktiv ist und dadurch das eigene Überleben bedrohen würde. Angst und Aggression gehören zusammen.

Wer Angst behandelt, behandelt auch Aggression, selbst wenn dies nicht explizit geschieht. Sei es, daß durch soziales Kompetenztraining die zweifache Erfahrung gemacht wird, daß einerseits Durchsetzungsvermögen nicht einer destruktiven Aggressivität gleichkommt und daß andererseits die Gegenaggression des anderen mich nicht vernichtet und auch nicht ewig währt, sei es, daß ein Expositionstraining implizit den Beweis dafür liefert, daß keine Gefahr des Kontrollverlusts besteht. Da Psychotherapeuten zu den eher aggressionsgehemmten Menschen zählen, darf die Wahrscheinlichkeit nicht unterschätzt werden, daß die Ängstlichkeit des Therapeuten die Entwicklung des Patienten in dieser Hinsicht behindert. Der Therapeut ist einerseits kein brauchbares Modell für den Umgang mit Aggressionen. Er teilt andererseits nicht selten die Angst des Patienten, daß Aggression die Beziehung zerstören könnte. Er verhindert dadurch ebenfalls die Zivilisierung der Aggressivität. Soziale Rollenspiele zum Thema „Selbstbehauptung“ sind hier am effizientesten, vor allem wenn die Wahrnehmung und die adäquate Kommunikation aggressiver Gefühle mit einbezogen wird.

Mißmut

Mißmut hat eher die Eigenschaft einer Stimmung als die eines Gefühls. Stimmungen sind länger anhaltend und weniger intensiv als Gefühle. Sie richten sich nicht fokussiert auf einen Verursacher oder auf die eigene Person. Stimmung breitet sich über alles und jeden aus, färbt alle Wahrnehmungen gleichermaßen ein. Bei Stimmungen geht dem Bewußtsein der direkte Bezug zur Verursachung verloren. Die Aufmerksamkeit wird von dieser abgezogen, dadurch fällt der Handlungsbedarf weg. Stimmungen sind also das Ergebnis von Handlungsunfähigkeit oder -ohnmacht oder sie haben die Funktion mißliebige impulsive Handlungen zu verhindern. So kann eine depressive Stimmung impulsives aggressives Verhalten verhindern. Auch Mißmut ist gedämpfter Ärger. Er entspricht einer Störung der psychischen Homöostase, die zwar wahrgenommen wird, die aber nicht durch aktives Handeln beseitigt werden muß. Nichts tun scheint die beste Lösung zu sein, wenn Auseinandersetzung nur Öl ins Feuer geben würde. Die Zeit wird schon dafür sorgen, daß die mißmutige Befindlichkeit versickert, wie Regenwasser in der Erde. Ich kann die Störung aushalten, so lange wie sie vermutlich andauern wird. Ich könnte aber nicht die Folgen meines offen ausgedrückten Ärgers aushalten.

Mißmut hat auch den Aspekt des Rückzugs an sich. Mein Groll bleibt in mir, ich grolle in mich hinein oder vor mich hin, entferne mich dabei aus der Interaktion, trete von mir aus nicht in Interaktion. Werde ich vom anderen in eine Interaktion hineingezogen, so gehe ich mißmutig in sie hinein und der Mißmut ist mir anzumerken. Es wird aber auch deutlich, daß mein Mißmut zu mir gehört und nicht eine neue Reaktion auf den anderen ist. Um nicht darauf angesprochen zu werden und über Gefühle sprechen zu müssen, versuchen viele, dieses Gefühl zu verbergen. Kinder beziehen den Mißmut der Eltern auf sich, auf ihr Verhalten und bemühen sich den Mißmut der Eltern zu beseitigen oder zu verhindern. Gelingt ihnen das, so wird das erfolgreiche Verhalten verstärkt. Sie lernen, die Gefühle der Erwachsenen durch eigenes Verhalten zu steuern oder zu kontrollieren (zwischenmenschliche Phase Kegans). Im Extremfall kann ihre ganze Aufmerksamkeit der Laune der Eltern gewidmet sein. Statt ihrer eigenen psychischen Homöostase regulieren sie dann diejenige des Vaters oder der Mutter.

Ungeduld

Die Ungeduld des Erwachsenen hat viel Ähnlichkeit mit derjenigen des Kleinkindes. Dieses kann nicht warten, kann nicht Rücksicht nehmen, kann nicht ablassen von seinem Wunsch, kann die Erledigung eines Vorhabens nicht beiseite schieben, um es zu gegebener Zeit wieder aufzunehmen. Das Kleinkind ist selbstbezogen, folgt seiner inneren psychischen Homöostase und verlangt von der Welt, daß diese sich in seinen Dienst stellt. Auch der Erwachsene spürt in diesem Moment eine Störung seiner Selbstregulierung, deren Verursachung er der Außenwelt zuschreibt. Es fällt ihm schwer, sein Anliegen länger aufzuschieben. Er will den anderen drängen, sich zu beeilen. Ungeduld ist eine innere Spannung, die durch ein Handeln des anderen reduziert werden soll. Sie verschwindet, sobald das Warten beendet ist. Ungeduld löst beim Gegenüber eventuell Ärger aus, wenn sie ungerechtfertigt erscheint oder ein schlechtes Gewissen, wenn sie berechtigt erscheint oder gar Schuldgefühle, wenn eine emotionale Abhängigkeit besteht.
Stark ausgeprägtes Trödeln der Kinder macht sehr ungeduldig, ist in Wahrheit aber die Antwort auf eine unempathische Ungeduld - ein passiver Widerstand gegen elterliche Machtausübung. Die permanente Ungeduld der Mutter signalisiert dem Kind „du bist nicht so wie ich dich brauche“. Dies wird vom Kind in seinem Selbstgefühl verallgemeinert „ich bin nicht so, wie die Welt mich braucht und schätzen würde“. Selbstunsicherheit und Minderwertigkeitsgefühle sind die Folge. Wenn umgekehrt Eltern sich gegen die Ungeduld ihres Kindes, das die „impulsive“ Entwicklungsphase Kegans bereits hinter sich gelassen hat, also eines Kindes im Schulalter, nicht behaupten können, so hemmen sie dessen Weiterentwicklung, das Wahrnehmen der Belange anderer, den Aufbau von Empathievermögen, d.h. von Fähigkeiten die Zwischenmenschlichkeit ermöglichen.

Widerwille, Trotz

Wohl kaum ein kindliches Gefühl wird so häufig falsch verstanden wie der Trotz. Er wird von Eltern nicht nur als Selbstbehauptung verstanden, sondern als Angriff auf die eigene Person, als Feindseligkeit. Dabei kommt das Feindselige erst durch die emotionale Reaktion der Eltern ins Spiel. Deren Ungeduld, Ärger oder gar Wut machen ein entwicklungsgemäßes Erproben zum feindseligen Akt. Verwöhnt durch die beglückenden Zustimmungen des Kleinkindes der ersten beiden Lebensjahre fühlen sich viele Eltern durch die neuen Verhaltensweisen des Kindes vor den Kopf gestoßen. „Mein Kind fügt sich meinem Willen nicht mehr, es macht mir meine Idylle kaputt“. Dies löst aggressive

Impulse beim Elternteil aus, die vom Kind wahrgenommen werden. Nein sagen als Ausdruck der Differenzierung, der Abgrenzung von den Eltern ist eine wichtige Entwicklungsaufgabe beim Übergang von der einverleibenden in die impulsive Phase Kegans. Sie bedarf eines korrespondierenden förderlichen Verhaltens der Eltern, zu dem viele Eltern nicht fähig sind.
Zahllose traumatisierende Machtkämpfe bringen dem Kind erstmals die Erfahrung, daß seine Eltern seine Gegner sind, sobald es autonome Tendenzen entwickelt. Die entstehenden Ängste werden durch abhängige oder selbstunsichere oder zwanghafte Verhaltensstereotypien reduziert. Je bedrohlicher die Reaktionen der Eltern, um so wahrscheinlicher werden diese Verhaltensstereotypien so rigide, daß später eine entsprechende Persönlichkeitsstörung resultiert. Menschen, denen in ihrer Kindheit nicht das Recht auf ein „nein" zugestanden wurde, entwickeln auch nicht die Fähigkeit zu einem „ja", das wirklich etwas wert wäre. Wer nur ja sagt, weil er nicht nein sagen kann, ist nicht fähig zu einer reifen Beziehung. Sein ja ist zwar bequem, aber er versteckt seine wahren Tendenzen, vermeidet Konflikte und läßt den anderen emotional ins Leere laufen, wenn dieser das Bedürfnis hat, Unstimmigkeiten offen auszutragen und in der Beziehung eine Balance zwischen Zusammengehörigkeit und Unterschiedlichkeit herzustellen.
Jeden Willen des Kindes im Trotzalter durchgehen zu lassen ist nicht die Devise, sondern teilweises zulassen, teilweises verhandeln oder ablenken. Dabei sollte nicht eine manipulative Haltung vorherrschen, sondern eine Wahrhaftigkeit, mit der die Entwicklungsaufgabe des Kindes empathisch wahrgenommen wird. Andernfalls kann das Recht auf Selbstbestimmung nicht in das Selbstbild aufgenommen werden. Alle weiteren Differenzierungsschritte sind erschwert. Es kommt entweder zu einer Überbetonung der Abhängigkeits- oder Zusammengehörigkeitstendenzen oder zum inneren Rückzug.

Abneigung, Haß

Bei den aggressiven Regungen müssen wir vor allem Wut und Haß unterscheiden. Wut richtet sich gegen eine als feindselig empfundene Handlung und führt eher zu einer sofortigen impulsiven Reaktion, die, sofern die Reaktion erfolgreich ist, zum Abklingen der Emotion führt. Dagegen richtet sich Haß gegen die ganze Person. Entweder hat diese Person einmalig extrem feindselig gehandelt, mit extremen emotionalen Verletzungen oder sie hat fortgesetzt erhebliche emotionale Verwundungen gesetzt. Entweder gab es keine wirksame Chance zur Gegenwehr oder der andere ließ sich trotz Verteidigung nicht von weiteren feindseligen Akten abbringen. Diese Angriffe werden nicht als ungezielte Aggressivität attribuiert, sondern eindeutig als gegen die eigene Person gerichtet.

Haß ist ein Gefühl in einer Beziehung. Diese Beziehung ist durch den eventuell einseitigen Haß gekennzeichnet. Nicht selten wurde die gehaßte Person zuvor geliebt oder sie wird immer noch geliebt. Der Haß wird um so tiefer, je größer die Hoffnung auf liebevolle Zuwendung war. Die intensivsten Haßgefühle können bei emotional abhängigen Menschen entstehen, wenn ihre Bezugsperson ihre Abhängigkeit mißbraucht. Da Kinder im Vorschulalter noch keine Ambivalenztoleranz haben und sie für ihr emotionales Überleben die Aufrechterhaltung ihrer positiven Bindungsgefühle, d.h. ihrer Liebe zu ihren Eltern brauchen, muß der Haß unterdrückt werden. Für die Therapie ist es unbedingt notwendig, die frühen emotionalen Beziehungen und den Umgang mit aggressiven Gefühlen wie Wut und Haß zu explorieren. Die Therapie kann stagnieren, wenn zum Beispiel durch Selbstbehauptungstraining unterdrückte Haßgefühle bewußtseinsnah werden. Der Patient muß dann schnell auf die Symptomebene wechseln und vermehrt Symptome entwickeln.

Insbesondere bei Patienten mit schweren Depressionen, bipolaren Erkrankungen oder auch schizoaffektiven Psychosen fiel mir auf, daß ein tödlicher Haß unterdrückt wird, der das Selbst und die Welt zu zerstören droht. Der Therapeut muß deutlich signalisieren, daß solche Gefühle verständlich und erlaubt sind, aber auch, daß Haßgefühle nicht zwingend zu Haßhandlungen führen. Nur das kleine Kind, das noch ganz seinen Impulsen verhaftet ist, muß fürchten, daß sein Haß in eine haßerfüllte Handlung mündet. Erst wenn es mit der Entwicklung seiner kognitiven Funktionen die Fähigkeit erworben hat, seine Gefühle intrapsychisch zu verarbeiten, d.h. dafür zu sorgen, daß ein Gefühl ein Gefühl bleibt und ein Gedanke ein Gedanke - sofern es sich dafür entscheidet, muß es seine aggressiven Gefühle nicht mehr fürchten. Schließlich wird es die Fähigkeit erwerben, Gefühle sprachlich zu kommunizieren, womit eine Bedrohung durch jene Haßgefühle entfällt, die einfach heraus müssen, die an den anderen herangetragen werden müssen. Hinzu kommt die Erkenntnis, daß ein Haß jetzt nicht ein Haß für immer sein muß und damit nicht die Beziehung zum anderen Menschen völlig zerstört. Und es folgt die Erfahrung, daß unterdrückter oder verschwiegener Haß schädlicher ist als ausgesprochener - es sei denn, man befindet sich als wehrloser Sklave unentrinnbar in der Gewalt eines mächtigen, gewalttätigen Tyrannen. Und dies scheint das subjektive Selbst- und Weltbild der abhängigen Persönlichkeit im Erleben der Konsequenzen des gezeigten Hasses zu sein. Insofern ist Haß das Gefühl der Unterlegenen, die sich zu schwach fühlen, den Gegner zu überwinden oder ihn zu verlassen, oder die ihn zu sehr lieben, um ihm weh tun zu können.

Verachtung

Das Gefühl der Verachtung beinhaltet eine deutliche aggressive Tendenz, eine Wendung gegen den anderen, weg vom anderen. Während im Gefühl der Enttäuschung noch etwas von der bisherigen Wertschätzung und den positiven Erwartungen mitschwingt, ist bei der Verachtung jegliche Verbindung zu einer früheren positiven Sicht des anderen abgeschnitten. Es besteht eine Nähe zum Zorn, zum „gerechten“ Zorn und es ist auch eine strafende Haltung dabei: „mit dem Blick der Verachtung strafen“.
Der Verachtung liegt eine affektiv-kognitive Bewertung zugrunde, d.h. es muß eine Wertorientierung vorhanden sein, die als Maßstab herangezogen wird. Diese Wertorientierung beinhaltet schließlich einen Imperativ im Sinne eines ethischen Gebotes, wie der Mensch zu sein hat. Nicht vorsätzliche Verletzung dieser Werte, sondern die Unfähigkeit ihnen gemäß zu handeln, führt zur Verachtung. Und es wird von der unanfechtbaren Selbstverständlichkeit ausgegangen, daß einfach jeder Mensch in der Lage ist und in der Lage zu sein hat, diese Wertorientierung einzuhalten. Das Verhalten des verachteten Gegenübers liegt unterhalb einer Grenze, bis zu der noch Nachsicht oder Verständnis für die Schwäche des anderen aufgebracht werden kann.
Welche Menschen zum Gefühl der Verachtung neigen, liegt also am Anspruchsniveau ihrer Wertorientierung, ihrer Fähigkeit zur Toleranz und ihrem Aggressionspotential. Für Kinder ist die von ihren Eltern offen oder versteckt gezeigte Verachtung eine traumatische Entwicklungshemmung. Ihnen fehlt die zur Entwicklung eines gesunden Selbstwertgefühls benötigte Befriedigung ihres Bedürfnisses nach Wertschätzung und Bestätigung. Sie übernehmen zudem die intolerante Werthaltung ihrer Eltern und verurteilen und verachten sich später auf die gleiche Weise.

Mißtrauen

Mißtrauen als Gegensatz zum Vertrauen ist ein Gefühl der Ungewißheit, ob vom anderen feindselige Impulse ausgehen werden. Ich weiß weder gewiß, daß der andere mir zuverlässig freundlich gesonnen ist, noch weiß ich gewiß, daß seine nächsten Handlungen Angriffe sein werden. Oder ich weiß nicht, die wievielte nächste Handlung feindselig sein wird. Auch wenn eine Reihe von friedlichen Interaktionen stattgefunden hat, so muß ich doch bei jeder nächsten darauf gefaßt sein, daß ich angegriffen, benachteiligt, ausgenützt oder mißbraucht werde. Mißtrauen führt zu einer Wachsamkeit bis zur Alarmiertheit. Meine aktiven Wahrnehmungsprozesse suchen im

Wahrnehmungsfeld nach Indizien von Feindseligkeit. Alle Sinnesorgane stehen in Alarmbereitschaft. Am häufigsten wird das Gehör zum Radarsystem erkoren, das feindselige Bewegungen frühzeitig erkennen soll.
Tinnitus-Patienten haben ihre Ohren in Radarschirme umkonstruiert und dadurch zugrunde gerichtet. Bei paranoiden Menschen ist aus dem Mißtrauen eine Gewißheit geworden. Gewißheit macht die Sicht der Welt einfacher, so wie Krieg eine einfachere Sachlage ist als Kriegsgefahr. Die psychotische Konstruktion der Welt ist weniger komplex und weniger vage als die normalpsychologische Konstruktion. Auch die rigorose Aussage „wer nicht mein Freund ist, ist mein Feind" ist eine derartige Simplifizierung.
Wer mißtrauischen Menschen begegnet, spürt deren eigene feindselige Ausstrahlung. Wir wissen, daß die Projektion eigener aggressiver Impulse auf andere ein Versuch ist, sich von diesen zu trennen. Die einfache frühkindliche Denkweise ist eine Gleichsetzung von aggressiv und böse. Wer böse ist, wird nicht geliebt. Wer nicht geliebt wird, ist den Eltern nicht willkommen, darf nicht da bleiben. Um emotional zu überleben, muß das Kind sich wie auch immer von seinen aggressiven Impulsen trennen, da es seine Impulse ja noch nicht kontrollieren kann. Durch die Projektion wird der andere böse und dies führt zur Angst vor seiner Aggression. Die Angst hat wie Wasser das bedrohliche Feuer der eigenen Aggression gelöscht. Wo nicht ein manifestes Angstgefühl besteht, bleibt Mißtrauen. Abgesehen von begründetem Mißtrauen ist dies „konstruierte" Mißtrauen ein wichtiges Thema in der Psychotherapie. Manche Eltern erleben ihr auf eine gesunde Weise aggressives Kind als übermächtig, fürchten seine Aggression und hegen Mißtrauen. Das Kind übernimmt die Überzeugung der Eltern, daß etwas Böses in ihm ist und kann sich selbst nicht vertrauen. Eventuell muß es durch Zwanghaftigkeit oder später gar durch Zwangsrituale und andere Zwangssymptome das Böse in sich auf eine magische Weise bannen. Mißtrauen gegen sich selbst ist ein wichtiger Motor zwanghaften Verhaltens.

Neid

Auch Neid ist ein aggressiv getöntes, gegen den anderen gerichtetes Gefühl. „Ich will, daß das, was du bekommen hast, mir gehört". Das Glück, die Freude, die Zufriedenheit des anderen soll meine sein. Ein fast körperlich spürbares Zusammenziehen, als ob dieses Zusammenziehen ein Versprühen von Gift bewirken sollte. Atmosphärisches Gift erfüllt den Raum zwischen mir und dem Beneideten und umgibt die geneideten Güter. Als Handlungsimpuls ist die Tendenz vorhanden, dem anderen das wegzunehmen, was ich nicht habe. Der starke Wunsch danach, der Gedanke der Unmöglichkeit, daß beide es jetzt haben können, das Bewußtsein, daß er es hat und nicht ich, ergeben eine Frustration, aus der heraus Ärger entsteht und sich all dies zu dem Gefühl des Neids vermischt.

Kleinkinder mit zwei Jahren setzten den Wunsch sofort in die Tat um und reißen dem anderen Kind das begehrte Spielzeug aus der Hand, noch ehe ein Neidgefühl entstehen könnte. Erst die Blockierung dieses Handlungsimpulses durch elterliche Verbote führt zur Frustration des Wunsches und zum aggressiven Gefühls des Neids. Fast alle Eltern vermitteln dem Kind, daß Neid ein „häßliches" Gefühl ist, das nur in einer „häßlichen", das heißt nicht liebenswerten Seele wohnt. Meist werden solche Sozialisiationsleistungen wie das Unterdrücken von sozial nicht erwünschten Gefühlen viel zu früh abverlangt (forcierte Sozialisation).

Für das Kind im Vorschulalter ist Neid noch eine natürliche Reaktion. Viel zu früh wird ihm oft abverlangt, diese Reaktion mit Hilfe von Schuldgefühlen zu unterdrücken. Umgekehrt ist der Neid der Eltern entwicklungshemmend. Das Kind darf nicht erfolgreicher oder zufriedener werden als Vater oder Mutter. Denn deren Neid führt zur Feindschaft. Da aber ihre Liebe zum emotionalen Überleben benötigt wird (irrtümlicherweise auch noch als Erwachsener), muß auf eine Lebensgestaltung verzichtet werden, die den Neid des betreffenden Elternteils hervorrufen würde. Da dies keine bewußte Wahrnehmung des Neids und keine bewußte Entscheidung gegen den eigenen Erfolg ist, wird dies als Scheitern erlebt, das der eigenen Insuffizienz zugeschrieben wird. Die Homöostase des sozialen Systems ist in diesem Fall der individuellen Homöostase übergeordnet. Erst wenn die emotionale Abhängigkeit aufgegeben werden kann, dürfen die eigenen Belange gleichwertig neben die der Bezugspersonen gestellt werden.

Eifersucht

Mit suchtartigem Eifer, von dem nicht abgelassen werden kann, wird in einer Dreieckskonstellation ein Geschehen verfolgt, das zum Ausschluß der eigenen Person zu führen scheint. Die anderen beiden bilden das neue Paar. Bereits in einer Zweierbeziehung befindlich oder in großer Hoffnung auf ihr Zustandekommen taucht eine dritte Person auf. Diese scheint sich um den gleichen Menschen zu bemühen oder dieser scheint an ihr offen Gefallen zu finden. Eifersucht bedeutet als Gefühlszustand, voll alarmiert zu sein, die Aufmerksamkeit ganz auf eventuelle Annäherungen der anderen beiden gerichtet. Sie ist ein innerliches Aufgewühltsein, im ganzen Brustkorb wühlend. Bewußtsein und Gedanken sind so unruhig, als ob ein Wespenschwarm im Kopf schwirren würde.

Eifersüchtig ist, wer sich seiner Bedeutung für den anderen nicht sicher ist, wer Rivalen größere Chancen einräumt, wer den Bindungsgefühlen des Partners nicht vertraut. In der Kindheit ist die

Eifersucht der Geschwister um die Gunst eines Elternteils ein Dauerthema. Auch wenn sie sich in Abwesenheit der Eltern gut verstehen, taucht in der Dreieckskonstellation dann eine spontane Gegnerschaft auf, wenn Vater oder Mutter nicht genug Zuwendung für beide Kinder übrig haben. Chronische Eifersucht eines Geschwisters resultiert, wenn Vater oder Mutter das andere mehr lieben und offen oder unbeabsichtigt permanent ihre Gesten diese ungleichen Gefühle verraten. Diese geringere Liebenswürdigkeit wird in das Selbstgefühl aufgenommen, so daß in späteren Dreieckskonstellationen ähnliche Reaktionsweisen erfolgen.

Aber auch das Einzelkind wird außerhalb seiner Kleinfamilie mit einer alarmierenden Situation konfrontiert. Im Kindergarten, in der Schule, im Beruf muß nunmehr Aufmerksamkeit und Zuwendung mit Rivalen geteilt werden, was Anlaß zu Eifersucht gibt, wenn der andere mehr davon bekommt. Die in der Psychoanalyse besonders betonte ödipale Rivalität mit dem gleichgeschlechtlichen Elternteil ruft Eifersucht bei Kind und Elternteil hervor. Manche Patienten richten ihr ganzes Bemühen darauf aus, die Eifersucht von Vater oder Mutter zu verhindern. Als Kind wurden sie in ihrer Entwicklung dadurch blockiert, daß sie damals annehmen mußten, daß der Elternrivale aus Eifersucht ein solches Ausmaß an Aggression entwickelt, daß ein emotionales Überleben nicht mehr möglich ist. Der Weg zur eigenen Geschlechtsrolle bleibt so verschlossen. Gesundes Konkurrenzverhalten ist ebenso blockiert wie die Fähigkeit, das andere Geschlecht für sich zu gewinnen.

WOHIN ENTWICKELT SICH DER MENSCH? - Entwicklungspsychologische Grundlagen

Jean Piaget hat mit seinen Untersuchungen zur Entwicklung des Kindes auch die Basis gelegt für therapierelevante Betrachtungen der Kognitionen des Kindes. Wir sprechen ständig von den Erfahrungen des Kindes mit seinen Eltern und übersehen dabei, daß die kindliche Psyche allein aufgrund ihrer noch unzureichend entwickelten Denkstrukturen elterliches Verhalten gar nicht so erfahren kann, wie dies einer erwachsenen Psyche möglich wäre. Piaget konnte zeigen, daß im Lauf der biologischen Reifung der kindlichen Psyche vier kognitive Entwicklungsstadien abgrenzbar sind (Piaget 1981, vgl. auch Kegan 1986, S. 58). Selbst wenn wir es vorziehen, Entwicklungslinien ohne abgrenzbare Stufen als Entwicklungspzinzip zu postulieren, lassen sich die Veränderungen entlang dieser Linien durch Piagets Stadieneinteilung veranschaulichen:

0-2 Jahre: Sensumotorische Intelligenz
Zunächst nur reflexhafte Reaktionen, die schließlich koordiniert werden können, dann instrumentelle Handlungen, für die bald Mittel zur Zweckerfüllung gefunden werden können. Es folgt Ausprobieren und Suchen nach neuen Mitteln und Zuhilfenahme bildlicher Vorstellungen.

2-5 Jahre: Symbolisches Intuitives Denken
Schlußfolgerungen mit Bildern und Symbolen, magisches Denken ohne Unterscheidung von Vorstellung und Phantasie.

6-10 Jahre: Konkret-operatives Denken
Auf konkrete Gegenstände bezogen ist eine logische Schlußfolgerung möglich sowie kategoriale Klassifikation.

Ab 11 Jahre: Formal-operatives Denken
Schlußfolgerungen über Denkinhalte; alle formalen Denkoperationen sind verfügbar.

Kegan (1986) betont, daß diesen vier Stufen auch vier kognitive Modelle über das Funktionieren der (physikalischen) Welt entsprechen. Um ein Kind zu verstehen, muß man sein Weltmodell bzw. sein Weltbild kennen und über dessen Grenzen Bescheid wissen. Kegan führt diese Grenzen aus:

1. In der sensumotorischen Ebene hat das Kind nicht Reflexe, sondern es „ist" seine Reflexe und Empfindungen. Seine Psyche ist noch eingebunden in seine Empfindungen und reflexhaften Handlungen. Sie sind das Subjekt, das Selbst. Es existiert noch kein Objekt, keine Außenwelt.

2. Der Übergang zur zweiten (voroperativen) Ebene schafft eine Lösung aus diesem Eingebundensein, d.h. eine Differenzierung: Was früher Subjekt war, wird jetzt Objekt der Wahrnehmung, das Kind „hat" jetzt Reflexe und Empfindungen. Jetzt „ist" das Kind seine Wahrnehmung. Sie ist das Subjekt. D.h. das Kind kann seine Wahrnehmungen noch nicht relativierend betrachten. Wenn sich Wahrnehmungen ändern, so ändert sich die Welt. Das Kind verläßt sich völlig auf seine Wahrnehmung, sie definiert die Realität. Das Kind ist eingebunden in seine Wahrnehmung. Kegan gibt als Beispiel ein vierjähriges Kind, das von einem Wolkenkratzer herunterblickt und überzeugt ist, daß die Menschen klein wie Ameisen geworden sind.

3. Die dritte (konkret-operative) Ebene der Entwicklung ermöglicht es dem Kind, seine Wahrnehmungen zu betrachten. „Die Menschen da unten sehen aus, als ob sie so klein wie Ameisen wären." Die Welt hat sich nicht verändert, nur die Wahrnehmungen haben sich verändert. Das Kind kann zwischen den beiden Wahrnehmungen der verschieden groß aussehenden Menschen wechseln (Reversibilität). Dies ist ihm allerdings nur im Bereich des Konkreten möglich. Es ist eingebunden in das wahrnehmbare Konkrete. Daher fehlt ihm die Fähigkeit, komplexere Handlungs- oder Problemlösungspläne zu bilden, es löst Aufgaben eher durch Ausprobieren.

4. Die vierte (formal-operative) Ebene ist Ergebnis eines weiteren Differenzierungsschrittes. Das Kind löst sich aus dem Eingebundensein ins Konkrete. Es kann abstrahieren, sich Gedanken über Abstraktes machen, über Vorstellungen, losgelöst von der realen physikalischen Welt.

Kegan (1986, S. 64) sieht jede der Ebenen bzw. Stufen Piagets als Ergebnis eines bestimmten Subjekt-Objekt-Gleichgewichts, das entstanden ist aus einem wechselnden Prozeß der **Differenzierung** (sich lösen aus dem alten Eingebundensein) und **Integration** (Beziehung eingehen zu dem Teil der Welt, der gerade noch Teil des Selbst war). Kegan geht davon aus, daß die Weiterentwicklung zur nächst höheren Stufe dadurch notwendig wird, daß das Kind mit seiner alten Art die Welt nicht mehr begreifen kann, d.h. keine **Assimilation** einer Erfahrung mehr in sein Weltbild möglich ist. Es entsteht eine **Krise**, die Welt kann nicht mehr erfaßt werden. Die Krise ist nur überwindbar durch Änderung des Selbst- und Weltbildes, und dies geschieht durch Weiterentwicklung zur nächst höheren Ebene eines neuen Subjekt-Objekt-Gleichgewichts. Der Vorgang der Anpassung des Selbst- und Weltbildes an die Realität heißt **Akkommodation**. Dies bedeutet aber Instabilität und wird deshalb möglichst vermieden.
Piaget sieht Entwicklung als die Aktivität der **Equilibration**, als Wechselspiel zwischen Assimilation und Akkommodation, deren Ergebnis Adaptation ist. Kegan sieht darin auch das Wechselspiel zwischen Selbsterhaltung (Assimilation) und Selbstveränderung (Akkommodation). Er sieht Piagets Stufen als Stadien der Bedeutungsentwicklung, in welcher jeweils neu definiert wird, welchen Teil das Kind zum Selbst und welchen zum Objekt erklärt, mit dem es in Beziehung tritt. Entwicklung ist für ihn die Veränderung vom Eingebundensein zur Beziehung.

Bei Piagets (1981) Versuch eines Stufenmodells der emotionalen Entwicklung fallen die zahlreichen Termini der Wertorientierung bei der Beschreibung der Entwicklung der Gefühle auf. Er unterscheidet eine zunächst selbstbezogene von einer nachfolgenden zwischenmenschlichen Entwicklung der Gefühle:

Selbstbezogene Gefühle:
1. Angeborene Instinkte und Triebe (1.-3. Monat)
2. Erste erworbene Gefühle, Freude, Trauer, Lust/Unlust, Zufriedenheit/Enttäuschung (4.-7. Monat)
3. Gefühle zur Steuerung von instrumentellem Verhalten, Erfolgs- und Mißerfolgsgefühle (8.-20. Monat)

Zwischenmenschliche Gefühle:
4. Basale zwischenmenschliche Gefühle, moralische Gefühle (3.-7. Lebensjahr)
5. Eigene Moral und eigenständige moralische Gefühle (8.-11. Lebensjahr)
6. Idealistische Gefühle, auf das Kollektiv der Menschheit bezogen (12.-15. Lebensjahr)

Tabelle 7: Phasen der kognitiven und emotionalen Entwicklung

Alter (Jahre)	Piagets kognitive Phasen	Kohlbergs Phasen d. moralischen Urteils	Kegans Phasen der Selbst-Entwicklung	Piagets emotionale Phasen
0 - 2	sensumotorisch		einverleibend	Instinkte und Triebe
2 - 5	vor-operativ (symbolisches, intuitives Denken)	Orientierung an Strafe und Gehorsam	impulsiv	zwischenmenschliche Gefühle
6 - 10	konkret-operativ	Zweckdenken, selbstbezogen	souverän	eigene moralische Gefühle
ab 11	formal-operativ (Beginn)	Übereinstimmung mit anderen	zwischenmenschlich	idealistische, kollektive Gefühle
ab 18	formal-operativ (voll entwickelt)	Orientierung an der Gesellschaft	institutionell	
Erwachsen		Orientierung an Prinzipien	überindividuell	

Vergleicht man in Tabelle 7 die emotionale Entwicklung mit der kognitiven und moralischen, so scheint sich eine Verschiebung um zwei Stufen zu ergeben. Während zum Beispiel zwischenmenschliches Denken und Handeln erst mit 6 - 10 Jahren dominiert, spielen zwischenmenschliche Gefühle schon ab 2 Jahren ein große Rolle. Die Gefühlsentwicklung scheint vorauszueilen und es dauert noch Jahre bis Gefühle und Gedanken sich zu einer stabilen affektiv-kognitven Bedeutungsgebung zusammengefügt haben. Zugleich kann die Phasenverschiebung zwischen kognitiver und emotionaler Entwicklung zu derjenigen Spannung führen, die schließlich über die nächste Krise zur Akkommodation und Weiterentwicklung auf die nächst höhere Entwicklungsstufe drängt.

Kohlberg (1984) ging von Piagets frühen Studien zur moralischen Entwicklung des Kindes aus und kam in seinen Untersuchungen zu einem sechsstufigen Modell der Entwicklung des moralischen Urteils (vgl. Tabelle 7):

1. Fremdbestimmte Moral (Bestrafung und Gehorsam)
2. Selbstbezogene Moral (Zweckdenken und Austausch, Taten zählen, nur der eigene Standpunkt kann eingenommen werden)

3. Soziale Zustimmung (für die anderen gut sein wollen, deren Standpunkt einnehmend, Absichten und Taten zählen)
4. Recht und Ordnung (Gesetze als Standpunkt der Gesellschaft, diese nicht hinterfragend)
5. Der mündige Bürger (Rechte und Pflichten von Gesellschaft und Individuum abwägend)
6. Der ethische Mensch (Orientierung an allgemeinen ethischen und moralischen Prinzipien)

Analog zu diesen Stufen der Entwicklung der Wertorientierung hat Kegan (1986) allgemeine Entwicklungsstufen des Selbst beschrieben (Abbildung 2 und Tabelle 8):

Abbildung 2: Kegans Entwicklungsphasen der affektiv-kognitiven Bedeutung des Selbst und der Welt

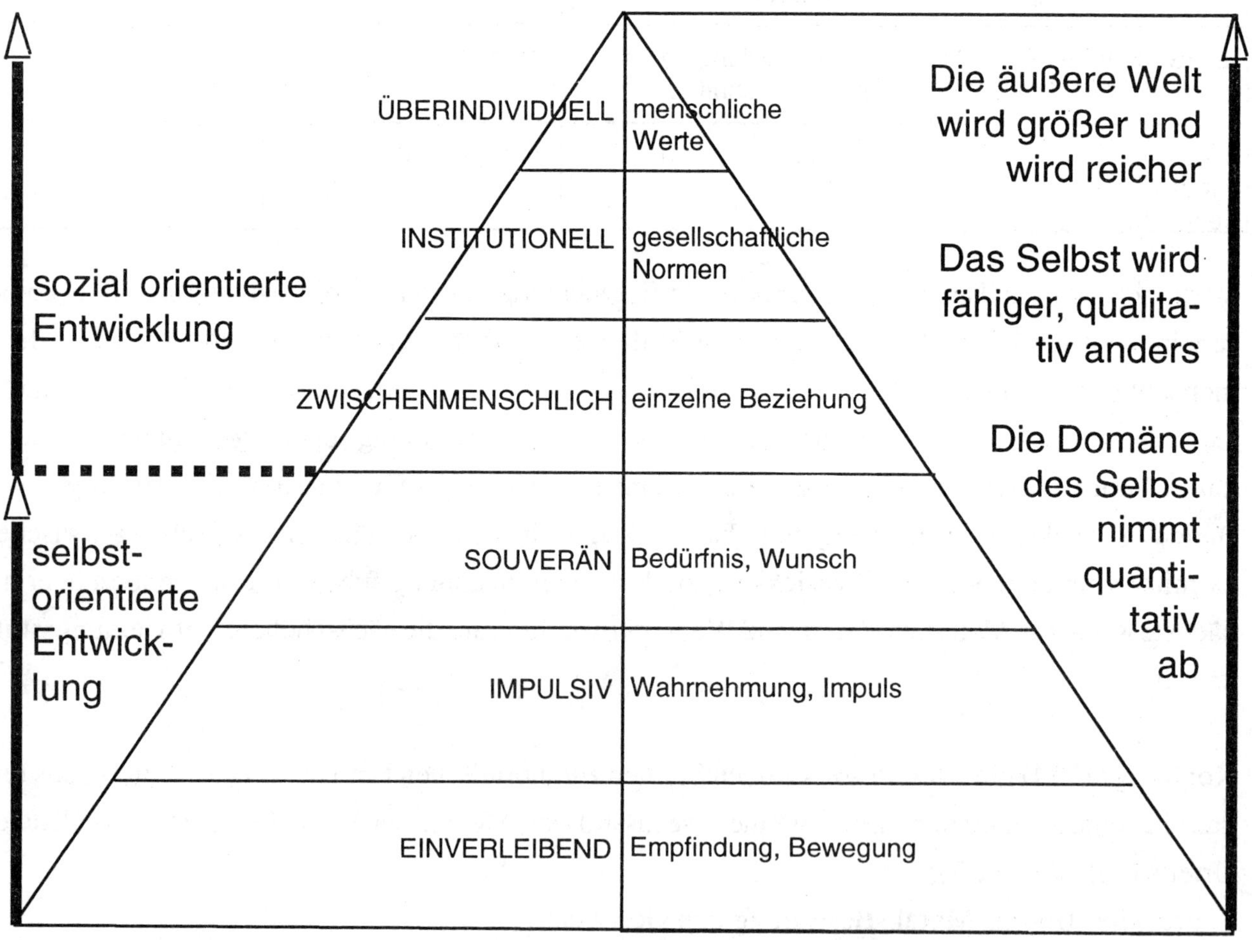

Stadium der Einverleibung (Stufe 0):

Alle Empfindungen werden beim Neugeborenen dem eigenen Körper zugeschrieben, diesem assimiliert, einverleibt. Umgekehrt ist der Organismus eingebunden in seine Empfindungen und Reflexe, es gibt keine Außenwelt, kein vom Selbst getrenntes Objekt. Das Selbst ist seine Reflexe und Empfindungen (Tabelle 8).

Stadium des impulsiven Gleichgewichts (Stufe 1):

Das Selbst zieht sich zurück auf seine Wahrnehmungen und Impulse, die die Reflexe vermitteln und koordinieren. Damit werden Reflexe und Bewegungen zum Objekt. Das Selbst ist seine Impulse und seine Wahrnehmung. So kann ein Kind bitterlich weinen, weil sein schönes blaues Auto in der Dämmerung grau geworden ist und sich über die Maßen freuen, daß es wieder so schön blau geworden ist, nachdem die Mutter das Licht angemacht hatte. Das Kind kann noch nicht zwei Wahrnehmungen in Beziehung setzen, es kann auch noch nicht zwei Gefühle zusammenbringen. Daher kann es Ambivalenz nicht ertragen und versucht diese durch Aggression und Wutausbrüche zu beenden. Ebensowenig kann es seine Impulse kontrollieren. Verlangt seine Umwelt dies von ihm, so entsteht Wut; es sei denn, wütende Eltern induzieren Angst, die die Wut wegwischt.

Stadium des souveränen Gleichgewichts (Stufe 2):

Das Kind kann seine Impulse steuern und kontrollieren und empfindet dies als seine Fähigkeit, Einfluß zu nehmen. Es ist bemüht, seine Umwelt zu kontrollieren. Wo dies nicht gelingt, ist es mißtrauisch. Projektionen werden zur Orientierung in der Welt zu Hilfe genommen. Der andere Mensch ist bedeutsam als Quelle der Bedürfnisbefriedigung. Es besteht eine Notwendigkeit, die Folgen des eigenen Handelns vorhersehbar zu machen, damit **Angst** minimiert wird und die eigenen Bedürfnisse befriedigt werden. Das Kind „ist" seine Bedürfnisse, kann Frustrationen noch nicht innerlich verarbeiten.

Stadium des zwischenmenschlichen Gleichgewichts (Stufe 3):

Nun werden die zwischenmenschlichen Beziehungen zur Struktur des Selbst. Die Bedürfnisse werden zum Objekt, koordinierbar und integrierbar in gegenseitigen zwischenmenschlichen Beziehungen. Bedürfnisse und Gefühle können kommuniziert werden. Da das Selbst in diese Beziehungen eingebunden ist, kann es diese nicht reflektieren. Es „ist" die jeweils einzelne Beziehung, mal die eine, mal die andere. Das heißt, es besteht noch keine abgegrenzte, kontinuierliche Identität. Das Selbst ist noch verschmolzen in der zwischenmenschlichen Beziehung. Dies kann auf den anderen

Tabelle 8: Kegans Phasen der kognitiv-affektiven Bedeutungsentwicklung

Die Phase: / Der Mensch:	O einverleibend	1 impulsiv	2 souverän	3 zwischenmenschlich	4 institutionell	5 überindividuell
einbindende Kultur	----	Familie	Familie, Schule, Freunde	Familie, Schule, Freunde	Gesellschaft	Menschheit
eingebunden in ... (ist ...)	Empfindung, Bewegung	Wahrnehmung, Impuls	Bedürfnis, Wunsch	einzelne Beziehung	gesellschaftliche Norm	menschliche Werte
kann handhaben, umgehen mit ...	----	Empfindung, Bewegung	Wahrnehmung, Impuls	Bedürfnis, Wunsch	einzelne Beziehung	gesellschaftliche Norm
wird gereizt durch ... (ohne einen Sinn dafür zu haben)	Wahrnehmung, Impuls	Bedürfnis, Wunsch	einzelne Beziehung	gesellschaftliche Norm	menschliche Werte	----
nimmt noch nicht wahr ... (kann nichts damit anfangen)	Bedürfnis, Wunsch	einzelne Beziehung	gesellschaftliche Norm	menschliche Werte	----	----
hat Angst vor ...	Vernichtung, Existenzverlust	Trennung	Kontrollverlust, Verlust d. Bezugsperson	Ablehnung, Liebesverlust	Hingabe, Abhängigkeit	realen Gefahren
seine Gefühle	Bindungsgefühle, Hoffnung, Sicherheit	Zweifel, Scham, Wille, kann Gefühle nicht zusammenbringen	Mißtrauen, Angst	Trauer, Verletzlichkeit, Insuffizienz, kann Gefühle aussprechen	Gefühle werden reflektiert und gesteuert	
Ambivalenz	wird noch nicht erlebt	wird nicht erlebt	kann erlebt aber noch nicht ertragen werden	kann erlebt aber noch nicht ertragen werden	wird toleriert	
Aggression		Wut bei Frustration	Wut bei Frustration	Wut wird unterdrückt	wird verwaltet	
Beziehungen dienen ...		dem Impuls	der Bedürfnisbefriedigung	der Verschmelzung	der Verwaltung	
Identität				noch nicht abgegrenzt	ist vorhanden	
Geburt des ...	des Lebens	des Objekts	der Rolle	der Gemeinschaft	des Gesetzes	der menschl. Ethik
Betonung der ...		Integration	Differenzierung	Integration	Differenzierung	Integration

Fortsetzung Tab. 8: Kegans Phasen der kognitiv-affektiven Bedeutungsentwicklung

Die Phase: Der Mensch:	O einverleibend	1 impulsiv	2 souverän	3 zwischen-menschlich	4 institutionell	5 überindividuell
Charakteristika:		Kann nicht still sitzen, wechselt von einem Ort zum andern. Kurze Aufmerksamkeits-spanne. Verhalten ist nicht vorhersagbar. Sprache begleitet die Interaktion. Phantasien und Phantastisches bewegen das Kind. Gedanken sind öffentlich. Orientiert sich am Urteil äußerer Autoritäten. Berücksichtigt die Folgen seines Handelns. Intensive Bezie-hung zu den Eltern.	Bleibt bei der Sache, bleibt beim Thema. Sprache ist entscheidend für Kommunikation Konkrete Dinge, Realität beschäf-tigt das Kind. Gedanken sind privat. Orientiert sich am eigenen Vorteil. Berücksichtigt die Absicht des Handelns. Weniger intensi-ve Beziehung zu Eltern. Kann 2 Impulse zu 2 Zeiten in Beziehung setzen. Internalisierung, Identifizierung. Wettbewerb, Kompormiß.	Erwartungen anderer und Verpflichtungen ihnen gegenüber sind beherr-schend. Ärger ist störend, Harmonie wich-tig. Kann auf andere verschlingend wirken.	Internalisierung von Konflikten möglich. Sie müssen aber sofort gelöst werden. Installation eines Rechts-systems und eines gesell-schaftlichen Systems. Zuneigung der anderen ist nicht mehr bestim-mend. Ideologi-sierung. Intensive Gefühle (Erotik, Zuneigung) stören die Organisation des Selbst. Unangepaßte Tendenzen werden abge-wehrt.	

Menschen einen ihn verschlingen wollenden Eindruck machen. Harmonie ist wichtig. Ärger stört diese, darf also nicht sein, höchstens Traurigkeit, Verletztheit oder Insuffizienzgefühl. Das Selbst ist seinen an die zwischenmenschliche Beziehung gerichteten Erwartungen und Verpflichtungen ausgeliefert. Ohne den anderen Menschen ist die eigene Person nicht komplett. Er wird benötigt, um ein Gefühl eines vollständigen Selbst haben zu können.

Stadium des institutionellen Gleichgewichts (Stufe 4):

Nun kann das Selbst Beziehungen „haben" und zwar verschiedene (Tabelle 8). Es erhält und bewahrt dadurch seine Identität. Die neu entstandene Struktur des Selbst bringt die Möglichkeit, sich als von anderen verschiedene Person zu erleben. Interpersonelle Konflikte werden verinnerlicht, Ambivalenz kann toleriert werden, Gefühle können reflektiert und gesteuert werden. Das Selbst ist nun eine Institution, die Rollen, Normen, Selbstkonzept und Selbstkontrolle verwaltet und hierzu ein Rechtssystem, das gesellschaftliche System und ein Wertsystem installiert. Das Kind hat sich befreit vom Eingebundensein in die Beziehungen. Die Zuneigung der anderen ist nicht mehr bestimmend für das Schicksal des Selbst. Die neue Unfreiheit besteht im Eingebundensein in der Verwaltung und Organisation des Selbstsystems, die notwendigerweise ideologisch ist. Gefühle entstehen nicht mehr unmittelbar aus dem Erleben der Beziehung („Magst du mich noch?", „Ist unsere Beziehung noch intakt?"), sondern aus der erfolgreichen Steuerung der Beziehungen („Gelang es mir, die wechselseitigen Interessen zu steuern?", „Ist mein Management der Beziehungen oder des Berufs noch intakt?"). Um als Institution funktionsfähig zu sein, müssen intensive Gefühle (Zuneigung, Erotik) oder Gefühle, die die Anpassungsfunktionen erschweren (Zweifel am Leistungsprinzip) abgewehrt werden. Es muß immer Konfliktfreiheit hergestellt werden. Andernfalls ist das Gleichgewicht dieser Entwicklungsstufe gefährdet.

Stadium des überindividuellen Gleichgewichts (Stufe 5):

Die Loslösung von der institutionellen Organisation des Selbst und seiner Beziehungen zur sozialen Bezugsgruppe bzw. zur Gesellschaft führt zum Individuum, das über diese Organisation reflektieren kann. Es wird frei, um Beziehungen einzugehen, in denen beide Partner ihre Individualität bewahren (Kegan 1986, S. 147). Das Selbst „ist" auch nicht mehr sein Beruf oder seine Berufsrolle, Leistung bestimmt nicht mehr das Selbstgefühl. Kritik kann angenommen werden. Es kann zwischen verschiedenen Teilen des Selbst gewechselt werden, Konflikte zwischen diesen toleriert werden. „Individualität fördert nicht Abgeschlossenheit und Selbstkontrolle, sondern sie ermöglicht, daß wir uns anderen hingeben können." (Kegan 1986, S. 148).

Die Altersangaben von Kegans Entwicklungsstufen sind für den erfahrenen Psychotherapeuten ebenso wenig nachvollziehbar wie für empathische Eltern. Von unseren Kindern und unseren Patienten wissen wir, daß eher Piagets Altersangaben zur emotionalen Entwicklung stimmen. Einen Ausweg aus diesen Differenzen bieten obige Betrachtungen zum Auseinanderklaffen der emotionalen und der kognitiven Entwicklung. Dies bedeutet, daß derjenige, der mehr das emotionale Verhalten betrachtet, die früheren Altersangaben für richtig hält, während derjenige, der die kognitiven Leistungen beurteilt, Kegans Altersangaben zustimmen wird. Zum Vergleich seien noch einmal die Altersangaben gegenübergestellt:

	Emotional-motivational (Piaget 1981)	Moral/Wertorientierung (Kegan 1986)
1. Einverleibend	bis 1 Jahr	bis 2 Jahre
2. Impulsiv	bis 2 Jahre	bis 5 Jahre
3. Souverän	bis 3 Jahre	bis 10 Jahre
4. Zwischenmenschlich	bis 7 Jahre	ab 11 Jahre
5. Institutionell	Vorpubertät	ab 18 Jahre
6. Überindividuell	Ab Pubertät	Erwachsenenalter

Diese Altersverschiebung zeigt zugleich das Spannungsfeld zwischen affektiver und kognitiver Entwicklung.

Zusammenfassend ist Kegans „Neo-Piagetscher" Ansatz eine Übertragung der „Konstruktions- und Entwicklungstheorie" Piagets auf die Entwicklung des Selbst und seiner Beziehungen zum anderen Menschen. Entwicklung heißt, der andere wird immer weniger mit mir selbst verwechselt.
Mit Anpassung „meine (ich) damit einen aktiven Prozeß der Auseinandersetzung zwischen Selbst und Umwelt, der zu einem zunehmend besser organisierten Verhältnis zwischen ihnen führt. Die bessere Orgnisation zwischen Selbst und Umwelt wird erreicht, indem sich das Selbst immer stärker von der Umwelt löst und dabei zunehmend mehr Aspekte der Umwelt integriert"(Kegan, 1986, S. 155).
Entwicklung ist die immer wieder neue Erschaffung des anderen (a.a.O. S. 189). Die Eltern, als anfänglich einzige „einbindende Kultur" müssen sowohl zeitgemäß Halt geben, als auch Widerspruch leisten.

Das Grenzen setzen, der dem Kind entgegen gebrachte Widerspruch, muß phasengerecht sein, d.h. genau die Kontrolle, die das Kind in der nächsten Phase

mit größter Sicherheit - selbst übernehmen kann (Selbstkontrolle):

Autoritatives Grenzen setzen statt Autoritäres.

Für das Kind ist bedrohlich, wenn die Eltern das, was es **ist**, ablehnen (gleich das autonome Ich der jeweiligen Stufe), dann kann es zum Beispiel nicht die Folgen seiner Impulse erfahren und auch nicht lernen, sie zu kontrollieren.

Psychotherapeutisch wichtiger als die Tableaus der stabilen Stufen sind die **Übergangsphasen**. Eine Übergangsphase stellt zwei Selbst dar, das alte und das neue; so entsteht bei Entscheidungen ein Gefühlswirrwarr (Tabelle 9).
Gefühle entstehen beim Verlassen eines Gleichgewichts und sind für Kegan besonders bedeutsam zur Herstellung des Gleichgewichts, als Empfindung von Entwicklung. Emotion aus der wörtlichen Bedeutung heraus verstanden: „Ex“ und „Motion“, aus der Bewegung heraus. Dabei spielt das schmerzliche Gefühl des Verlustes von Gleichgewicht eine große Rolle.
Den kognitiven Prozeß beim Übergang zur nächsten Stufe beschreibt Kegan so (a.a.O., S. 225): „Ich mache Erfahrungen in der Welt, die im Rahmen meiner gegenwärtigen Organisation der Wirklichkeit keinen Sinn ergeben. Eine Zeit lang „prüfe“ ich meine „Theorie“ (meine Form der Bedeutungsbildung) gemäß dem Prinzip: „wenn die Tatsachen meine Theorie nicht stützen, geht das zu Lasten der Tatsachen; diese Haltung ist mit dem Begriff der Assimilation gemeint und in psychodynamischen Theorien mit dem Begriff der Abwehr. Erst wenn Erfahrungen auftauchen, die durch innerhalb des Systems stattfindende Anpassungsvorgänge nicht mehr assimiliert werden können (indem ich zusätzliche **Implikationen** meiner Bedeutung erkenne), fühlt sich das System selbst bedroht, da es auf die Grenzen und Schwächen seiner **Grundannahmen** aufmerksam wird.“
Dabei besteht nach Kegan die Grenze jeder Entwicklungsstufe darin, daß der andere (die Welt) in einer stufenspezifischen Hinsicht mit dem eigenen Selbst verwechselt wird, auf der impulsiven Stufe als unabgegrenzter Bedürfnisbefriediger, auf der souveränen Stufe als zu kontrollierender Bestandteil des Selbst-Objekt-Systems, auf der zwischenmenschlichen Stufe als Spender von Liebe in einer verschmolzenen Beziehung, auf der institutionellen Stufe als verwaltbarer Bestandteil des psychosozialen Verwaltungsapparates (formalisierte Beziehungen).

Erst auf der überindividuellen Stufe wird dem anderen alles zugestanden und belassen, was er ist und was zu ihm gehört. Zu ihm wird Beziehung aufgenommen, ohne daß er partiell in das eigene Selbst-System eingebaut wird.

Diese kognitive Entwicklungspsychologie versteht sich als eine Psychologie der Entwicklung des Selbst und seiner Beziehungen und tritt damit zur psychoanalytischen Objektbeziehungstheorie in Konkurrenz. Allerdings bezieht sich letztere auf die ersten vier Lebensjahre des Menschen. Aber auch von klinischer Seite her muß man sich vergegenwärtigen, daß Kegans Entwicklungsstufen ein sehr grobes Raster darstellen. Kegan beschreibt die Entwicklungsstufen wie Piaget auch als eine **Entwicklungsspirale**, so daß das gleiche Thema in der übernächsten Phase wiederkehrt. Dieses Spiralenprinzip der Entwicklung ist eine Möglichkeit, die wiederkehrenden Themen der Dialektik zwischen Differenzierung und Integration auf einer jeweils höheren Stufe zu betrachten. Trotzdem bleibt sowohl bei erfahrenen Psychotherapeuten als auch bei aufmerksamen Eltern der Eindruck, daß Kegan bei der emotionalen Entwicklung der Beziehungen im Vorschulalter nicht so genau hingeschaut hat, daß er einige frühe Schleifen der Spirale übersehen hat.

Ohne die Existenz von Subphasen als stabile Entwicklungstableaus postulieren zu wollen, seien einige typische Stadien der Entwicklung im Vorschulalter kurz beschrieben. Es soll lediglich gezeigt werden, daß Kohlbergs und Kegans Stufen zu grobe Raster darstellen und deshalb nicht ausschließliche entwicklungspsychologische Basis für die Psychotherapie sein können.

Auch die Altersangaben dienen nur einer sehr groben Orientierung bei der Annahme von großen individuellen Unterschieden.

Das erste Stadium des Säuglings, der eine emotionale **Bindung** zur Mutter (Bowlby 1976) aufbaut, dauert etwa acht Monate. Mit dem Beginn des Krabbelns und schließlich des Laufens folgt eine **Exploration** der Welt, das unbekümmerte Entfernen von der Mutter, mit einer Ausstrahlung der Unverletzbarkeit und des Alles-Könnens.
Mit etwa 18 Monaten kommt das Kleinkind zunehmend oft an seine Grenzen, es kann seine Mißerfolge, die teils recht schmerzlich sind, nicht mehr übersehen und es findet oft nicht rasch genug zur Mutter zurück. Diese aversiven Erfahrungen lassen es von nun an mehr die **Annäherung** (Mahler 1980) an die Mutter betonen, sich ihrer Verfügbarkeit vergewissernd und Trost und Schutz bei ihr holend.

Tab. 9: Phasenübergänge in der kognitiv-affektiven Bedeutungsentwicklung

Die Phase: / Der Mensch:	O einverleibend	1 impulsiv	2 souverän	3 zwischen-menschlich	4 institutionell	5 überindividuell
Beim Übergang von der vorausgehenden Phase muß aufgegeben werden:		Aufgeben des Objekts, der Welt als Teil des Selbsts	Aufgeben des Gleichseins, Eng-Verbundenseins neu: Verschiedensein	Aufgeben der Kontrolle über die Umwelt	Aufgeben der Permanenz v. Liebe in der Beziehung. In Kauf nehmen von Ablehnung	entfällt
Hilfestellung zum Hineinfinden in d. neue Phase: Bestätigung durch ...	Körperliches Halten und Verfügbarsein	Zulassen intensiver emotionaler Beziehung und Rivalitäten	Anerkennung der Selbständigkeit und Kompetenz	Zulassen des Selbstopfers zur Stützung d. Beziehung	Fördern d. Unabhängigkeit u. Berufs-/Berufungsbezogenheit	entfällt
Hilfestellung 1 zum Verlassen der Phase: Widerspruch, Grenzen setzen durch ...	Nicht mehr jedes Bedürfnis sofort befriedigen. Entfernung und Eigenwilligkeit gewähren	Verantwortung für Gefühle übertragen, Herauslösen aus der Ehebeziehung, in die Schule gehen müssen	Fordern von Rücksichtnahme und Zuverlässigkeit	Herauslösen aus d.verschmelzend. Beziehung, Verschiedenheit des eigenen Denkens und Fühlens zeigen	Ablehnung einer verwalteten Art des Umgangs miteinander in der Beziehung	entfällt
Hilfestellung 2 zum Verlassen der Phase: in der Nähe bleiben durch ... (Verständnis, Versöhnung)	Trennung als widerruflichen Verlust erleben lassen (kein entweder Bindung oder endgültige Trennung)	Beziehungsangebot (nicht verschmelzend) unaufdringlich erhalten	Außerfamiliäre emotion. Beziehungen (mein bester Freund) zulassen, so daß kein entweder/ oder entsteht	Bezugsperson läßt das Herauslösen aus der verschmolzenen Beziehung zu	Soziale Gemeinschaft u. Staat lassen die Relativierung ihrer Normen durch ethische Werte zu	entfällt

Fortsetzung Tab. 9: Phasenübergänge in der kognitiv-affektiven Bedeutungsentwicklung

Die Phase: Der Mensch:	O einverleibend	1 impulsiv	2 souverän	3 zwischen-menschlich	4 institutionell	5 überindividuell
Entwicklungs-hemmung durch ... (Zurück-, Festhal-ten)	Aversive Gefühle d. Kindes schnell beseitigen: wird abhängig	Intensive Gefühle d. Kindes ausnutzen für eigene Bedürfnisse	übertriebene Kultivierung egozentr. Verhaltens	Ständiges Abverlangen v. Selbstopfern unter Androhung von Liebesver-lust u. Ablehnung	Überbetonung der Norm- und Leistungs-orientierung und Unabhängigkeits-haltung	entfällt
Entwicklungs-hemmung durch ... (Wegstoßen)	Nicht verfügbar sein, sein Gefühl aggressiv beantworten, Verlassen d. Kindes	Abweisen d. impulsiven, emotionalen Kindes	Zu frühes Fordern von Rücksichtnahme u. Zuverlässigkeit	Zu frühes Abweisen d. ver-schmelzen-den Beziehungs-suche	Völliges Ablehnen und Abwerten d. Recht-und-Gesetz-Haltung	entfällt

Die Gegenbewegung zur erneuten Betonung von Verschiedensein gerät ab etwa zwei Jahren zur **Trotzphase**, dem nie enden wollenden Nein des Kindes. Ist genügend Verschiedenheit geprobt worden, so kann das Kind es sich etwa ab zweieinhalb bis drei Jahren leisten wieder ja zu sagen, sich der Zugehörigkeit in einer Phase der **geselligen Zuwendung** vergewissern. Dieses Ja ist nur dann eine Weiterentwicklung, wenn zuvor das Nein und die Abgrenzung ausgiebig genug gelebt werden konnte. Im anderen Fall ist es ein **Noch-nicht-nein-sagen-Können**.

Mit drei Jahren zeigen Kinder dem Erwachsenen alles, was sie haben und können stolz her. Auch ihre Genitalien, an denen sie öffentlich herumspielen, sind ihr Stolz. Wenn sie Lust haben, so geschieht dies öffentlich. Herzeigen ist lustvoll. Diese Phase eines **gesunden Exhibitionismus** ist auch bei Naturvölkern zu beobachten. Auch das Säbelrasseln und Imponiergehabe gehört dazu. Der emotionale Gegenpol ist das Schamgefühl. Nicht wenig soziale Phobien haben die symptomatische Funktion, diese gesunde Herzeige-Tendenz zu unterdrücken.

Es folgt eine Phase des **Erobererturns**: der kleine Held, der die Menschen erobert, auch auf eine manchmal sehr deutliche Weise seine Mutter erobern will, und der im **Duell** den Rivalen aus dem Feld schlägt, das zumindest möchte. Fokussiert man diese Phase nicht wie die Psychoanalyse auf die Sexualität, so geht es wesentlich allgemeiner um eine soziale Potenz, die Fähigkeit, aktiv den anderen Menschen für sich zu gewinnen. Zugleich wird die Fähigkeit erprobt, in einen Konkurrenzkampf einzutreten und diesen durchzufechten. Dabei wird einerseits auch die Erfahrung gemacht, daß man eine gute Portion Schläge einstecken kann, ohne unterzugehen. Andererseits resultiert die Erfahrung, daß so manche Schlacht gewonnen werden kann: die beiden essentiellen Anteile der Erfahrung von **Wehrhaftigkeit**. Ich glaube, daß die erotischen Tendenzen der Kinder primär nicht auf die Eltern zielgerichtet sind. Es sind vielmehr entwicklungsbedingte Errungenschaften, die auch vor den Eltern nicht halt machen. Wenn ein Mädchen seinen Vater heiraten möchte, so zeigt dies primär sein noch unterentwickeltes kognitives Bild der Welt.

Mit fünf bis sechs Jahren beginnt eine Phase der **Intimität**. Zärtlichkeit und Erotik, auch Nacktheit werden zur Privat- oder Intimsphäre.

Mit sieben Jahren, zum Zeitpunkt der Einschulung, beginnen außerfamiliäre Beziehungen eine Rolle zu spielen. Es kann auf **Freunde** ausgewichen werden. Das Kind ist nicht mehr allein auf die Familie angewiesen. Es genießt die zunehmende Freiheit von der Familie und gewinnt dadurch Selbstbewußtsein.

Auch durch seine zunehmende vernünftige Erfassung der Welt, ihre klassifizierende und ordnende Strukturierung schafft der Mensch als **Denker** Freiheit vom Eingebundensein in die Familie und fördert ein Gefühl der Souveränität (acht Jahre). Ab jetzt werden die Zeitangaben sehr willkürlich.

Abbildung 3: Substadien der affektiv-kognitiven Entwicklung

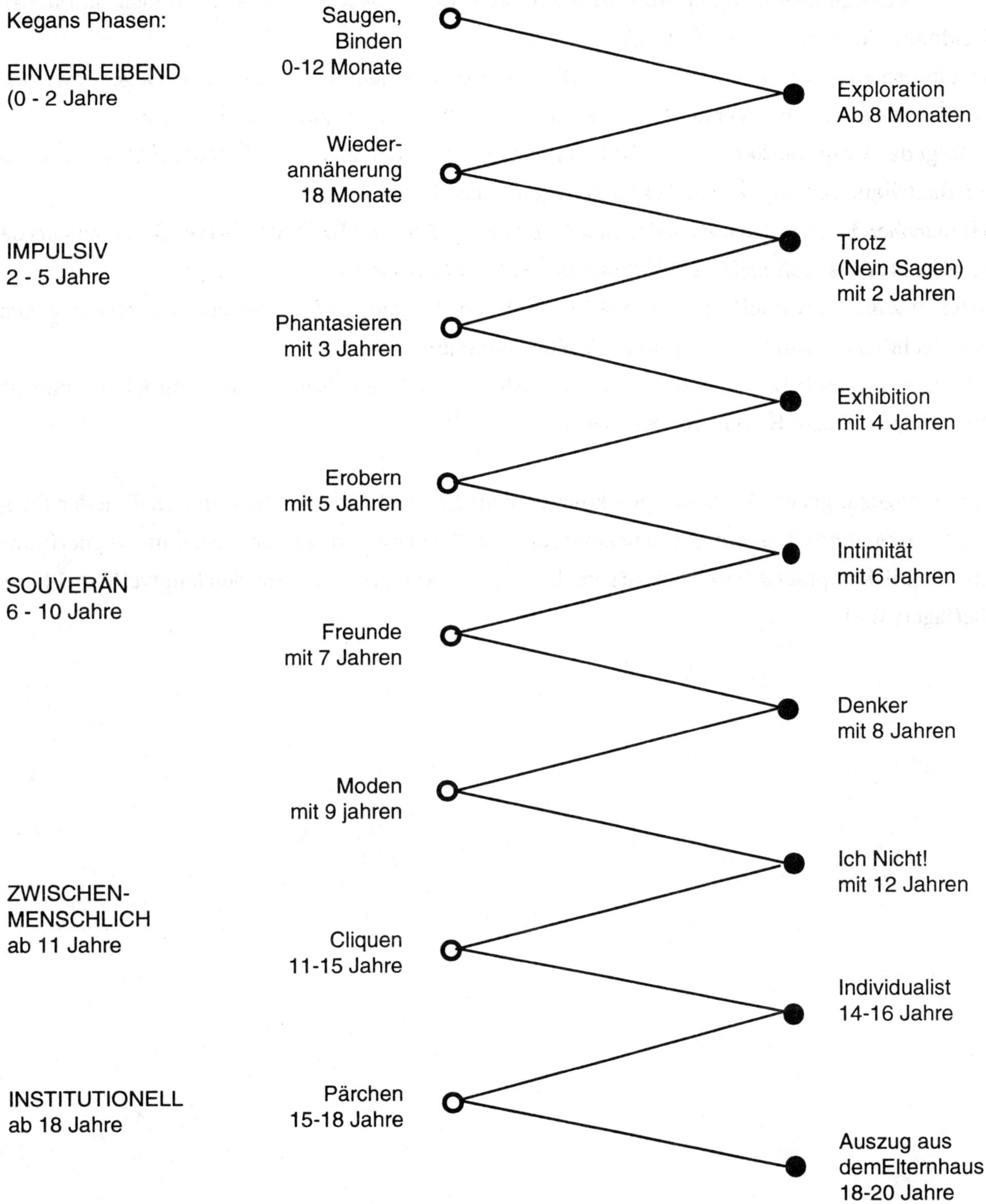

Das Kind beginnt sich in seinem Verhalten an den Gleichaltrigen und den „Größeren", die ein, zwei oder drei Schulklassen weiter sind, zu orientieren. Deren **Mode** wird übernommen und andere Kleidungsstücke bleiben im Schrank.
Bei einigen kommt es zu einem erneuten Differenzierungsstadium, das eine reine Gegenbewegung ist, ein **„ich nicht"**, ein Versuch, sich aus der Uniformität herauszuheben (Pubertät).
Es folgt das **Cliquenalter**, in dem der Familie möglichst weitgehend der Rücken gekehrt wird und nun die Clique den psychischen Orientierungsrahmen bildet.
Bei manchen beginnt danach wieder eine Abgrenzung, hin zum **Individualisten**, die anders als das reine Kontra des „ich nicht" ein Versuch der Selbstdefinition ist.
Diese erneute Vereinzelung schafft schließlich die Ausgangsbasis, um sich mit einem gegengeschlechtlichen Einzelwesen zum **Pärchen** zusammenzutun.
Alle diese Prozesse laufen noch vor dem nächsten Schritt, dem **Auszug aus dem Elternhaus** ab. Dies entspricht dem Beginn von Kegans institutioneller Phase (Stufe 4).

Die vorangegangenen Betrachtungen könnten zum Beispiel bedeuten, daß innerhalb jeder Phase Kegans sich mindestens ein „zwischenmenschliches" und ein „souveränes" Stadium wiederfindet, d.h. um mit der Sprache der Physik zu sprechen, Phasen kürzerer Frequenz den langwelligen Phasen überlagert sind.

DER MENSCH LEBT IN BEZIEHUNG
- Sozialpsychologische Grundlagen

Kegans Neo-Piagetsche Entwicklungspsychologie erklärt nicht nur die Entwicklung der Kognitionen und der Wertorientierung, sondern auch die Entwicklung des Selbst und seiner Beziehung zur physikalischen und sozialen Umwelt. Wir können deshalb jetzt die Entwicklung der Beziehungsgestaltung betrachten. In der Phase des einverleibenden Gleichgewichts zwischen Selbst und Welt, macht der Säugling keinen Unterschied zwischen Selbst und Welt. Bildhaft aus der Perspektive des erwachsenen Beobachters gesprochen, wird die Welt einverleibt. Durch Einverleibung beseitigt er diesen Unterschied. Wenn etwas Gutes in der Welt geschieht, so geschieht es auch an oder im Selbst, ebenso wenn etwas Schreckliches, Bedrohliches geschieht. Wir wissen trotz der inzwischen großen Zahl sorgfältiger Untersuchungen zur Mutter-Kind-Interaktion (Dornes, 1993) noch wenig über diese Zeit. Aber wir benötigen ihre wenngleich spekulative Charakterisierung, um die folgende Phase und vor allem den Übergang zu dieser Phase beschreiben zu können. Wir müssen in der dialektischen Prozeßabfolge der Differenzierung des Selbst und seiner Integration in die Welt durch Beziehungsgestaltung jeweils das Selbst der neuen Entwicklungsphase verstehen und damit die Welt als Nicht-Selbst, um auch seine Beziehungsgestaltung verstehen zu können.

Die Beziehungsgestaltung ist Ausdruck der Persönlichkeit (des Selbst) und beides entwickelt sich nach den Vorgaben einer Regel, die den ungefährlichen oder ungefährdeten sozialen Bewegungsraum des Menschen absteckt, d.h. sein emotionales Überleben gewährleistet. Die verfestigten habituellen Erlebens- und Verhaltensweisen eines Menschen, die unreflektiert erfolgen und automatisiert sind, gewährleisten als Verhaltensstereotypien das Einhalten dieser Überlebensregel. Oder: Persönlichkeit dient zur Absicherung des emotionalen Überlebens. Zu jeder Entwicklungsstufe gehört eine charakteristische Selbst- und Welt-Definition und eine die Beziehung zwischen beiden organisierende Überlebensregel. Diese Überlebensregel ist nicht identisch mit der Moral oder Wertorientierung eines Menschen. Beide sind Resultat der Wechselwirkung zwischen der Umwelt und dem sich entwickelnden Menschen. Die Überlebensregel kann durchaus ein Handeln entgegen der Moral oder der verinnerlichten Werte vorschreiben, zum Beispiel „Nur wenn es mir gelingt, meine Riesenwut durch heimliche Zerstörungen abzureagieren, kann ich mit meinen Eltern in gutem Einvernehmen weiterleben."

Wir müssen funktionale, entwicklungsgemäße Überlebensregeln von dysfunktionalen, entwicklungshemmenden Überlebensregeln unterscheiden. Letztere sind Gegenstand jeglicher Psychotherapie. Erstere beschreiben lediglich die subjektiven „Lebensbedingungen" (Bauriedl, 1984) und damit die Subjektivität des Selbst- und Weltbildes eines Menschen in einer bestimmten Entwicklungsphase. Diese Überlebensregeln sind funktional, solange die soziale Umwelt auf das Kind, so wie es gerade sich und die Welt erlebt und mit sich und der Welt umgeht, sein lassen können. Und sie sind funktional, solange das Kind sich nicht psychisch (motivational, emotional, kognitiv, sozial, ethisch) und zum Teil auch körperlich weiterentwickelt hat. Sind diese beiden Bedingungen nicht oder nicht mehr gegeben, so entstehen für den Menschen unlösbare intrapsychische oder interpersonelle Konflikte. Er kann die anstehenden Lebensprobleme nicht mehr lösen. Er muß seine Assimilierungsversuche aufgeben und eine Akkommodation seiner Schemata an die neue Realität eines neu definierten Selbst und einer neu definierten Welt durchführen. Nach Kegan muß er etwas, das bisher zu seinem Selbst gehörte, an die Welt abgeben, d.h. die Grenzen zwischen Selbst und Welt neu setzen. Ist dieser Schritt zu bedrohlich, so kommt es zur Krise: so wie es ist, kann ich nicht überleben. Und: das, was ich an die Welt abgeben müßte, ist ein so großer Verlust für mich, daß ich den Übergang auch nicht überleben würde.

Diese Sicht von Krise beschreibt einerseits die Notsituation aus der heraus Symptombildung eine kreative Leistung eines Menschen und Ausdruck einer Überlebenskunst ist. Andererseits macht sie auch den Widerstand deutlich, den dieser Mensch einer Therapie entgegenbringen wird, die auf Konfliktlösung durch Entwicklung der Persönlichkeit abzielt. Denn Entwicklung ist Veränderung und Veränderung ist Verlust. Betrachten wir abschließend die Beziehungsgestaltung auf den verschiedenen Entwicklungsstufen. Diese Betrachtungen bauen auf Piagets (1981) Theorie der kognitiven Entwicklung, der Theorie der moralischen Entwicklung von Kohlberg (1984) und Kegans (1986) Theorie der Selbstentwicklung auf. Das heißt, sie bleiben auf der Basis von groben Zeitrastern, auch wenn immer wieder deutlich wird, daß das Thema in einer anderen Variante schon viel früher im Leben des betreffenden Menschen vorhanden war.

Der Vorteil dieses Zeitrasters liegt darin, daß wir zum einen die sichere Basis des empirisch belegten Entwicklungsstandes eines Menschen zugrunde legen können und zum anderen nicht den Rahmen einer kognitiven Theorie verlassen müssen. Würden wir statt dessen das Zeitraster der modernen psychoanalytischen Objektbeziehungstheorie zugrunde legen, so würden wir auf mehrere Hindernisse stoßen: Erstens ist die kognitive Entwicklung noch nicht soweit fortgeschritten, daß von einer kognitiven Konstruktion des Selbst und der Welt ausgegangen werden kann. Damit im Zusammenhang ist zweitens die affektive Entwicklung an die kognitive Entwicklung gebunden, da die Entwicklung von Bedeutungen an das Zusammenfügen des affektiven und des kognitiven Erfassens gebunden ist, d.h. es kann auch keine „emotional map" entstehen, in die die affektiven Bedeutungsgehalte von Erlebnissen und Erfahrungen eingeordnet werden können. Eine kognitive Entwicklungspsychologie hat infolge dessen Schwierigkeiten, wenn sie die Entstehung von Frühstörungen im Sinne der Psychoanalyse erklären sollte. Nur Extrapolierungen, die ihre Berechtigung ausschließlich aus der Analyse von klinischen Störungen holen könnten, würden hier weiterhelfen.

Der dialektische Prozeß der Entwicklung der Beziehungen bewegt sich zwischen zwei Polen, die einerseits Differenzierung, Verschiedenheit, Autonomie, sichtbar durch eine Betonung des Kognitiven, und andererseits Integration, Zugehörigkeit, Abhängigkeit, sichtbar durch eine Betonung des Emotionalen, beinhalten (Abbildung 4).

Abbildung 4:
Dialektischer Prozeß der Beziehungs-Entwicklung nach Kegan

DIFFERENZIE-RUNG Verschiedenheit Autonomie Kognitionen	INTEGRATION Zugehörigkeit Abhängigkeit Emotion

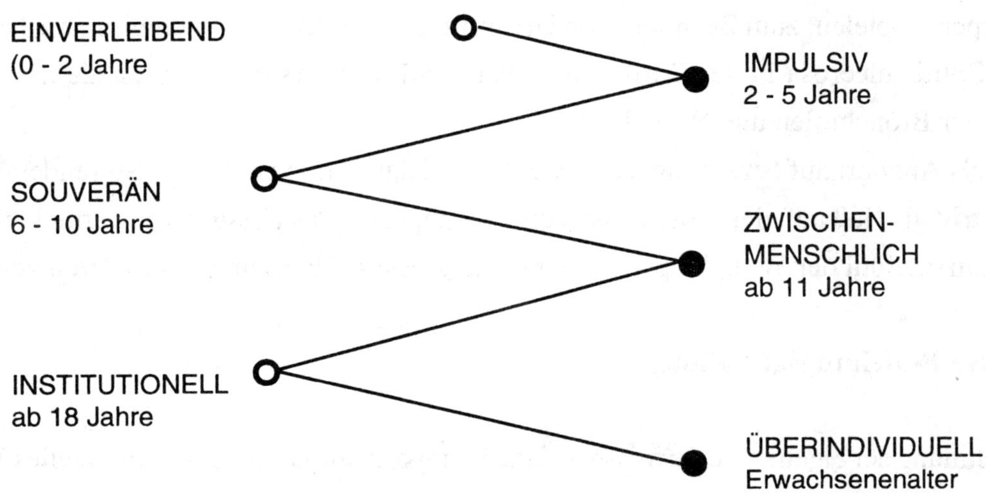

Die einverleibende Beziehungsgestaltung

Werden noch keine Grenzen zwischen Selbst und Welt wahrgenommen, so bezieht sich jedes Erleben der Welt auch auf das Erleben des Selbst. Wohlbefinden des anderen ist mein Wohlbefinden. Meine Unlust ist seine Unlust. Existiert der andere nicht, so existiere ich bald nicht mehr. Empfindungen von Lust-/Unlustcharakter lösen Reflexe aus, die auf die Konsumierung von Wohlbefinden herstellenden Angeboten der Umwelt ausgerichtet sind. Es dominiert der passiv-perzeptive Modus der Einverleibung von Daseinsberechtigung, Geborgenheit, Sicherheit und Geliebtwerden.

Es ist erstaunlich, mit welcher Häufigkeit wir bei Ehepaaren diesen Beziehungsmodus vorfinden können. Ihre tiefen emotionalen Krisen bei der Erschütterung einer solchen Beziehung oder bei ihrem Scheitern werden erst verständlich, wenn man versucht die subjektive Selbst- und Weltsicht nachzuempfinden, die diesem Modus zugrunde liegt. Und wir können auch verstehen, wenn das Ende der Beziehung nicht überlebt werden kann, daß dann auch eine normalpsychologische Bewältigung der Trennung vom Partner nicht möglich ist. Es kann kein Trauerprozeß stattfinden. Trauer ist nur möglich, wenn ich weiß, daß ich weiterleben werde. Ohne diese Gewißheit muß eine Symptombildung die psychische Konfrontation mit dieser subjektiv nicht zu überlebenden Realität verhindern. Depression, Panik- und andere Angstsyndrome bilden den symptomatischen Ausweg. Aggression kann in dieser Beziehung höchstens durch Zähne knirschen, fressen oder Nahrungsverweigerung kund getan werden. Im übrigen wird sie sich eher im eigenen Selbst, insbesondere im eigenen Körper abspielen, zum Beispiel beim Ulcus duodeni in der Magenschleimhaut, bei Morbus Crohn und Colitis ulcerosa in der Darmschleimhaut und beim Asthma bronchiale in der glatten Muskulatur der Bronchiolen und Bronchien.

Aggression als Antwort auf beziehungszerstörendes und damit mein Selbst zerstörendes Verhalten des anderen tritt als Haß auf, der reflektorisch und ganzheitlich das Zerstörende vernichten will, im Gegensatz zum Gefühl der Wut, die primär auf die aggressive Handlung des anderen gerichtet ist.

Die impulsive Beziehungsgestaltung

Die Wahrnehmung der eigenen Bedürfnisse und die Fähigkeit, impulsives instrumentelles Verhalten zu ihrer Befriedigung einzusetzen, befreien vom Angewiesensein auf den passiv-perzeptiven

Modus. Der aktiv-impulsive Modus der Beziehungsgestaltung schreibt der Bezugsperson eine eher passive oder reagierende Rolle zu. Sie soll mich und mein Tun anerkennen, bestätigen, lieben, verstehen, loben. Intensive spontane Gefühle prägen die Interaktionen. So wie ich ganz Bedürfnis bin, bin ich auch ganz Gefühl. So wie ich erwarte, daß der andere mein Bedürfnis befriedigt, so erwarte ich auch, daß er mein Gefühl auffängt. Sein von meinem Bedürfnis sich unterscheidendes Fühlen und Wünschen stört meine impulsive Beziehungsgestaltung, ich kann mich nicht in ihn hinein versetzen, selbst nicht empathisch sein. Dieses Kinderparadies ist bedroht durch den Weggang des Partners.

Deshalb sind Trennungsängste ein wichtiges Regulativ im Umgang mit dem Partner. Nicht ein entwickeltes Selbst, sondern diese Ängste halten diese Impulse in Schranken, damit diese das Paradies nicht zerstören. So lange jedoch diese Bedrohung nicht wahrgenommen wird, wird frustrierendes Verhalten des anderen mit Ärger, Empörung oder Wut beantwortet, so berechtigt es aus dessen Warte auch gewesen sein mag. Der Partner kann die ihm zugewiesene Rolle annehmen, mit den für ihn damit verknüpften Vor- und Nachteilen. Vorteil ist die Freude des Freude Bereitens, die durchaus zu einem intensiven gemeinsamen lustvollen Erleben werden kann. Nachteil ist, daß eigenen Bedürfnissen, die denjenigen des Partners konträr laufen, nur nach Kämpfen nachgegangen werden kann. Wird diese Rolle nicht angenommen, sondern gleichermaßen impulsive Befriedigung gesucht, so lieben und streiten sich eben zwei Kinder abwechselnd. Dies geht so lange gut, bis eines von beiden doch wieder Eltern haben möchte. Als Symptombildungen treten häufig Phobien und Somatisierungsstörungen auf, die bedrohlich intensiv werdende Gefühle und Impulse auffangen, wie Spannungskopfschmerz, Migräne, aber auch Schreibkrampf und Schiefhals, sowie Konversionssyndrome. Eine völlige Blockierung der impulsiven Tendenzen wird durch Zwangssyndrome erreicht.

Die souveräne Beziehungsgestaltung

Kegans Entwicklungsstufe des souveränen Gleichgewichts ist durch die Kontrollierbarkeit der eigenen Impulse und damit auch die Kontrollierbarkeit der Bezugsperson charakterisiert. Mit dieser Errungenschaft geht die Erkenntnis einher, daß die Bezugsperson nicht selbstverständlich gleich denkt und fühlt wie ich. Deshalb besteht nicht nur die Möglichkeit sondern auch die Notwendigkeit ihrer Kontrolle. Dies bedeutet Wachsamkeit. Je nach den zentrifugalen Tendenzen bzw. der fehlenden Vorhersagbarkeit des Verhaltens des Partners, muß sogar ein ganzes System zur Frühwarnung etabliert werden, in dem Radarschirme alle Bewegungen des „Objekts" orten. Ist alles

unter Kontrolle, stellt sich das Gefühl der Souveränität ein. Dieses Gefühl signalisiert das Vorhandensein der psychosozialen Homöostase.
Der Toleranzbereich der Homöostase ist individuell sehr verschieden. Bei manchen meldet schon bei geringsten Abweichungen das Radarsystem bedrohliche „Objektbewegungen" und damit Bedrohung der Souveränität. Dies führt zu einer Steigerung der Kontrollbemühungen. Die Reaktionen der Bezugspersonen auf eigene Verhaltensweisen, d.h. die Konsequenzen eigenen Handelns werden noch konsequenter abgewogen. Die Bezugsperson ist in ihrem Verhalten kalkulierbar. Ich weiß, wie sie reagieren wird, wenn ich dieses oder jenes Verhalten zeige oder es unterlasse: So wie der souveräne Dompteur sein Raubtier kennt und dafür sorgt, daß es ein ihn gefährdendes Verhalten unterläßt.
Das Bild des Dompteurs läßt ahnen, wieviel psychische Energie diese Souveränität kostet und wie groß die Bedrohung eingeschätzt wird. Der Beziehung droht von zwei Seiten Gefahr. Wachsen die eigenen Impulse zum Beispiel zum Bedürfnis nach Selbständigkeit so an, daß sie außer Kontrolle zu geraten drohen, so entsteht Angst, die nicht selten in eine Herzneurose oder eine Panikstörung mit oder ohne Agoraphobie einmündet. Die Symptome helfen, diese Impulse erfolgreich aus der Welt zu schaffen. Die zweite Gefahr droht von Seiten des Partners. Wenn dessen Eigenständigkeitsstreben außer Kontrolle gerät, entsteht dieselbe Angst, der wiederum durch obige Symptombildungen entgegengewirkt werden kann. Ein Zwangssyndrom ist eine weitere Form der Impulskontrolle. Tinnitus kann das Syndrom des überreizten Radarsystems sein, das durch die eigene Aggression außer Gefecht gesetzt wird.

Die zwischenmenschliche Beziehungsgestaltung

Unter Aufgabe der Illusion einer durch mich souverän kontrollierbaren Beziehung, werde ich nun Beziehung. Wenn ich diese bin, brauche ich sie nicht mehr kontrollieren, bin aber auch nicht mehr souverän. Kegans Entwicklungsstufe des zwischenmenschlichen Gleichgewichts bedeutet die Fähigkeit und Notwendigkeit, durch Opfer und Verzicht auf die Befriedigung selbstbezogener Bedürfnisse eine liebevoll verschmolzene harmonische Beziehung zu leben. Das Streben nach Differenzierung, Verschiedenheit und Autonomie wird demjenigen nach Integration, Zugehörigkeit und Abhängigkeit geopfert. Der Bezugsperson wird die Wahlmöglichkeit zugesprochen, mich anzunehmen oder abzulehnen, mich wegzustoßen. Ich beeinflusse ihre Wahl durch Selbstverzicht, durch ganz Beziehung sein. Von meiner Seite aus wird alles getan, um Harmonie herzustellen. Nichts an mir steht der liebevollen Verschmelzung im Wege.

Die Partnerschaft hat deshalb mehr Gefühls- und Erlebensqualität als Beziehungen der souveränen Stufe. Ist die Vorleistung jedoch einseitig und das Verschmelzungsverlangen ebenso, so entsteht rasch eine emotionale Abhängigkeit. Denn diese Grundhaltung verhindert wehrhafte Selbstbehauptung in der Partnerschaft. Der weniger Liebe investierende Partner wird zur Dominanz neigen und auch mehr seine eigene Domäne abstecken, was wiederum als drohende Ablehnung oder Zurückweisung interpretiert wird. Treffen sich jedoch zwei Menschen, die sich gleichermaßen durch die Beziehung definieren, so wird ihre Beziehung wie eine gleichsinnige Bewegung sein, wie Shivas Dance, und sie merken nicht oder lange Zeit nicht, welchen Teil ihrer Persönlichkeit sie nicht leben oder sich nicht entwickeln lassen.

Soziale Ängste, unterdrückte Selbstbehauptung (nicht nein sagen können, nicht fordern können) sind ebenso wie chronische Verspannungen und Rückenschmerzen im Bereich der Lendenwirbelsäule mit Bandscheibenverschleiß typische Symptombildungen, die das bedrohte Gleichgewicht sowohl des Selbst als auch der Beziehung stabilisieren sollen.

Die institutionelle Beziehungsgestaltung

Wiederum hilft der Rückblick auf das Dilemma der vorausgegangenen Entwicklungsstufe, die Errungenschaft des institutionellen Gleichgewichts zu würdigen. Nicht mehr Beziehung sein müssen, sondern Beziehungen haben, sie handhaben können und auch mehrere bedeutsame Beziehungen gleichzeitig (z.B. zum Ehemann und zur Freundin und zum Bruder) gestalten können, bringt eine wichtige Befreiung. Da der Mensch innerlich noch nicht völlig autonom ist, benötigt er noch äußere Hilfestellungen, um seine Beziehungen zu gestalten. Informelle und formelle Umgangsregeln, die man selbst einhält und die der andere auch einhalten muß, heben den Menschen aus der Abhängigkeit der zwischenmenschlichen Beziehungsgestaltung heraus.
Aus der Gestaltung wird so allerdings eine Verwaltung, die Beziehung wird weniger persönlich, die Person wird Institution. Nicht mehr das Emotionale und nahe Spüren, was der andere gerade braucht oder will, bestimmen die eigenen Beiträge zur Partnerschaft. Eher ist die kognitive und distanziertere Erarbeitung von Umgangsregeln bestimmend, die Vertragscharakter erhalten und damit Gesetze werden, deren Einhaltung analog Spielregeln und Verkehrsregeln kognitiv geprüft werden kann. Diese Objektivierbarkeit schafft im Vergleich zur vorausgehenden Entwicklungsstufe eine innere Befreiung aus einer emotionalen Verstrickung, schafft einen Kompromiß zwischen Selbst und Welt, der die eigene Individualität in der Beziehung rettet. Die Not, die eigene Individualität trotz

Tabelle 10: Phasen der Beziehungs-Entwicklung

Die Phase:	Selbst	Welt	Beziehung	Überlebensregel
einver-leibend	"Ich bin"(Reflex, Empfindung). Ich brauche Rundum-Versorgung, dazu ist die Welt da.Ich habe es nicht mehr nötig, im Mutterleib zu sein (bin nicht mehr einverleibt).Ich habe Angst vor Existenzvelust. Ich bin perzeptiv, reaktiv.	Die Welt ist für mich da.	Noch keine Beziehung zu einer selbständigen, abgegrenzten Welt. Ich liebe es, Wohlbefinden oder Lust zu erhalten. Ich hasse Unbehagen / Unlust. Wenn diese zu lange anhalten, werden sie intensiver bis zu Angst/Schrecken.	Nur wenn ich und meine Welt zusammen existieren, kann ich Wohlbefinden und Lust empfangen und muß nicht Unbehagen ertragen oder gar Existenzverlust fürchten.
impulsiv	"Ich bin mein Bedürfnis". Ich kann die Welt und mich wahrnehmen. Meine Wahrnehmung ist nach Bedürfnisbefriedig. ausgerichtet. Ich kann instrumentell handeln. Meine Handlungsimpulse dienen letztlich der Befriedigung meiner Bedürfnisse. Ich brauche die Welt zur Bedürfn. befriedig. .Ich habe es nicht mehr nötig, zu warten bis die Welt den ersten Schritt tut. Ich habe Angst vor Trennung.	Die Welt befriedigt mein Bedürfnis.Ihre Quellen können versiegen.Die Welt ist getrennt von mir, gehört zu mir, ist gleichsinnig, will nichts anderes. Wenn diese Welt nicht mehr erreichbar ist, bin ich verloren.Wenn diese Welt mir nichts mehr gibt, obwohl sie es könnte, ist sie hassenswert.	Meine Bezugsperson ist für mich Quelle meiner Bedürfnisbefriedigung. Die Qualität der Beziehg. bemißt sich n. dem Grad d. Bedürfn. befriedigung. Ich liebe Menschen, solang sie mir impulsive Bedürfn. befriedigung gewähren. Ich hasse frustrierende Menschen. Meine Kontaktaufnahme geschieht in der Hoffnung auf Bedürfnisbefriedigung und in der Furcht vor Frustration.	Nur wenn ich meine Bedürfniswahrnehmung in Handlungsimpulse umsetze und dadurch bei meiner Bezugsperson Befriedigung holen kann, sorge ich dafür, daß meine Bedürfnisbefriedigung gewährleistet ist und verhindere ich , daß ich unbefriedigt bleibe.
souverän	"Ich bin Kontrolle, Steuerung." Ich kann meine Wahrnehmung, meine Impulse steuern. Dadurch kann ich auch Einfluß nehmen auf die Welt. Ich brauche Souveränität. Ich habe es nicht mehr nötig, sofort befriedigt zu werden. Ich habe Angst vor Kontrollverlust.	Die Welt ist kontrollierbar und muß kontrolliert werden. Die Welt und ich sind verschieden. Der andere Mensch und ich haben unterschiedliche Bedürfnisse. Der von mir nicht kontrollierbare Teil der Welt ist bedrohlich.	Meine Bezugsperson halte ich durch Kontrolle verfügbar. Die Qualität d. Beziehg. bemißt sich nach dem reibungslosen Ablauf der Kontrolle. Ich mag kontrollierbare Menschen. Mich ärgern nicht kontrollierbare Menschen. Ich erhoffe souveräne Kontrolle und fürchte Unkontrollierbarem ausgeliefert zu sein.	Nur wenn ich meine Impulse kontrolliere und dadurch meine Bezugsperson kontrollieren kann, kann ich dafür sorgen, daß sie so handelt, wie es für mich gut ist und kann verhindern, daß sie eigene Interessen verfolgt, die mit meinen unvereinbar sind.

Fortsetzung Tab. 10: Phasen der Beziehungs-Entwicklung

	Selbst	Welt	Beziehung	Überlebensregel
zwischenmenschlich	"Ich bin Beziehung." Ich kann durch Selbstverzicht die Liebe des anderen gewinnen und damit eine Beziehung sichern. Ich brauche die Liebe des anderen und die Zugehörigkeit zu ihm. Ich habe es nicht mehr nötig, den anderen zu kontrollieren. Ich habe Angst vor Ablehnung, Zurückweisung, Verlust von Liebe/Zugehörigkeit zur Beziehung.	Die Welt ist Spender von Liebe in einer verschmolzenen Beziehung. Harmonie ist das wichtigste Indiz dafür. Da die Welt nicht unter meiner Kontrolle ist, erwartet sie von mir, daß ich mich ihr anpasse. Wenn sie sich gut fühlt und gut mit mir fühlt, ist sie bereit, mich anzunehmen.	Die Zuneigung meiner Bezugsperson sichere ich mir durch Selbstopfer u. Liebesdienste. Die Qualität der Beziehung bemißt sich nach ungetrübte r Harmonie im nahen Miteinander besteht. Ich liebe mit mir harmonierende Menschen. Ich bin ängstlich unter anderen Menschen. Ich erhoffe Angenommenwerden und fürchte Ablehnung.	Nur wenn ich auf die Befriedigung meiner selbstbezogenen Bedürfnisse verzichte und dafür sorge, daß meine Bezugsperson zufrieden ist, kann ich die verschmolzene Beziehung mit ihr aufrecht erhalten, in der mir ihre Liebe gewiß ist und ich Ablehnung und Verstoßen Werden nicht fürchten muß.
institutionell	"Ich bin Organisator." Ich kann mehrere Beziehungen verwalten. Ich habe es nicht mehr nötig, so viel Selbstopfer für den Erhalt der einen Beziehung zu bringen. Ich brauche Regeln und Gesetze, um mich und meine Beziehungen zu verwalten. Ich habe Angst vor Gegnerschaft, Anarchie.	Die Welt ist verwaltbarer Bestandteil meines psycho-sozialen Verwaltungsapparates. Gesetze und Regeln ermöglichen mir, mein berufliches und privates Leben zu steuern. Wenn die Welt und ich uns an diese gemeinsamen Regeln halten, läuft das Zusammenleben reibungslos.	Meine Bezugsperson läßt sich durch Interaktions-Gesetze verwalten. Die Qualität d. Beziehung bemißt sich danach, ob ihre gesetzlich geregelte Verwaltung reibngslos funktioniert. Ich bin zufrieden mit regelrechten Menschen, ich verurteile regelverstoßende Menschen. Ich hoffe auf gut geregelte soziale Gemeinschaft, fürchte Anarchie.	Nur wenn ich unter Anwendung unumstößlicher Gesetze mein Leben und meine Beziehungen verwalte, kann ich vorhersagbare Lebens- und Beziehungsabläufe sichern und verhindern, daß das Zusammenleben in eine Anarchie verfält, ich als Institution aufgelöst werde.
überindividuell	"Ich bin ein eigenständiger Mensch." Ich kann mich auf meine Ethik verlassen. Ich habe es nicht mehr nötig, strikt nach äußeren Gesetzen zu handeln. Ich brauche das Eingebundensein in die Gemeinschaft der Menschen, brauche Beziehungen.	Die Welt ist völlig von mir abgetrennt. Mit ihr kann ich Kontakt aufnehmen und in Beziehung treten. Wir können durch eine überindividuelle Ethik Konsens über ein Zusammenleben finden, der beiden Teilen gerecht wird.	Meine Belugsperson respektiere ich als eigenständiges Individuum. Die Qualität unserer Beziehung bemißt sich nach lebendigem Austausch. Konflikte lösen wir unter Berücksichtigung der individuellen Interessen und der Beziehung.	Ich werde überleben.

Beziehung nicht wieder zu verlieren, führt zur Angst vor Hingabe. Hingabe bedeutet nicht nur Kontrollverlust, wie in der souveränen Beziehungsgestaltung, sondern Verlust der Individualität, d.h. der gerade eben gewonnenen Errungenschaft der institutionellen Entwicklungsstufe. Diese Angst kann zur Beziehungsphobie werden, mit der Vermeidung, ernsthafte Paarbeziehungen einzugehen.

Die überindividuelle Beziehungsgestaltung

Ein und dieselbe Beziehung mit demselben Partner kann im Idealfall eine Weiterentwicklung zur reifsten Form der Beziehungsgestaltung durchmachen - mit den zugehörigen Krisen an den Übergängen von einer Stufe zur nächst höheren. Dies ist nur möglich, wenn beide Partner in ihrer Selbstentwicklung ein analoges persönliches Wachstum, d.h. eine entsprechende Reifung ihrer Persönlichkeit vollziehen (vergleiche auch Abbildung 20). Nicht mehr die Individualität ist das höchste zu verteidigende Gut. Die eigene Individualität wird relativiert durch die Individualität des anderen, die diesem erstmals wirklich zugestanden wird. Die freie Beweglichkeit beider Individuen enthebt mich der Möglichkeit den anderen durch unsere bisherige institutionalisierte Beziehung zu verwalten. Sie entbindet mich durch dessen freiwillige Entscheidung, sich zu mir zu bewegen, sich auf mich zu beziehen und mit mir in Beziehung zu sein, auch der Notwendigkeit der Verwaltung unserer Beziehung. Allerdings wäre unsere Beziehung doch sehr störanfällig, wenn es nichts Verbindendes gäbe.
Das gemeinsame Eingebundensein in eine allgemeine menschliche Ethik schafft die gemeinsame Basis unserer Beziehung, die die reife Lösung von Problemen und Konflikten innerhalb der Partnerschaft ermöglicht und die sonst fällige Distanzierung oder Auflösung der Beziehung eher zum Ausnahmefall werden läßt. Therapeuten müssen bedenken, daß dieses Beziehungsideal kaum auf dem direkten Weg, zum Beispiel von der einverleibenden Beziehungsgestaltung aus, erreicht werden kann. Es ist fraglich, ob Therapie die Gesetzmäßigkeiten der Entwicklung außer Kraft setzen kann und im Eilverfahren mehrere Entwicklungsstufen und die zu ihnen gehörenden krisenhaften Übergänge überspringen kann. Die Lösung besteht oftmals in einer bescheideneren Zielsetzung, abhängig von der zur Verfügung stehenden Zahl an Therapiestunden.

DER MENSCH IST EINE PERSÖNLICHKEIT
- Persönlichkeitspsychologische Grundlagen

Die bisherigen Betrachtungen zeigen, wie vielfältig die Entwicklungsmöglichkeiten der menschlichen Psyche sind. So groß ist aber auch die Vielfalt menschlicher Persönlichkeiten. Wir können Persönlichkeit kurz definieren als die Art und Weise, wie ein Mensch sich und die Welt erlebt, und mit sich und der Welt umgeht. Insbesondere interessiert uns, wie der Mensch denkt, fühlt, handelt, welche Motive ihn leiten, wie er sich sein Leben und seine Beziehungen einrichtet. Wir wollen möglichst wissen, wie er seine psychosoziale Homöostase reguliert. Über dieses allgemeinpsychologische Interesse hinaus bewegen uns die Unterschiede zwischen den Menschen, das, was den einen Menschen im Unterschied zum anderen charakterisiert. Psychotherapeutisch relevant sind besonders zwei Aspekte der Persönlichkeit eines Menschen: derjenige, der es notwendig machte, in einer anders nicht lösbaren Problemsituation ein Symptom zu erschaffen, und derjenige, der es ihm ermöglichen wird, die symptomatische Problemlösung aufzugeben.

In einer sehr weiten Definition von Verhalten ist Persönlichkeit das Gesamt der verfestigten habituellen Verhaltens- und Erlebensweisen eines Menschen. Sein Verhalten in einer konkreten Situation sagt ebenso viel über ihn aus wie über die Situation, da es eine große Bandbreite von potentiell situationsgemäßen Verhaltensweisen gibt. Darüber hinaus verhält sich ein Mensch über verschiedene Situationen hinweg sehr ähnlich, d.h. es besteht ein situationsübergreifendes **Verhaltensstereotyp**. Bezüglich dieser person-invarianten Verhaltensstereotypien kann tatsächlich von einer Eigenschaft bzw. einem Persönlichkeitsmerkmal gesprochen werden oder, wenn es das gesamte Sozialverhalten charakterisiert, von einem Persönlichkeitstyp.

Wir können zunächst versuchen, die Persönlichkeit eines Menschen aus entwicklungspsychologischer Sicht zu betrachten. Eine differenzierte Betrachtung würde es vermeiden, einem Menschen das endgültige Etikett einer Typologie aufzukleben. Die Typologie ist dann hinderlich, wenn ich nach der Etikettierung, die ich als ersten groben Schritt der Klassifizierung durchführte, bei einem Menschen nur noch die theoretisch zu diesem Typ gehörenden Merkmale entdecke - in einem uneingestandenen Versuch der Assimilation meiner Wahrnehmungen in meine grobe Theorie. Ist es aber mein Bemühen, dem einzelnen Menschen gerecht zu werden, so werde ich umgekehrt meine Hypothese entsprechend meinen laufend neuen Wahrnehmungen akkommodieren. Wohl wissend, daß unsere Typologie nur der erste Schritt eines langen Weges der Erkenntnis und des Verständnisses ist, liegt es nahe, die bereits oben untersuchten Entwicklungsstufen zu verwenden. Persönlichkeitsdiagnostik ist dann eine Entwicklungsdiagnostik.

Entsprechend der Art ihres Umgangs mit sich selbst und der Welt könne wir unterscheiden:

die einverleibende Persönlichkeit,
die impulsive Persönlichkeit,
die souveräne Persönlichkeit,
die zwischenmenschliche Persönlichkeit
die institutionelle Persönlichkeit und
die überindividuelle Persönlichkeit.

Die Tabellen 8, 10 und 11 fassen die wichtigsten Kennzeichen dieser Persönlichkeitstypen zusammen.

Der Begriff Persönlichkeit impliziert eine über einen längeren Zeitraum konstant bleibende Charakterisierung der betreffenden Person. Die bei allen Menschen relativ großen Widerstände beim Übergang zur nächst höheren Entwicklungsstufe (vergl. Tabelle 9) sprechen für eine relativ große Konstanz obiger Charakteristika.
Die entwicklungspsychologische Persönlichkeitsdiagnose hat den Vorteil, daß sie bereits die Erklärung liefert für die Unlösbarkeit des Symptom auslösenden Konfliktes und daß sie Auskunft gibt über die Möglichkeit einer symptomfreien Konfliktlösung: den Übergang in die nächst höhere Entwicklungsstufe.
Psychotherapie ist dann eine Persönlichkeitsentwicklung, der Therapeut leistet Entwicklungshilfe und der Patient entwickelt sich und seine Beziehungen. Der Therapieprozeß ist ein Prozeß der affektiv-kognitiven Bedeutungsentwicklung, die aus der Stagnation der permanenten Assimilation

Tab. 11: Entwicklungsphasen des Selbst und der Persönlichkeit

Die Phase:	O einverleibend	1 impulsiv	2 souverän	3 zwischenmenschl.	4 institutionell	5 überindividuell
Ich bin ...	Leben	Bedürfnis, Impuls	Kontrolle	Beziehung	Organisator	ein ethischer Mensch,sich und anderen gerecht werdend
Ich kann ...	nehmen, was mir die Welt bietet	durch meine Impulse meine Bedürfnisse befriedigen	die Welt kontrollieren	meine dyadische Beziehung pflegen (durch Verzeicht)	meine Beziehungen organisieren und verwalten	Gesetze durch eine menschliche Ethik relativieren
Ich brauche dazu ...	meine Empfindungen und Reflexe sowie das Konsumgut "Welt"	meine Wahrnehmungen und die freiwillige Verfügbarkeit der Welt	meine Wachsamkeit und eine kontrollierbare Welt	meine Fähigkeit zu verzichten und eine zur Verschmelzung bereite Welt	Gesetze, Regeln	die Rückmeldung, den Austausch, die Übereinkunft
Ich brauche nicht mehr ...	im Mutterleib über Plazenta u. Nabelschnur ernährt werden	gestillt und gefüttert werden	eine freiwillig verfügbare und befriedigende Welt	ständig kontrollieren	durch großen Selbstverzicht die eine Beziehung pflegen	mit Law-and-Order mein Sozialleben verwalten
Ich fürchte (wieder) ...	Existenzverlust	Trennung	Kontrollverlust	Verlust v. Liebe & Beziehung	Hingabe (Selbstverlust)	reale Gefahren
Ich kann noch nicht ...	mir durch gezielte Impulse von der Welt holen, was ich brauche	die Welt kontrollieren	verzichten, um meine Beziehung zu schützen	mehrere Beziehungen zugleich organisieren	Gesetze durch einen eigenen Standpunkt relativieren	---
Mein Dilemma ist ...	entweder annehmen oder sterben (nicht sein)	entweder nehmen oder allein sein	entweder kontrollieren oder ausgeliefert sein	entweder verzichten oder ungeliebt sein	entweder verwalten oder kein Selbst sein	---
Mein Selbst- und Weltbild:						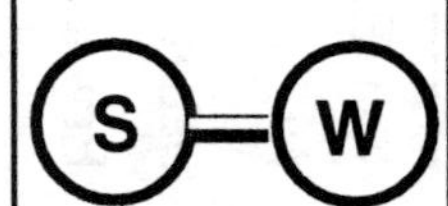

von Erfahrungen in realitätsfremde Überlebensregeln herausführt zur Akkommodation dieser Überlebensregeln an die realen Lebensbedingungen des erwachsenen Menschen. Akkommodation bedeutet aber Instabilität und Mobilisierung genau jener Ängste, die zur Formulierung der für den Erwachsenen dysfunktionalen Überlebensregeln führten und zu deren rigider Befolgung.

Ein wichtiger Unterschied unserer Persönlichkeitsdiagnostik zur trait-psychologischen Diagnose der Persönlichkeitsfragebögen ist das Einbeziehen der autonomen Psyche in das Konstrukt der Persönlichkeit. Die rein deskriptiven empirischen Persönlichkeitsfaktoren der Fragebögen helfen uns für ein funktionales Verständnis wenig weiter, sie beschreiben nur die abfragbaren Manifestationen der willkürlichen Psyche.
Die Persönlichkeitskategorien des Diagnostic and Statistic Manual of Mental Disorders (DSM-III, 1981) sind eine bunte Mischung aus eher deskriptiven, klassisch psychiatrischen und psychodynamischen Kategorien. Für uns ist ihre Betrachtung aus zwei Gründen lohnend. Zum einen enthalten sie die häufigsten Persönlichkeitsdispositionen für psychische Erkrankungen. Zum anderen können wir die klinische Relevanz der Entwicklungstypen vergleichend untersuchen. Sulz (1992a) hat acht klinische Persönlichkeitstypen (nach DSM-III-R) als Verhaltensstereotypien beschrieben (vgl. Tabelle 12) und Fragebögen dazu vorgeschlagen.
Die acht klinischen Persönlichkeitstypen sind:
schizoide Persönlichkeit,
Borderline-Persönlichkeit,
narzißtische Persönlichkeit,
dependente Persönlichkeit,
zwanghafte Persönlichkeit,
selbstunsichere Persönlichkeit,
histrionische Persönlichkeit und
passiv-aggressive Persönlichkeit.
Unveröffentliche Item- und Reliabilitätsanalysen zeigen eine gute Konsistenz und Verwendbarkeit als eindimensionale Skalen u.a. bei den Skalen selbstunsicher und dependent.
Andere Skalen wie „zwanghaft“ und „passiv-aggressiv“ sind mehrdimensional und bedürfen zur quantitativen Verwendbarkeit einer Vergrößerung der Itemzahl und einer Dimensionsanalyse. Wir nähern uns der entwicklungspsychologischen Betrachtung, indem wir die klinischen Persönlichkeitstypen auf ihre dysfunktionale Überlebensregel zurückführen.

Dysfunktionale Überlebensregeln der klinischen Persönlichkeitstypen (d.h. der dysfunktionalen Verhaltensstereotypen):

schizoid	**Nur wenn ich immer** emotions- und beziehungsfrei rational distanziert und wach bin **und niemals** emotionale Nähe entstehen lasse, niemals den anderen brauche, **bewahre ich mir** meine Existenzberechtigung und die Hoffnung auf Willkommensein und **verhindere ich**, daß meine Gefühle mich und die Welt vernichten.
Borderline	**Nur wenn ich immer** ganz und gar in gute, emotional intensive Beziehungen gehe **und niemals** vertraue, sondern geringste Anzeichen von Verletzung als Anlaß zur Trennung nehme, **bewahre ich mir** die Hoffnung auf die eines Tages durch und durch gute Beziehung und **verhindere ich**, allein und verlassen, innerlich leer zu sein.
narzißtisch	**Nur wenn ich immer** großartig, „Spitze" bin und es schaffe, daß die Welt dies bestätigt und bewundert, **und niemals** zweitrangig oder gar durchschnittlich bin **bewahre ich mir** die Aufmerksamkeit und Wertschätzung und die Hoffnung auf Liebe **und verhindere ich**, daß ich zu einem Nichts werde,ignoriert verkümmere und erlösche.
dependent	**Nur wenn ich immer** gemäß den Wünschen meiner Bezugsperson denke, fühle und handle, **und niemals** eigene Bedürfnisse zulasse, die mit den ihren nicht vereinbar sind, **bewahre ich mir** den Schutz, die Wärme und die Geborgenheit **und verhindere ich**, verlassen zu werden.

zwanghaft	**Nur wenn ich immer** den Effekt meines Verhaltens auf perfekte Normer füllung überprüfe **und niemals** ungenau, unordentlich, unsauber, nachlässig bin, **bewahre ich** Kontrolle über die Auswirkungen meines Handelns **und verhindere ich**, nicht wieder gut zu machenden Schaden durch meine aggressiven Impulse
selbstunsicher	**Nur wenn ich immer** darauf achte, nichts Falsches zu sagen, lieber nichts zu sagen **und niemals** eigene Wünsche äußere, Forderungen anderer niemals ablehne, niemals den Unmut anderer provoziere, **bewahre ich mir** die Chance auf Zugehörigkeit und Akzeptanz **und verhindere ich** Ablehnung und Zurückweisung.
histrionisch	**Nur wenn ich immer** meine Gefühle und Ausdrucksweisen übersteigere **und niemals** ungeschminkte Realität vermittle, niemals dem anderen das Aktionsfeld und die Initiative überlasse, **bewahre ich mir** genügend große Aufmerksamkeit, Attraktion und dadurch Steuerung des anderen **und verhindere ich** Enttäuschung, Mißbrauch und Ausgeliefertsein.
passiv-aggressiv	**Nur wenn ich immer** in innerer Opposition zu Autoritäten bin **und niemals** offen aggressiv bin, gerade so viel nachgebe wie nötig, **bewahre ich mir** einerseits meine Selbstbestimmung und andererseits die Chance auf Wohlwollen **und verhindere ich** offene Auseinandersetzung und Ablehnung.

Diese Überlebensregeln machen verständlich, welche Verhaltens- und Erlebensweisen ein Mensch vermeidet und welche er vorrangig zeigen wird. Sie macht auch die Funktion dieser Verhaltens- und Erlebensweisen deutlich.

Tabelle 12: Persönlichkeit als dysfunktionales Verhaltensstereotyp

Persönlichkeit	**typisches Verhaltensmuster**	**Hoffnung auf .../** Ziel dieser Verhaltensweisen (Verstärkung)	**Furcht vor ... /** Vermeiden von	**dysfunktionale Überlebensregel**
selbstunsicher: (eigene Bedürfnisse werden wahrgenommen, führen aber zu Angst in sozialen Situationen)	selbstunsicher: Angst in sozialen Situationen, nicht nein sagen, keine aggress. Selbstbehauptung, nichts gegen einen wichtigen Anderen tun können	selbstunsicher: akzeptiert, gemocht, gelobt werden	selbstunsicher: Ablehnung, Kritik, verstoßen werden	selbstunsicher: Nur wenn ich immer darauf achte, nichts Falsches zu sagen, lieber nichts zu sagen, bewahre ich mir die Chance auf Zugehörigkeit und Akzeptanz und verhindere Ablehnung und Zurückweisung
dependent: (eigene Bedüfrnisse werden nicht wahrgenommen; Angst, einmal nicht dependent genug gewesen zu sein)	dependent: Überanpassung: Denken, Fühlen und Handeln wie es dem dominanten Anderen (vermutlich) gefällt	dependent: Liebe, Wertschätzung, dem anderen ganz wichtig sein	dependent: nicht mehr geliebt und deshalb verlassen werden	dependent: Nur wenn ich immer gemäß den Wünschen meiner Bezugsperson denke, fühle und handle, und niemals eigene Bedürfnisse zulasse, bewahre ich mir Geborgenheit und verhindere, verlassen zu werden.
zwanghaft: (Normerfüllung wird zum eigenen Bedürfnis gemacht; Angst, die Normen nicht erfüllen zu können)	zwanghaft: pflichterfüllend, fleißig, ordentlich, rigide, unflexibel, risikoarm, andere zu Normerfüllung anhaltend passiv-aggressiv:	zwanghaft: durch Pflichterfüllung Liebe, Akzeptanz und Schutz erhalten	zwanghaft: durch eigene Impulse Pflichten vergessen, sich strafbar, schuldig machen	zwanghaft: Nur wenn ich immer den Effekt meines Verhaltens auf perfekte Normerfüllung überprüfe und niemals nachlässig bin, verhindere ich, nicht wieder gut zu machenden Schaden durch meine aggressiven Impulse

1. Fortsetzung Tab. 12: Persönlichkeit als dysfunktionales Verhaltensstereotyp

Persönlichkeit	**typisches Verhaltensmuster**	**Hoffnung auf .../** Ziel dieser Verhaltensweisen (Verstärkung)	**Furcht vor ... /** Vermeiden von	**dysfunktionale Überlebensregel**
passiv-aggressiv: ("Der soll nicht gegen meinen Willen Forderungen stellen!" - Angst vor Selbstverantwortung wird durch Aggressivität abgebaut)	wenn andere Pflichterfüllung oder Übernahme von Verantwortung verlangen, kriegen sie den ganzen Ärger ab	passiv-aggressiv: geliebt werden, ohne sich dafür fügen zu müssen (Selbstbestimmung aufgeben zu müssen)	passiv-aggressiv: durch aktive Aggressivität die Chance auf Akzeptanz verlieren	passiv-aggressiv: Nur wenn ich immer in innerer Opposition zu Autoritäten bin und niemals aktiv aggressiv bin, gerade so viel nachgebe wie nötig bewahre ich mir einerseits meine Selbstbestimmung und andererseits die Chance auf Wohlwollen
histrionisch: (die Angst vor dem anderen mit über-emotionalem Agieren auffangend, ihm Reaktionen entlockend, die beweisen, daß er mißbrauchend ist, Hingabe also bedrohlich)	histrionisch: in der Au-fmerksamkeit d. anderen baden; bei anderen Nähewünsche wecken, sie dann zurückweisen. In Problemsituationen intensive Gefühle, aus diesen nicht heraus finden zur kognitiv-handelnden Problemlösung	histrionisch: vertrauensvolle Hingabe in einer Beziehung	histrionisch: vor Hingabe, Enttäuschungen oder Mißbrauch passiv ausgeliefert sein	histrionisch: Nur wenn ich immer meine Gefühle und Ausdrucksweisen übersteigere, niemals dem anderen das Aktionsfeld und die Initiative überlasse, bewahre ich die Steuerung des anderen und verhindere Ausgeliefertsein.
schizoid: (Gefühle und soziale Bedürfnisse nicht wahrnehmend, Angst vor Nähe, unter-emotional)	schizoid: fühlt sich allein wohler, fühlt sich im gefühlsfreien Raum des Rationalen wohler	schizoid: angstfreie Beziehung, die eigenes emotionales Erleben gefahrlos zuläßt	schizoid: sich selbst in einer nahen Beziehung verlieren	schizoid: Nur wenn ich immer emotions- und beziehungsfrei rational distan-ziert bin, bewahre ich meine Existenzberechtigung und verhindere, daß meine Gefühle mich und die Welt vernichten.

2. Fortsetzung Tab. 12: Persönlichkeit als dysfunktionales Verhaltensstereotyp

Persönlichkeit	**typisches Verhaltensmuster**	**Hoffnung auf .../** Ziel dieser Verhaltensweisen (Verstärkung)	**Furcht vor ... /** Vermeiden von	**dysfunktionale Überlebensregel**
narzißtisch: (unentwegt sich vor anderen beweisen, der Primus, der ganz Besondere, Begehrte zu sein; Angst, unwiderruflich in die Nichtigkeit u. Bedeutungslosigkeit zu fallen)	narzißtisch: anderen durch besonders gelungene Taten Anerkennung abzwingen, bleibt diese aus, gekränkt und wütend sein	narzißtisch: die maßlose Anerkennung endgültig sichern zu können	narzißtisch: Nichtigkeit, Bedeutungslosigkeit, auch schon durch durchschnittlich sein	narzißtisch: Nur wenn ich immer großartig bin und es schaffe, daß die Welt dies bestätigt und niemals zweitrangig oder gar durchschnittlich bin bewahre ich mir die Aufmerksamkeit und Wertschätzung und die Hoffnung auf Liebe und verhindere ich, daß ich zu einem Nichts werde, ignoriert verkümmere und erlösche.
Borderline: (überemotional, Dysegulation des Selbst, der Emotionen u. der sozialen Beziehungen)	Borderline: geringe Frustrationstoleranz, intensive Gefühle, selbstdestruktive Verhaltensexzesse (Alkohol, Medikamente, SV)Pseudokompetenz	Borderline: uneingeschränkte, intensive Liebe ohne Bedingungen	Borderline: Enttäuschung, Verletzung, Mißbrauch	Borderline: Nur wenn ich immer ganz und gar in ganz gute emotional intensive Beziehungen gehe und niemals vertraue, sondern geringste Anzeichen von Verletzung als Anlaß zur Trennung nehme bewahre ich mir die Hoffnung auf die eines Tages durch und durch gute Beziehung und verhindere allein und verlassen innerlich leer zu sein.

DER MENSCH WILL ÜBERLEBEN
- Kognitionspsychologische Grundlagen

Überlebensregeln sind keine bewußt gedachten Gedanken der willkürlichen Psyche, sondern Regeln der autonomen Psyche, die mit ihrer Hilfe die psychische Homöostase des Menschen reguliert. Da sie normalerweise nicht zu Bewußtsein gelangen, kann die willkürliche Psyche sie auch nicht auf dem Niveau ihres momentanen fortgeschrittenen kognitiven Entwicklungsstandes auf ihre Gültigkeit hin überprüfen. Dies bedeutet, daß bei den genannten klinischen Persönlichkeitstypen die autonome Psyche auf einem sehr niedrigen Entwicklungsstand stehen blieb und nicht in der Lage war, das Wissen und die Denkfähigkeit der willkürlichen Psyche zu nutzen, um ihre primitive Selbst- und Weltsicht zu revidieren und der Realität der Erwachsenenwelt anzupassen. Diese Überlebensregeln zeichnen sich oft aus durch:

a) ungerechtfertigte Verallgemeinerungen (den Teil für das Ganze nehmen)
b) dichotomes Denken (entweder - oder, das „und“ existiert als dritte Lösungsmöglichkeit noch nicht)
c) falsche kausale Beziehungssetzungen (ich bewirke durch mein Verhalten, daß mein Vater die Familie verläßt)
d) die Verwechslung von Gedanken und Gefühlen mit Handlungsvollzügen (wenn ich ihn hasse und umbringen will, geschieht dies auch)
e) die Überschätzung der Macht, Autonomie und Autarkie des anderen (er braucht mich nicht, ist mir weit überlegen, kann deshalb Willkür walten lassen über mich)
f) die Unterschätzung der eigenen Kraft, der eigenen autonomen und relativ autarken Überlebensfähigkeit (ohne ihn und seine positive Zuwendung kann ich nicht überleben).

Jeder dieser Aspekte kann in der Therapie einer empirischen Hypothesenprüfung nach Beck (Wright and Beck, 1986) unterzogen werden, wenn es gelungen ist, die Überlebensregel in das Bewußtsein zu holen.

Obige absolute Formulierung der Überlebensregeln der klinischen Persönlichkeitstypen trifft sicher nicht für jeden Patienten gleichermaßen zu. Es gibt kontinuierliche Übergänge, die auch reifere kognitive Entwicklungen widerspiegeln. Da alle obigen Regeln von mir in Wortwahl und Satzbau gleich formuliert wurden, entfallen diese Unterscheidungskriterien für unsere Suche nach dem entsprechenden Entwicklungsstand, obwohl sie beim Patienten eine sehr große Rolle spielen. Er ist, hat er einmal seine Überlebensregel gefunden, in der Lage, relativ subtile Unterschiede wahrzunehmen und dem Therapeuten rückzumelden.

Nun stellt sich die Frage, ob die autonome Psyche eines Kindes in den ersten zwei Lebensjahren schon eine Wenn-Dann-Logik verfügbar hat. Diese ist auch im Lernprozeß des operanten Konditionierens enthalten. Da diese Art des Lernens beim Menschen schon sehr früh und darüber hinaus bei sehr einfachen Lebewesen verfügbar ist, können wir davon ausgehen, daß diese Logik auch Grundlage der frühen psychischen Homöostase des Menschen ist.

Es ist keine eindeutige Zuordnung der klinischen Persönlichkeitstypen zu den Entwicklungsstufen möglich. Die schizoide, narzißtische und Borderline-Persönlichkeit sind am ehesten auf Kegans einverleibende Entwicklungsphase zurückzuführen, die dependente, zwanghafte, selbstunsichere und histrionische Persönlichkeit auf die impulsive Stufe. Diese Zuordnung zeigt den unreifen emotionalen und kognitiven Entwicklungsstand. Zusätzlich zu diesen Störungen in der einverleibenden oder impulsiven Phase finden wir in den späteren Schleifen der Entwicklungsspirale wieder Entsprechungen zwischen klinischen Persönlichkeitstypen und einzelnen Entwicklungsstufen.
Zum Teil ist die klinische dysfunktionale Überlebensregel der funktionalen entwicklungsgemäßen Überlebensregel der selben Entwicklungsstufe konträr entgegengesetzt (z.B. bei schizoid, passiv-aggressiv), zum Teil sind es überspitzte Formulierungen der phasenspezifischen Überlebensregel (narzißtisch, dependent, selbstunsicher, zwanghaft). Borderline- und „histrionisch“ sind eher typisch für den Übergang zwischen zwei Phasen. Wer Differenzierung als habituelle Copingstrategie gewählt hat, wird sich später die Errungenschaften derjenigen Phase hinzuholen, die ebenfalls differenzierungsbetont ist, z.B. wird der schizoide und zwanghafte Mensch neben dem souveränen auch den institutionellen Verhaltensstereotyp nutzen.

Klinischer Persönlichkeitstyp	Entwicklungstyp
schizoid	einverleibend/souverän
Borderline	einverleibend/impulsiv
narzißtisch	einverleibend/impulsiv
dependent	zwischenmenschlich
zwanghaft	souverän/institutionell
selbstunsicher	impulsiv/zwischenmenschlich
histrionisch	impulsiv/souverän
passiv-aggressiv	zwischenmenschlich/institutionell

Die Stressoren der familiären Sozialisation führten zu extremen Formulierungen der Überlebensregel und zum rigiden Festhalten an ihnen. Dadurch, daß die Überlebensregel so rigide festgehalten werden muß, kann der Übergang in die nächst höhere Entwicklungsstufe nicht vollzogen werden. Das Selbst- und Weltbild bleibt auf einem ebenso niedrigen Niveau wie die Beziehungsgestaltung. Die autonome Psyche führt die psychosoziale Homöostase auf eine unteroptimale Weise durch. Da die willkürliche Psyche mit der Intelligenzentwicklung und dem zunehmenden rationalen Wissen über das Funktionieren der Welt jedoch eine intellektuelle Weiterentwicklung erfährt, kommt es zu einer Diskrepanz zwischen beiden.

Die willkürliche Psyche muß trotz besseren Wissens das tun, was die autonome Psyche ihr aufträgt. Sie ist ohnmächtig in ihren wiederholten Versuchen, ihre Geschicke gemäß ihrer vernunftgemäßen Einsicht zu lenken. Diese Hilflosigkeit führt zu einer Erniedrigung des Selbstwertgefühls. Das Defizit an Selbsteffizienzerfahrung bestätigt wiederum die mangelhafte eigene Überlebensfähigkeit und die absolute Notwendigkeit des strikten Einhaltens der angstgeleiteten Überlebensregel. Das Handeln entgegen einer Überlebensregel erfordert entweder Todesverachtung bzw. Riskieren von Lebensgefahr oder das Wissen um die sehr wahrscheinliche Ungültigkeit dieser Regel. Dieses Wissen kann bei strikter Einhaltung der Regel nicht durch eigene Erfahrung erworben werden. Es kann aber durch psychische Reifung und Weiterentwicklung infolge einer Neudefinition des Selbst und der Welt, d.h. auch ohne Empirie erworben werden. Die Neudefinition kann darin bestehen, daß das neue Selbst das, was die alte Überlebensregel als lebensnotwendig postuliert, nicht mehr benötigt. Oder daß die neue Welt diese Sanktionen nicht zum Vollzug bringen wird.

Betrachten wir aber zunächst das Zustandekommen von Überlebensregeln. Das Selbstbild entsteht aus den Interaktionen mit der Welt des Kindes, d.h. primär aus der Wechselwirkung Kind - Eltern.

Bildung der dependenten Überlebensregel - EIN DEPENDENTER MENSCH:

Sein Selbstbild sei (beispielhaft, ohne idealtypischen Anspruch):
Ich bin anpassungsfähig, nachgiebig, einfühlsam.
Ich brauche Geborgenheit und Liebe.
Ich kann (schon) die Wünsche meiner Bezugspersonen spüren und erfüllen.
Ich kann nicht allein ungeborgen und ungeliebt leben.
Ich fürchte Trennung und Verlassenwerden.
Ich fühle Dankbarkeit, Sehnsucht, Enttäuschung, Unterlegenheit, Schuldgefühle.
Ich denke: ich bin allein nicht lebensfähig.

Sein Weltbild entstand aus folgenden Erfahrungen (beispielhaft):
Mein Vater war bestimmend, empfindlich, zurückhaltend.
Von ihm bekam ich Geborgenheit und Liebe **nur**,
wenn ich das liebe brave Kind war.
Er reagierte auf Trotz oder Impulsivität
mit beleidigtem Weggehen oder Verstummen.
Dagegen reagierte er auf anschmiegsames oder dienstbares Verhalten
mit wohlwollender, großzügiger Zuwendung.
Er fühlte sich öfter überlegen, ungeduldig zornig.
Er dachte, ich solle sein, wie er es wünscht und braucht.

Meine Mutter war unterwürfig, fürsorglich, harmoniesüchtig.
Von ihr bekam ich Geborgenheit und Liebe **nur**,
wenn ich unselbständig und hilfsbedürftig war.
Sie reagierte auf Unternehmungslust und Aggressivität
mit Angst und Beschwichtigung, Traurigsein, der Drohung wegzugehen.
Dagegen reagierte sie auf mitfühlendes, nachgiebiges Verhalten
mit liebevoller Umsorgung
Sie fühlte Freude, Zuneigung, Traurigkeit, Unterlegenheit, Sorge, Demut.
Sie dachte, ich solle sein wie sie und ihr nahe sein.

Diese Welt läßt mir, meinem Selbst, nur eine Überlebenschance, wenn ich folgende **(dependente) Überlebensregel** einhalte:

Nur wenn ich immer gemäß den Wünschen meiner Bezugsperson denke, fühle und handle,
und niemals eigene Bedürfnisse zulasse, die mit den ihren nicht vereinbar sind,
bewahre ich mir den Schutz, die Wärme und die Geborgenheit
und verhindere ich, verlassen zu werden.

Wenn wir obiges Selbstbild mit dem Weltbild vergleichen, so wird verständlich, daß die gebildete Überlebensregel die bestmögliche Form der Anpassung für ein kleines Kind ist. Die psychische Homöostase des Kindes hat ihr Bestes getan, um heil durch die Kindheit zu leiten. In diesem Beispiel ist die Mutter das dependente Vorbild und der Vater die dominierende Person, deren Liebe und Verfügbarkeit ersehnt wird. Beide Eltern schüren bei ungebührlichem (gleichwohl natürlichem kindlichen) Verhalten die Angst vor Verlassenwerden, reagieren dagegen zuwendend auf ihnen genehmes, Nestwärme suchendes, auf ihre Wünsche eingehendes Verhalten.

Diese Überlebensregel ist eine Absage an Tendenzen zur Differenzierung und Autonomie. Sie macht es unmöglich, den dialektischen Prozeß der psychischen Entwicklung jeweils ausreichend in Richtung Differenzierung und Verschiedenheit auspendeln zu lassen. Je früher das elterliche Verhalten zur Bildung dieser Überlebensform zwang, um so mehr differenzierungsbetonte Phasen können nicht reifungsgemäß durchlaufen werden (z.B. souveräne oder institutionelle Phase).

Obige Ausformulierung des Selbst- und Weltbildes ist weniger idealtypisch gedacht, als vielmehr eine von vielen Ausprägungsvarianten der Selbstschilderung von Menschen mit einer dependenten Persönlichkeit. Wer sich in die emotionale Bedeutung dieser Aussagen nicht einfühlt, wird die semantischen Unterschiede der verschiedenen Überlebensregeln eventuell für gering erachten. Wenn wir jedoch fragen, um welche spezifische Bedürftigkeit es sich handelt, um deren überlebensnotwendige Befriedigung das Kind kämpft, welche emotionale Nahrung in seiner Welt so rar ist und welche Bedrohung über dem Kind schwebt, so gelingt uns die Unterscheidung besser.

Bildung der selbstunsicheren Überlebensregel

Nehmen wir ein zweites Beispiel: EIN SELBSTUNSICHERER MENSCH:

Sein Selbstbild kann sein:

Ich bin unsicher, schüchtern.

Ich brauche Angenommensein, Willkommensein, Zugehörigkeit.

Ich kann aufpassen, daß ich nichts Falsches sage oder tue.

Ich kann noch nicht nein sagen, fordern, meine Meinung sagen.

Ich fürchte Ablehnung, Kritik, Beschämung, Unwillkommensein.

Ich fühle Angst, Unsicherheit, schlechtes Gewissen.

Ich denke, wenn mich jemand ablehnt, lehnt mich die ganze Welt ab und ich werde nie wieder geliebt.

Sein Weltbild sei (beispielhaft):

Mein Vater war streng, inkonsequent.

Von ihm bekam ich Zuneigung, Zugehörigkeit, Willkommensein **nur**,

wenn ich still und brav war.

Er reagierte auf Trotz, Fehler, Wünsche äußern, und Gefühle zeigen

mit Strafe, Kritik, Zurückweisung und Blamieren.

Dagegen reagierte er auf Folgsamkeit und Bescheidenheit

mit Zufriedenheit.

Er fühlte Ärger und Zorn.

Er dachte, daß Kinder seinen Vorstellungen entsprechen müssen.

Meine Mutter war ängstlich, selbstunsicher, unterwürfig.

Von ihr bekam ich Zuneigung und Zugehörigkeit **nur**,

wenn ich nichts tat, was ihre Ängste steigerte.

Sie reagierte auf Trotz

mit Hilflosigkeit.

Dagegen reagierte sie auf brave Bescheidenheit

mit Erfüllung meiner unausgesprochenen Wünsche.

Sie fühlte Angst, Nervosität und Unterlegenheit.

Sie dachte, man muß es dem anderen recht machen.

Diese Welt läßt mir, meinem Selbst, nur eine Überlebenschance, wenn ich folgende **(selbstunsichere) Überlebensregel** einhalte:

Nur wenn ich immer darauf achte, nichts Falsches zu sagen, lieber nichts zu sagen
und niemals eigene Wünsche äußere, Forderungen anderer niemals ablehne, niemals den Unmut anderer provoziere,
bewahre ich mir die Chance auf Zugehörigkeit und Akzeptanz
und verhindere ich Ablehnung und Zurückweisung.

In dieser Kindheit regierte die Angst vor der Reaktion des anderen Menschen. Der Vater zeigte im Gegensatz zum Vater des dependenten Menschen unsteuerbar häufig bedrohliche Emotionen, sprach beängstigende Strafandrohungen aus oder bestrafte. Auf diese Weise gehörte die Angst zum Alltag des Kindes. Da es die vom Vater gesetzten Verhaltensnormen kognitiv nicht ausreichend nachvollziehen oder emotional einhalten konnte, geriet es immer wieder in beängstigende Interaktionen. Erst seine Überlebensregel half, die Angst vor Ablehnung und Weggestoßenwerden zu minimieren. Seine psychische Homöostase hat das Bestmögliche erreicht. Wieder wurde damit die Chance vermindert, die nachfolgenden Entwicklungsphasen mit ihren Möglichkeiten und Notwendigkeiten reifungsgemäß zu durchlaufen.
Sowohl die Differenzierungsschritte der notwendigen Abgrenzung und Selbstbestimmung als auch die Integrationsschritte der Hinwendung, des nahen Austauschs oder der Hingabe sind wesentlich erschwert. Darüber hinaus ist die selbstunsichere ebenso wie die dependente Überlebensregel ein unüberwindbares Hindernis, um sich über Selbsteffizienzerfahrung ein stabiles Selbstwertgefühl aufzubauen. Deshalb disponieren beide Überlebensformen zu späteren Depressionen (Sulz 1992a). In einer eigenen nicht veröffentlichten Studie mit 60 Patienten hatten über 50 % eine selbstunsichere Persönlichkeit.

Bildung der zwanghaften Überlebensregel

Manche Menschen versuchen aktiv handelnd ihre Ängste zu bannen. Eine aktive Form der habituellen Angstbewältigung betreibt - EIN ZWANGHAFTER MENSCH:

Sein Selbstbild kann (beispielhaft) so sein:

Ich bin strebsam, pflichtbewußt, perfektionistisch.
Ich brauche souveräne Kontrolle, Selbstbestimmung und Anerkennung.
Ich kann leisten, ordnen, verzichten, bedingt Gefühle unterdrücken.
Ich kann nicht Ungewißheit, Risiko, Chaos aushalten.
Ich fürchte, daß meine triebhaften Impulse nicht wieder gut zu machenden Schaden anrichten.
Ich fühle Ehrgeiz, Mißerfolgsangst, Strafangst, leicht Schuldgefühle oder Vorwürfe gegen andere, Starrsinn.
Ich denke ständig nach, wie ich mein Ordnungssystem noch perfekter und sicherer machen kann.

Sein korrespondierendes Weltbild kann sein:

Mein Vater war streng, aggressiv strafend, gefühlsarm.
Von ihm bekam ich Anerkennung und Bestätigung **nur**,
wenn ich fleißig war und keine Fehler machte.
Er reagierte auf Wut, Trotz oder Verspieltsein
mit strenger Strafe bzw. Ablehnung.
Dagegen reagierte er auf exakte Pflichterfüllung oder Übersollerfüllung
mit Genugtuung und selten auch mit Zufriedenheit.
Er fühlte Zorn und Vorwurf.
Er dachte, die Welt bestehe nur aus Normen und er sei auserkoren, diese zu schützen.

Meine Mutter war sehr genau, fleißig, nachgiebig und vermittelnd.
Von ihr bekam ich Bestätigung und Förderung und Freiraum **nur**,
wenn ich tüchtig, selbständig, aggressionslos und brav war.
Sie reagierte auf Wut oder Ausgelassensein
mit Beschwichtigen und Beruhigen.
Dagegen reagierte sie auf gute und perfekte Leistungen
mit Freude und Stolz.
Sie fühlte Demut, Pflichtgefühl, Angst und Sorge.
Sie dachte, daß einem nichts passieren kann, wenn man sich an Normen hält.

Diese Welt läßt mir, meinem Selbst, nur eine Überlebenschance, wenn ich folgende **(zwanghafte) Überlebensregel** einhalte:

Nur wenn ich immer den Effekt meines Verhaltens auf perfekte Normerfüllung überprüfe
und niemals ungenau, unordentlich, unsauber und nachlässig bin,
bewahre ich Kontrolle über die Auswirkungen meines Handelns
und verhindere ich, nicht wieder gut zu machenden Schaden durch meine aggressiven Impulse anzurichten.

Eine gewisse flexible Zwanghaftigkeit ist in fast jedem Beruf notwendig. Unsere Gesellschaft lebt geradezu von der aus dieser Überlebensform resultierenden Produktivität des Menschen. Arbeit als ein nicht direkt instrumentelles Verhalten zur Bedürfnisbefriedigung oder als ein nicht in sich lustvolles Handeln ist ohne einen ausreichenden Ansatz zu dieser Grundhaltung kaum möglich. Die berufliche Sozialisation verlangt das Umgewöhnen von kindhafter Spontaneität und Unbekümmertheit zu Ordnung, Zuverlässigkeit und effizienter Produktivität. Viele Menschen schaffen es erst im Alter zwischen 20 und 30 Jahren aus eigenem Antrieb in dem ihnen überantworteten Bereich Ordnung zu halten. Selbst in diesem Alter ist noch eine beträchtliche psychische Energie erforderlich, um die hierzu notwendige Selbstkontrolle aufrecht zu halten.
Die zwanghafte Überlebensregel entsteht jedoch in einem so frühen Alter, daß das Kind überhaupt noch nicht die psychische Reife besitzt, um seine Impulse im geforderten Ausmaß zu kontrollieren. Viel zu früh werden dem Kind unter massiven, meist unreflektierten Drohungen reifere psychische Prozesse abgezwungen. Das Kind kann dieser forcierten Sozialisation nur durch Mobilisierung von Angst nachkommen. Statt kognitiv gesteuertem sozialen Verhalten, das aus affektiv-kognitiver Einsicht in den Sachzwang einer Situation heraus entsteht, wird die geforderte Leistung als reines Vermeidungsverhalten gebracht. Weil das Kind emotional überleben will, muß es Verhalten durch seine Angst kontrollieren. Dies kann es in diesem Entwicklungsstadium nur durch Zwanghaftigkeit, d.h. durch ihm wesensfremde rigide stereotype Handlungsmuster.

Bildung der histrionischen Überlebensregel

Betrachten wir eine weitere Überlebensform als Beispiel - EIN HISTRIONISCHER MENSCH:

Sein Selbstbild mag sein:

Ich bin emotional, expressiv, extrem.

Ich brauche eine Beziehung mit gegenseitiger Liebe ohne Mißbrauch.

Ich kann gefallen, auf mich aufmerksam machen, andere durch meinen Gefühlsausdruck steuern.

Ich kann nicht mich meinen wirklichen Gefühlen ausliefern, mich einer Beziehung ganz hingeben.

Ich fürchte Enttäuschung, Ausgeliefertsein, Mißbrauch (durch Hingabe).

Ich fühle ganz intensiv, oft meine Gefühle wechselnd, mich und andere von meinen wahren Gefühlen wegführend.

Ich denke, daß andere meine schwachen Gefühle und Bedürfnisse mißbrauchen.

Sein Weltbild könnte sein:

Meine Mutter war bemächtigend, egoistisch, ein Gefühlsbündel.

Von ihr bekam ich Liebe und Beziehung **nur**,

wenn ich sie als Mittelpunkt meiner Welt feierte, freiwillig in ihrem emotionsgeladenen Kräftefeld blieb.

Sie reagierte auf meine Erfolge vor Publikum, beim anderen Geschlecht

mit Neid, Eifersucht, Erpressung, mich fertig machen.

Dagegen reagierte sie auf kleine, süße, kesse Tochter spielen

mit Entzückung, überschwenglicher Freude und Stolz.

Sie fühlte alles intensiv, Liebe und Haß, Freude und Trauer.

Sie dachte, ich sei dazu da, ihr zu huldigen, sie zu lieben und sie zu schmücken.

Mein Vater war zurückhaltend, abwartend.

Von ihm bekam ich Liebe und Zärtlichkeit **nur**,

wenn ich auffallend aktiv war.

Er reagierte auf expressives Verhalten

mit Beachtung und Aufmerksamkeit.

Dagegen reagierte er auf meine schwachen Gefühle

mit Hilflosigkeit oder Neigung zu emotionalem Mißbrauch.

Er dachte, ich sei der Mensch, der ihm hilft, es in seiner Ehe auszuhalten.

Er fühlte Bedürfnisse nach Nähe und Geliebtwerden, Unterlegenheit gegenüber der Mutter.

Diese Welt läßt mir, meinem Selbst, nur eine Überlebenschance, wenn ich folgende (**histrionische**) **Überlebensregel** einhalte:

Nur wenn ich immer meine Gefühle und Ausdrucksweisen übersteigere
und niemals ungeschminkte Realität vermittle, niemals dem anderen das Aktionsfeld und die Initiative überlasse,
bewahre ich mir genügend große Aufmerksamkeit, Attraktion und dadurch Steuerung des anderen
und verhindere ich Enttäuschung, Mißbrauch und Ausgeliefertsein.

Es mag kein passender Vergleich sein, aber der Versuch der histrionischen Persönlichkeit, die Aufmerksamkeit und das Verhalten des Gegenübers durch ihr auffälliges, emotionales Auftreten zu lenken und sich vor dem potentiellen Täter zu schützen, hat im Tierreich einige Parallelen. Diesen Trick wenden manche Muttertiere an, um von ihrem schutzlosen Tierkind abzulenken. Man könnte sagen, die histrionische Persönlichkeit lenkt von dem schutzlosen inneren Kind ab. Oder: Die Fliege, die wir gerade zu fangen versuchten, schwirrt, unsere Aufmerksamkeit ganz einfangend und dabei ihre Bewegungen so unvorhersehbar ändernd, deutlich hörbar, um uns herum, so daß wir unfähig werden, sie gezielt handelnd zu unserem Opfer zu machen.
Der Schutz vor emotionalem Mißbrauch mag gelingen, aber die ersehnte emotionale Tiefe und erfüllende Beziehung fällt ihm zum Opfer. Hingabe ist nicht möglich, sie ist durch die histrionische Überlebensregel ausgeschlossen.
Typische Symptombildungen sind **Somatisierungssyndrome, Konversionssyndrome und Migräne**. Während die Angst im psychosozialen Erleben und Verhalten, wie oben beschrieben, ganz gut untergebracht wird, muß für den Umgang mit Aggression ein symptomatischer Weg beschritten werden. Aggressive Impulse müssen aus der Psyche entfernt und in den Körper umgeleitet werden. So findet sich bei **Migräne** immer wieder in der Vergangenheit eine spezifische Beziehungserfahrung:
„Ich will dich lieben und ich wünsche mir, daß du mit mir hierzu eine Beziehung eingehst“. Dies darf nicht verwechselt werden mit dem passiven Wunsch, geliebt zu werden. Die resultierende Frustration, die dadurch entsteht, daß der andere sich dem aktiven Beziehungsangebot entzieht, ist sehr spezifisch.
Zum Vergleich seien noch zwei Überlebensformen diskutiert, die jeweils gewisse Ähnlichkeiten mit der histrionischen aufweisen: die narzißtische hinsichtlich des Beifallsuchens und Borderline hinsichtlich der intensiven Emotionalität.

Bildung der narzißtischen Überlebensregel

EIN NARZISSTISCHER MENSCH:

Das Selbstbild kann sein:

Ich bin etwas Besonderes und darin ganz besonders anfällig.

Ich brauche maßlose Anerkennung, Bewunderung, das Empfinden von Einzigartigkeit, Liebe.

Ich kann immer wieder fast so viel Anerkennung erringen, wie ich brauche, aber nie anhaltend genug.

Ich kann nicht Zweitrangigkeit oder gar Durchschnittlichkeit ertragen.

Ich fürchte Nichtigkeit, Bedeutungslosigkeit, Wertlosigkeit.

Ich fühle Selbstzweifel und Grandiosität in ständigem Wechsel, ebenso Stolz, Überlegenheit, Neid, Eifersucht.

Ich denke, ich muß ständig meine Selbstzweifel durch Großartigkeit ausräumen.

Sein Weltbild - wiederum beispielhaft (ohne Anspruch einer idealtypischen Definition):

Meine Mutter war ehrgeizig, anspruchsvoll, selbstverliebt.

Von ihr bekam ich Beachtung und Anerkennung **nur**,

wenn ich ganz besondere Leistungen brachte.

Sie reagierte auf natürliches, kindliches Verhalten

mit Nichtbeachtung.

Dagegen reagierte sie auf Bestleistungen oder Best-Präsentationen

mit Freude, Stolz, Anerkennung, Begeisterung.

Sie fühlte Stolz.

Sie dachte, daß ihr Kind ihr ganz besonders viel Stolz und Freude bereiten müsse, um eine Zierde für sie zu sein.

Mein Vater war viel beschäftigt, von sich überzeugt.

Von ihm bekam ich Anerkennung und Liebe **nur**,

wenn ich sein Anspruchsniveau übertraf (Note 1 mit Sternchen).

Er reagierte auf meine Mißerfolge

mit Enttäuschung und Entwertung.

Dagegen reagierte er auf außerordentliche Leistungen

mit Freude, Lob.

Er fühlte Zweifel an meiner Begabung.
Er dachte, daß ich eines Tages so gut werden muß, wie er.

Diese Welt läßt mir, meinem Selbst, nur eine Überlebenschance, wenn ich folgende **(narzißtische) Überlebensregel** einhalte:

Nur wenn ich immer großartig, „Spitze“ bin und es schaffe, daß die Welt dies bestätigt und bewundert,
und niemals zweitrangig oder gar durchschnittlich bin
bewahre ich mir die Aufmerksamkeit und Wertschätzung und die Hoffnung auf Liebe
und verhindere ich, daß ich zu einem Nichts werde, ignoriert verkümmere und erlösche.

Liebe und Anerkennung war in der Kindheit kaum zu erringen. Vielleicht waren die Eltern selbst so sehr in ihrem narzißtischen Bemühen mit der Aufrechterhaltung ihres Selbstwertgefühls beschäftigt, kämpften selbst um eine Überlebensration Liebe und konnten deshalb ihrem Kind nicht auch noch etwas vom Glanz und der Liebe abgeben. Oder es gab so viel Interessanteres in der Erwachsenenwelt, oder sie waren in eines ihrer anderen Kinder verliebt, daß dieses eine Kind glatt übersehen worden wäre, hätte es nicht mit großer Anstrengung großartige Leistungen hervorgebracht. Doch die Glanzleistung verlor ihren Glanz so schnell wie eine Sternschnuppe. Und so kurz wie die Eltern ihre Aufmerksamkeit und Bewunderung auf die glänzende Leistung lenkten, so kurz hielt auch nur das Gefühl von Grandiosität an. Die Selbstzweifel wuchsen wieder wie Entzugssymptome, die den Griff zur nächsten Großtat erzwangen und die den nächsten Größenrausch herbeiführen sollten, der die Selbstzweifel wie eine Droge vorübergehend betäubte.

Führen ungünstige Umstände zu einer Verhinderung der narzißtischen Bestätigung, zum Beispiel, wenn ein Kollege eingestellt wird, der eine Klasse besser ist - unerreichbar besser ist, oder ein neuer Chef hat nichts übrig für einsame Glanzleistungen und schätzt eher eine gute Teamarbeit, dann kommt unweigerlich der Absturz ins Nichts. Eine schwere Depression, nicht selten mit Suizidalität, ist die Folge. Der große Unterschied zur histrionischen Persönlichkeit liegt im narzißtischen Selbstzweifel, der Unersättlichkeit und tiefen Kränkbarkeit und Verletzbarkeit, dem fehlenden instrumentellen Einsatz von Emotionen.

Bildung der Überlebensregel der Borderline-Persönlichkeit

EIN MENSCH MIT BORDERLINE-PERSÖNLICHKEIT

Er kann folgendes Selbstbild haben:

Ich bin innerlich zerrissen, mal ganz verliebt, dann todunglücklich.

Ich brauche die ganz gute, ganz große Liebe.

Ich kann die Gefühle anderer sehr gut wahrnehmen, vor allem gegen mich gerichtete Gefühle.

Ich kann nicht eine Beziehung ganz gut bewahren, sie wird immer ganz schlecht.

Ich fürchte Verlassenheit, Enttäuschung, Verletzung, Mißbrauch.

Ich fühle großes Liebesverlangen, Mißtrauen, Angst, Wut, Haß, Leere, Verzweiflung.

Ich denke, daß niemand mich auf der Welt liebt - oder doch?

Sein Weltbild kann sein:

Meine Mutter war dominant, selbstbezogen, emotional.

Von ihr bekam ich Liebe **nur,**

wenn ich ihr unendlich große Liebe darbot.

Sie reagierte auf meine anderen Gefühle und meine Wahrnehmungen

mit einem Absprechen der Richtigkeit meiner Gefühlswahrnehmungen und -bewertungen.

Dagegen reagierte sie auf die ganz liebe Tochter

mit überschäumender Liebe.

Sie fühlte Liebe, Rührung, Beleidigtsein, Zorn, Haß, Verachtung.

Sie dachte, ich sei launisch, tyrannisch, schwierig, aber begabt.

Mein Vater war unzuverlässig, zärtlich, verschlossen.

Von ihm bekam ich Liebe **nur,**

wenn ich seinen zärtlichen Bedürfnissen entgegenkam.

Er reagierte auf meine Geborgenheitssuche

mit Zärtlichkeit.

Dagegen reagierte er auf meine Vorwürfe und Forderungen

mit Wut und Zorn, gab mir unrecht.

Er fühlte Zuneigung, Abneigung, Ärger.

Er dachte, ich wisse nicht, was ich wolle.

Diese Welt läßt mir, meinem Selbst, nur eine Überlebenschance, wenn ich folgende **(Borderline)-Überlebensregel** einhalte:

Nur wenn ich immer ganz und gar in gute, emotional intensive Beziehungen gehe
und niemals vertraue, sondern geringste Anzeichen von Verletzung als Anlaß zur Trennung nehme,
bewahre ich mir die Hoffnung auf die eines Tages durch und durch gute Beziehung
und verhindere, allein und verlassen, innerlich leer zu sein.

Der intensive emotionale Wechsel vom ganz Guten zum ganz Bösen ist für das Gegenüber der Borderline-Persönlichkeit sehr strapaziös. Zuerst wußte man nicht, woher die extreme Zuneigung und Idealisierung kam, dann weiß man nicht, wie einem geschieht, daß man plötzlich der schlimmste Mensch dieser Erde ist. Erfährt man dann, daß die zuvor so gute Beziehung erkauft wurde mit der gleichzeitigen extremen Verschlechterung einer bis dahin guten Beziehung, so taucht das Bild der kommunizierenden Röhren auf: erst beides zusammen ergibt die ganze Wahrheit. Das gleichzeitige Wahrnehmen von sich widersprechenden Gefühlen ist nicht möglich, Ambivalenz kann ertragen werden. Das heißt die Integration der anderen Person zu einer teils guten, teils bösen Person ist nicht möglich. Zugleich ist die übersensible Wahrnehmung der Affekte des Gegenübers ein Ausdruck der fehlenden Differenzierung und Abgrenzung, entsprechend der einverleibenden Entwicklungsphase Kegans (1986).
Eltern, die ihrem Kind ständig die Gültigkeit seiner Gefühle und Wahrnehmungen absprechen, irritieren das Kind, so daß es sich weder auf seine eigenen Gefühle noch auf die der Eltern stützen kann. Es unterbleibt die Koppelung von Affekten mit Kognitionen und damit die kognitive Steuerbarkeit von Emotionen. Das Beziehungsverhalten wird gänzlich vom übergroßen Bedürfnis nach Liebe mit Unabgegrenztheit und der Furcht vor Enttäuschung mit einer Diffusion von Selbst- und Fremdwahrnehmung bestimmt. Dies erklärt auch die große Häufigkeit von sexuellem Mißbrauch. Für den Außenstehenden ist kaum nachvollziehbar, daß bei dieser Überemotionalität eine „Emotionsphobie“ (Linehan, 1993) besteht. Tragisch ist, daß diese genau das herbeiführt, was am meisten befürchtet wird: das Verlassenwerden und allein sein.
Weitere Betrachtungen zur Borderline-Persönlichkeit finden sich bei Linehan (1993) und Sulz (1992a).
Der Vergleich obiger Ableitungen der Überlebensregel der klinischen Persönlichkeitstypen legt sehr unterschiedliche Familienkonstellationen und sehr verschiedene Lebensbedingungen des jeweiligen Kindes nahe. Wir können bei jedcm Patienten aus seiner Kindheit und seiner Familie

seine individuelle Überlebensregel herausarbeiten. Diese können wir dann mit Hilfe der vertikalen Verhaltensanalyse (Caspar and Grawe, 1982), siehe auch Sulz (1992a, S. 168f) überprüfen. Zusammen mit dem dysfunktionalen Verhaltensstereotyp, d.h. dem Persönlichkeitstypus des Patienten, definieren sie die Person-Variable im SORK-Schema der Verhaltensdiagnose als diejenige kindliche Überlebensform, die die Disposition und Vulnerabilität für die spätere Symptombildung darstellt.

DER MENSCH IM DILEMMA
- Motivationspsychologische Grundlagen II

Die psychosoziale Homöostase eines Menschen, der noch nicht die überindividuelle Entwicklungsphase nach Kegan (1986) erreicht hat, beinhaltet **unlösbare Konflikte**, die nur dadurch lösbar werden, daß der Übergang zur nächst höheren Entwicklungsstufe vollzogen wird. Ebenso bergen die klinischen Persönlichkeitstypen Konfliktkonstellationen in sich, die nur durch ein Beenden des rigiden Verhaltensstereotyps aufgelöst werden können. Konflikt ist in diesem Sinne kein zusätzliches Konstrukt, das zur Erklärung der psychosozialen Homöostase eines Menschen bzw. zur Erklärung der Entstehung von psychischen Störungen notwendig wäre. Trotzdem können wir die persönlichkeitsbedingte Sollbruchstelle der individuellen Homöostase eines Menschen unter dem Aspekt des Konflikts betrachten. Der aktuelle, **situationsbedingte Konflikt** zum Zeitpunkt der Symptomentstehung ist allgemein:

Die symptomauslösende Situation würde dem Menschen ein problembewältigendes Handeln abverlangen, das gegen seine Überlebensregel verstößt.

Wenn aber ein emotionales Überleben ohne aktuelle Problembewältigung ebenso wenig möglich ist, besteht ein unlösbares Dilemma. Egal wie der Mensch sich entscheidet, ein emotionales Überleben ist nicht möglich.

Diese Symptombildung ist dann die kreative Erfindung eines Weges, der ohne Verstoß gegen die Überlebensregel mit dem Problem überleben läßt.

Bis der Mensch das Symptom erfunden hat, befindet er sich im emotionalen Konflikt, erkennbar durch unspezifische psychische und somatische Streßreaktionen, die im Sinne des hier vorgestellten allgemeinen Störungsmodells jedoch nicht mit dem „**kreativen Symptom**" verwechselt werden dürfen, das aus der Konfliktzone herausführt (Sulz 1992a, S.30f).

Versuchen wir uns zunächst die **entwicklungsbedingten Konflikte** zu vergegenwärtigen (Tabelle 13). Jeder Schritt weg von der alten Entwicklungsphase führt von einem alten Konflikt weg und führt zu einem neuen Konflikt hin. Aber auch der Übergang selbst beinhaltet einen Konflikt: ähnlich wie in einer konflikthaften Lebenssituation erfordert der Übergang zur nächsten Entwicklungsphase ein **Handeln entgegen der alten Überlebensregel**. Das Aufgeben dieser Überlebensregel ist nach Kegan (1986) eine Aufgabe des alten Selbst, das einer Aufgabe des psychischen Überlebens gleich kommen kann, insbesondere, wenn bereits eine Überlebensform nach dem Muster einer der beschriebenen klinischen Persönlichkeitstypen gewählt werden mußte.

Mit jedem Übergang kann die Welt mehr als von mir getrennt gesehen werden und das Selbst als auf eine neue Weise fähig, mit dieser Welt in Beziehung zu treten (Kegan 1986).

Wir müssen also **Übergangskonflikte** als eine Entscheidungskonstellation sehen, die deutlich verschieden ist von den **stationären Tableaukonflikten** der jeweiligen Phase. Beim Tableaukonflikt wird nicht das Bleiben auf dem Tableau in Frage gestellt, sondern das Handeln gemäß der Überlebensregel dieser Phase. Handlungsalternative ist dabei nicht das Verlassen des Tableaus, das ja ein Aufgeben der Überlebensregel bedeutet und damit einen dritten Lösungsweg (Tabelle 13).

Der Tableaukonflikt beruht auf einem einfachen Entweder-Oder, nach dem Motto „Vogel friß oder stirb". Entweder du sorgst entsprechend den Möglichkeiten und innerhalb der Begrenzungen deines jetzigen Entwicklungsstandes für dein emotionales Überleben, oder du verspielst dein Leben. Entweder du tust das Vorgeschriebene, oder du tust es nicht. Nur wenn zum Beispiel so viel Haß gegen die frustrierende Bezugsperson oder so viel Wut gegen eine aggressive Bezugsperson entsteht, daß die Intensität dieser aggressiven Empfindungen oder Impulse die psychische Homöostase außer Kraft setzen, wird das Gegenteil des regelhaft Gebotenen getan: zum Beispiel in der einverleibenden Phase lieber gehungert oder ausgekotzt oder gebissen, in der impulsiven Phase gekratzt, getreten, geschlagen; im wörtlichen oder übertragenen Sinne. Dies bedeutet, daß der Tableaukonflikt durch Anpassung bzw. Aggressionshemmung versus Nichtanpassung bzw. Aggressionsabfuhr gekennzeichnet ist. Die Bedrohung liegt in den Folgen meiner eigenen Aggression, deshalb sind Schuldgefühle typisch.

Der Übergangskonflikt ist dagegen durch die Möglichkeit des dritten Lösungsweges gekennzeichnet. Zusätzlich zum Entweder-Oder der Anpassung gegenüber der Nichtanpassung auf dem alten

Tabelle 13: Phasenkonflikte und Übergangskonflikte

Phase/Übergang	Konflikt
in der einverleibenden Phase	Ich kann mir nur nehmen, was die Welt mir bietet, ich möchte oft mehr oder anderes als das haben, entweder warte ich, bis meine Welt mir meinen Wunsch erfüllt oder ich zeige meine Frustration, meinen Haß zu stark und erhalte dann nichts mehr.
im Übergang zur impulsiven Phase	Ich muß meine Illusion des untrennbar Einsseins aufgeben, um die Fähigkeit zu erwerben, durch gezielte Impulse auf den anderen zu meiner Befriedigung einzuwirken.
in der impulsiven Phase	Entweder ich schaffe es nur durch meine Impulse bei meiner Bezugsperson soviel Bedürfnisbefriedigung zu holen, wie ich brauche, oder ich werde frustriert und meine wütenden Impulshandlungen führen zum Weggehen meiner Bezugsperson, führen zur Trennung.
im Übergang zur souveränen Phase	Ich muß die Illusion des Gleichdenkens, Fühlens, Wollens, des Gleichseins aufgeben, d.h. das Verschiedensein anerkennen, um die Fähigkeit zu erringen, meine Impulse und damit den anderen zu kontrollieren.
in der souveränen Phase	Entweder gelingt es mir, die Verhaltensabsichten der Bezugsperson zu kontrollieren oder sie kann die Absicht entwickeln, wegzugehen.
im Übergang zur zwischenmenschlichen Phase	Ich muß die Illusion der Kontrollierbarkeit des anderen aufgeben, um die Fähigkeit zu erwerben, meine dyadische Beziehung durch Selbstopfer und Liebesgaben zu pflegen und mit der Welt, die ich brauche, zu verschmelzen.
in der zwischenmenschlichen Phase	Entweder ich bin ganz Beziehung oder ich kann meine selbstbezogenen Tendenzen verwirklichen und werde dafür abgelehnt und weggestoßen.
im Übergang zur institutionellen Phase	Ich muß die Illusion, daß Einssein durch Verschmelzung möglich ist, aufgeben, um die Fähigkeit zu erwerben, meine Beziehungen durch Umgangsregeln zu organisieren.

Fortsetzung Tabelle 13: Phasenkonflikte und Übergangskonflikte	
Phase/Übergang	**Konflikt**
in der institutionellen Phase	Entweder es gelingt mir, durch Regeln und Gesetze meine Beziehungen zu verwalten, oder die anderen machen einfach, was sie wollen und meine „staatliche Institution“ löst sich auf.
im Übergang zur überindividuellen Phase	Ich muß meine Illusion der gesetzlichen Verwaltbarkeit der Welt aufgeben, um die Fähigkeit zu erwerben, den anderen ein völlig abgegrenztes Individuum sein zu lassen und den Umgang durch eine allgemeine menschliche Ethik zu gestalten.
in der überindividuellen Phase	Ich kann sowohl für mich leben und mich verwirklichen, als auch Beziehungen zu anderen aufnehmen. Ich und der andere können Individuen bleiben und in Beziehung sein.

Entwicklungstableau ist am Horizont der Weg der Weiterentwicklung aufgetaucht. Statt zu fressen oder nicht zu fressen entsteht die neue Freiheit, mir etwas anderes zum Fressen zu holen (impulsiv) oder über mein kontrollierendes Verhalten das Verhalten des anderen so zu kontrollieren und zu steuern, daß er mir mein Wunschessen serviert (souverän). Später wird sich die Möglichkeit eröffnen, so viel Liebe in die Beziehung zu investieren, daß der andere so viel Zuneigung empfindet, daß er mir meinen Wunsch erfüllt (zwischenmenschlich). Und noch später werde ich unser Zusammenleben so organisieren, daß der andere sich an Regeln und Gesetzmäßigkeiten des Zusammenlebens gebunden fühlt und mir mein Recht auf die „Speise meiner Wahl“ nicht streitig machen wird (institutionell) oder ich mir die „Lieblingsspeise“ in einer anderen Beziehung zukommen lassen kann. Vielleicht werden ich und meine Bezugspersonen es eines Tages schaffen, einen Konsens aus gegenseitigem Respekt, gegenseitiger Toleranz und Verpflichtung gegenüber einer allgemeinen menschlichen Ethik bezüglich meiner Wahlfreiheit zu finden (überindividuell).

Der Übergang vom dichotomen Konfliktlösungsmodus zum Weg der integrativen Lösung mit der jeweils neuen Erfindung des „und“ bedeutet allerdings den Untergang des alten Selbst und der alten

Welt. Nicht nur der Boden der alten Welt wird unter den Füßen verloren, sondern auch das alte Selbst wird verloren. Das typische Gefühl des Übergangskonflikts ist Angst. Kinder ohne bewältigbare, frustrierende und traumatisierende Erfahrungen in den frühen Entwicklungsphasen meistern diese vorübergehende Instabilität zwar auch nicht spurlos, aber wenn die Eltern den Übergang mit ihnen schaffen, so gelingt es ihnen, ohne daß ein neues Trauma gesetzt wird.

DER MENSCH ERFINDET DAS „UND“ - Integration als Entwicklungsaufgabe

Das neue „und“ jeder Entwicklungsphase ist zugleich das zentrale Therapieziel für einen Patienten, der seine symptomauslösende Lebenssituation durch Weiterentwicklung seiner Persönlichkeit meistern will. Nach der Kreation des Symptoms kommt seine nächste kreative Schöpfung, die Kreation des „und“, die Integration der dichotomen Lösungswege, die sich bisher völlig ausschlossen. Wir bekommen eine Idee des neuen Integrationsprozesses, wenn wir uns das jeweils neue „und“ jeder Entwicklungsphase vergegenwärtigen:

Phase	Integrationsleistung der Entwicklungsphase
impulsiv	Ich kann wie bisher passiv-empfindend, reflektorisch aufnehmen, was die Welt mir gibt **und** ich kann mir jetzt zusätzlich durch meine Impulse Befriedigung holen.
souverän	Ich kann mir wie bisher durch meine Impulse Befriedigung holen **und** ich kann jetzt zusätzlich meine Impulse und die Reaktionen der anderen kontrollieren.
zwischen-menschlich	Ich kann wie bisher meine Impulse und die Reaktionender anderen kontrollieren **und** ich kann jetzt zusätzlich durch große emotionale Investitionen den anderen in eine verschmolzene Beziehung einbinden.

Phase	Integrationsleistung der Entwicklungsphase
institutionell	Ich kann wie bisher durch große emotionale Investitionen den anderen in eine verschmolzene Beziehung einbinden **und** ich kann jetzt zusätzlich mehrere Beziehungen und die Interaktionen mit Bezugspersonen durch festgeschriebene Regeln organisieren.
überindividuell	Ich kann wie bisher mehrere Beziehungen durch Regeln organisieren **und** ich kann die Verwaltung der Beziehungen relativieren durch eine allgemeine menschliche Ethik.

Fazit der Integration ist:

Ich brauche die Errungenschaft der letzten Phase nicht aufgeben, wenn ich wieder etwas, das ich illusionär zu mir, zu meinem Selbst gehörig glaubte, einer frei für sich willensfähigen Außenwelt zuschreibe und mit Hilfe meiner neuen phasentypischen Fähigkeit mit dieser neu definierten Welt in Beziehung trete.

Aus dem therapeutischen Einsatz von Problemlösestrategien wissen wir, daß Patienten uns mit einer dichotomen Problemformulierung konfrontieren, zum Beispiel „ich muß entweder bei meinen Eltern wohnen bleiben oder ausziehen und ewig Schuldgefühle haben". Sie haben sich bereits in einer verkürzten Problemsicht eines Entweder/Oder verkeilt. Der dritte Lösungsweg des aus der Primärfamilie Herausgehens und als eigenständiges Individuum mit dieser dann eine gute Beziehung pflegen, ist zunächst unvorstellbar.

Wir können demnach einen stationären Tableaukonflikt in einen Übergangskonflikt umformulieren und gewinnen dadurch die Möglichkeit der Konfliktlösung durch Entwicklung, d.h. durch Ablösung vom alten psychischen Gleichgewicht und Integration auf einer neuen Gleichgewichtsstufe.
Man kann noch weiter gehen und feststellen, daß die Konflikte unserer Patienten immer Übergangs-

konflikte sind, d.h. die autonome Psyche des Menschen bereits die mögliche neue Konfliktlösung erfaßt hat und gerade die hierzu anstehenden Veränderungen so bedrohlich erscheinen, daß der Patient uns irreführenderweise auf den dichotomen Konflikt des alten Entwicklungstableaus zurückleitet.

Wir können unsere Thesen wieder anhand der klinischen Persönlichkeitstypen prüfen:

Tabelle 14: Persönlichkeit: Konflikt und Integration

Persönl. keitstyp	**Konflikt/Dilemma** (resultiert aus der alten Überlebensregel)	**notwendiger Integrationsschritt** (ergibt die neue Überlebensregel)
selbst-unsicher	Entweder ich achte immer darauf , nichts Falsches zu sagen, lieber nichts zu sagen oder ich verliere die Chance auf Zugehörigkeit und Akzeptanz und riskiere Ablehnung und Zurückweisung	Ich kann meine Interessen in Beziehungen durchsetzen **und** Zugehörigkeit und Willkommensein bewahren (so viel ich als Erwachsener noch brauche)
dependent	Entweder ich denke, fühle und handle immer gemäß den Wünschen meiner Bezugsperson und lasse niemals eigene Bedürfnisse zu oder ich verliere Geborgenheit und riskiere, verlassen zu werden.	Ich kann eine Beziehung nach meinen Wünschen gestalten **und** zuverlässig Wärme und Geborgenheit bewahren (so viel ich als Erwachsener noch brauche)
zwang-haft	Entweder ich überprüfe immer den Effekt meines Verhaltens auf perfekte Normerfüllung und bin niemals nachlässig oder ich riskiere nicht wieder gut zu machenden Schaden durch meine aggressiven Impulse	Ich kann meine affektiven Impulse in Beziehungen zivilisiert ausleben **und** für die Folgen meines Handelns gerade stehen
passiv-aggressiv	Entweder ich bin immer in innerer Opposition zu Autoritäten und bin niemals aktiv aggressiv, gebe gerade so viel nach wie nötig oder ich verliere einerseits meine Selbstbestimmung und andererseits die Chance auf Wohlwollen	Ich kann mit Autoritäten offen um einen Kompromiß zwischen Sachzwang und meiner Selbstbestimung kämpfen **und** dabei eine gute Balance zwischen Selbstbestimmung und Beziehungsqualität herstellen
histrionisch	Entweder ich übersteigere immer meine Gefühle und Ausdrucksweisen, überlasse niemals dem anderen das Aktionsfeld und die Initiative oder ich verliere die Steuerung des anderen und gerate in Ausgeliefertsein.	Ich kann meine wahren, wenig spektakulären Gefühle und mein verletzliches Selbst zeigen **und** werde nicht zwingend enttäuscht oder mißbraucht, denn ich habe ausreichend kognitive Kontrolle und handelnde Wehrhaftigkeit

Fortsetzung Tab. 14: Persönlichkeit: Konflikt und Integration		
Persönl. keitstyp	Konflikt/Dilemma (resultiert aus der alten Überlebensregel)	notwendiger Integrationsschritt (ergibt die neue Überlebensregel)
schizoid	Entweder ich bin immer emotions- und beziehungsfrei rational distan-ziert oder ich verspiele meine Existenzberechtigung und riskiere, daß meine Gefühle mich und die Welt vernichten.	Ich kann in einer Beziehung emotionale Nähe zulassen und rationale Kontrolle vorübergehend reduzieren **und** meine Gefühle werden weder mich noch meine Welt vernichten
narzißtisch	Entweder ich bin immer großartig und schaffe es, daß die Welt dies bestätigt und bin niemals zweitrangig oder gar durchschnittlich oder ich verliere die Aufmerksamkeit und Wertschätzung und die Hoffnung auf Liebe und riskiere, daß ich zu einem Nichts werde, ignoriert verkümmere und erlösche.	Ich kann ohne großartige Präsentationen einfach nur ich selbst sein **und** ich erhalte als ganz normaler Mensch Liebe und Wertschätzung (so viel ich als Erwachsener noch brauche)
Borderline	Entweder ich gehe immer ganz und gar in ganz gute emotional intensive Beziehungen ein und vertraue niemals, sondern nehme geringste Anzeichen von Verletzung als Anlaß zur Trennung oder ich verliere die Hoffnung auf die eines Tages durch und durch gute Beziehung und werde allein und verlassen, innerlich leer sein.	Ich kann mich auf meine Gefühle, mein Selbst, meine Welt und meine Beziehungen verlassen **und** ich erhalte ausreichend zuverlässige Zuwendung und Zuneigung (so viel ich als Erwachsener noch brauche)

Der Entwicklungs- und Integrationsschritt vermittelt eine doppelte Erfahrung:
1) Trotz Verstoß gegen die alte Überlebensregel verliere ich nicht alles, was ich zu verlieren glaubte, im Gegenteil, die Qualität zwischenmenschlicher Beziehungen und die Achtung der Menschen vor mir und meine Selbstachtung nehmen zu.
2) Nicht alle Menschen reagieren so positiv auf meinen Verstoß gegen die alte Überlebensregel. Einige mögen mich weniger, wenden sich von mir ab oder werden meine Gegner. Aber das bringt mich nicht um, ich verkrafte diese Verluste ganz gut. Ich kann mehr einstecken als ich dachte. Und ich werde neue Beziehungen knüpfen.
Beides muß mehrfach real erlebt werden, um als bleibende Erfahrung das künftige Selbst- und Weltbild determinieren zu können.

DER KRUG GEHT SO LANGE ZUM BRUNNEN BIS ER BRICHT
- Oder: Die kreative Schöpfung des Symptoms

1. Pathogene Lebens- und Beziehungsgestaltung

Haben wir uns bei der Entwicklung der Persönlichkeit eines Menschen auf die kognitive Entwicklungs- und Konstruktionstheorie von Piaget (1981), sowie deren Weiterentwicklungen durch Kohlberg (1974) und Kegan (1986) berufen, so greifen wir für die Wechselwirkung zwischen Person und Umwelt, die im Erwachsenenleben schließlich zur psychischen oder psychosomatischen Erkrankung führt, neben der sozial-kognitiven Lerntheorie Banduras (1975) und dem Selbtregulationsansatz Kanfers (1990) auf den Konstruktivismus (Watzlawick, Weakland, 1979) zurück. Das von Sulz (1992a) formulierte allgemeine Modell psychischer Störungen stellt diese Zusammenhänge dar (Abbildung 5).

Der Mensch gestaltet gelegentlich sein Leben und die subjektive Wirklichkeit seines Lebens so, daß Lebensprobleme unlösbar werden. Die Lebensgestaltung eines Menschen ist in großem Ausmaß Ausdruck seiner Persönlichkeit, so wie das Kunstwerk ganz Ausdruck der Kunst des Künstlers ist und die im Schaufenster ausgestellten bzw. im Café gekosteten Konditoreiwaren Ausdruck des Schaffens des Konditors sind. Die Lebensgestaltung verrät die Persönlichkeit des Menschen, wenn man auch miteinbezieht, was in dieser Lebensgestaltung fehlt, und herausfindet, warum und wozu dies fehlt. Erst wenn wir den Menschen und seine Lebensgestaltung betrachtet haben, entsteht ein vollständiges Bild seiner Persönlichkeit. Wer sehr begabt ist und diese Begabung nicht nutzt, um eine befriedigende Berufstätigkeit haben zu können, und statt dessen weit unter seinem Niveau jobt, konstruiert sich damit seine Wirklichkeit. Wer nur seinen Beruf kennt und keinerlei freundschaftliche Beziehungen hat, verfolgt damit ebenfalls einen Plan, der seiner willkürlichen Psyche normalerweise nicht bekannt ist. Seine autonome Psyche arbeitet auf eine psychosoziale Homöostase hin. Dabei können wir nachträglich oft das Gegenteil rekonstruieren. Die autonome Psyche arbeitet

Abbildung 5:
Historische Perspektive der Entstehung psychischer Störungen

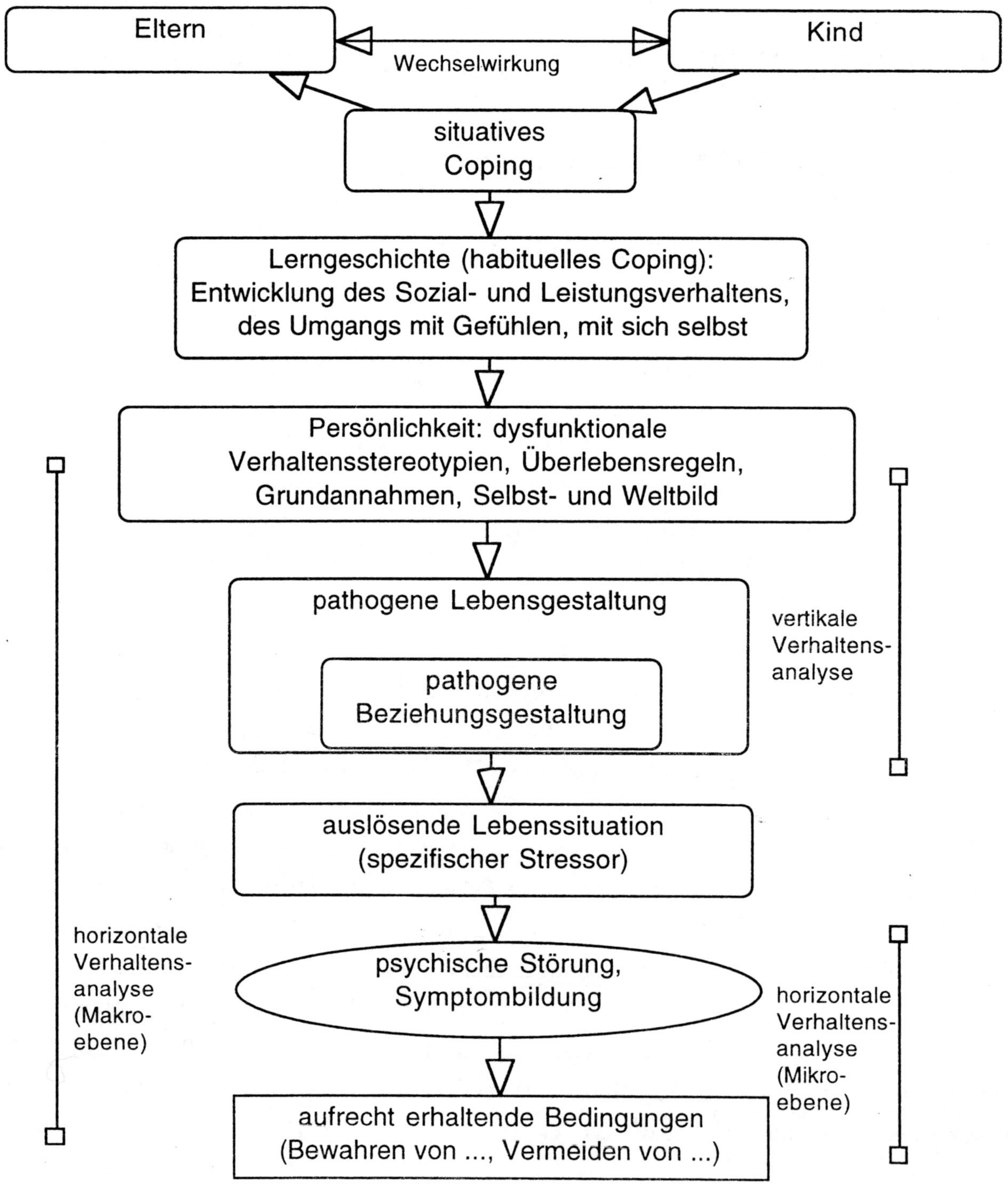

gezielt darauf hin, daß der Krug schließlich bricht und der Mensch in die Krise kommt. Unter dem Entwicklungsaspekt bekommt diese scheinbar destruktive Tendenz einen Sinn: die autonome Psyche strebt zielsicher auf den Zusammenbruch des alten Entwicklungsgleichgewichts hin, um durch die Krise den Übergang zur nächst höheren Entwicklungsstufe zu erzwingen. Das Symptom ist dann nochmals ein Versuch, das alte Gleichgewicht wieder herzustellen. Der Weg aus dem Symptom ist dann im günstigsten Fall der Übergang zur nächsten Stufe. Oft genug erreicht das Symptom aber, daß der Mensch in sein altes Gleichgewicht zurückfällt. Es ist wie Geburtswehen, die immer wieder aussetzen und die Geburt hinauszögern, weil die Geburt so schrecklich ist.

Besonderen Stellenwert bei der Betrachtung des Lebenskontextes, innerhalb dessen eine symptomauslösende Situation auftritt, hat die Beziehungsgestaltung des Menschen. Diese wurde oben bereits ausführlich diskutiert.

2. Die symptomauslösende Situation

Lebens- und Beziehungsgestaltung finden im Rahmen der geltenden Überlebensregel mit dem Alltagsverhalten des für die Persönlichkeit eines Menschen weitgehend festgelegten und automatisierten Verhaltensstereotyps statt. Dieses Verhaltensrepertoire reicht in der symptomauslösenden Situation jedoch nicht aus, um das entstandene Lebensproblem zu meistern. Nur ein Verhalten jenseits der Erlaubnis der Überlebensregel würde eine Lösung des Problems bringen. Da aber die Problemsituation ebenso unerträglich ist, muß etwas unternommen werden. Eine Notfallmaßnahme ist nötig (Abbildung 6). In diesem Moment findet die kreative Schöpfung des Symptoms als bestmögliche Lösung des Problems unter Berücksichtigung aller Faktoren statt - unter der Maßgabe der Einhaltung der Überlebensregel.

Dies bedeutet eine Rettung des gegenwärtigen Gleichgewichts von Selbst und Welt, d.h. die geringstmögliche Destabilisierung des individuellen Selbst-Welt-Systems.

Bis es jedoch zur Bildung des spezifischen Symptoms kommt, das der exakte Schlüssel für die Tür ist, die zurück zum alten Gleichgewicht führt, befindet sich der Mensch in der Konfliktzone. Das Verweilen im Konfliktbereich ist so aversiv, daß unspezifische Streßreaktionen zu Maßnahmen

Abbildung 6: Aktualperspektive der Auslösung psychischer Störungen

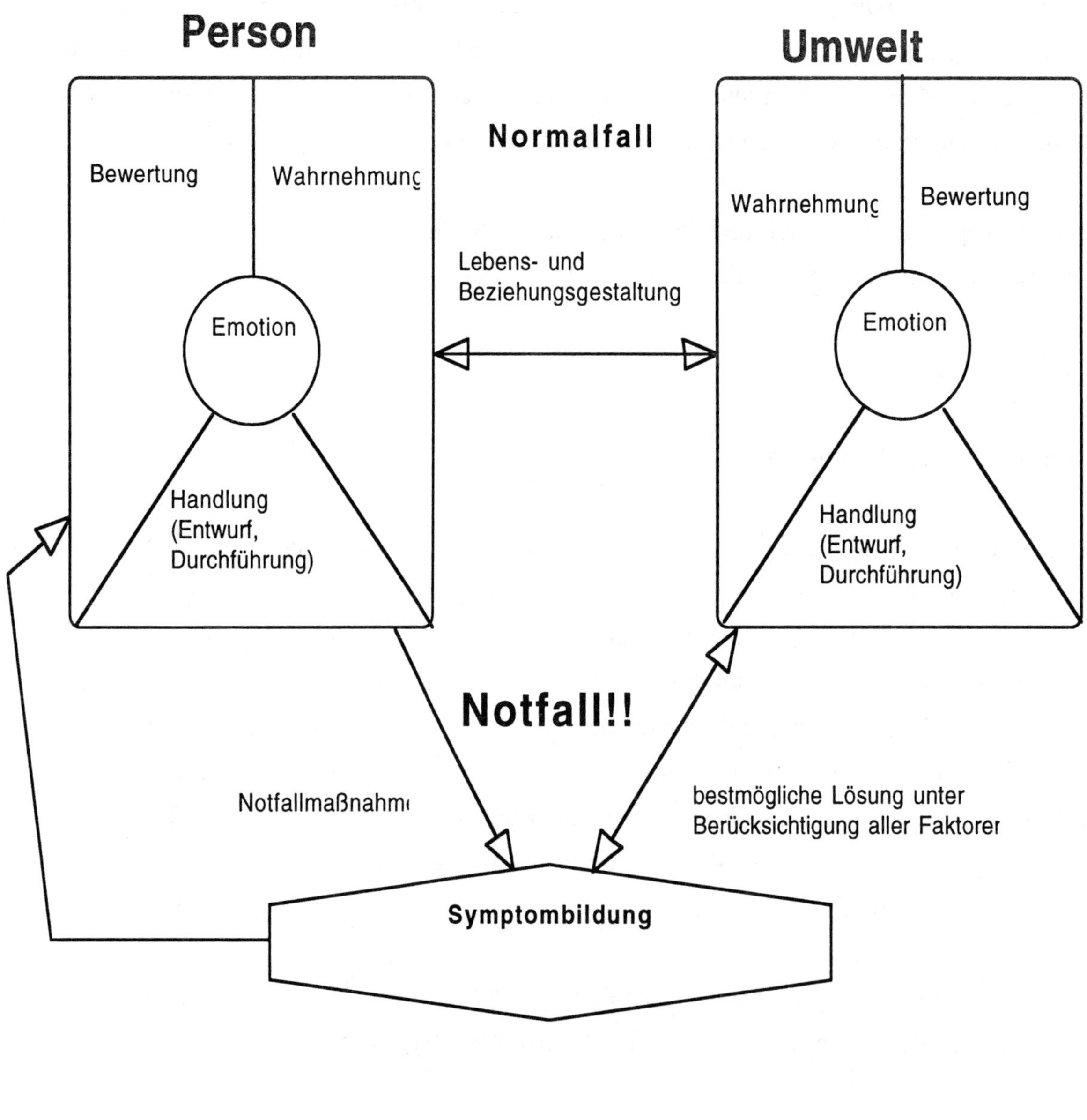

mobilisieren, die ein Verlassen des Konfliktbereichs ermöglichen. Prinzipiell sind in diesen Situationen fünf Möglichkeiten gegeben (Abbildung 7a, aus Sulz 1992a, S.31).

Sowohl die Entwicklungsdiagnose eines Menschen (Zuordnung zu den fünf Entwicklungsstufen Kegans) als auch die Persönlichkeitsdiagnose machen Vorhersagen darüber möglich, welche Lebenssituationen zur Symptombildung führen. Auch die später vorgestellten Störungsmodelle treffen Vorhersagen über spezifische Auslösesituationen. Wer die spezifische Bedeutung der Auslösesituation für den Patienten nicht berücksichtigt, kann auch nicht verstehen, warum gerade dieses Symptom ausgewählt wurde und kann auch die Funktion des Symptoms nicht verstehen und wird damit auch keine individuell zutreffende Therapiezielformulierung finden können.

Nicht in jedem Fall muß es zur Symptombildung kommen wie das Diagramm in Abbildlung 7b zeigt (aus Sulz 1992a, S. 31).

Die Konfliktphase kann ohne Symptombildung in die Resignation des alten Gleichgewichts zurückführen oder es kann ebenfalls ohne Symptombildung direkt eine Meisterung des Lebensproblems durch Entwicklung und Veränderung des Selbst-Welt-Gleichgewichts erfolgen. Die Frage, ob Symptombildung ohne Konflikt in Betracht zu ziehen ist, wird von Sulz (1992a) diskutiert. Hier soll nur darauf hingewiesen werden, daß zum Beispiel eine Überforderung durch zu hohe Ansprüche der Umwelt oder zu geringe Kompetenz des Betreffenden im zweiten Schritt doch zu einem emotionalen Konflikt führt. Die eigentlich erforderliche einfache Kapitulation oder Verweigerung der zu schweren Aufgabe stürzt den Betreffenden jedoch wiederum in einen intrapsychischen oder interpersonellen Konflikt.

Abbildung 7:
Vom Problem zum Symptom - Wahlmöglichkeiten und Reaktionsphasen

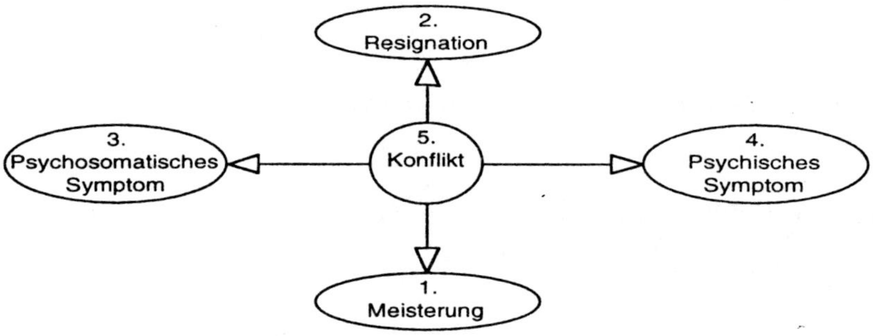

a) Wahlmöglichkeiten zur Problemlösung:

1. Entscheidung: Entgegen den Überlebensregeln handeln, den Verlust zentraler Ziele in der Beziehung riskieren (Meisterung des Problems);

2.Entscheidung: Kapitulieren und auf die Durchsetzung eigener individuumzentrierter bzw. autonomieorientierter Interessen verzichten (Resignation);

3. nicht entscheiden und die Streßreaktionen auf den körperlichen Bereich verlagern, damit das psychische Erleben wieder frei wird von der aversiven psychischen Mißbefindlichkeit (spezifische psychosomatische Symptombildung).

4. nicht entscheiden und ein psychisches Symptom bilden, das die gesamte Aufmerksamkeit auf sich zieht und eine progressive individuumzentrierte Problem- und Konfliktlösung aufschiebt oder unmöglich macht.

5. nicht entscheiden und in der Konfliktphase bleiben führt zu unspezifischen chronischen Streßsymptomen (psychovegetativen Beschwerden, später eventuell zu körperlichen Erkrankungen).

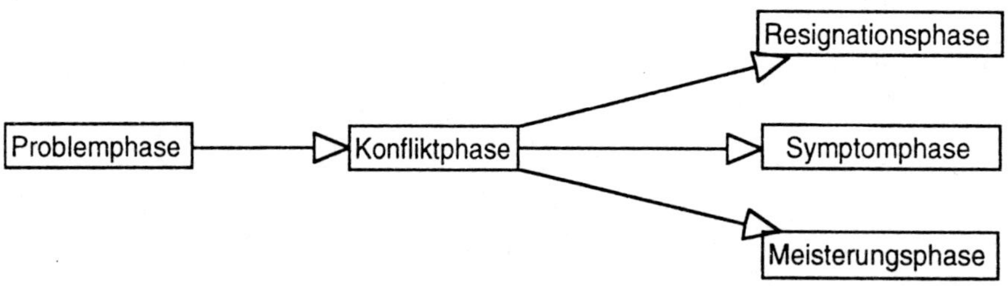

b) Reaktionsphasen der Problemlösung

Die Konfliktphase kann auch Streßphase genannt werden. Unspezifische Streßsymptome erzeugen einen wachsenden Änderungsdruck, der im Normalfall zu einer der Wahlmöglichkeiten 1 - 4 führt

3. Die Symptombildung

Unter Berücksichtigung der bisherigen Ausführungen zur Person und deren Entwicklungsgeschichte, dem sich daraus ergebenden Selbst- und Weltbild, ihrer dysfunktionalen Überlebensregel und ihrer Verhaltensstereotypien sowie ihrem individuellen Dilemma und schließlich ihrer pathogenen Lebens- und Beziehungsgestaltung mit der letztlich auftretenden symptomauslösenden **Situation**, können wir uns die Symptombildung vorstellen wie in Abbildung 8 dargestellt.
Sei es, daß
a) der Vorgesetzte einen Kollegen in ungerechtem und empörendem Ausmaß bevorzugt, sei es
b) die Entdeckung, daß der Ehepartner schon zwei Jahre lang eine Affäre hat und dies ohne jemals Unzufriedenheit mit der Ehe geäußert zu haben. Oder
c) die erwachsene Tochter ist gerade ausgezogen. Oder
d) der Wunsch, sich aus einem einengenden Familienleben zu befreien, wird übermächtig.

Jede dieser genannten Situationen würde von der Mehrheit der Menschen mit einer relativ spezifischen intensiven **Emotion** beantwortet:
a) Wut, b) Enttäuschung, c) Trauer, d) Unzufriedenheit und Ärger. Diese spezifische, intensive Emotion hat normalerweise in der psychosozialen Homöostase eines Menschen einen ebenso spezifischen **Impuls** zu einer Handlung zur Folge, sofern nicht die innere emotionale und kognitive Verarbeitung der einzige Weg ist.
a) Wut führt normalerweise zu einer heftigen Auseinandersetzung,
b) Enttäuschung zu einem inneren und äußeren Rückzug vom Partner,
c) Trauer zum inneren Loslassen und Abschied nehmen,
d) Unzufriedenheit zu einer Änderung der Lebensbedingungen.
Dieser Handlungsimpuls kann zu einem **adäquaten** Bewältigungsverhalten führen, das der Situation angemessen ist: a) eine offene Aussprache mit dem Vorgesetzten.
b) Eine schonungslose Öffnung des emotionalen Getroffen- und Verletztseins und der kaum mehr gut zu machenden Erschütterung der Beziehung.
c) Das Trauern und Weinen um den Weggang der Tochter.
d) Das Verschaffen von Freiraum gegenüber der Familie.
Der Handlungsimpuls kann aber bei bisher sehr gehemmtem Umgang mit Gefühlen **inadäquat intensiv** sein:

Abbildung 8:
Die Entstehung und Aufrechterhaltung einer psychischen Störung

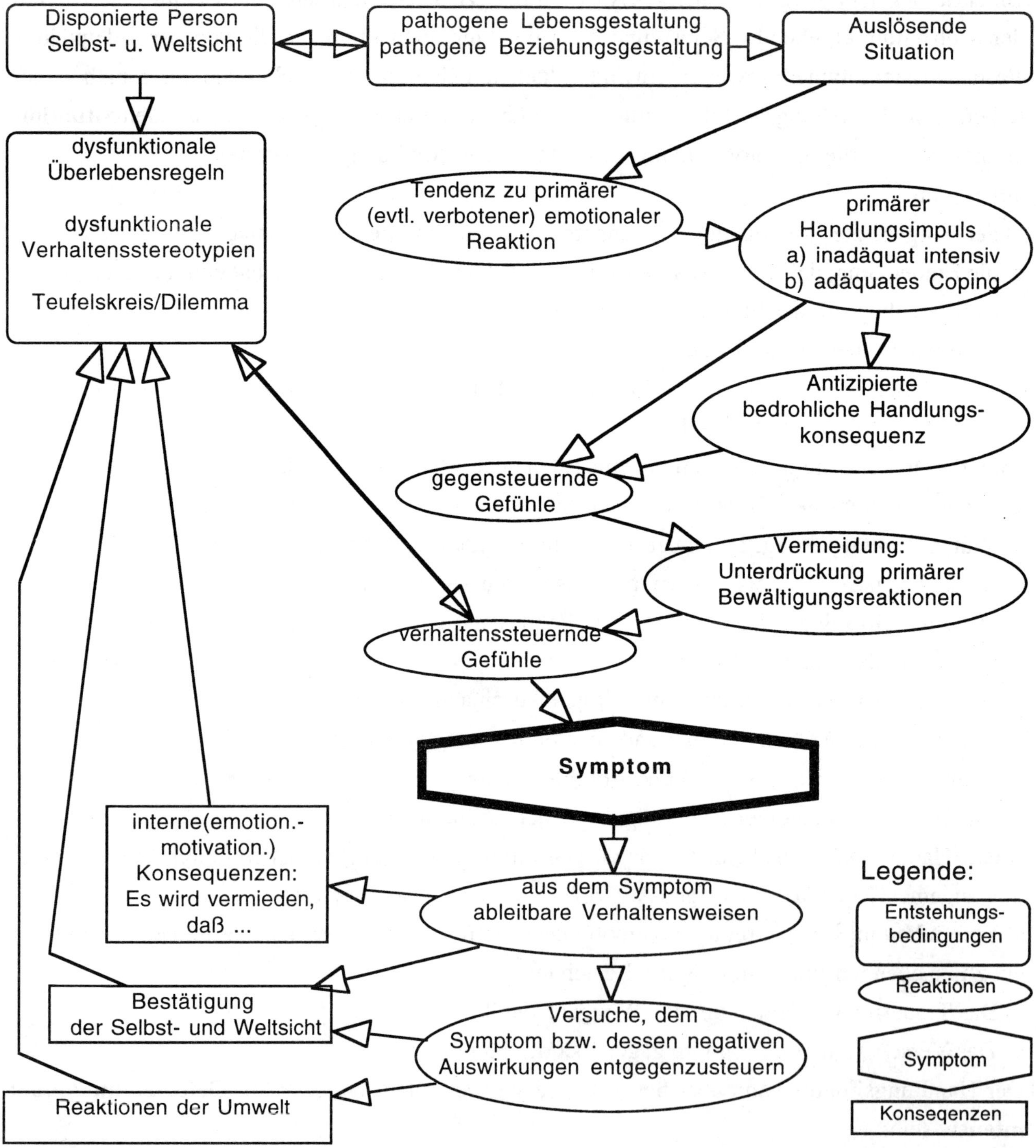

a) dem ungerechten Vorgesetzten an die Kehle gehen wollen.

b) Den untreuen Ehegatten vor der ganzen Welt anprangern und bloßstellen wollen.

c) Die Tochter durch Erpressungsmanöver zurückholen.

d) Mit einem Rundum-Befreiungsschlag sich Luft schaffen und die Familie beiseite fegen.

Oder es wird lediglich gefürchtet, daß intensive Gefühle zu unverantwortbaren Impulshandlungen führen könnten. In beiden Fällen, dem adäquaten Coping und der inadäquat intensiven Handlung wird **eine bedrohliche Konsequenz antizipiert**:

Sei es a) Liebesverlust, b) Verlust der Bezugsperson, sei es c) moralische Verurteilung oder d) Gegenaggression.

Oder:

a) Die Sehnsucht, vom Vorgesetzten endlich akzeptiert und gemocht zu werden, wird nie in Erfüllung gehen.

b) Der Ehemann wird weggehen und wie soll ich allein überleben?

c)Wenn ich d ie Tochter innerlich loslasse, habe ich nichts mehr auf der Welt.

d) Wenn ich weggehe von meiner Familie - wie soll sie überleben? - wie ich?

Spätestens jetzt muß die autonome Psyche gegensteuern. Denn die primäre Emotion und der primäre Handlungsimpuls gefährdet das emotionale Überleben des betreffenden Menschen. Es würde ein Handeln entgegen den Überlebensregeln resultieren.

Die wirksamsten **gegensteuernden Gefühle** sind Angst und Schuldgefühle. Sie führen zur Unterdrückung der primären Bewältigungsreaktion:

a) Ich werde nicht wütend streiten.

b) Ich werde nicht öffentlich anklagen.

c) Ich werde nicht trauernd Abschied nehmen.

d) Ich werde die Familie nicht abschieben.

Manche Patienten können diese psychischen Abläufe aus der Erinnerung schildern. Manche sagen, die primären Reaktionen seien nur ganz kurz als gefühlhafte Anmutung oder Gedankenblitz da gewesen, der schnell verworfen wurde. Bei vielen funktioniert die wachsame Einhaltung der Überlebensregel so perfekt, daß primäre Gefühle und Gedanken gar nicht erst zu Bewußtsein kommen dürfen. Erst im Lauf der Therapie können sie sich diese Tendenzen zugestehen. Doch zunächst sind sie zurückgeworfen auf die Unlösbarkeit der Problemsituation, sind gefangen in einem Konflikt. Als **neue verhaltenssteurnde** Gefühle treten auf: Hilf- und Hoffnungslosigkeit oder Angst, Unruhe, Selbstzweifel. Körperliche Streßreaktionen wie Schlaflosigkeit, Kopfschmerzen, Infektanfälligkeit, Unfallneigung, Blutdruckerhöhung oder -erniedrigung, Schwitzen, Magen-Darmbeschwerden gehen mit der Handlungsunfähigkeit einher. Dieses Konflikt- oder Streßstadium wird von der Psyche nicht lange toleriert. Um ihr zu entfliehen erfindet die autonome Psyche schließlich als bestmögliche und kreative Lösung **das Symptom**.

Mit Beginn des Symptoms verschwinden oft die Streßreaktionen der Konfliktphase wie Kopfschmerzen oder Infektanfälligkeit. Es entsteht das Zwangssyndrom, das depressive Syndrom, das phobische Syndrom, die Herzneurose. Mit Beginn des Symptoms treten auch relativ neue psychosoziale Verhaltensweisen auf, wie sozialer Rückzug, Vergewisserung der Gegenwart anderer Menschen oder häufige Arztbesuche. Es folgen **Versuche, dem Symptom** bzw. dessen unangenehmen Auswirkungen **entgegenzusteuern**: Arbeiten oder Sport gegen die Depression, Vermeiden von Zwang oder Angst auslösenden Situationen.

4. Die Konsequenz des Symptoms - das Symptom aufrechterhaltende Bedingungen

Diese Reaktionskette kann in ihren genannten Bestandteilen bei den meisten psychischen und psychosomatischen Störungen gefunden werden. Sie wirkt einerseits auf die Umwelt ein, die wiederum so reagieren kann, daß das Symptom aufrecht erhalten wird. In der Regel wird das Symptom und das zu ihm gehörende Verhalten des Patienten von den Bezugspersonen mehr toleriert als die unterdrückte Primärhandlung.

Denn das Symptom **schützt** auch die Bezugsperson **vor unliebsamen Veränderungen**. Würde sich der Patient ändern (durch Verletzung und Aufgabe seiner Überlebensregel), so müßte die Bezugsperson ihr Weltbild und schließlich auch ihr Selbstbild ändern. Die Beziehung würde sich ändern. Die alte gemeinsame Welt, das System, das beide gebildet hatten, würde destabilisiert werden, eventuell zusammenbrechen. Der Patient wird darin bestätigt, daß er, so wie er bisher war, in Ordnung war, lediglich das Symptom sei unangenehm. Er erfährt Schonung, Unterstützung und Reaktionen, die das Gegenteil dessen darstellen, was subjektiv gedroht hätte, wenn er die Problemsituation funktional bewältigt hätte. Angesichts dieses Kontrastes verdoppelt sich die **verstärkende**

Wirkung der Umweltreaktion auf das Symptom. Zu dessen positiver Verstärkung tritt eine negative Verstärkung als Ergebnis der Vermeidung der durch die Verletzung der Überlebensregel zu erwartenden Bedrohungen. Auch ohne Feedback der Umwelt hat im Sinne einer Selbstregulation nach Kanfer et al. (1990) das Symptomverhalten eine rückkoppelnde Wirkung auf den Menschen. In der Situation kommt es zum Intensivieren des Symptoms durch Aufschaukelung. Längerfristig wird **das alte Selbst- und Weltbild empirisch bestätigt** und gefestigt.

In den Störungsmodellen des Verhaltensdiagnostiksystems VDS von Sulz (1992 a und b) werden Depression, Agoraphobie und Panikattacken, Zwang, Bulimie und chronischer Alkoholismus mit Hilfe dieses allgemeinen Modells der Symptombildung zu erklären versucht.

Ein Fallbeispiel:

Eine 30-jährige Patientin (Frau A.) kommt wegen seit sechs Monaten bestehenden Panikattacken mit agoraphobischen Reaktionen in engen Räumen sowie ausgeprägtem Vermeidungsverhalten zu mir in Behandlung. Sie ist verheiratet und hat einen 7-jährigen Sohn. Seit dessen Geburt ist sie nicht mehr berufstätig. Früher war sie Chemielaborantin.

Auslösende Situation:
Nachdem der Sohn zur Schule kam, bot ein Arzt ihr eine Halbtagstätigkeit in seinem Labor an. Die Patientin hatte sich selbst schon seit längerem mit dem Gedanken getragen und ihr Ehemann hatte sich auch dazu ermuntert. Sie war voll Freude über die neue Selbständigkeit und malte sich auch aus, daß sie jetzt mehr Geld für hübsche Kleider ausgeben könnte und sich auch mal mit ihrer Freundin zusammen ohne Familie einen Kurzurlaub leisten können würde. Drei Tage vor dem ersten Arbeitstag trat die erste Panikattacke auf, so daß sie die Arbeitsstelle nicht antreten konnte.

Pathogene Lebensgestaltung:
Die Patientin hatte sich bisher ganz ihrer Familie gewidmet. Vormittags Haushalt, nachmittags Kinderbetreuung, abends mit dem Ehemann vor dem Fernseher sitzend. Sie hatte keine Hobbys, nur eine Freundin, von der sie einmal in der Woche besucht wurde. An eine Berufstätigkeit dachte sie erst, als ihr Sohn zur Schule kam.

Pathogene Beziehungsgestaltung:
Sie pflegte die Beziehung zu ihrem Mann mit liebevollem Einsatz von ideenreichen Verwöhnungen. Er war gern zuhause bei ihr. Wenn er, als Trainer einer Fußballmannschaft, am Samstag unterwegs war, so konnte sie kaum abwarten, bis er wieder zurück war. Ohne ihn ging sie nicht aus.

Was brachte sie als **Persönlichkeit** in diese Lebenssituation mit?

Ihre entwicklungsgeschichtliche **Disposition**:
Ihre Entwicklungsgeschichte können wir als Wechselwirkung mit ihrer familiären Umwelt verstehen: Ihren Vater schildert sie als stark, beschützend, jedoch wenig verfügbar. Sie sei gern in seiner Nähe gewesen. Die Mutter war ängstlich, besorgt, launisch. Die Patientin habe nichts unternehmen können, ohne daß die Mutter ein Unglück befürchtete. Die Patientin war als Kind aufgeweckt, sehr gesellig, hatte Dunkelangst.

Ihr kindliches **Selbst- und Weltbild**:
"Ich brauche Schutz, Sicherheit, Zuverlässigkeit. Die bekomme ich vom Vater nur, wenn ich die aufgeweckte, gesellige Tochter bin. Von der Mutter bekomme ich dies nur, wenn ich unter ihrer Aufsicht bleibe und alle Gefahren meide."

Daraus ergab sich die kindliche **Überlebensregel**:
"Nur wenn ich immer eine den Eltern angenehme Tochter bin und niemals meine eigenen Wege gehe, bewahre ich mir Schutz und Sicherheit und verhindere es, allein der fremden, bedrohlichen Außenwelt ausgeliefert zu sein." Diese für das Erwachsenenalter dysfunktionale Überlebensregel führte zu einem eingeschränkten Verhaltensrepertoire.

Ihr dysfunktionaler **Verhaltensstereotyp**:
Mit Bezugspersonen stets lebhafte innige Beziehungen eingehen, sich dadurch ihrer zuverlässigen Verfügbarkeit versichern. Darauf achten, möglichst nie allein von zuhause wegzugehen.

Daraus ergab sich im Laufe des Jahres ein zunehmendes **Dilemma**:
Ihre großen Abhängigkeitsbedürfnisse (Schutz, Zuverlässigkeit) konnte sie nur in einer angepaßten Beziehungsgestaltung ausreichend befriedigen. Im Lauf der Jahre wuchsen aber ihre Bedürfnisse nach Selbständigkeit und Autonomie, die sich aber in der Beziehung nicht verwirklichen ließen: Die

Dichotomie des entweder... - oder...

Ihre **Reaktionen**:
Ihre Reaktionen in der auslösenden Lebenssituation lassen sich als Reaktionskette analog Abbildung 8 explorieren:
Ihre **primäre Emotion** war ein Gefühl des Eingeengtseins in der Familie und der Freude über die Chance zur Eigenständigkeit durch das Stellenangebot.
Ihr **primärer Handlungsimpuls** war das Annehmen der Arbeitsstelle, das ein Abwenden von der Familie implizierte.
Die **antizipierte Konsequenz** war Freiheit, endlich das tun zu können, wozu bisher kein Raum war. Das aber bedeutete Verletzung der Überlebensregel mit der Folge, Schutz, Sicherheit und Zuverlässigkeit zu verlieren. Dies führte zu der
gegensteuernden Emotion der Angst (bei manchen Patienten ist das schon die erste Panikattacke), auch Schuldgefühle gegenüber der Familie. Diese Emotion zielte auf die
Unterdrückung und Vermeidung der ursprünglich intendierten Reaktion. Dabei hätte es ohne Symptombildung bleiben können, wenn diese Angst so einschüchternd gewirkt hätte, daß die Patientin ihre Selbständigkeitstendenzen resignierend ein für allemal aufgegeben hätte. Diese bleiben jedoch in ihrer Intensität erhalten. Leben wie bisher geht nicht mehr und die Änderung geht auch nicht. Dieser unerträgliche Konflikt darf nicht bleiben.

Das **Symptom** der Phobie schafft die benötigte Entlastung. Einige Räume wie Lift, U-Bahn oder ein volles Kaufhaus lösen ebenso Angst aus wie Weite, freie Gegenden, in denen der einzelne Mensch ein kleines, verlorenes Etwas ist. Besonders häufig tritt die Angst auf dem Weg von zuhause nach draußen auf. Sie vermeidet konsequent alle phobischen Stimuli: schließlich geht sie nur noch mit ihrem Ehemann aus dem Haus.

Die Konsequenzen des Symptoms erhalten die Angststörung aufrecht: die Angststörung wird dadurch aufrecht erhalten, daß sie das Verletzen der Überlebensregel und damit schutzloses Alleinsein in einer fremden Welt, die voll Gefahren ist, verhindert. Die Angststörung bewahrt damit eine Beziehung, in der Schutz, Sicherheit und zuverlässige Verfügbarkeit der Bezugspersonen gewährleistet ist.

Abbildung 9:
Individuelle Bedingungsanalyse - Makroebene
(Beispiel einer Patientin mit Agoraphobie)

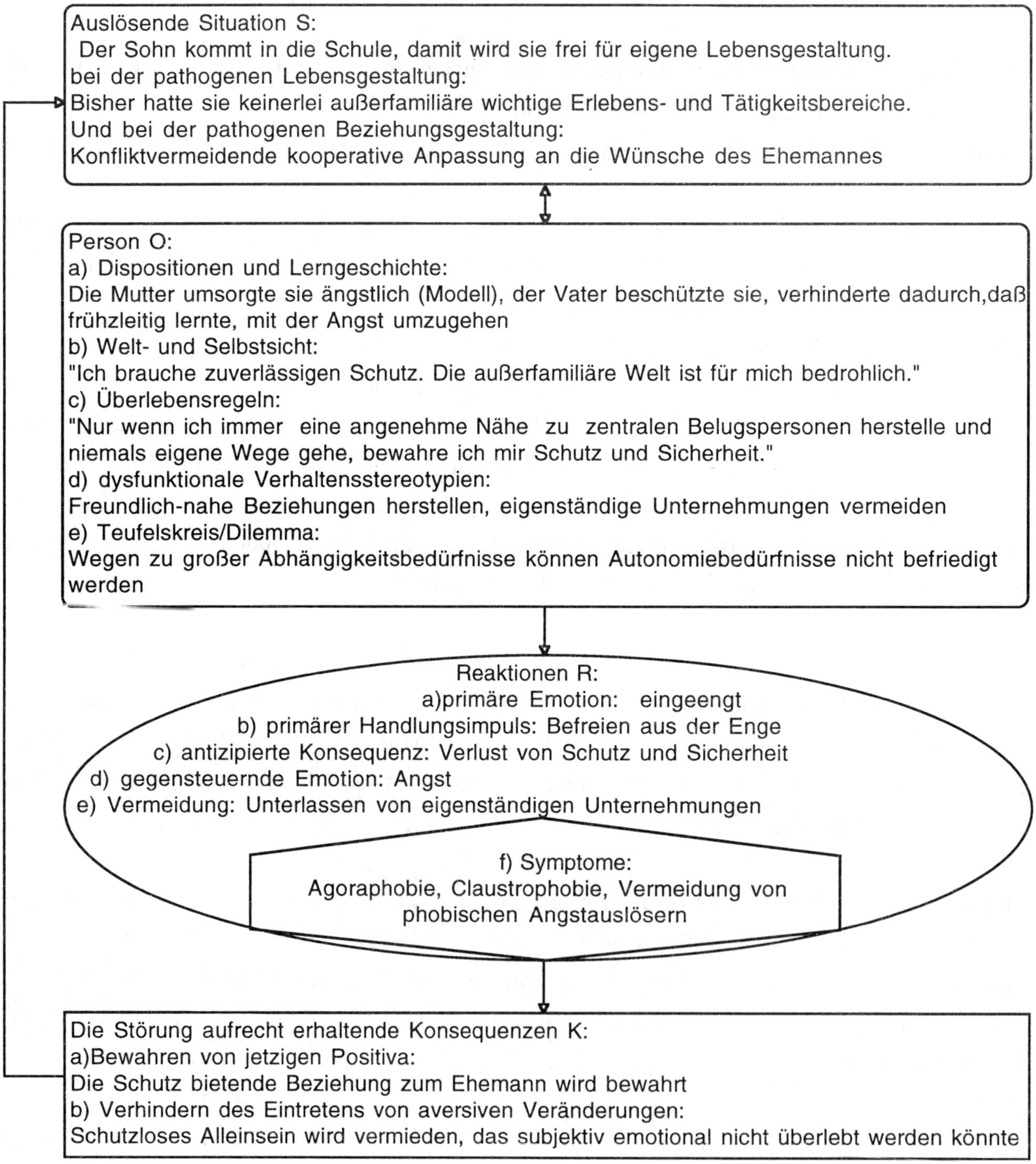

Diese Betrachtungen (Abbildung 9) können als **individuelle Verhaltens- und Bedingungsanalyse** im Sinne eines SORK-Schemas auf der **Makroebene** gesehen werden (Sulz 1992a). Makroebene ist nach dem Vorschlag von Hand (1986) die Betrachtungsebene der Situation als gegenwärtiger Lebenskontext mit dem symptomauslösenden Aspekt (hier das Stellenangebot). Ein **SORK-Leitfaden für die Makroebene** findet sich im Therapieprotokollheft (VDS 11) und ist auch im Anhang in Abbildung A2 abgedruckt.

Hiervon zu unterscheiden ist die **Mikroebene**. Eine individuelle Verhaltens- und Bedingungsanalyse auf der Mikroebene bezieht sich auf das konkret beobachtbare Verhalten in einer konkret beobachtbaren Situation. Um eine Phobie zu verdeutlichen, wird eine Situation herangezogen, die einen phobischen Stimulus enthält (vergleiche Abbildung 10).

Eine typische Situation der Angstauslösung war bei Frau A. die Fahrt mit ihrem PKW aus dem kleinen Städtchen hinaus in die benachbarte größere Stadt, wo es alles zu kaufen und zu erleben gab. Es war ein Vormittag, den sie für sich zur Verfügung hatte. Sie wollte sich wegen des bevorstehenden Berufsbeginns neu einkleiden. Sie hatte mit dem PKW gerade den Heimatort verlassen.

Besinnen wir uns noch einmal darauf, welche **Person (= Organismus O)** sich in dieser Situation befindet:
Ihre **Kompetenz** ist völlig ausreichend für die Situation: sie ist eine gute Autofahrerin, sie kennt sich in der benachbarten Stadt sehr gut aus und hat auch keine Probleme mit Einkaufssituationen, die ihr bevorstehen.
Ihre habituelle **Selbsteffizienzeinschätzung** entspricht nicht dieser Kompetenz. Sie ist sich nie sicher, ob ihre Kompetenzen genau dann verfügbar sind, wenn sie sie benötigt. Sie trägt als habituelle **Erwartungshaltung** die Hoffnung auf Eigenständigkeit und Freiraum und die Furcht, Schutz und Sicherheit zu verlieren in sich.
Ihr **dysfunktionaler Verhaltensstereotyp** ist der beständige Versuch, Bezugspersonen um sich zu haben. Ihr Dauer-**Dilemma** besteht zwischen ihrem Schutzbedürfnis und ihrem Streben nach persönlichem Freiraum.

Ihre **Reaktionen** bei Verlassen des Heimatortes waren
Kognitiv: "Wenn mir jetzt etwas passiert, bin ich ohne Hilfe".
Emotional: Angst beginnt allmählich aufzusteigen.

Abbildung 10:
Individuelle Verhaltensanalyse - Mikroebene
Beispiel einer Patientin mit Agoraphobie und Panikattacke

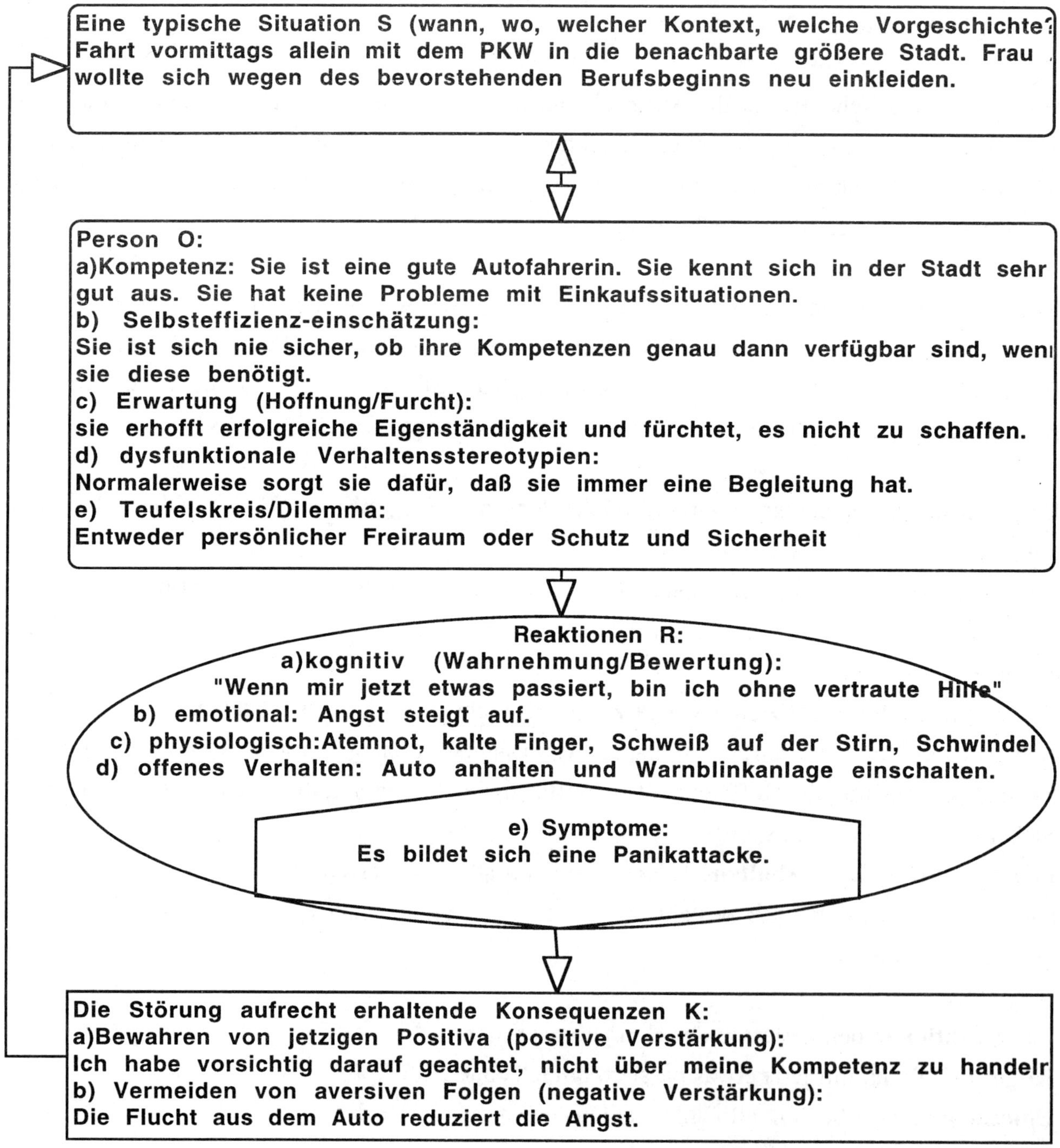

Physiologisch: Zuerst trat Atemnot auf, dann kalte Finger, Schweiß auf der Stirn, Schwindelgefühl. **Offenes Verhalten**: Sie hielt das Auto an, schaltete die Warnblinkanlage ein.

Das **Symptom** einer Panikattacke bildete sich rasch heraus. Sie hielt es im Auto nicht mehr aus, floh so schnell sie konnte zu Fuß in die Ortschaft zurück.

Die **Konsequenz** ihres Symptomverhaltens war, daß die Flucht vor der Panik die Angst bald deutlich reduzierte. Das Fluchtverhalten wurde negativ verstärkt (durch Beenden des aversiven Stimulus).

Ein **SORK-Leitfaden für die Mikroebene** findet sich im Strategieteil des Therapieprotokollheftes (VDS 11) und ist im Anhang (Abbildung A3) abgedruckt.

VON DER AFFEKTIV-KOGNITIVEN ENTWICKLUNGSTHEORIE ZUR AFFEKTIV-KOGNITIVEN STÖRUNGSTHEORIE

Mit obiger Fallbeschreibung haben wir zugleich das oben dargestellte allgemeine Modell psychischer Störungen, das man als eine affektiv-kognitive Entwicklungstheorie psychischer Störungen bezeichnen kann, angewandt, um zu verstehen, wie Frau A. ihre psychische Störung entwickelte. Wir haben für die Erklärung der symptomauslösenden Lebenssituation, die auf der Makroebene der

Situation S des SORK-Schemas entspricht, als definitorische Bestimmungsstücke

die pathogene Lebensgestaltung,
die pathogene Beziehungsgestaltung und
die auslösende Situation im engeren Sinne.

Die Person, im SORK-Schema der Organismusvariable O entsprechend, definieren wir durch

die angeborene Disposition,
die Lerngeschichte,
das kindliche Weltbild,
das kindliche Selbstbild,
die kindlichen Grundannahmen über das Funktionieren der Welt,
die dysfunktionale Überlebensregel,
die dysfunktionalen Verhaltensstereotypien,
das Dauer-Dilemma.

Die Reaktionen R, mit denen versucht wird, die Problemsituation zu lösen, definieren wir durch folgende Reaktionskette:

die primäre Emotion,
den primären Handlungsimpuls,
die Antizipation der Konsequenzen,
die gegensteuernden Gefühle,
die Vermeidung bzw. Unterdrückung des primären Impulses,
die neuen (symptomatischen) verhaltenssteuernden Gefühle,
das Symptom und
die sekundären Verhaltensweisen.

Die das Symptom aufrechterhaltenden Bedingungen, im SORK-Schema der Konsequenz K des Symptoms entsprechend, definieren wir durch

die Vermeidung der aversiven Konsequenzen,
das Bewahren von Verstärkungen des alten angepaßten Verhaltens und
das Bewahren des alten Selbst- und Weltbildes (Assimilation).

Durch diese Konstrukte sind wir zu zweierlei befähigt. Einerseits können wir wie oben einen individuellen Fall systematisch untersuchen und zu einem fallspezifischen Störungsverständnis finden. Dies ist die **diagnostische** Bedeutung dieser affektiv-kognitiven Entwicklungstheorie.

Andererseits können wir, so wie wir es oben ansatzweise bereits für die klinischen Persönlichkeitstypen getan haben, störungstypische Aussagen zur Entstehung zum Beispiel von Depression, Angst, Bulimie, Zwangserkrankung oder chronischem Alkoholismus machen und eine komparative Systematik entwickeln, die uns hilft, das spezifischen Wesen dieser psychischen Störungen besser zu verstehen. Dies ist die **nosologische** Bedeutung dieser affektiv-kognitiven Entwicklungstheorie.

Es ist nicht schwierig, die typischen Entstehungsbedingungen klinischer Ängste, wie Agoraphobie und Panik, von obigem Fallbeispiel ausgehend nachzuvollziehen. Sulz (1992 a,b) hat ein Störungsmodell beschrieben, das in unsere Systematik übertragen werden kann. Das Ergebnis zeigt Tabelle

Tabelle 15: Ein ANGST-Störungs-Modell (Agoraphobie & Panik)

Die Situation	Was ist gestört?	... bei Agoraphobie und Panik:
Pathogene Lebensgestaltung	Pathogene Lebensgestaltung (auf welche Weise wird das übrige Leben so gestaltet, daß es unbefriedigend sein oder bleiben muß bzw. scheitern muß)	Durchgängige Vermeidung von Unternehmungen oder Bereichen, in denen völliges Auf-sich-selbst-gestellt-Sein besteht (Nesthocker); andere vermeiden das Eingehen einer Partnerschaft (Nestflüchter)
Pathogene Beziehungsgestaltung	Pathogene Beziehungsgestaltung (auf welche Weise wird in den aktuellen intimen und näheren Beziehungen mit den anderen Menschen so umgegangen, daß diese Beziehungen unbefriedigend werden müssen oder scheitern müssen)	Emotional abhängig von der leitenden und schützenden Person. Aktive, sozial geschickte Anpassung macht zwar den Partner zufrieden, selbst verzichtet man aber zu lange und zu viel, so daß uneingestandene Trennungswünsche entstehen
Auslösende Lebenssituation	Auslösende Lebenssituation (Welche konkreten Ereignisse im letzten Jahr bzw. welche größeren Veränderungen im Leben der letzten zwei Jahre führten zur Symptombildung und damit zur Auslösung der psychischen Erkrankung? Welches Problem konnte nicht anders als durch Symptombildung gelöst werden? - Bei Persönlichkeitsstörungen ist hiermit diejenige ohne fremde Hilfe nicht mehr zu bewältigende Lebenssituation gemeint, die den Leidensdruck so groß machte, daß Psychotherapie begonnen wurde)	Meist ist der Auslöser ein uneingestandener Trennungswunsch in einer einengenden Partnerschaft; Nestflüchter entwickeln die Phobie, wenn die Vereinbarung zur Heirat gefallen ist; selten ist der Verlust des Partners der Auslöser
Die Person	**Was ist gestört?**	**... bei Agoraphobie und Panik:**
Angeborene Disposition	Angeborene Disposition körperlicher oder psychischer Art, die anfällig für die Symptombildung macht	Bereits während der Schwangerschaft kann die Angstbereitschaft und das ständig erhöhte psychophysiologische Arousal der Mutter auf den Fötus übertragen werden
Lerngeschichte	Lerngeschichte (Verhalten der Eltern)	Oft war einer der Eltern ein ängstliches Modell; Oder er machte dem Kind ständig Angst vor den Gefahren der Welt außerhalb seines Schutzbereichs;Oder sein Schutz war zugleich Bemächtigung und Einengung

1. Fortsetzung Tabelle 15 (ANGST-Störungsmodell)		
Kindliches Weltbild	Kindliches Bild der Welt: Frustrierendes bzw. traumatisierendes Elternverhalten wird ungeprüft auf die Erwachsenenwelt übertragen	Kindliches Bild der Welt:Die Welt ist bedrohlich - es gibt aber eine schützende Person - diese Person gibt Schutz, wenn man sich ihr aktiv anpasst - unter Verzicht auf freie Selbstverwirklichung. Dieses Weltbild wird ungeprüft auf die Erwachsenenwelt übertragen
Kindliches Selbstbild	Kindliches Selbstbild (eigene Bedürfnisse, Erwartungen, Fertigkeiten)	Kindliches Selbstbild: Ich brauche eine schützende, leitende Person;ich kann und will dafür auf Selbständigkeit und Freiraum verzichtenich kann mich durch freundliche Bereitwilligkeit gut anpassen
Kindliche Grundannahmen	Kindliche Grundannahmen über das Funktionieren der Welt (Erfahrungen mit den Eltern)	Eltern geben nur Schutz, wenn ich so angepaßt bin, daß sie Freude an mir haben; Mutter macht sich solche Sorgen, wenn sie nicht weiß, ob mir was passiert ist;Mutter wird ganz böse, wenn sie nicht kontrollieren kann, was ich mache
Überlebensregel	Überlebensregel (Was muß ich unbedingt tun, was darf ich auf keinen Fall tun, um von der sozialen Umwelt die zum emotionalen Überleben benötigten Reaktionen zu erhalten)	Nur wenn es mir durch aktiv-kooperative Anpassung gelingt, mir meine schützende Person verfügbar zu halten, kann ich in deren Schutz überleben. Sonst bin ich allein schutzlos den Gefahren der bedrohlichen Welt ausgeliefert.
dysfunktionale Verhaltensstereotypien	dysfunktionale Verhaltensstereotypien (habituelle Erlebens- und Reaktionstendenzen, die in der Kindheit funktionale Copingstrategien waren und jetzt im Erwachsenenalter in den meisten Situationen dysfunktional geworden sind - sie definieren die Persönlichkeit)	Ins Histrionische gehende Bindung der Aufmerksamkeit des anderen; zum Dependenten passendes Geschick, das Wohlbefinden des Partners in der Beziehung zu pflegen; eine selbstunsichere Haltung, die ängstlich vermeidet, daß Unmut und Zorn beim Partner entsteht.
Dauerdilemma	Dauerdilemma (Konflikt zwischen den Geboten und Verboten der Überlebensregel und meinen zentralen Wünschen und Bedürfnissen)	Lange Zeit wird nicht wahrgenommen, daß neben dem Bedürfnis nach Schutz und Sicherheit auch ein zunehmender Wunsch nach Selbständigkeit vorhanden ist. Dieses Dilemma bleibt zugunsten der Sicherheit entschieden (bis zur Auslösesituation)

2. Fortsetzung Tabelle 15 (ANGST-Störungsmodell)		
Reaktion/Symptom	**Was ist gestört?**	**... bei Agoraphobie und Panik:**
primäre Emotion	primäre Emotion, die die natürliche Antwort auf das problematische Ereignis der Lebens-Situation S wäre (meist tabuisiert oder bedrohlich, z.B. Wut, Ärger, Trauer)	primäre Emotion, die die natürliche Antwort auf das problematische Ereignis der Lebens-Situation S wäre (hier das Gefühl der Einengung und der Veränderungswunsch)
primärer Handlungsimpuls	primärer Handlungsimpuls, der sich aus der primären Emotion ergäben würde a) inadäquat intensiver Impuls (unzivilisiert, daher allgemein sozial abgelehnt) b) adäquates Coping (wegen emotionaler Abhängigkeit zu bedrohlich)	Primärer Handlungsimpuls, der sich aus der primären Emotion ergäben würdea) inadäquat intensiver Impuls (hier: Trennung)b) adäquates Coping (hier: in der Partnerschaft Selbständigkeit und Freiraum erkämpfen)
Antizipation der Konsequenz	Antizipation der Konsequenz dieses primären Handlungsimpulses, die eine extreme Bedrohung des Organismus bzw. der Person bedeuten würde (Ablehnung, Zurückweisung)	Antizipation der Konsequenz dieses primären Handlungsimpulses, die eine extreme Bedrohung des Organismus bzw. der Person bedeuten würde (Allein und schutzlos sein, Verlassen Werden)
gegensteuernde Gefühle	gegensteuernde Gefühle (Angst, Scham, Schuldgefühle, Ekel), die verhindern sollen, daß der primäre Handlungsimpuls in eine Handlung umgesetzt wird.	gegensteuernde Gefühle (Angst vor Unbegrenzheit oder vor Enge), die verhindern sollen, daß der primäre Handlungsimpuls in eine Handlung umgesetzt wird.
Vermeidung	Vermeidung: Unterdrückung des primären Handlungsimpulses	Vermeidung: Unterdrückung des primären Handlungsimpulses.Die Trennung unterbleibt ebenso wie die konstruktive Auseinandersetzung in der Partnerschaft
Neue verhaltenssteuernde Gefühle	Neue verhaltenssteuernde Gefühle, die unmittelbar zu diskriminativen oder reflexhaft auslösenden Stimuli des Symptomverhaltens werden (z.B. Hilflosigkeit bei Depression, Angst beim Paniksyndrom)	Neue verhaltenssteuernde Gefühle, die unmittelbar zu diskriminativen oder reflexhaft auslösenden Stimuli des Symptomverhaltens werden (Gefühl der Schutzlosigkeit, der Unfähigkeit, sich selbst zu helfen)
Symptom	Symptom als qualitativ neues Verhalten, das einerseits eine partielle Problemlösung in der auslösenden Situation bringt, andererseits aber auch nicht die Verbote und Gebote der Überlebensregel verletzt	Angst bis zur Panik

3. Fortsetzung Tabelle 15 (ANGST-Störungsmodell)		
sekundäre Verhaltensweisen	Verhaltensweisen, die sekundär versuchen, die Auswirkungen des Symptoms abzumildern bzw. deren negat. Auswirkungen entgegenzusteuern	Verhaltensweisen, die sekundär versuchen, die Auswirkungen des Symptoms abzumildern bzw. deren negat. Auswirkungen entgegenzusteuern: Flucht und Vermeidung der phobischen Stimuli
Konsequenzen	**Was ist gestört?**	**... bei Agoraphobie und Panik:**
Vermeiden aversiver Konsequenzen	Vermeiden der aversiven Konsequenzen einer „gesunden" Copingreaktion als autonomem selbstverantwortlichem Verhalten, wie das Risiko der Ablehnung, des Unmutes	Vermeiden der aversiven Konsequenzen einer „gesunden" Copingreaktion als autonomem selbstverantwortlichem Verhalten, wie das Risiko des Allein-auf-sich-selbst-gestellt-Seins
Bewahren von Verstärkungen	Bewahren von Verstärkungen (Gratifikationen aus der Abhängigkeit von wichtigen Bezugspersonen und Beziehungen)	Bewahren von Verstärkungen (Schutz durch eine leitende Person)
Bestätigung der Selbst- und Weltsicht	Bestätigung der alten Selbst- und Weltsicht	Bestätigung der alten Selbst- und Weltsicht, daß die Welt bedrohlich und der Schutz der Bezugsperson unverzichtbar für ein Überleben ist
positive Verstärkung durch de soziale Umwelt	Zusätzliche positive Verstärkung des Symptomverhaltens durch die soziale Umwelt	Der Partner möchte und braucht eine von ihm abhängige Person

Es wird deutlich, daß in dieser Tabelle die Spalte "was ist gestört?" die Anwendung der allgemeinen Theorie durch Operationalisierung sowohl auf den Einzelfall zu diagnostischen und therapeutischen Zwecken als auch auf eine ausgewählte klinische Störung ermöglicht. Zum einen: Was ist bei diesem Menschen gestört? und zum anderen: Was ist charakteristischerweise bei der klinischen Störung zum Beispiel Angst oder zum Beispiel Depression gestört?

Diese Operationalisierung der Theorie ermöglicht auch deren wissenschaftliche Prüfung, sowohl in ihren allgemeinen störungsübergreifenden als auch in ihren störungsspezifischen Aussagen. Allerdings müßten Meßinstrumente entwickelt werden, die jedes Entwicklungs- und Störungskriterium valide und reliabel erfassen.
Die Theorie wird allerdings dadurch verkompliziert, daß es nicht einen einzigen Menschentypus

gibt, der zur Depression oder zum Zwang disponiert ist. Diese direkte Lebenslinie trifft nur auf einen Teil derjenigen Menschen zu, die zum Beispiel eine Depression entwickeln. Sonst könnte man, wie früher die Psychoanalyse (Riemann, 1978), von einem depressiven, einem Zwangs- oder einem hysterischen Persönlichkeitstypus sprechen. Kegan (1986) zeigte anhand seiner Entwicklungstypen ebenso wie Sulz (1992a) anhand der klinischen Persönlichkeitstypen zum Beispiel auf, wie sehr verschiedene Menschen in eine Depression geraten können. Nicht die Entwicklung und die Persönlichkeit eines Menschen allein determinieren die spätere psychische Störung.

Erst die Wechselwirkung mit der Umwelt, die freilich zu einem hohen Prozentsatz konstruiert wurde, erklärt,

warum
welche Menschen
zu welchem Zeitpunkt
aus welchem Anlaß heraus
welche psychische Störung

entwickelt haben.

Unsere Verwendung des Begriffs Konstruktion weicht von dem des Konstruktivismus (Watzlawick 1979) ab. Uns geht es nicht nur um die, durch gestörte Kommunikation verzerrte, affektiv-kognitive innerpsychische Konstruktion des Selbst- und Weltbildes (Betrachtung des "Konditors"). Wir postulieren einen weitergehenden Determinismus: nämlich die Konstruktion einer pathogenen Lebensgestaltung und insbesondere von pathogenen Beziehungen (Untersuchung und Bewertung des "Backwerks"). Diese Betrachtungen nehmen einigen Hypothesen Watzlawicks die alles überragende Bedeutung, dem Therapeuten aber auch den Optimismus, psychische Probleme seien allein durch eine gesündere Kommunikation zu beheben, mit der Befähigung, die eigene Wirklichkeitskonstruktion durch Kommunikation relativieren zu können.

Die Welt, die der Erwachsene - im Gegensatz zum Kind - sich selbst konstruiert hat, tritt nun in ständige Wechselwirkung mit ihm. Eines Tages gelangt, teils vorhersehbar, diese Subjekt-Objekt-Interaktion an eine Stelle, die den Konstruktionsfehler dieses Selbst-Welt-Gleichgewichts offenbar werden läßt. Die psychosoziale Homöostase der autonomen Psyche des Konstrukteurs ist nicht aufrecht zu erhalten. Sein psychosoziales System ist gescheitert (Tabelle 16).

Er ist, um ein weiteres Bild zu verwenden, in Seenot geraten, nicht nur, weil

a) ein nicht vorhersehbar gewaltiger Seesturm aufkam, den kaum jemand ohne Schaden überstanden hätte (Trauma, d.h. Umweltdeterminiertheit)

und weil

b) er als Kapitän unzureichende Copingstrategien und Kompetenzen im Moment des Seesturms hatte (Begrenzung, d.h. Defizitdeterminiertheit),

sondern auch, weil

c) er sich ein falsches Bild der eigenen Fähigkeiten versus der durch sie beherrschbaren Naturgewalt des Sturmes und der Wellen machte (Persönlichkeitsströung, d.h. subjektive Konstruktionsdeterminiertheit)

und weil

d) er sein Schiff tatsächlich so konstruiert hatte, daß es nur schönwettertauglich war und er Gewässer zu einer Zeit aufsuchte, in der solche Stürme wahrscheinlich sind und abzusehen war, daß einer der größeren Stürme ein Wrack aus ihm machen würde (Sollbruchstelle, d.h. objektive Konstruktionsdeterminiertheit).

Im ersten Fall wirkt die Welt auf mich ein. Die Welt ist gestört bzw. verhält sich gestört. Sie produziert ein belastendes Lebensereignis oder eine chronische Lebensbelastung, auf die ich

Tabelle 16: Kausalität versus Konstruktion als Erklärungsprinzip

		Entstehungsprinzip	
		Kausalität	Konstruktion
Ort der Entstehung	äußere Welt I + III: Schicksal	I. umweltbedingt: ein real unbewältigbarer Stressor (Trauma)	III. Ich habe mir eine reale Welt geschaffen (konstruiert), die ich real nicht bewältigen kann (Konstruktion mit Sollbruchstelle)
	Person, Selbst II + IV: Persönlichkeitsstörung	II. selbst-bedingt: meine reale Inkompetenz (Begrenzung)	IV. Ich mache mir ein subjektives Bild meiner Welt und meines Selbst, das mir eine Bewältigung unmöglich erscheinen läßt und verhindert, daß ich handle
		I + II: Tragik	III + IV: selffulfilling prophecy

schließlich nur noch mit Symptombildung reagieren kann, obwohl ich eigentlich kein "neurotischer" Mensch bin. Der Ort der Entstehung ist die Welt. Die Entstehung folgt dem Prinzip der Kausalität (Tabelle 16).

Im zweiten Fall kann ich nicht auf die Welt so einwirken, daß ein aktuelles Problem lösbar wird. Ich verhalte mich gestört, weil mir die erforderlichen Verhaltenskompetenzen fehlen. Ich habe eine Verhaltensstörung bzw. ein Verhaltensdefizit. Mit Verhalten sind hier Kognitionen, Emotionen und offenes Verhalten gemeint. Ort des Geschehens ist meine Person, mein Selbst, bin ich als Individuum. Ebenso wie im vorigen Fall ist die Störung (der Welt oder des Selbst) objektiv vorgefunden oder vorhanden. Die Entstehung folgt ebenfalls dem Prinzip der Kausalität.

Einen dritten Fall stellt meine gestörte Wahrnehmung und kognitive Konstruktion des Selbst und der Welt dar. Beide kognitiven Schemata sind gestört. Darüber hinaus habe ich dysfunktionale Grundannahmen über die Wechselwirkung von beiden bzw. über das Funktionieren der Welt, die mich zu einer dysfunktionalen Überlebensregel führen (Assimilation). Die Entstehung folgt dem teleologischen Prinzip.

Im vierten Fall wirke ich auf die Welt ein, bewirke eine gestörte Welt, in der sich schließlich nur noch mit Hilfe eines Symptoms überleben läßt: meiner pathogenen Lebens- und Beziehungsgestaltung. Gemeinsam mit dem dritten Fall ist diese Störung Ergebnis meiner Konstruktion. Allerdings objektiviere ich quasi die Störung von Fall drei. Ich schaffe mir die Welt nach meinem Bilde und bilde mir dann ein, ich hätte diese Welt objektiv vorgefunden. Wieder ist die Entstehung dem teleologischen Prinzip gefolgt (Tabelle 17).

Oft wirken alle vier Entstehungsbedingungen zusammen, in individuell sehr verschiedener Mischung. Unsere systematische Analyse hilft, ihr relatives Gewicht abzuschätzen und daraus die Zielprioritäten der Therapie und die angemessensten Ansatzstellen der Behandlung abzuleiten. Die Prognose ist wesentlich durch das absolute Ausmaß und die Beeinflußbarkeit jeder dieser Störungsbedingungen determiniert.

Bei belastenden Lebensereignissen besteht die Therapie in der affektiven und kognitiven Verarbeitung (zum Beispiel Trauer um den Tod des Partners). Bei Verhaltensdefiziten versucht die Therapie Verhaltenskompetenzen aufzubauen. Ist dies nicht im notwendigen Ausmaß erreichbar, so ergibt

sich die gleiche Zielsetzung wie beim ersten Fall: die affektive und kognitive Verarbeitung der eigenen Begrenztheit, die Einsicht und die Akzeptanz der begrenzten Lebensmöglichkeiten. Im vierten Fall, der dysfunktionalen kognitiven Konstruktion des Selbst- und Weltbildes wird die Therapie darauf abzielen, eine Akkommodation der kognitiven Konstrukte (Kelly, 1955) zu erreichen. Im dritten Fall wird dieser Therapieansatz ergänzt durch eine gemeinsame Analyse der konstruierten äußeren Welt und ihren allmählichen Umbau.
Wenn in unseren bisherigen Betrachtungen die Fälle 1 und 2 nur wenig diskutiert wurden, so nicht, weil deren reale Bedeutung negiert wird, sondern weil sie traditionell Gegenstand verhaltenstherapeutischer Fallanalysen sind, also eine Selbstverständlichkeit wie die Schwerkraft, die keiner neuen Abhandlungen bedarf. Der ausgebildete Therapeut wird Art und Ausmaß dieser beiden "objektiven" Störungsbedingungen rasch erfassen und stets in der Zielanalyse und Therapieplanung angemessen würdigen. Anliegen dieses Buches ist es, den in der Verhaltenstherapie und in der kognitiven Therapie unterschätzten Anteil der Entwicklung und der subjektiven Konstruktion zu zeigen und dadurch von einem bruchstückhaften zu einem ganzheitlichen Fall- und Störungsverständnis zu gelangen.

Tabelle 17: Objektiv vorgefundene versus subjektiv konstruierte Störungsfaktoren

		Entstehungsprinzip	
		objektiv vorgefunden	subjektiv konstruiert
Ort der Entstehung	äußere Welt (Umwelt, Familie, Partner, Gesellschaft, Staat, Kultur)	Die Welt wirkt auf mich ein. Die Welt ist gestört. Die Welt verhält sich gestört. (Belastendes Lebensereignis)	Ich wirke auf die Welt ein. Ich bewirke eine gestörte Welt. (Pathogene Lebens- und Beziehungsgestaltung)
	Person, Selbst (Organismus, Individuum)	Ich kann nicht auf die Welt einwirken. Ich verhalte mich gestört. (Verhaltensdefizit oder Verhaltensstörung)	Ich habe eine gestörte Wahrnehmung der Welt und meines Selbst (Kognitive Störung, dys-funktionale Überlebensregel)

VON DER ALLGEMEINEN STÖRUNGSTHEORIE ZUM SPEZIFISCHEN STÖRUNGSMODELL

Wir haben am Beispiel einer Angststörung bereits gezeigt, wie ein spezifisches Störungsmodell (Agoraphobie und Panik) aus der allgemeinen affektiv-kognitiven Entwicklungstheorie abgeleitet werden kann. Im folgenden sollen einige Störungsmodelle vorgestellt werden, denen der besseren Vergleichbarkeit halber obige Definitionen von Detailstörungen bzw. Detailstörungsbedingungen als gemeinsame Gliederung zugrunde gelegt wird. Die Störungsmodelle sind bereits bei Sulz (1992 a und b) beschrieben worden. Dort folgten die Darstellungen allerdings noch einer störungsspezifischen Systematik, die keine direkte Vergleichbarkeit und Einordnung in eine allgemeine Störungstheorie ermöglichen.

1. Agoraphobie und Panikattacken

Die Lebenssituation:

Wie aus Tabelle 15 ersichtlich wird, besteht die **pathogene Lebensgestaltung** von Patienten mit Agoraphobie und Panikattacken häufig darin, daß sie eine pathogene Beziehungsgestaltung haben. Es besteht eine emotionale Abhängigkeit von der leitenden und schützenden Bezugsperson, so daß Wünsche nach eigenständiger Entfaltung unterdrückt werden. Sie passen sich auf eine aktive Weise an, die den Partner zufrieden stellt und verhindert, daß die Beziehung gefährdet ist. Diese Art der Beziehungsgestaltung ist entwicklungshemmend. Manche geben sogar ihren Beruf für die Partnerschaft auf. Oder es werden andere wichtige Lebensbereiche für die Partnerschaft aufgegeben, oder auf berufliches Weiterkommen verzichtet.

Es gibt zwei Arten mit Beziehungen umzugehen. Die einen gehen ganz nah in die Beziehung, haben Angst vor der Welt draußen. Die anderen sind beziehungsphobisch, sie fürchten Nähe und Enge.

Relativ häufig kommt es im Alter zwischen 20 und 30 Jahren zur ersten schwereren Symptombildung, während leichtere Ängste schon sehr viel früher aufgetreten sein können. Die spezifischen konkreten Auslösesituationen der phobischen Reaktion haben entweder agoraphobischen oder klaustrophobischen Charakter: einengend wie die U-Bahn oder das volle Kaufhaus bzw. zur Freiheit animierend wie allein ausgehen oder in der unbegrenzten Weite schutzlos sein. Diese Aspekte sind mit Gefahr assoziiert. Modifizierend, d.h. Angst intensivierend können folgende Faktoren sein: unspezifischer Streß, unvorhergesehene oder unkontrollierbare Ereignisse, die Wahrnehmung von interozeptiven Angststimuli, zum Beispiel werden nachts im Bett liegend Herzsensationen deutlicher wahrgenommen als tagsüber. Externe Ablenkung oder die Anwesenheit einer Schutzperson können die Angst reduzieren.

Persönliche Disposition:

In Beziehungen können eigene Interessen nicht durchgeboxt werden, insbesondere fehlt die Bereitschaft, die Beziehung vorübergehend auf Bewährungsproben zu stellen. Emotionen wie Unzufriedenheit, Ärger und Wut werden wegrationalisiert, Bedürfnisse werden verleugnet, es werden Gefühlszustände von Geborgenheit und Sicherheit gesucht. In der Selbstwahrnehmung besteht eine geringe Kontrollüberzeugung, sich als verletzbar empfindend, allein nicht lebensfähig fühlend und Sicherheit und Leitung benötigend. Zum Zeitpunkt des Beginns der Angststörung besteht zum Teil bereits seit mehreren Jahren eine erhöhte körperliche Alarmbereitschaft mit hohem physiologischen Aktivierungsniveau, Neigung zu Hyperventilation, erhöhter Sensibilität für interne Gefahrensignale (Herz-Kreislauf-Sensationen). Das bisherige aktive Anpassungsverhalten wird vom Partner als angenehm empfunden und dieser fühlt sich beim Patienten wohl, was als soziale Verstärkung dieses Verhaltens wirksam ist. In der Lerngeschichte finden wir häufig ein Lernen am Modell, zum Beispiel die ängstliche Mutter, traumatische Ereignisse, wie ein Herztod in der Familie, und operante Verstärkung von schutzsuchendem Verhalten, zum Beispiel durch die Mutter.

Der innere Teufelskreis der Angst: das Selbsterleben in einer angstauslösenden Situation läßt sich in Bezug auf drei Aspekte betrachten:

1. subjektive Selbstkompetenz,
2. irrationale Grundannahmen und
3. Standardgefühle.

1. Subjektive Selbstkompetenz: Meine Stärken liegen nicht in der Eigengestaltung meines Lebens. Ich brauche eine schützende und mich leitende Bezugsperson. Für mich ist das Wichtigste, Fähigkeiten zu entwickeln, mich aktiv anzupassen.

2. Irrationale Grundannahmen: Partnerschaft und Freiheit schließen sich aus. Ich bin allein nicht lebensfähig, deshalb muß ich auf Freiheit verzichten. Ich muß sehr wachsam sein gegenüber allem, was die Partnerschaft gefährdet.

3. Standardgefühle: das Selbsterleben mündet in immer wiederkehrende Gefühle, gerade noch einen sicheren Ort oder eine schützende Person erreicht oder sich verfügbar gehalten zu haben.

Die Reaktionen in der symptomauslösenden Reaktion:

Der Veränderungswunsch in der Partnerschaft führt zu einer Handlungstendenz auf Befreiung hin, diese ist mit Gefahr assoziiert. Bereits bestehende konditionierte Angstreflexe führen gemeinsam mit dieser Gefahrenassoziation zu einer phobischen Reaktion in einer Alltagssituation. Die affektiv-kognitive Bedeutung dieser Alltagssituation ist entweder Enge (Klaustrophobie) oder Weite (Agoraphobie). Wenn die Möglichkeit der Flucht und später der Vermeidung besteht, so bleiben Panikzustände aus. Wenn keine Flucht oder Vermeidung möglich ist, kommt es zum Panikzustand.

Die Konsequenzen der phobischen Reaktionen:

Bei Flucht wird das aversive Angsterleben beendet, bei Vermeidung der Gefahrensituation bleibt das antizipierte Angsterleben aus. Beides wirkt als negative Verstärkung im Sinne der operanten Konditionierung. Die kognitive Verarbeitung des Erlebnisses führt zu einer Bestätigung der Selbst- und Weltsicht (Affirmation): "Ich bin verletzbar, ich schaffe es nicht allein, ich brauche einen sicheren Ort oder eine leitende und schützende Bezugsperson." Die bisherige Überlebensstrategie wird konfirmiert: ja nichts im Leben verändern, Sicherheit durch Konstanthaltung der Lebenssituation und Wegschieben von Veränderungswünschen. Kommt es zu einer Panikattacke, so wirkt das Panikerleben als erneuter traumatischer unkonditionierter Stimulus (UCS) und führt zur Angst vor der Angst durch ständig neue klassische Konditionierung.

Besondere Beachtung müssen wir im Sinne einer Mikroanalyse der Reaktionskette schenken, die zur Symptombildung führt (vergleiche Abbildung 11):

Die Enge der Beziehungssituation oder der Entscheidungssituation wird unerträglich. Es entsteht die vorbewußte Handlungstendenz zur Befreiung. Dies ist mit Gefahr assoziiert und löst Alarmbereitschaft aus. Die habituell bestehende allgemeine Wachsamkeit, die unter anderem durch präzise Interozeption (Ehlers and Margraf, 1990) geprägt ist, führt zu einer durch kognitive Schemata vorgegebenen Kausalattribution mit Lokalisierung der Gefahr entweder als interne (körperliche) Gefahrenquelle oder als externe Gefahrenquelle (in der Außenwelt). Entsprechend wird die Aufmerksamkeit selektiv mehr dem Körper zugewandt (internal) oder der Außenwelt (external). Prompt kommt es zur früheren oder intensiveren Wahrnehmung gelernter innerer Gefahrensignale (Herzklopfen, Pulsfrequenz, Atemnot), oder im anderen Falle zusätzlich zur Wahrnehmung äußerer Gefahrenquellen (fehlende Fluchtmöglichkeit, fehlende Erreichbarkeit eines Helfers).
Dies bedingt die Auslösung eines klassisch konditionierten Angstreflexes (vgl. Reinecker, 1993), der im einen Fall zur herzphobischen Reaktion mit der Kausalattribution einer gestörten Herzfunktion und der Gefahr des Herztodes führt, im anderen Fall zur klaustro- oder agoraphobischen Reaktion, die ebenfalls als Lebensgefahr attribuiert werden kann. Gelingt die rechtzeitige Flucht und später die Vermeidung, so bleibt der Panikzustand aus. Andernfalls kommt es durch Rückkoppelungsprozesse (Ehlers 1990) zur Panikattacke, die selbst wieder als Trauma erlebt wird und deshalb im Sinne des klassischen Konditionierens einen UCS (= unconditioned stimulus) darstellt, der eine Angst vor der Angst bewirkt, d.h. eine Angst vor dem Panikzustand. Diese Prozesse erklären zwar, wie das Symptom entsteht und wie ein Panikzustand entsteht, aber nicht, daß es entsteht. Sie lassen sich nicht zur Ursache der Phobie machen, was in der Verhaltenstherapie oft angenommen wird. Dann nämlich wäre jegliche Gefahrenassoziation geeignet, eine Phobie zu verursachen.

Abbildung 11:
Mikromodell der Entstehung von Angst und Panik in einer phobischen Situation

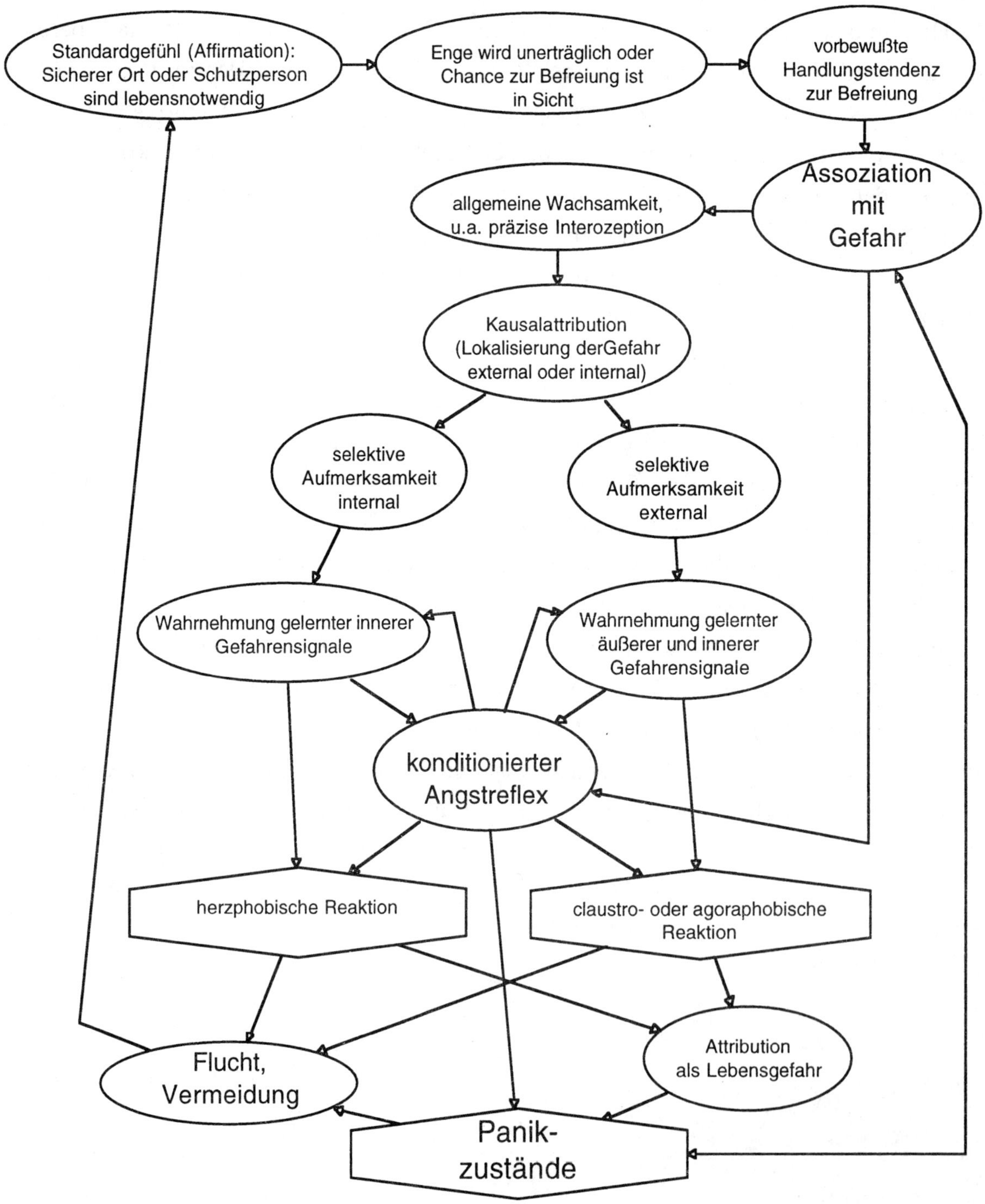

2. Zwangsstörung

Die pathogene Lebensgestaltung:

Menschen, die zur Entwicklung von Zwangssymptomen neigen, erleben ihre Umwelt als normgebend und normüberwachend. Darüber hinaus orientieren sie sich aber auch in extremer Weise an selbst gesetzten perfekten Ansprüchen. Auf eine rigide Weise halten sie an perfekter Sollerfüllung fest, auch wenn andere signalisieren, daß es zu viel des Guten ist. Alternative Tendenzen, die hedonistischen Gewinn bringen, unterdrücken sie streng. Sie vermeiden alle Lebenssituationen systematisch, die in Versuchung führen, entgegen den rigiden Überlebensregeln zu handeln. Es findet keine weich-gefügige Unterwerfung unter soziale Normen statt, sondern eine gespannt-rigide, die die latente Aggressivität noch spüren läßt und so doch eine gewisse Opposition darstellt. Trotz perfekter Pflichterfüllung bleibt beim Gegenüber ein Gefühl von Widerstand.

Pathogene Beziehungsgestaltung:

Die manipulative Gestaltung sozialer Beziehungen geschieht in der Weise, daß der andere mit dem eigenen Perfektionismus tyrannisiert wird, daß eigene antisoziale Tendenzen an den Partner delegiert werden, zum Beispiel unordentlich sein, sich gehen lassen, rebellieren. Es werden selbst alle Verhaltensweisen unterdrückt, die beim anderen den Eindruck eines aggressiven, triebhaften, genußsüchtigen oder antisozialen Menschen erwecken würden. Sich selbst zum Verwalter der Normen und des Standards machend, wird der andere kritisiert und kontrolliert. Das eigene Verhalten ist nicht auf den anderen bezogen, sondern auf gemeinsame perfekte Einhaltung der Normen. Selbstbehauptung geschieht über die Durchsetzung der rigiden Standards. Im sexuellen Bereich kommt es eher zu motorisch-aggressivem und weniger zu zärtlich emotionalem Handeln. In bestehenden Beziehungen wird spontane Begegnung und Nähe vermieden. Fügt sich der Partner nicht, so kann es zu aggressiven Machtkämpfen kommen. Ist der andere stärker, so kann auch eine eher unterwürfige Normorientierung vorherrschen. Dann wird an den Partner die Polizeirolle delegiert.

Auslösende Aspekte der Lebenssituation

Wenn eine Änderung der Lebenssituation so umfassend ist, daß nicht mehr alles kognitiv oder interpersonell unter Kontrolle gehalten werden kann, zum Beispiel in ein komplexeres soziales Gefüge durch Auszug von zuhause oder durch beruflichen Aufstieg hineinkommend, kann es zur Dekompensation und zur Bildung von Zwangssymptomen kommen. Wenn plötzlich sehr viel Verantwortung übernommen werden muß, so daß die bisherige Kapazität des Kontrollierens und Perfektseins überschritten wird, kann so viel Angst entstehen, daß Zwangssymptome diese Angst reduzieren müssen. Wenn andererseits situative Konstellationen entstehen, die die bisher unterdrückten aggressiven, sexuellen oder oppositionellen Tendenzen so sehr herauskitzeln, daß die bisherigen Alltagsstrategien nicht mehr zu ihrer Eindämmung ausreichen, kann auch die Symptombildung die einzige Möglichkeit sein, die Angst vor deren Auswirkungen zu reduzieren. Der Beginn ist oft schleichend ohne deutliche Auslöser, gehäuft im Lebensalter von 14 bis 20 Jahren.

Persönliche Disposition

Es wird immer wieder von einer erblichen Mitbedingung bei Zwangserkrankungen ausgegangen. Allerdings wird diese Hypothese oft dort herangezogen, wo wir noch nicht in der Lage sind, nachzuweisen, auf welche Weise die Wesensart eines Menschen doch durch frühe Lernprozesse bestimmt wird. Bei der Betrachtung der prämorbiden Persönlichkeit finden wir, daß häufig Schuldgefühle selbst wegen Gedanken entstehen. Daß aggressive Impulse immer wieder handlungsnah sind, so daß zum Beispiel auch Geliebtes gequält wird. Darüber hinaus bestehen durchgängige Zweifel an der Wirkung des eigenen Handelns, mit der Frage, habe ich das Soll erfüllt? Die innere Homöostase wird unter das Primat der Perfektion gestellt. Sie anzustreben bringt vorübergehende Genugtuung. Baldige Wahrnehmung der Diskrepanz zum Sollzustand mobilisiert weitere Anstrengungen. Wir beobachten als Verhaltensstereotypien Rigidität, Zögerlichkeit, Pflichtbewußtsein, Leistungsorientierung, Zuverlässigkeit, Ausdauer, Aspontaneität, häufige Ambivalenzen. Die Selbstregulation weist einen perfektionistischen „moralischen" oder Leistungsstandard auf. Autonomie bedeutet unwiderbringbar Verlust von Schutz und Sicherheit. Es kommt zu einem militanten Unterdrücken aller Wünsche und selbstbezogenen Gefühle. In der Lerngeschichte finden wir nicht selten Eltern, die durch exzessive Strafandrohungen lustbetontes, aggressives, exploratives, handelndes Lernen am Erfolg unterdrücken. Diese Strafandrohungen können sehr subtil sein, so daß

Tabelle 18: Ein ZWANG-Störungs-Modell

Die Situation	Was ist gestört?	... bei ZWANG:
Pathogene Lebensgestaltung	Pathogene Lebensgestaltung (auf welche Weise wird das übrige Leben so gestaltet, daß es unbefriedigend sein oder bleiben bzw. scheitern muß)	1. Die Umwelt wird als normgebend und normüberwachend erlebt. 2. Extremes Orientieren an selbstgesetzten perfekten Ansprüchen. 3. Rigides Festhalten an perfekter Sollerfüllung, auch wenn andere signalisieren, daß es zu viel des guten ist. 4. Alternative Tendenzen, die hedonistischen Gewinn bringen,werden streng unterdrückt. 5. Alle Lebenssituationen werden systematisch vermieden, die in Versuchung führen, entgegen den rigiden Überlebensregelnzu handeln. 6. Es findet keine weich-gefügige Unterwerfung unter soziale Normen statt, sondern eine gespannt-rigide, die die latente Aggressivität noch spüren läßt und so doch eine gewisse Opposition darstellt: trotz perfekter Pflichterfüllung bleibt ein Gefühl von Widerstand.
Pathogene Beziehungsgestaltung	Pathogene Beziehungsgestaltung (Auf welche Weise wird in den aktuellen intimen und näheren Beziehungen mit den anderen Menschen so umgegangen, daß diese Beziehungen unbefriedigend oder scheitern müssen)	1. Manipulative Gestaltung sozialer Beziehungen (den andern mit dem eigenen Perfektionismus tyrannisieren, Delegation eigener antisozialer Tendenzen an den Partner, z.B. unordentlich, sich gehen lassend, rebellierend). 2. Alle Verhaltensweisen werden unterdrückt, die beim andern den Eindruck eines aggressiven, triebhaften, genußsüchtigen oder antisozialen Menschen erwecken würden. 3. Als Verwalter der Normen und Standards wird der andere kritisiert, kontrolliert; im Verhalten nicht auf den andern bezogen - sondern auf gemeinsame perfekte Einhaltung der Normen; Selbstbehauptung geschieht über die Durchsetzung der rigiden Standards; im sex. Bereich eher motorisch-aggressiv, weniger zärtlich-emotional. 4. In bestehenden Beziehungen wird spontane Begegnung und Nähe vermieden.

1. Fortsetzung Tabelle 18 (ZWANG-Störungsmodell)		
		5. Fügt sich der Partner nicht, so kann es zu aggressiven Machtkämpfen kommen. 6. Es kann auch eine eher unterwürfige Normorientierung vorherrschen. Dann wird an den Partner die Polizeirolle delegiert.
Auslösende Lebenssituation	Auslösende Lebenssituation (Welche konkreten Ereignisse im letzten Jahr bzw. welche größeren Veränderungen im Leben der letzten zwei Jahre führten zur Symptombildung und damit zur Auslösung der psychischen Erkrankung? Welches Problem konnte nicht anders als durch Symptombildung gelöst werden? - Bei Persönlichkeitsstörungen ist hiermit diejenige ohne fremde Hilfe nicht mehr zu bewältigende Lebenssituation gemeint, die den Leidensdruck so groß machte, daß Psychotherapie begonnen wurde)	AUSLÖSER: 1. Wenn eine Änderung der Lebenssituation so umfassend ist, daß nicht mehr alles kognitiv oder interpersonell unter Kontrolle gehalten werden kann, z.B. in ein komplexeres soziales Gefüge durch Auszug von Zuhause oder durch beruflichen Aufstieg hineinkommen. 2. Wenn plötzlich sehr viel Verantwortung übernommen werden muß. 3. Wenn situative Konstellationen die bisher unterdrückten aggressiven, sexuellen oder oppositionellen Tendenzen so sehr herauskitzeln, daß die bisherigen Alltagsstrategien nicht mehr zu ihrer Eindämmung ausreichen. 4. Oft schleichender Beginn ohne deutlichen Auslöser, gehäuft zwischen 14 und 20 Jahren.
Die Person	**Was ist gestört?**	**... bei ZWANG:**
Angeborene Disposition	Angeborene Disposition körperlicher oder psychischer Art, die anfällig für die Symptombildung macht	1. Erbliche Mitbedingung 2. Schuldgefühle selbst wegen Gedanken 3. Auch Geliebtes wird gequält 4. Zweifel an der Wirkung eigenen Handelns (Habe ich das Soll erfüllt?)
Lerngeschichte	Lerngeschichte (Verhalten der Eltern)	Lerngeschichte: Eltern unterdrücken durch exzessive Strafandrohungen lustbetontes, aggressives, exploratives, handelndes Lernen am Erfolg. So bleiben ein magisches Weltbild, Selbstzweifel & Aspontaneität
Kindliches Weltbild	Kindliches Bild der Welt: Frustrierendes bzw. traumatisierendes Elternverhalten wird ungeprüft auf die Erwachsenenwelt übertragen	Meine Eltern reagieren auf meine Abgrenzung, Aggression und Impulsivität mit Strafe.

2. Fortsetzung Tabelle 18 (ZWANG-Störungsmodell)		
Kindliches Selbstbild	Kindliches Selbstbild (eigene Bedürfnisse, Erwartungen, Fertigkeiten)	Ich brauche Schutz & Sicherheit. Meine Aggression und Triebhaftigkeit hat eine nicht wieder gut zu machende schädliche Wirkung auf die Welt.
Kindliche Grundannahmen	Kindliche Grundannahmen über das Funktionieren der Welt (Erfahrungen mit den Eltern)	Abhängige Unterordnung und Pflichterfüllung ist notwendig. Aggressive Verselbständigung zerstört die Welt und damit meine Chance auf Schutz und Sicherheit.
Überlebensregel	Überlebensregel (Was muß ich unbedingt tun, was darf ich auf keinen Fall tun, um von der sozialen Umwelt die zum emotionalen Überleben benötigten Reaktionen zu erhalten).	Nur durch Ordnung und Pflichterfüllung und Unterdrückung aggressiver Verselbständigung, bewahre ich die Chance auf Schutz und Sicherheit und verhindere, daß meine Aggression und Triebhaftigkeit nicht wieder gut zu machenden Schaden in der Welt anrichtet.
dysfunktionale Verhaltens-stereotypien	dysfunktionale Verhaltensstereotypien (habituelle Erlebens- und Reaktionstendenzen, die in der Kindheit funktionale Copingstrategien waren und jetzt im Erwachsenenalter in den meisten Situationen dysfunktional geworden sind - sie definieren die Persönlichkeit)	Verhaltensstereotypien: Rigidität, Zögern, Pflichtbewußtsein, Leistungsorientierung, Zuverlässigkeit, Ausdauer, Aspontaneität, häufige Ambivalenzen
Dauerdilemma	Dauerdilemma (Konflikt zwischen den Geboten und Verboten der Überlebensregel und meinen zentralen Wünschen und Bedürfnissen)	Die antizipierte destruktive Wirkung eigener Aggressivität macht Angst und Schuldgefühle. Deshalb wird ständig darauf geachtet, mit Hilfe perfekter Pflichterfüllung und Leistung so weit wie möglich von dieser entfernt zu sein.
Reaktion/Symptom	**Was ist gestört?**	**... bei ZWANG:**
primäre Emotion	primäre Emotion, die die natürliche Antwort auf das problematische Ereignis der Lebens-Situation S wäre (meist tabuisiert oder bedrohlich, z.B. Wut, Ärger, Trauer)	Trotz, Wut, Neid, Gier, sex. Verlangen
primärer Handlungs-impuls	primärer Handlungsimpuls, der sich aus der primären Emotion ergäben würde a) inadäquat intensiver Impuls	a) inadäquat intensiv: Verletzen, Beschmutzen, Rebellieren b) adäquates Coping: sich wehren, fordern, Nein sagen

3. Fortsetzung Tabelle 18 (ZWANG-Störungsmodell)		
	(unzivilisiert, daher allgemein sozial abgelehnt) b) adäquates Coping (wegen emotionaler Abhängigkeit zu bedrohlich)	
Antizipation der Konsequenz	Antizipation der Konsequenz dieses primären Handlungsimpulses, die eine extreme Bedrohung des Organismus bzw. der Person bedeuten würde (Ablehnung, Zurückweisung)	Chaos, Unheil, Strafe, Kritik, Ablehnung, Verletzung, Tod
gegensteuernde Gefühle	gegensteuernde Gefühle (Angst, Scham, Schuldgefühle, Ekel), die verhindern sollen, daß der primäre Handlungsimpuls in eine Handlung umgesetzt wird.	Angst, Scham, Zweifel, Schuld, Ekel Vermeidung
Vermeidung	Vermeidung: Unterdrückung des primären Handlungsimpulses	selbstverantwortlich zu den eigenen Anliegen stehen und sie angemessen durchsetzen
Neue verhaltens-steuernde Gefühle	Neue verhaltenssteuernde Gefühle, die unmittelbar zu diskriminativen oder reflexhaft auslösenden Stimuli des Symptomverhaltens werden (z.B. Hilflosigkeit bei Depression, Angst beim Paniksyndrom)	Discomfort (Spannung, Unruhe)
Symptom	Symptom als qualitativ neues Verhalten, das einerseits eine partielle Problemlösung in der auslösenden Situation bringt, andererseits aber auch nicht die Verbote und Gebote der Überlebensregel verletzt	Zwangsgedanken, Zwangshandlungen, Zwangsimpulse
sekundäre Verhaltensweisen	Verhaltensweisen, die sekundär versuchen, die Auswirkungen des Symptoms abzumildern bzw. deren negat. Auswirkungen entgegenzusteuern	während des Zwangs kurz Entlastung, danach Unsicherheit bezügl. Sollerfüllung u. Wiederholung

4. Fortsetzung Tabelle 18 (ZWANG-Störungsmodell)		
Konsequenzen	**Was ist gestört?**	**... bei ZWANG:**
Vermeiden aversiver Konsequenzen	Vermeiden der aversiven Konsequenzen einer „gesunden" Copingreaktion als autonomem selbstverantwortlichem Verhalten, wie das Risiko der Ablehnung, des Unmutes	Die Zwangshandlung führt kurzfristig zur Reduktion von Discomfort (Spannung, Unruhe, Angst, Schuldgefühl)
Bewahren von Verstärkungen	Bewahren von Verstärkungen (Gratifikationen aus der Abhängigkeit von wichtigen Bezugspersonen und Beziehungen)	Wer so angepaßt und normgerecht wie immer bleibt, wird dafür akzeptiert, als einer betrachtet, der im Grunde anständig ist, aber die Zwangskrankheit hindert ihn halt, sich weiterhin so gut anzupassen
Bestätigung der Selbst- und Weltsicht	Bestätigung der alten Selbst- und Weltsicht	Bestätigung der Selbst- und Weltsicht (Affirmation): Ich brauche Perfektion (100%ige Gewißheit, Sauberkeit, Ordnung etc.) Ich kann mir nie sicher sein, ob meine zuletzt ausgeübte Handlung dies erreicht hat. Besteht noch Ungewißheit, so liegt dies nur daran, daß ich mich zu wenig bemüht habe. Ich muß mich weiter bemühen, um Schaden abzuwenden.
positive Verstärkung durch de soziale Umwelt	Zusätzliche positive Verstärkung des Symptomverhaltens durch die soziale Umwelt	Die soziale Umwelt schätzt in vielen Bereichen zwanghaftes Verhalten. Was im bisherigen Leben vielleicht einzige relevante Quelle von sozialer Bestätigung war, ist auch nach Ausbruch der Zwangserkrankung die Bewältigungsstrategie erster Wahl. Sie muß in extremen Situationen eben auch in extremem Ausmaß eingesetzt werden.

man nicht von offen strengen Eltern sprechen muß. Deshalb bleiben bis ins Erwachsenenalter hinein ein magisches Weltbild und Selbstzweifel sowie Aspontaneität erhalten.

Der Teufelskreis: Ewig den Rebellen in sich niederkämpfen

Der Teufelskreis beginnt damit, daß eine unterdrückte Autonomietendenz mit eher versteckter Oppositionsneigung stark wird. Dagegen steht ein Wunsch nach Sicherheit und Schutz mit Neigung zum Gehorsam. Die abhängige Unterordnung und Pflichterfüllung ist aber einengend und behindernd. Die Tendenz zu aggressiver Verselbständigung wächst, sie zerstört aber subjektiv die Chance auf Schutz und Sicherheit. Die antizipierte destruktive Wirkung eigener Aggressivität macht Angst und Schuldgefühle. Deshalb wird ständig darauf geachtet, mit Hilfe perfekter Pflichterfüllung und Leistung soweit wie möglich von dieser entfernt zu sein. In einer Reaktion gegen die als antisozial definierten Anliegen und Impulse wird asketisch gelebt, das Leben der Pflichterfüllung und Arbeit gewidmet, Ordnung und saubere Verhältnisse hergestellt. Diese Art der Problemlösung führt wieder zu einer affektiven Affirmation: es kommt zu Genugtuung und Bestätigung, ein Mensch zu sein, der sich fortwährend um Perfektion und Pflichterfüllung bemüht. Ein Mensch zu sein, der niemals auf die Idee käme, ein Rebell oder Flegel zu sein. Kurzum, daß es keinen Grund zu Angst und Schuldgefühlen gibt. Da sich die Autonomietendenz aber nicht endgültig unterdrücken läßt, beginnt der Teufelskreis von vorne.

Zwangsreaktionen:

Selbstbezogene und Autonomietendenzen gehen mit verbotenen emotionalen Reaktionen wie Wut, Neid, Gier, sexuellem Verlangen einher. Das kann einerseits einen primären Handlungsimpuls auslösen, der tatsächlich inadäquat intensiv ist, wie verletzen, beschmutzen, rebellieren. Denn in der Kindheit hatte dieser Mensch ja keine Chance, seine Aggressionen zu zivilisieren. Es kann aber auch sein, daß lediglich adäquates Coping, wie sich wehren, fordern, nein sagen, als Handlungstendenz entsteht. Für beide wird gleichermaßen eine bedrohliche Handlungskonsequenz antizipiert: sei es Chaos, Unheil, Strafe, Kritik, Ablehnung, Verletzung oder gar Tod. Diese Erwartungen lösen gegensteuernde Gefühle wie Angst, Scham, Zweifel, Schuldgefühl oder Ekel aus. Diese Gefühle führen zur Vermeidung der primären Bewältigungsreaktionen. Es wird verhindert, daß selbstverantwortlich zu den eigenen Anliegen gestanden und versucht wird, sie angemessen durchzusetzen. Statt dessen kommt es zu symptomatischen neuen verhaltenssteuernden Gefühlen. Es entsteht eine extreme innere Spannung und Unruhe, die schließlich nur durch ein Zwangssymptom reduziert werden kann. Während des Zwangs kommt es kurz zur Entlastung, danach aber sofort zur Unsicherheit bezüglich der Sollerfüllung des Zwangsverhaltens mit der Notwendigkeit der Wiederholung. Wegen der quälenden Gefühle während des Zwangs wird künftig versucht, alle Situationen zu vermeiden, in denen es normalerweise zu Zwangssymptomen kommt.

Konsequenzen des symptomatischen Verhaltens

In der Zwangsneurose wird das prämorbide Perfektionsstreben noch restriktiver und rigider: Die zwanghafte Selbstregulation mit nur imperfekter Selbstwahrnehmung und Selbstbewertung mündet in exzessive Zwänge mit quälerischen Kontrollen und Wiederholungen ein. Das Ergebnis ist schließlich innerlich die völlige Demoralisierung und außen die völlige Unordnung. Allerdings wird die Zwangshandlung kurzfristig verstärkt, indem sie Spannung, Unruhe, Angst und Schuldgefühle reduziert. Im Sinne des Zeigarnik-Effekts bleibt die als unerledigt bewertete Zwangshandlung und deren instrumentelles Handlungsziel im Bewußtsein und im Gedächtnis und löst in der gleichen Situation das zur Erledigung führende Verhalten wieder aus.
Affektiv-kognitiv kommt es zur Bestätigung des alten Selbst- und Weltbildes: „Ich brauche Perfektion (hundertprozentige Gewißheit, Sauberkeit, Ordnung, etc.). Ich kann mir nie sicher sein, ob meine zuletzt ausgeübte Handlung dies erreicht hat. Besteht noch Ungewißheit, so liegt dies nur daran, daß ich mich zuwenig bemüht habe. Ich muß mich weiter bemühen, um Schaden von der Welt abzuwenden." Die soziale Umwelt schätzt in vielen Bereichen zwanghaftes Verhalten. Was im bisherigen Leben vielleicht einzig relevante Quelle von sozialer Bestätigung war, ist auch nach Ausbruch der Zwangserkrankung die Bewältigungsstrategie erster Wahl. Sie muß in extremen Situationen eben auch in extremem Ausmaß eingesetzt werden. Tabelle 18 faßt die Modellaussagen zur Zwangsstörung zusammen.

Das Verständnis des klinischen Syndroms von Zwangsstörungen erfordert über die verhaltenstherapeutische Lektüre (Reinecker, 1991, Hoffmann, 1990) hinaus, auch die Kenntnis der phänomenologisch ausgerichteten Monographie von Gebsattels (1954) und der psychoanalytischen Studie von Quint (1988).

Funktionsanalytisch hilft wieder eine Mikro-Betrachtung der Reaktionskette weiter, teils in Anlehnung an Reinecker (1991): Die primäre emotionale Reaktion (auf den situativen Auslöser) führt zum primären, meist aggressiven Handlungsimpuls, dessen antizipierte Wirkung (Unheil,

Verletzung, Tod) zum gegensteuernden Gefühl der Angst oder der Schuld führt. Sie helfen, den Impuls zu unterdrücken. Es bleibt aber eine innere Spannung, die unerträglich wird.
Das Zwangssymptom neutralisiert (psychoanalytisch: Reaktionsbildung) kurzfristig die verbliebene Restspannung des Impulses. Da sie aber nicht perfekt und endgültig sein kann, bleibt eine Unsicherheit bezüglich ihrer Wirkung. Im Sinne des Zeigarnik-Effekts bleibt die Kontrolle deshalb im Gedächtnis als unerledigt gespeichert und führt zum Bedürfnis der Wiederholung. Emotional steigt die Spannung wieder an, bis das Zwangssymptom, zum Beispiel der Kontrollzwang, sie wieder kurzfristig reduziert. Da jede Reaktion mit der Zeit einen Hemmungsgradienten aufbaut, im Sinne einer Ermüdung oder Sättigung, nimmt relativ dazu der Imperativ des Zwangs ab, bis die Hemmung überwiegt und der Zwang beendet wird. Das quälende Gefühl des dem Zwang Ausgeliefertseins führt einerseits zur phobischen Vermeidung von Situationen, in denen der Zwang normalerweise auftritt (Angst vor dem Zwang) und andererseits zu einer sekundären Depression.

3. Depression

Pathogene Lebensgestaltung

Der zur Depression neigende Mensch bewertet und benutzt die soziale Umwelt nach dem Grad ihres Nutzens für den Selbstwertgewinn. Er stützt sich in extremer Weise auf nur wenige Quellen des Selbstwerterlebens. Diese Quellen können sowohl eine zentrale Bezugsperson sein, aber auch der Beruf oder ein Lebensziel kann zu dieser ausschließlichen Selbstwertquelle werden. Alternative Quellen des Selbstwertes werden streng vermieden, sie lenken nur ab. Es werden auch alle Lebenssituationen systematisch vermieden, die zu einer Falsifizierung der depressogenen Überlebensregeln führen können. Bei einigen Menschen finden wir keine zentrale Selbstwertquelle. Sie versagen sich sogar das Halten einer zentralen Bezugsperson oder eines zentralen Lebenszieles, kümmern innerlich vor sich hin. Wir nehmen sie als Underachiever oder als Unscheinbare wahr (Tabelle 19).

Pathogene Beziehungsgestaltung

Da die zentrale Bezugsperson als Selbstwertspender idealisiert wird, ist sie so wertvoll, daß es zu einer manipulativen Gestaltung der Beziehung zu ihr kommt. Mit Hilfe von impliziten Interaktionsregeln wird dieses eigentlich nur aus einem einzigen Faden bestehende soziale Netz geschützt. Dies führt dazu, daß alle Verhaltensweisen und Unternehmungen unterdrückt werden, die zum Verlust der zentralen Bezugsperson führen könnten, zum Beispiel erfolgreich sein und ein Erfolgsgefühl haben. Zur Dependenz neigende oder selbstunsichere Menschen empfinden sich als Verwalter der Launen der zentralen Bezugsperson und hüten deren Wohlgesonnensein, indem sie verstehen, versöhnlich, geduldig, kritiklos sind, indem sie nachgeben, sich aufopfern, sich hingeben, sich anschmiegen, mit dem anderen leiden und mit dem anderen sich freuen. Sie sind im Verhalten ganz auf den anderen bezogen, reagieren mit ihm oder auf ihn wie ein Schatten. Von der Bedürfnisbilanz her besteht beim dependenten Menschen eine Selbstaufgabe. Er ist auch im sexuellen Bereich nicht für sich genußfähig. Folglich wird auch in bestehenden Beziehungen Distanz vermieden und immer Nähe gesucht. Wenn gerade keine Partnerschaft besteht, verhält er sich vorübergehend selbständig. In der Partnerschaft wird die Fähigkeit zur Selbstregulation aber wieder abgegeben vergleiche

Tabelle 19).

Auslösender Aspekt der Lebenssituation

Es gibt einige charakteristische Merkmale der Depressionsauslösung. Zum einen fällt auf, daß bei Verlustereignissen keine Bewältigungsmechanismen aktiviert werden, sondern aufgegeben wird (gelernte Hilflosigkeit nach Seligman 1979). Darüber hinaus kann die Auslösung von Depression fast ausschließlich unter dem Aspekt des Verlustereignisses gesehen werden. Die häufigsten Auslöser sind:

a) der unaufhaltsam bevorstehende oder gerade stattfindende oder bereits erfolgte Verlust der einzig wichtigen Quelle von Selbstwert (zentrale Bezugsperson/zentrales Ziel);

b) die zentrale Bezugsperson gibt nicht mehr ausreichend Zuwendung oder Bestätigung;

c) es fehlt seit längerer Zeit eine zentrale Bezugsperson oder ein zentrales Ziel (Zukunftsperspektive);

d) es läuft ein zermürbender aussichtslos gewordener Kampf mit der zentralen Bezugsperson, sie wieder zu mehr Zuwendung und Bestätigung zu bewegen;

e) es ging zum Beispiel krankheits- oder altersbedingt die Fähigkeit verloren, das bisherige Übersoll zu erfüllen;

f) Underachiever und Unscheinbare (Erfolglose) werden oft ohne massiven Auslöser depressiv. Bei ihnen handelt es sich um ein allmähliches Gewahrwerden, daß ein Leben nach dem in der Kindheit erlernten Muster freud- und sinnlos ist;

g) durch die eigene Weiterentwicklung notwendige Rollenveränderungen, zum Beispiel beruflicher Aufstieg, führen einerseits zum Verlust eines wohlwollenden Vorgesetzten, andererseits zur Konfrontation mit Selbstverantwortung.

Persönliche Disposition

Der zur Depression disponierte Mensch setzt keine Selbstverstärkung zur Überbrückung von Fremdverstärkung ein. Er muß deshalb ständig äußere Bestätigung einholen, um die Ideal-Selbstbild-Diskrepanz zu verringern. Darüber hinaus beobachten wir die fehlende Erfahrung von Selbsteffizienz, die vielleicht der wichtigste gesund erhaltende Anteil des Selbstwertgefühls ist. Ein zur Depression neigende Mensch hat oft nur eine zentrale Verstärkerbedingung. Seine Selbstachtung wird nur von dieser zentralen Verstärkerbedingung, sei es die Bezugsperson, sei es der Beruf oder

das Lebensziel, genährt. Anderen Quellen wird keine verstärkende Funktion zugeordnet (fehlende Verstärkerwirkung).
Es bestehen sehr restriktive Überlebensregeln, ein strenger "moralischer" oder Leistungsstandard bestimmt die Verhaltenssteuerung. Implizit bedeutet Autonomie unwiderbringbar den Verlust von Geborgenheit und Zuwendung. Es wird ein gutes asketisches einem schlechten hedonistischen Selbstbild entgegengesetzt, letzterem wird keine Daseinsberechtigung zugesprochen. Mit diesen Regeln wird darüber hinaus sehr rigide umgegangen. Alle Wünsche und selbstbezogenen Gefühle werden unterdrückt. Es entstehen sofort Angst- oder Schuldgefühle und zwar schon bei geringen Regelabweichungen. In der Lerngeschichte finden wir oft Eltern, die zu ständigem Bemühen um Sollerfüllung zwingen, Erfolge aber ignorieren. Sie bestrafen Versuche, Anerkennung von außerhalb der Familie zu holen. Wir können ein indirektes Modellernen feststellen: mit sich selbst so streng umgehen wie die Eltern es damals getan haben. Darüber hinaus finden wir tatsächlich subdepressive oder depressive Väter oder Mütter.

Der Teufelskreis: um Selbstwert kämpfen wie Sisyphus

Wegen der fehlenden Selbstregulation des Selbstwertgefühls kann keine Erfahrung von Selbsteffizienz stattfinden. Dadurch besteht ein chronisches Defizit an Selbstwert. Ereignisse, die potentiell zur Auffüllung des Selbstwertreservoirs dienen, zum Beispiel eigene Erfolge oder Gratifikationen durch andere, haben nur sehr kurze Wirkung. Es ist als ob das Selbstwertreservoir ein Leck hätte, so daß es nach kurzer Zeit wieder entleert ist. In dieser Not wird alles auf eine Karte gesetzt: nur die zentrale Bezugsperson bzw. das zentrale Ziel dürfen den Selbstwert regulieren. Dadurch entsteht eine extreme Abhängigkeit von dieser. Das soziale Netz hängt tatsächlich nur an einem einzigen Faden.
Wegen dieser Vulnerabilität müssen die Regeln so restriktiv eingesetzt werden: zum Beispiel wird alles unterlassen, was nicht der Absicherung dieses Fadens dient. Bis zum Beginn der Depression wird dieses ständige Bemühen durch affektive Affirmation aufrechterhalten. Es entsteht immer wieder die Genugtuung und Bestätigung, durch fortwährendes Bemühen und Selbstaufgabe die Verfügbarkeit der zentralen Bezugsperson bzw. die Erreichbarkeit des zentralen Ziels bewahrt zu haben.

Tabelle 19: Ein DEPRESSION-Störungs-Modell		
Die Situation	**Was ist gestört?**	**... bei DEPRESSION:**
Pathogene Lebensgestaltung	Pathogene Lebensgestaltung (auf welche Weise wird das übrige Leben so gestaltet, daß es unbefriedigend sein oder bleiben bzw. scheitern muß)	1. Die Umwelt wird nach dem Grad ihres Nutzens für den Selbstwert-Gewinn bewertet und benutzt. 2. Extremes Stützen auf nur wenige Quellen des Selbstwerterlebens. 3. Auch der Beruf oder ein Lebensziel kann diese ausschließliche Quelle sein. 4. Alternative Quellen des Selbstwertes werden streng vermieden. 5. Alle Lebenssituationen werden systematisch vermieden, die zu einer Falsifizierung der depressogenen Lebensregeln führen können. 6. Underachiever und Unscheinbare versagen sich sogar das Halten einer zentralen Bezugsperson/ eines zentralen Zieles, kümmern innerlich vor sich hin.
Pathogene Beziehungsgestaltung	Pathogene Beziehungsgestaltung (auf welche Weise wird in den aktuellen intimen und näheren Beziehungen mit den anderen Menschen so umgegangen, daß diese Beziehungen unbefriedigend werden oder scheitern müssen)	1. Manipulative Gestaltung sozialer Beziehungen (idealisierter Selbstwertspender). 2.Implizite Interaktionsregeln im sozialen Netz schreiben diese Regeln fest. 3. Alle Verhaltensweisen und Unternehmungen werden unterdrückt (z.B. Erfolgsgefühl), die zum Verlust der zentralen Bezugsperson führen könnten. 4. Als Verwalter der Laune der zentralen Bezugsperson; dessen Wohlgesonnensein hütend (verstehend, versöhnlich, geduldig, kritiklos, nachgebend, aufopfernd, hingebend, angeschmiegt, mit leidend, mit freuend); im Verhalten ganz auf den andern bezogen (mit ihm oder auf ihn reagierend wie ein Schatten); Selbstaufgabe, auch im sex. Bereich nicht für sich genußfähig. 5. In bestehenden Beziehungen wird Distanz vermieden, Nähe gesucht. 6. Allein lebend vorübergehend selbständig, wird in der Partnerschaft die Fähigkeit zur Selbstregulation wieder abgegeben.

1. Fortsetzung Tabelle 19 (DEPRESSION-Störungsmodell)		
Auslösende Lebenssituation	Auslösende Lebenssituation (Welche konkreten Ereignisse im letzten Jahr bzw. welche größeren Veränderungen im Leben der letzten zwei Jahre führten zur Symptombildung und damit zur Auslösung der psychischen Erkrankung? Welches Problem konnte nicht anders als durch Symptombildung gelöst werden? - Bei Persönlichkeitsstörungen ist hiermit diejenige, ohne fremde Hilfe nicht mehr zu bewältigende Lebenssituation gemeint, die den Leidensdruck so groß machte, daß Psychotherapie begonnen wurde)	1. Bei Verlustereignissen werden keine Bewältigungsmechanismen aktiviert, sondern aufgegeben. 2. Wer oder was ging verloren? a) der unaufhaltsam bevorstehende oder gerade stattfindende oder bereits erfolgte Verlust der einzig wichtigen Quelle von Selbstwert (zentrale Bezugsperson/Ziel); b) die zentrale Bezugsperson gibt nicht mehr ausreichend Zuwendung/Bestätigung; c) es fehlt seit längerer Zeit eine zentrale Bezugsperson/ein zentrales Ziel; d) es läuft ein zermürbender aussichtslos gewordener Kampf mit der zentralen Bezugsperson, sie wieder zu mehr Zuwendung/Bestätigung zu bewegen; e) es ging z.B. krankheits- oder altersbedingt die Fähigkeit verloren, das bisherige Übersoll zu erfüllen; f) Underachiever & Unscheinbare (Erfolglose) werden oft ohne massiven Auslöser depressiv (allmähliches Gewahrwerden, daß ein Leben nach dem in der Kindheit erlernten Muster freud- und sinnlos ist); g) Rollenveränderungen, z.B. beruflicher Aufstieg führen einerseits zum Verlust eines wohlwollenden Vorgesetzten, andererseits zur Konfrontation mit Selbstverantwortung.
Die Person	**Was ist gestört?**	**... bei DEPRESSION:**
Angeborene Disposition	Angeborene Disposition körperlicher oder psychischer Art, die anfällig für die Symptombildung macht	In früheren Generationen treten ebenfalls Depressionen auf
Lerngeschichte	Lerngeschichte (Verhalten der Eltern)	Lerngeschichte: Eltern zwingen zu ständigem Bemühen um Sollerfüllung, ignorieren aber Erfolge. Sie bestrafen Versuche, Anerkennung von außerhalb der Familie zu holen. Modellernen: Mit sich selbst umgehen wie die Eltern.
Kindliches Weltbild	Kindliches Bild der Welt: Frustrierendes bzw. traumatisierendes Elternverhalten	Meine Selbstachtung wird von einer einzigen zentralen Verstärkerbedingung (Bezugsperson, Beruf, Lebensziel) genährt. Anderen Quellen haben keine

2. Fortsetzung Tabelle19 (DEPRESSION-Störungsmodell)		
...	wird ungeprüft auf die Erwachsenenwelt übertragen	verstärkende Funktion .
Kindliches Selbstbild	Kindliches Selbstbild (eigene Bedürfnisse, Erwartungen, Fertigkeiten)	1. Keine Selbstverstärkung zur Überbrükkung von Fremdverstärkung 2. Es muß ständig äußere Bestätigung eingeholt werden, um die Ideal-Selbstbilddiskrepanz zu verringern 3. Fehlende Erfahrung von Selbsteffizienz
Kindliche Grundannahmen	Kindliche Grundannahmen über das Funktionieren der Welt (Erfahrungen mit den Eltern)	Nur durch fortwährendes Bemühen und Selbstaufgabe wird die Verfügbarkeit der zentralen Bezugsperson / die Erreichbarkeit des zentralen Ziels bewahrt
Überlebensregel	Überlebensregel (Was muß ich unbedingt tun, was darf ich auf keinen Fall tun, um von der sozialen Umwelt die zum emotionalen Überleben benötigten Reaktionen zu erhalten)	restriktive Lebensregeln: strenger „moralischer" oder Leistungsstandard. Autonomie bedeutet unwiederbringbar Verlust von Geborgenheit und Zuwendung. Gutes asketisches versus schlechtes hedonistisches Selbstbild.
dysfunktionale Verhaltensstereotypien	dysfunktionale Verhaltensstereotypien (habituelle Erlebens- und Reaktionstendenzen, die in der Kindheit funktionale Copingstrategien waren und jetzt im Erwachsenenalter in den meisten Situationen dysfunktional geworden sind - sie definieren die Persönlichkeit)	Alles auf eine Karte setzen: nur die zentrale Bezugsperson / das zentrale Ziel regulieren den Selbstwert. So entsteht eine extreme Abhängigkeit von dieser (das soziale Netz hängt nur an einem Faden) bzw. vom Ziel. Unterdrücken aller Wünsche und selbstbezogenen Gefühle; sofortige Angst und Schuldgefühle schon bei ansatzweisen Regelabweichungen.
Dauerdilemma	Dauerdilemma (Konflikt zwischen den Geboten und Verboten der Überlebensregel und meinen zentralen Wünschen und Bedürfnissen)	Entweder Durchsetzung meiner Interessen oder Bestätigung und Liebe.
Reaktion/Symptom	**Was ist gestört?**	**... bei DEPRESSION:**
primäre Emotion	primäre Emotion, die die natürliche Antwort auf das problematische Ereignis der Lebens-Situation S wäre (meist tabuisiert oder bedrohlich, z.B. Wut, Ärger, Trauer)	Tendenz zu intensiver emotionaler Reaktion (Trauer, Schmerz, Wut)

3. Fortsetzung Tabelle 19 (DEPRESSION-Störungsmodell)		
primärer Handlungsimpuls	primärer Handlungsimpuls, der sich aus der primären Emotion ergeben würde a) inadäquat intensiver Impuls (unzivilisiert, daher allgemein sozial abgelehnt) b) adäquates Coping (wegen emotionaler Abhängigkeit zu bedrohlich)	Aktiver Kampf gegen die frustrierende Person
Antizipation der Konsequenz	Antizipation der Konsequenz dieses primären Handlungsimpulses, die eine extreme Bedrohung des Organismus bzw. der Person bedeuten würde (Ablehnung, Zurückweisung)	Wenn ich aggressiv bin, verliere ich Liebe für immer
gegensteuernde Gefühle	gegensteuernde Gefühle (Angst, Scham, Schuldgefühle, Ekel), die verhindern sollen, daß der primäre Handlungsimpuls in eine Handlung umgesetzt wird.	Angst und Schuldgefühle
Vermeidung	Vermeidung: Unterdrückung des primären Handlungsimpulses	Unterdrückung aller „gesunden" Bewältigungsreaktionen
Neue verhaltens-steuernde Gefühle	Neue verhaltenssteuernde Gefühle, die unmittelbar zu diskriminativen oder reflexhaft auslösenden Stimuli des Symptomverhaltens werden (z.B. Hilflosigkeit bei Depression, Angst beim Paniksyndrom)	Sinn- u. Hoffnungslosigkeit
Symptom	Symptom als qualitativ neues Verhalten, das einerseits eine partielle Problemlösung in der auslösenden Situation bringt, andererseits aber auch nicht die Verbote und Gebote der Überlebensregel verletzt	Niedergeschlagenheit, depressive Selbstregulation: negative Selbstwahrnehmung u. Selbstbewertung
sekundäre Verhaltensweisen	Verhaltensweisen, die sekundär versuchen, die Auswirkungen des Symptoms abzumildern bzw. deren negat. Auswirkungen entgegenzusteuern	depressives Interaktionsverhalten (Rückzug, Passivität)

4. Fortsetzung Tabelle 19 (DEPRESSION-Störungsmodell)		
Konsequenzen	**Was ist gestört?**	... bei DEPRESSION:
Vermeiden aversiver Konsequenzen	Vermeiden der aversiven Konsequenzen einer „gesunden" Copingreaktion als autonomem selbstverantwortlichem Verhalten, wie das Risiko der Ablehnung, des Unmutes	Aggressive Durchsetzung würde die soziale Umwelt nicht tolerieren. Sie wäre nicht mehr bereit, Lob und Anerkennung auszusprechen. Oder: Trauer würde das Loslassen der zentralen Bezugsperson bedeuten.
Bewahren von Verstärkungen	Bewahren von Verstärkungen (Gratifikationen aus der Abhängigkeit von wichtigen Bezugspersonen und Beziehungen)	Ich bleibe die Persönlichkeit, die durch die alten Verhaltensmuster von anderen weiter Anerkennung erhalten kann.
Bestätigung der Selbst- und Weltsicht	Bestätigung der alten Selbst- und Weltsicht	Bestätigung der Selbst- und Weltsicht (Affirmation): Ich brauche eine zentrale Selbstwertquelle. Ich kann mir diese nur sichern durch Sollerfüllung und Selbstaufgabe. Gibt sie mir zuwenig Bestätigung, so liegt dies nur daran, daß ich mich zu wenig bemüht habe. Ich habe keine Selbsteffizienz, deshalb brauche ich einen zentralen Selbstwertspender.
positive Verstärkung durch die soziale Umwelt	Zusätzliche positive Verstärkung des Symptomverhaltens durch die soziale Umwelt	Keine (Depression entsteht aus Verstärkerverlust)

Depressive Reaktionen

In einer Lebenssituation, in der Verstärkerverlust stattfindet, kann es zunächst noch zu einem Kampf um mehr Zuwendung im Rahmen von chronischen Auseinandersetzungen in der Partnerschaft kommen. Es wächst aber die Tendenz zu einer intensiven emotionalen Reaktion, sei es Trauer, Schmerz oder Wut. Diese Emotionen sind mit Handlungsimpulsen assoziiert, die Angst und Schuldgefühle auslösen. Alarmiert durch diese Gefühle muß dafür gesorgt werden, daß es zur Unterdrückung aller "gesunden" Bewältigungsreaktionen wie Trauer oder aggressiver Wehrhaftigkeit kommt. Statt dessen werden neue verhaltenssteuernde Gefühle, die bereits Symptomcharakter haben, eingesetzt: die Gefühle der Sinn- und Hoffnungslosigkeit, die mit der depressiven Verstimmung einhergehen. In der Depression schließlich kommt es zu der typisch depressiven Selbstregulation mit negativer Selbstwahrnehmung und Selbstbewertung, sowie zu dem depressiven Interaktionsverhalten mit Rückzug und Passivität.

Konsequenzen des depressiven Verhaltens

Die depressive Selbstregulation führt zu exzessiver Selbstbestrafung mit quälerischen Selbstvorwürfen und Selbstabwertungen. Ergebnis ist die völlige Entleerung des Selbstwertreservoirs. Sozialer Rückzug und Passivität führen dazu, daß Kontakte vermieden bzw. Kontaktversuche anderer gelöscht werden. Dadurch kommt es zu einem noch größeren Defizit an Bestätigung und Zuwendung und schließlich zu einem völligen Ausbleiben sozialer Verstärkung. Im affektiv-kognitiven Bereich kommt es zur Bestätigung der alten Selbst- und Weltsicht: "Ich brauche eine zentrale Selbstwertquelle. Ich kann mir diese nur sichern durch Sollerfüllung und Selbstaufgabe. Gibt sie mir zuwenig Bestätigung, so liegt dies nur daran, daß ich mich zu wenig bemüht habe. Ich habe keine Selbsteffizienz, deshalb brauche ich einen zentralen Selbstwertspender". Darüber hinaus führt die Depression als erneute traumatische Erfahrung des Hilflos-ausgeliefert-seins zur Angst vor Autonomie, zur Angst davor, allein auf sich gestellt und selbst verantwortlich zu sein.
Ich habe in meinem Depressions-Ratgeber (Sulz, 1993) die wesentlichsten Erscheinungsweisen der Depression und deren funktionale Einbettung erlebnisnäher und weniger theoretisch beschrieben (a.a.O.. Seite 2 - 30)

4. Bulimie

Lebenssituation

Die Lebenssituation und die Situation, die zur Auslösung des Krankheitsverhaltens führt, ist bei der Bulimie relativ unspezifisch. Es wird in der Regel angegeben, daß Beziehungen unbefriedigend gestaltet werden, daß immer wieder sehr unbefriedigende Interaktionen in diesen Beziehungen ablaufen. Andererseits wird angegeben, daß alltägliche Streßsituationen schnell überfordernd wirken. Insgesamt stellt sich als Tenor heraus, daß frustrierendes Verhalten anderer die Freßattacken auslösen. Oft sind bulimische Frauen allein zuhause, müssen arbeiten, haben Wut auf jemand. Oder sie begegnen einer Idealfrau und erleben die Diskrepanz zwischen dieser Wahrnehmung und ihrem Selbstbild als frustrierend.

Persönliche Disposition

Die persönliche Disposition ist teilweise der depressiven ähnlich. Es besteht eine defiziente Selbstregulierung. Der Umgang mit sich selbst ist durch ein Fehlen von Selbstverstärkung gekennzeichnet. Deshalb muß ständig äußere Bestätigung eingeholt werden. Und es fehlt ausreichende Erfahrung von Selbsteffizienz. Dem steht eine übertriebene äußere Normorientierung gegenüber. Die Selbstachtung wird von einer einzigen zentralen Verstärkerbedingung (Schlankheitsideal) genährt. Zugleich besteht nicht selten ein relativ hoher Setpoint des natürlichen Körpergewichts. Das Körperbild ist verzerrt. Es bestehen restriktive Regeln im Sinne eines strengen ästhetischen oder Leistungsstandards. Bedürfnisbefriedigung bedeutet Verlust von Liebe und Anerkennung. Es wird ein gutes asketisches einem schlechten hedonistischen Selbstbild gegenübergestellt. Der Umgang mit diesen Regeln ist sehr rigide. Alle Wünsche werden unterdrückt. Schon bei ansatzweisen Regelabweichungen entsteht sofort Angst oder ein Schuldgefühl. Im Versuch, das Schlankheitsideal einzuhalten, um auf diese Weise Selbstwert zu gewinnen, wird eine restriktive Diät gehalten.

Der Teufelskreis: Kalorien stillen nicht den Hunger nach Liebe.

Durch die Verteufelung und das Verbot der Trieb- bzw. Bedürfnisseite (für sich selbst etwas tun) kommt es zum Dilemma: Bedürfnisbefriedigung bzw. Selbstverstärkung und Eigenständigkeit versus Zuneigung und Anerkennung von außen. Die Vermeidung von intensiven und nahen Beziehungen und Kontakten ist bereits ein Versuch sich aus dem Dilemma zu befreien. Dadurch wird im nächsten Schritt der Symptombildung Raum gegeben. Der chronisch ungestillte Hunger nach Zuneigung und Liebe führt wieder zurück zum Dilemma.

Die bulimischen Reaktionen

Die restriktive Diät ist eine Vorleistung um eine riesige Hoffnung zu erfüllen. Sie ist zugleich psychisch strapaziös und macht dünnhäutig: die Empfindlichkeit gegen Frustrationen wächst. Die restriktive Diät schafft einen Bedürfnisstau: hinter einem Staudamm sammeln sich riesige Bedürfnisse. Ständig besteht eine Angst vor Kontrollverlust. So wird eine alltäglich frustrierende Situation oder ein alltäglicher Streß subjektiv zur Riesenfrustration mit einem Ohnmachtsgefühl, hinter dem Enttäuschung und Wut steckt. Die wahrgenommene Hilflosigkeit und Depressivität vermehrt den emotionalen Hunger und schwächt zugleich die Selbstdisziplin. Es kommt zur Freßattacke als einzigem Weg, um wenigstens kurzzeitig emotional Sättigung zu bekommen. Das Fressen wirkt als Katharsis, als Abfuhr von aggressiven Impulsen, als Trost, als Entspannung und Befriedigung. Schnell wächst aber die Angst vor dem Dick werden und vor dem Verlust von Anerkennung. Und ebenso rasch kommt es zur depressiven Selbstregulation mit Selbstabwertung und Schuldgefühlen. Das Erbrechen folgt als Ungeschehenmachen.

Konsequenzen bulimischen Verhaltens

Die Konsequenzen des Erbrechens sind Angstreduktion und Erleichterung. Die Konsequenzen des gesamten bulimischen Zirkels sind weniger Kompetenzgefühl, weniger Zeit für soziale Kontakte, Vermeiden von sozialen Kontakten und Ausbleiben sozialer Verstärkung. Der depressive Anteil führt zu exzessiver Selbstbestrafung und quälenden Selbstvorwürfen. Damit bleibt nur ein Weg: Es muß noch restriktiver Diät gehalten werden. Und damit beginnt der Zirkel von neuem (vergleiche Tabelle 20). Eine ausführlichere Beschreibung der bulimischen Störung mit Literaturhinweisen auf derselben theoretischen Grundlage findet sich bei Sulz (1992a).

Tabelle 20: Ein BULIMIE-Störungs-Modell

Die Situation	**Was ist gestört?**	**... bei BULIMIE:**
Pathogene Lebensgestaltung	Pathogene Lebensgestaltung (Auf welche Weise wird das übrige Leben so gestaltet, daß es unbefriedigend sein oder bleiben bzw. scheitern muß?)	Alltägliche Streßsituationen sind schnell überfordernd
Pathogene Beziehungsgestaltung	Pathogene Beziehungsgestaltung (Auf welche Weise wird in den aktuellen intimen und näheren Beziehungen mit den anderen Menschen so umgegangen, daß diese Beziehungen unbefriedigend werde oder scheitern müssen?)	In unbefriedigenden Beziehungen lebend. Interaktionen unbefriedigend gestaltend
Auslösende Lebenssituation	Auslösende Lebenssituation (Welche konkreten Ereignisse im letzten Jahr bzw. welche größeren Veränderungen im Leben der letzten zwei Jahre führten zur Symptombildung und damit zur Auslösung der psychischen Erkrankung? Welches Problem konnte nicht anders als durch Symptombildung gelöst werden? - Bei Persönlichkeitsstörungen ist hiermit diejenige ohne fremde Hilfe nicht mehr zu bewältigende Lebenssituation gemeint, die den Leidensdruck so groß machte, daß Psychotherapie begonnen wurde)	AUSLÖSER: a) Makroebene: Frustrierendes Verhalten der anderen b) Mikroebene: allein zu Hause; arbeiten müssen; Wut auf jemand haben; eine Idealfrau sehen.
Die Person	**Was ist gestört?**	**... bei BULIMIE:**
Angeborene Disposition	Angeborene Disposition körperlicher oder psychischer Art, die anfällig für die Symptombildung macht	Einige Frauen haben einen hohen setpoint des Körpergewichts
Lerngeschichte	Lerngeschichte (Verhalten der Eltern)	Die Eltern überforderten die Anpassungskapazitäten des Kindes, so daß es nie die Normen erfüllen und zugleich noch Kind bleiben konnte.

1. Fortsetzung Tabelle20 (BULIMIE-Störungsmodell)		
Kindliches Weltbild	Kindliches Bild der Welt: Frustrierendes bzw. traumatisierendes Elternverhalten wird ungeprüft auf die Erwachsenenwelt übertragen	Riesenerwartungen an andere, die diese gar nicht erfüllen können. Zugleich Vermeidung intensiver und naher Begegnungen.
Kindliches Selbstbild	Kindliches Selbstbild (eigene Bedürfnisse, Erwartungen, Fertigkeiten)	Verzerrtes Körperbild. Chronisch ungestillter Hunger nach Zuneigung und Liebe.
Kindliche Grundannahmen	Kindliche Grundannahmen über das Funktionieren der Welt (Erfahrungen mit den Eltern)	Übertriebene äußere Normorientierung: Selbstachtung wird von einer einzigen zentralen Verstärkerbedingung (Schlankheitsideal) genährt. Verteufelung und Verbot der Trieb- bzw. Bedürfnisseite (für sich selbst etwas tun)
Überlebensregel	Überlebensregel (Was muß ich unbedingt tun, was darf ich auf keinen Fall tun, um von der sozialen Umwelt die zum emotionalen Überleben benötigten Reaktionen zu erhalten?)	Restriktive Regeln: strenger ästhetischer und Leistungsstandard. Bedürfnisbefriedigung bedeutet Verlust von Liebe und Anerkennung. Gutes asketisches versus schlechtes hedonistisches Selbstbild.
dysfunktionale Verhaltens-stereotypien	dysfunktionale Verhaltensstereotypien (habituelle Erlebens- und Reaktionstendenzen, die in der Kindheit funktionale Copingstrategien waren und jetzt im Erwachsenenalter in den meisten Situationen dysfunktional geworden sind - sie definieren die Persönlichkeit)	Rigider Umgang mit diesen Regeln: Unterdrücken aller Wünsche; sofort Angst und Schuldgefühle schon bei ansatzweisen Regelabweichungen. Restriktive Diät.
Dauerdilemma	Dauerdilemma (Konflikt zwischen den Geboten und Verboten der Überlebensregel und meinen zentralen Wünschen und Bedürfnissen)	Das Dilemma: Bedürfnisbefriedigung bzw. Selbstverstärkung und Eigenständigkeit versus Zuneigung und Anerkennung von außen
Reaktion/Symptom	**Was ist gestört?**	... bei BULIMIE:
primäre Emotion	primäre Emotion, die die natürliche Antwort auf das problematische Ereignis der Lebens-Situation S wäre (meist tabuisiert oder bedrohlich, z.B. Wut, Ärger, Trauer)	Riesen-Enttäuschung, Ärger, Trotz: „Was Du mir nicht gibst, nehme ich mir selbst“.

2. Fortsetzung Tabelle 20 (BULIMIE-Störungsmodell)		
primärer Handlungs-impuls	primärer Handlungsimpuls, der sich aus der primären Emotion ergeben würde a) inadäquat intensiver Impuls (unzivilisiert, daher allgemein sozial abgelehnt) b) adäquates Coping (wegen emotionaler Abhängigkeit zu bedrohlich)	a) aggressiver Angriff, Erzwingen von Wunscherfüllung b) wehrhafte Durchsetzung, Forderungen stellen
Antizipation der Konsequenz	Antizipation der Konsequenz dieses primären Handlungsimpulses, die eine extreme Bedrohung des Organismus bzw. der Person bedeuten würde (Ablehnung, Zurückweisung)	Erwartung von Ablehnung, Verurteilung, Abwertung
gegensteuernde Gefühle	gegensteuernde Gefühle (Angst, Scham, Schuldgefühle, Ekel), die verhindern sollen, daß der primäre Handlungsimpuls in eine Handlung umgesetzt wird.	Angst vor Kontrollverlust, Schuldgefühle
Vermeidung	Vermeidung: Unterdrückung des primären Handlungsimpulses	Unterlassen von Selbstbehauptung
Neue verhaltens-steuernde Gefühle	Neue verhaltenssteuernde Gefühle, die unmittelbar zu diskriminativen oder reflexhaft auslösenden Stimuli des Symptomverhaltens werden (z.B. Hilflosigkeit bei Depression, Angst beim Paniksyndrom)	Hilflosigkeit, Depressivität, Hunger statt Ärger
Symptom	Symptom als qualitativ neues Verhalten, das einerseits eine partielle Problemlösung in der auslösenden Situation bringt, andererseits aber auch nicht die Verbote und Gebote der Überlebensregel verletzt	Bulimischer Zirkel: a) restriktive Diät b) Fressen c) Erbrechen
sekundäre Verhaltensweisen	Verhaltensweisen, die sekundär versuchen, die Auswirkungen des Symptoms abzumildern bzw. deren negat. Auswirkungen entgegenzusteuern	Angst vor Dickwerden, Selbstvorwürfe, Schuldgefühle

3. Fortsetzung Tabelle 20 (BULIMIE-Störungsmodell)		
Konsequenzen	**Was ist gestört?**	**... bei BULIMIE:**
Vermeiden aversiver Konsequenzen	Vermeiden der aversiven Konsequenzen einer „gesunden“ Copingreaktion als autonomem selbstverantwortlichem Verhalten, wie das Risiko der Ablehnung, des Unmutes	Die Eßstörung verhindert eine Eskalation der Zwistigkeiten und den Verlust jener Personen, die als Selbstwertquelle dienen
Bewahren von Verstärkungen	Bewahren von Verstärkungen (Gratifikationen aus der Abhängigkeit von wichtigen Bezugspersonen und Beziehungen)	Erneute Hoffnung, durch gesteigertes Fasten endlich Zuneigung und Anerkennung zu bekommen
Bestätigung der Selbst- und Weltsicht	Bestätigung der alten Selbst- und Weltsicht	Fressen bleibt der einzige Weg zur Bedürfnisbefriedigung. Aber: Reduziertes Selbsteffizienzerleben nach jedem Fressen-Erbrechen
positive Verstärkung durch die soziale Umwelt	Zusätzliche positive Verstärkung des Symptomverhaltens durch die soziale Umwelt	Noch mehr Vermeidung von sozialen Kontakten, u.a. auch weil Zeit und Energie für das Nahrungsmanagement verloren geht.

5. Chronischer Alkoholismus

Auslösende Lebenssituation

Anfänglich sind nur spezifische Streßsituationen Auslöser für das Trinken. In spezifischen Beziehungen, in denen emotionale Abhängigkeit von der anderen Person besteht, so daß subjektiv keine konstruktive Problemlösung möglich erscheint, ist Trinken der veränderungsverhindernde Schritt. Das Trinken verhindert Durchsetzung und damit Gefährdung der Beziehung und gibt zugleich Trost und Befriedigung. Es kann auch sein, daß spezifische Verhaltensweisen nur unter Alkohol erreichbar sind. Alkohol wird benötigt, wenn in einer gegebenen Situation dieses Verhalten sehr wichtig ist, zum Beispiel Angstfreiheit. Die bekannte oder antizipierte Werthaltung des anderen in Bezug auf Alkohol entscheidet, ob in einer Situation Alkohol getrunken wird, zum Beispiel wie sehr die negativen Wirkungen des Alkohol auffallen. Auch die Suggestion "trink erst einmal was, dann sieht alles gleich ganz anders aus" gehört dazu. Die Verfügbarkeit von Alkohol in einer Situation ist natürlich von Bedeutung.

Persönliche Disposition

Meist fehlt soziale Kompetenz im Sinne eines Defizits oder einer Hemmung, insbesondere fehlen Streßbewältigungsmechanismen. Auch besteht eine Unfähigkeit, mit negativen Gefühlen umzugehen, d.h. sie auszuhalten, sie auszudrücken, sie als Motiv für bewältigendes Verhalten zu nutzen. Die Selbstwahrnehmung ist dadurch gekennzeichnet, daß nüchtern eigene Inkompetenz erlebt wird, während mit Alkohol ein Erleben von Kompetenz besteht (George and Marlatt, 1983). Die soziale Verstärkung ist nicht zu unterschätzen. Trinken, um dazu zu gehören oder die soziale Verstärkung von Verhalten unter Alkoholeinfluß. In der Lerngeschichte findet man nicht selten ein Lernen am Modell, d.h. daß Menschen, die als erfolgreich attribuiert wurden, tranken auch schon. Auch die Trinksitten der sozialen Gemeinschaft tragen dazu bei. Die körperliche Verträglichkeit von Alkohol entscheidet, ob Trinken zu einer Problemlösungsstrategie wird.

Der Teufelskreis: Keine Selbsteffizienz, kein Selbstwert.

Die subjektiv eingeschätzte Selbstkompetenz ist nüchtern gering, unter Alkohol zunächst besser (positiv, aktiv, potent). Später in einer zweiten Phase ist die Selbstwahrnehmung wieder negativer, zwar noch positiv, aber passiv und schwach (Russell und Mehrabian, 1975). Das Selbsterleben mündet in immer wiederkehrende Gefühle, die vom Betreffenden im Sinne von negativen Standardgefühlen nicht lange ohne Alkohol ausgehalten werden können (Revenstorf and Mentsch, 1986). Zudem bestehen irrationale Grundannahmen, die andere Problemlösestrategien als Alkoholismus verbieten, zum Beispiel Durchsetzung eigener Interessen. Oder diese Grundannahmen müssen erst durch Alkohol außer Kraft gesetzt werden.

Die symptomatischen Reaktionen

In einer spezifischen Streßsituation wird mit Angst reagiert. Fehlende Streß- und Problemlösungsstrategien führen zum Selbsterleben von Vermeiden und Versagen und zu den negativen Standardgefühlen, die schwer erträglich sind und sich mit einer depressiven Verstimmung vermischen. In Bezug auf Alkohol kommt es zu einer Erwartung von Entlastung. Sehr schnell bildet sich ein konditioniertes Entzugssyndrom, das immer wieder zum Trinken von Alkohol führt. Wenn Mißbrauch zum Stressor wird, kommen alle verfügbaren Streßbewältigungsstrategien zum Einsatz. Selbstaufmerksamkeit fördernde Stimuli werden vermieden, so daß die habituellen Mechanismen unkontrolliert ablaufen können. Bei fortgeschrittenem Mißbrauch kommt es zur Selbstlüge: Trinken wird als Problem verleugnet. Mindestens wird das Trinken bagatellisiert. Die Verantwortung wird anderen zugeschoben und Trinken wird als Bestrafung der anderen apostrophiert.

Konsequenzen des abhängigen Verhaltens

Solomon (1977) erklärt Entzugserscheinungen in seiner Zweiprozeßtheorie als antagonistischen Prozeß zur positiven Wirkung des Alkohols. Ein zunehmender Anteil des Alkohols dient der Behebung der Entzugserscheinungen. Die psychotrope Wirkung ist zweiphasisch: zuerst stimulierend, später sedierend, beides wirkt als positive Verstärkung. Mit der Konsummenge nimmt objektiv die Fähigkeit ab, die Situation zu kontrollieren, allerdings nicht subjektiv. Die Toleranzentwicklung führt zur Notwendigkeit zunehmender Alkoholmengen. Sie ist primär somatisch, wird aber auch

Tabelle 21: Ein ALKOHOLISMUS-Störungs-Modell

Die Situation	**Was ist gestört?**	**... bei chron. Alkoholismus:**
Pathogene Lebensgestaltung	Pathogene Lebensgestaltung (Auf welche Weise wird das übrige Leben so gestaltet, daß es unbefriedigend sein oder bleiben bzw. scheitern muß?)	In angepaßter Weise wird das Leben gelebt, keine selbstverwirklichende aktive Gestaltung
Pathogene Beziehungsgestaltung	Pathogene Beziehungsgestaltung (Auf welche Weise wird in den aktuellen intimen und näheren Beziehungen mit den anderen Menschen so umgegangen, daß diese Beziehungen unbefriedigend werden oder scheitern müssen)	In Beziehungen emotional abhängig, nicht durchsetzungsfähig gegen den anderen. Trinken verhindert einerseits die Durchsetzung und macht andererseits die Kapitulation erträglich
Auslösende Lebenssituation	Auslösende Lebenssituation (Welche konkreten Ereignisse im letzten Jahr bzw. welche größeren Veränderungen im Leben der letzten zwei Jahre führten zur Symptombildung und damit zur Auslösung der psychischen Erkrankung? Welches Problem konnte nicht anders als durch Symptombildung gelöst werden? - Bei Persönlichkeitsstörungen ist hiermit diejenige ohne fremde Hilfe nicht mehr zu bewältigende Lebenssituation gemeint, die den Leidensdruck so groß machte, daß Psychotherapie begonnen wurde)	Meist schleichender Beginn, abhängig von der Verfügbarkeit von Alkohol, der bekannten oder antizipierten Einstellung der Umwelt zum Trinken. Spezifische Streßsituationen wirken auslösend. Eventuell sind spezifische benötigte Verhaltensweisen nur unter Alkohol verfügbar
Die Person	**Was ist gestört?**	**... bei chron. Alkoholismus:**
Angeborene Disposition	Angeborene Disposition körperlicher oder psychischer Art, die anfällig für die Symptombildung macht	Die eventuell angeborene körperliche Verträglichkeit entscheidet, ob Alkohol zu einer Problemlösestrategie wird
Lerngeschichte	Lerngeschichte (Verhalten der Eltern)	Lernen am Modell: Erfolgreiche trinken bzw. andere sind unter Alkohol erfolgreich. Trinksitten der soz.. Gemeinschaft
Kindliches Weltbild	Kindliches Bild der Welt: Frustrierendes bzw. traumatisierendes Elternverhalten wird ungeprüft auf die Erwachsenenwelt übertragen	Der Welt bin ich nichts wert. Wer trinkt, ist stark, zeigt, daß er was wert ist.

1. Fortsetzung Tabelle 21 (ALKOHOLISMUS-Störungsmodell)		
Kindliches Selbstbild	Kindliches Selbstbild (eigene Bedürfnisse, Erwartungen, Fertigkeiten)	Offenes oder kompensiertes, übertünchtes Minderwertigkeitsgefühl. Nüchtern kann ich nie beweisen, daß ich stark bin
Kindliche Grundannahmen	Kindliche Grundannahmen über das Funktionieren der Welt (Erfahrungen mit den Eltern)	Wer sich nicht behaupten kann, gilt nichts. Wer sich behauptet, macht sich Feinde
Überlebensregel	Überlebensregel (Was muß ich unbedingt tun, was darf ich auf keinen Fall tun, um von der sozialen Umwelt die zum emotionalen Überleben benötigten Reaktionen zu erhalten?)	Nur wenn ich immer nachgebe und mich niemals behaupte, werde ich keinen Haß auf mich ziehen und eines Tages Wertschätzung erhalten
dysfunktionale Verhaltensstereotypien	dysfunktionale Verhaltensstereotypien (habituelle Erlebens- und Reaktionstendenzen, die in der Kindheit funktionale Copingstrategien waren und jetzt im Erwachsenenalter in den meisten Situationen dysfunktional geworden sind - sie definieren die Persönlichkeit)	Fehlendes „Rückgrat“, wenn es um Rivalität, Konkurrenz, Auseinandersetzung und perönliche Konfrontation geht. Dagegen weich nachgebend oder ausweichend oder passiv-aggressiv in der Interaktion. Unfähigkeit, negative Gefühle auszuhalten, auszudrücken, sie als Motiv für bewältigendes Verhalten zu nutzen
Dauerdilemma	Dauerdilemma (Konflikt zwischen den Geboten und Verboten der Überlebensregel und meinen zentralen Wünschen und Bedürfnissen)	Nüchtern unerträgliches Inkompetenzgefühl bei emotinaler Abhängigkeit von anderen - nur mit Alkohol Erleben von Kompetenz
Reaktion/Symptom	**Was ist gestört?**	... bei chron. Alkoholismus:
primäre Emotion	primäre Emotion, die die natürliche Antwort auf das problematische Ereignis der Lebens-Situation S wäre (meist tabuisiert oder bedrohlich, z.B. Wut, Ärger, Trauer)	sowohl Verletzung durch Frustration des Wunsches nach Zuneigung als auch Ärger und Wut über den Angriff des anderen
primärer Handlungsimpuls	primärer Handlungsimpuls, der sich aus der primären Emotion ergeben würde a) inadäquat intensiver Impuls (unzivilisiert, daher allgemein sozial abgelehnt) b) adäquates Coping (wegen emotionaler Abhängigkeit zu bedrohlich)	Seine Verletzung offenbaren und seinen Ärger aussprechen

2. Fortsetzung Tabelle 21 (ALKOHOLISMUS-Störungsmodell)		
Antizipation der Konsequenz	Antizipation der Konsequenz dieses primären Handlungsimpulses, die eine extreme Bedrohung des Organismus bzw. der Person bedeuten würde (Ablehnung, Zurückweisung)	Erwartung von noch mehr Verletzung und von Gegenaggression
gegensteuernde Gefühle	gegensteuernde Gefühle (Angst, Scham, Schuldgefühle, Ekel), die verhindern sollen, daß der primäre Handlungsimpuls in eine Handlung umgesetzt wird.	Angst, Gefühl des Versagens
Vermeidung	Vermeidung: Unterdrückung des primären Handlungsimpulses	Unterlassen der persönlichen Auseinandersetzung
Neue verhaltenssteuernde Gefühle	Neue verhaltenssteuernde Gefühle, die unmittelbar zu diskriminativen oder reflexhaft auslösenden Stimuli des Symptomverhaltens werden (z.B. Hilflosigkeit bei Depression, Angst beim Paniksyndrom)	quälendes Insuffizienzgefühl mit Resignation und Aussichtslosigkeit. Erwartung von Entlastung durch Alkohol. Später konditionierter Entzug
Symptom	Symptom als qualitativ neues Verhalten, das einerseits eine partielle Problemlösung in der auslösenden Situation bringt, andererseits aber auch nicht die Verbote und Gebote der Überlebensregel verletzt	Trinken
sekundäre Verhaltensweisen	Verhaltensweisen, die sekundär versuchen, die Auswirkungen des Symptoms abzumildern bzw. dessen negat. Auswirkungen entgegenzusteuern	Selbstlüge: Vermeiden von Selbstaufmerksamkeit fördernden Stimuli (Verleugnen, Bagatellisieren, Verantwortung anderen zuschieben, Trinken zur Bestrafung der anderen)
Konsequenzen	**Was ist gestört?**	... bei chron. Alkoholismus:
Vermeiden aversiver Konsequenzen	Vermeiden der aversiven Konsequenzen einer „gesunden“ Copingreaktion als autonomem selbstverantwortlichem Verhalten, wie das Risiko der Ablehnung, des Unmutes	Beheben von Entzugserscheinungen. Trinken verhindert Auseinandersetzung und Selbstverantwortlichkeit und deren aversive Folgen

3. Fortsetzung Tabelle 21 (ALKOHOLISMUS-Störungsmodell)		
Bewahren von Verstärkungen	Bewahren von Verstärkungen (Gratifikationen aus der Abhängigkeit von wichtigen Bezugspersonen und Beziehungen)	Die bisher durch Konfliktvermeidung bewahrte soziale Akzeptanz (eigentlich ein netter Kerl) wird noch aufrecht erhalten
Bestätigung der Selbst- und Weltsicht	Bestätigung der alten Selbst- und Weltsicht	Abstinenzverletzungseffekt. Ich will trocken stark sein, trinke aber und bin schwach
positive Verstärkung durch die soziale Umwelt	Zusätzliche positive Verstärkung des Symptomverhaltens durch die soziale Umwelt	Alkoholkompetenz. Gier und Kontrollverlust als sich aufschaukelnder Prozeß. Zuerst stimulierend, später sedierend

zusätzlich konditioniert. Die erlebte Alkoholkompetenz wirkt positiv verstärkend auf das Trinkverhalten. Nach Ludwig und Wikler (1974) ist Gier nach Alkohol und Kontrollverlust ein sich aufschaukelnder Prozeß, der zum Trinkexzeß führt. Der Abstinenzverletzungseffekt besteht nach Marlatt und Gordon (1980) in der kognitiven Dissonanz zwischen Selbstbild (trocken) und Verhalten (trinkend). Hilflosigkeit und Depressivität folgen mit übermäßiger internaler Attribution, wiederum in ein negatives Standardgefühl führend, das mit Hilfe von Alkohol gelindert werden muß (vergleiche Tabelle 21)

6. Vergleichende Störungslehre: Unterschiede zwischen den klinischen Störungen

Wir können nun die Unterschiede zwischen den Störungen anhand jeder Detailentstehungsbedingung und jeder Detailstörung herausarbeiten. Tabelle 22 gibt einen Überblick. Die Modelle der vier Störungen Agoraphobie, Zwang, Depression, Bulimie werden beispielhaft zum Vergleich herangezogen..

Pathogene Lebensgestaltung:

Angstpatienten gestalten ihr Leben so, daß Schutz, Sicherheit und Zuverlässigkeit gewährleistet ist. Überschaubarkeit und Kontrollierbarkeit der Lebenssituationen sind notwendig, um angstfrei zu bleiben.

Zwangspatienten gehen in ihren Kontrollversuchen weiter. Ihnen reicht das passive Empfangen von Sicherheit durch einen Menschen nicht aus. Sie müssen aktiv moralische oder Leistungsnormen definieren, deren Einhaltung sie völlig absorbiert, so daß keine Gelegenheit oder Verlegenheit auftritt, alternative Gestaltungsmöglichkeiten auszuprobieren. Dadurch werden Aggressionen und andere tabuisierte Impulse fern gehalten.

Depressive Patienten richten ihr Leben so ein, daß ihr löcheriges Selbstwertreservoir immer wieder von anderen aufgefüllt wird, sei es durch Pflichterfüllung, durch Leistung oder durch dependente Anpassung. Dazu konzentrieren sie sich auf wenige oder einen einzigen Selbstwertspender (Partner, Beruf, Lebensziel).

Bulimiepatientinnen unterscheiden sich von depressiven dadurch, daß bei ihnen das Aussehen die wichtigste Selbstwertquelle ist. Wie bei Zwang und Depression ist die Meßlatte der Norm aber so hoch gesetzt, daß die Norm normalerweise nicht bzw. nur durch unaufhörliches Bemühen erfüllt werden kann. Dadurch wird das Leben so eingerichtet, daß es immer zuwenig Selbstwert vermittelt.

Pathogene Beziehungsgestaltung

Die Nesthocker (eher Agoraphobie) unter den **Angst**patienten suchen ganz nah Schutz und Führung. Sie richten es dem Partner behaglich im Nest ein und merken zu spät, daß es ihnen schon längst zu eng geworden ist. Für sie gibt es nur ein Entweder-Oder: entweder nah und eng im Nest zu zweit oder ganz allein in der weiten gefährlichen Welt. Da bleiben sie lieber im Nest, solange es nur geht. Die Nestflüchter (eher Klaustrophobiker) haben die Erfahrung gemacht, daß sie allein ganz gut zurecht kommen, aber in der Nähe, der Enge wehrlos ausgeliefert sind. Sie halten es mit Beziehungen deshalb lieber wie die Vögel, die vielleicht mal kurz auf den Finger kommen, aber nie so lange, daß man sie fassen könnte. Ein Vogel, der mit beiden Händen umfaßt wird, reagiert mit Panik.
Zwangspatienten verwalten ihre zwischenmenschlichen Beziehungen mit Hilfe von Normen und Regeln. Sie fühlen sich nicht den Menschen verbunden und verpflichtet, sondern den Normen. Wichtiger als Bedürfnisse und Gefühle sind Normen und Gedanken. Wenn der Partner es sich gefallen läßt, wird er normativ verwaltet, andernfalls läßt man sich von ihm verwalten.
Depressive Patienten pflegen ihre Bezugsperson wie der Kleinbauer seine einzige Kuh. Der Selbstwertspender muß unbedingt verfügbar gehalten werden, ihm wird das Recht auf die Bewertung eigenen Verhaltens als Monopol überschrieben. Selbstlob und Selbstbelohnung würde dieses Monopol verletzen, Unmut hervorrufen und das Versiegen der äußeren Selbstwertquelle bedeuten. Wem statt der zentralen Bezugsperson ein ununterbrochenes Leisten und Schaffen zum Füllen des lecken Selbstwertreservoirs dient, für den sind die privaten Beziehungen zweitrangig, sie halten nur vom Überlebenskampf ab.
Bulimiepatientinnen erleben z.B. ihre Partnerschaft als frustrierend. Der Partner ist entweder lieb und nett, seine Selbstwertspende hat aber eine falsche Währung, was frustriert. Oder er ist rechtmäßiger Nachfolger des fordernden und frustrierenden Elternteils. Dann ist nichts wichtiger, als von ihm Wertschätzung zu erhalten. Das kann aber nur gelingen, wenn das Schönheits- und Schlankheitsideal erreicht ist. So wird jede Fastenkur mit großer Hoffnung auf wertschätzende Zuwendung und Zuneigung begonnen und schließlich wieder abgebrochen, weil sowohl die durch das Essen erreichte ersatzweise Befriedigung emotionaler Bedürfnisse ausbleibt, als auch der erhoffte Goldregen an Wertschätzung nicht kommen mag.

Auslösende Lebenssituation

Bei **Angst**patienten (Agoraphobie und Klaustrophobie) ist entweder ein uneingestandener Trennungswunsch der Symptomauslöser oder eine gerade getroffene Entscheidung, eine Partnerschaft zu beginnen („wir wollen jetzt zusammenziehen“ oder „wir haben uns zur Heirat entschlossen“). Dem Patienten sind diese symptomauslösenden Aspekte meist nicht bewußt. Er gibt meist Streß und Überforderung oder ein anderes, dem Therapeuten plausibel erscheinendes belastendes Lebensereignis als Auslöser an. Der Vorteil von solchen falschen Attribuierungen ist, daß sich Patient und Therapeut gemeinsam mit ungeteilter Aufmerksamkeit der Angstexposition zuwenden können.
Bei **Zwang**spatienten tritt das Zwangssymptom dann auf, wenn entweder aggressive oder andere tabuisierte emotionale Impulse zu stark zu werden und durchzubrechen drohen oder das Alltags-Zwangs-Kontroll-System zum Beispiel durch Übernahme komplexerer Verantwortung überfordert ist, was ebenfalls dazu führen würde, daß nicht mehr verwaltbare eigene Impulse Schaden in der Welt anrichten können.
Bei **depressiven** Patienten findet ein Verlust der zentralen Selbstwertquelle statt, sei es, daß die Bezugsperson wegging, oder auch nur daß ihre Liebe verloren ging oder daß die durch Pflichterfüllung und Leistung in der Zukunft erwartete Wertschätzung nicht mehr erreichbar erscheint (Verlust an Zukunft).
Bei **Bulimie**patientinnen bringt irgendeine Situation mit frustrierendem Verhalten der Umwelt das Faß zum Überlaufen bzw. den Staudamm zum Brechen, hinter dem die aufgestauten emotionalen Bedürfnisse auf Befriedigung warten.

Angeborene Disposition

Bei keiner psychischen Störung wissen wir, wie groß der Einfluß erblicher oder angeborener Wirkfaktoren ist. Bei **Angst**patienten wird eine erbliche oder während der Schwangerschaft erworbene Angstbereitschaft, zum Beispiel ein ständig erhöhtes psychophysiologisches Arousal diskutiert. Bei **Zwang**spatienten wird ebenfalls eine erbliche Disposition angenommen, ohne daß eine familiäre Häufung wie bei den **Depressionen** nachweisbar wäre. Bei **Bulimie** wird eine Neigung zu einem über der statistischen Norm liegenden Gewicht als erhöhter Setpoint diskutiert.

Lerngeschichte

Wir schreiben der kindlichen Lerngeschichte den eigentlich kausalen Einfluß auf die spätere Disposition und Manifestation der psychischen Störung zu. Meist ist ein Elternteil ein Lernmodell für dysfunktionale Bewältigungsversuche von Lebens- und Beziehungsproblemen. Der andere Elternteil ist dominierendes Oberhaupt der Familie, zumindest als „Innenminister“ unangefochten die Familie regierend. Er ist Ziel aller kindlichen Wünsche, zum Beispiel von Akzeptanz, Geborgenheit, Schutz, Liebe, Beachtung, Verständnis und Bewunderung. Er soll ausreichend Selbstbestimmung lassen, Grenzen setzen, Normen vermitteln, fordern, fördern, Vorbild sein, Intimschranken einhalten, kindliche Vorstufen von Erotik und Hingabe ermöglichen und schließlich ein abgegrenztes Gegenüber sein, das sich lieben läßt.

Bei **Angst**patienten gibt dieser Elternteil entweder zuwenig zuverlässigen Schutz oder nur einengenden bemächtigenden Schutz. Bei **Zwang**spatienten setzt dieser Elternteil entweder permanent subtil oder offen intermittierend massive Strafandrohungen oder aggressives Verhalten. Bei **Depression** ist dieser Elternteil oft emotional kühl, leistungsfordernd ohne auf Erfolg der Leistungen Liebe und Wertschätzung zu geben. Bei **Bulimie**patientinnen kommt zu der Leistungsforderung die Erfüllung des Schlankheitsideals hinzu.

Kindliches Weltbild

Für **Angst**patienten ist die Welt außerhalb der Familie bedrohlich. Bei **Zwang**spatienten scheint die Welt durch eigene fahrlässige oder vorsätzliche Untaten bedroht zu sein. Bei **Depression** weist die Welt nur eine einzige Selbstwertquelle auf. Bei **Bulimie** nährt diese Welt riesige Erwartungen, die als Lohn für Selbstverzicht winken.

Kindliches Selbstbild

Angstpatienten halten sich allein in der Weite der Welt oder in der Enge der Beziehung für nicht lebensfähig. Zwangspatienten müssen verhindern, daß ihre unter anderem aggressiven Impulse die Welt schädigen. Bei **Depressiven** besteht das Empfinden, nur dann etwas wert zu sein, wenn die zentrale Selbstwertquelle eine Bestätigung dafür liefert. **Bulimie**patientinnen sehen sich als körper-

Tabelle 22: Vergleich der Störungs-Modelle

Die Situation	..bei Agoraphob./Panik:	... bei ZWANG:	... bei DEPRESSION:	... bei .BULIMIE:
Pathogene Lebens-gestaltung	Durchgängige Vermeidung von Unternehmungen oder Bereichen, in denen völliges Auf-sich-selbst-gestellt-Sein besteht (Nesthocker); andere vermeiden das Eingehen einer Partnerschaft (Nestflüchter)	1. Die Umwelt wird als normgebend und normüberwachend erlebt. 2. Extremes Orientieren an selbstgesetzten perfekten Ansprüchen. 3. Rigides Festhalten an perfekter Sollerfüllung, auch wenn andere signalisieren, daß es zuviel des Guten ist. 4. Alternative Tendenzen, die hedonistischen Gewinn bringen, werden streng unterdrückt. 5. Alle Lebenssituationen werden systematisch vermieden, die in Versuchung führen, entgegen den rigiden Überlebensregeln zu handeln. 6. Es findet keine weichgefügige Unterwerfung unter soziale Normen statt, sondern eine gespannt-rigide, die die latente Aggressivität noch spüren läßt und so doch eine gewisse Opposition darstellt: trotz perfekter Pflichterfüllung bleibt ein Gefühl von Widerstand.	1. Die Umwelt wird nach dem Grad ihres Nutzens für den Selbstwert-Gewinn bewertet und benutzt. 2. Extremes Stützen auf nur wenige Quellen des Selbstwerterlebens. 3. Auch der Beruf oder ein Lebensziel kann diese ausschließliche Quelle sein. 4. Alternative Quellen des Selbstwertes werden streng vermieden. 5. Alle Lebenssituationen werden systematisch vermieden, die zu einer Falsifizierung der depressogenen Lebensregeln führen können. 6. Underachiever und Unscheinbare versagen sich sogar das Halten einer zentralen Bezugsperson/zentralen Zieles, kümmern innerlich vor sich hin.	Alltägliche Streßsituationen sind schnell überfordernd
Pathogene Beziehungs-gestaltung	Emotional abhängig von der leitenden und schützenden Person. Aktive, sozial geschickte Anpassung macht zwar den Partner zufrieden, selbst	1. Manipulative Gestaltung sozialer Beziehungen (den andern mit dem eigenen Perfektionismus tyrannisieren, Delegation eigener antisozialer Tendenzen an den Part-	1. Manipulative Gestaltung sozialer Beziehungen (idealisierter Selbstwert-spender). 2.Implizite Interaktions-regeln im sozialen Netz	In unbefriedigenden Beziehungen lebend. Interaktionen unbefriedigend gestaltend

1. Fortsetzung Tabelle 22 (Vergleich der Störungsmodelle)

Störung:	Agoraphobie/Panik	Zwang	Depression	Bulimie
Fortsetzung (pathogene Beziehungs-gestaltung)	verzichtet man aber zu lange und zu viel, so daß uneingestandene Trennungswünsche entstehen	ner, z.B. unordentlich, sich gehen lassend, rebellierend). 2. Alle Verhaltensweisen werden unterdrückt, die beim andern den Eindruck eines aggressiven, triebhaften, genußsüchtigen oder antiso-zialen Menschen erwecken würden. 3. Als Verwalter der Normen und Standards wird der andere kritisiert, kontrolliert; im Verhalten nicht auf den andern bezogen, sondern auf gemeinsame perfekte Ein-haltung der Normen; Selbst-behauptung geschieht über die Durchsetzung der rigiden Standards; im sex. Bereich eher motorisch-aggressiv, weniger zärtlich-emotional. 4. In bestehenden Beziehun-gen wird spontane Begeg-nung und Nähe vermieden. 5. Fügt sich der Partner nicht, so kann es zu aggressiven Machtkämpfen kommen. 6. Es kann auch eine eher unterwürfige Norm-orientierung vorherrschen. Dann wird an den Partner die Polizeirolle delegiert.	schreiben diese Regeln fest. 3. Alle Verhaltensweisen und Unternehmungen werden unterdrückt, die zum Verlust der zentralen Bezugsperson führen könnten (z.B. Erfolgs-gefühl). 4. Als Verwalter der Laune der zentralen Bezugs-person dessen Wohl-gesonnensein hütend (verstehend, versöhnlich, geduldig, kritiklos, nachge-bend, aufopfernd, hinge-bend, angeschmiegt, mit leidend, mit freuend); im Verhalten ganz auf den andern bezogen (mit ihm oder auf ihn reagierend wie ein Schatten); Selbst-aufgabe, auch im sex. Bereich nicht für sich genußfähig. 5. In bestehenden Bezie-hungen wird Distanz vermieden, Nähe gesucht. 6. Allein lebend vorüber-gehend selbständig, wird in der Partnerschaft die Fähigkeit zur Selbst-regulation wieder abgege-ben	

2. Fortsetzung Tabelle 22 (Vergleich der Störungsmodelle)

Störung:	Agoraphobie/Panik	Zwang	Depression	Bulimie
Auslösende Lebenssituation	Meist ist der Auslöser ein uneingestandener Trennungswunsch in einer einengenden Partnerschaft; Nestflüchter entwickeln die Phobie, wenn die Vereinbarung zur Heirat gefallen ist; selten ist der Verlust des Partners der Auslöser	AUSLÖSER: 1. Wenn eine Änderung der Lebenssituation so umfassend ist, daß nicht mehr alles kognitiv oder interpersonell unter Kontrolle gehalten werden kann, z.B. in ein komplexeres soziales Gefüge durch Auszug von Zuhause oder durch beruflichen Aufstieg hineinkommen. 2. Wenn plötzlich sehr viel Verantwortung übernommen werden muß. 3. Wenn situative Konstellationen die bisher unterdrückten aggressiven, sexuellen oder oppositionellen Tendenzen so sehr herauskitzeln, daß die bisherigen Alltagsstrategien nicht mehr zu ihrer Eindämmung ausreichen. 4. Oft schleichender Beginn ohne deutlichen Auslöser, gehäuft zwischen 14 und 20 Jahren.	1. Bei Verlustereignissen werden keine Bewältigungsmechanismen aktiviert, sondern aufgegeben. 2. Wer oder was ging verloren? a) der unaufhaltsam bevorstehende oder gerade stattfindende oder bereits erfolgte Verlust der einzig wichtigen Quelle von Selbstwert (zentrale Bezugsperson/Ziel); b) Die zentrale Bezugsperson gibt nicht mehr ausreichend Zuwendung/Bestätigung; c) Es fehlt seit längerer Zeit eine zentrale Bezugsperson/zentrales Ziel (Perspektive); d) Es läuft ein zermürbender aussichtslos gewordener Kampf mit der zentralen Bezugsperson, sie wieder zu mehr Zuwendung/Bestätigung zu bewegen; e) Es ging z.B. krankheits- oder altersbedingt die Fähigkeit verloren, das bisherige Übersoll zu erfüllen; f) Underachiever & Unscheinbare (Erfolglose) werden oft ohne massiven Auslöser depressiv (allmähliches Gewahrwerden, daß ein Leben nach dem in	AUSLÖSER: a) Makroebene: Frustrierendes Verhalten der anderen b) Mikroebene: Allein zu Hause; Arbeiten müssen; Wut auf jemanden haben; eine Idealfrau sehen.

3. Fortsetzung Tabelle 22 (Vergleich der Störungsmodelle)

Fortsetzung (Auslöser)			der Kindheit erlernten Muster freud- und sinnlos ist); g) Rollenveränderungen, z.B. beruflicher Aufstieg führen einerseits zum Verlust eines wohlwollenden Vorgesetzten, andererseits zur Konfrontation mit Selbstverantwortung.	
Die Person	**... bei Agoraphob./Panik:**	**... bei ZWANG:**	**... bei DEPRESSION:**	**... bei BULIMIE:**
Angeborene Disposition	Bereits während der Schwangerschaft kann die Angstbereitschaft und das ständig erhöhte psychophysiologische Arousal der Mutter auf den Fötus übertragen werden	1. Erbliche Mitbedingung 2. Schuldgefühle selbst wegen Gedanken 3. Auch Geliebtes wird gequält 4. Zweifel an der Wirkung eigenen Handelns (Habe ich das Soll erfüllt?)	In früheren Generationen treten ebenfalls Depressionen auf	Einige Frauen haben einen hohen set-point des Körpergewichts
Lerngeschichte	Oft war einer der Eltern ein ängstliches Modell; oder er machte dem Kind ständig Angst vor den Gefahren der Welt außerhalb seines Schutzbereichs;oder sein Schutz war zugleich Bemächtigung und Einengung	Lerngeschichte: Eltern unterdrücken durch exzessive Strafandrohungen lustbetontes, aggressives, exploratives, handelndes Lernen am Erfolg. So bleiben ein magisches Weltbild, Selbstzweifel & Aspontaneität	Lerngeschichte: Eltern zwingen zu ständigem Bemühen um Sollerfüllung, ignorieren aber Erfolge. Sie bestrafen Versuche, Anerkennung von außerhalb der Familie zu holen. Modellernen: Mit sich selbst umgehen wie die Eltern.	Die Eltern überforderten die Anpassungskapazitäten des Kindes, so daß es nie die Normen erfüllen und zugleich noch Kind bleiben
Kindliches Weltbild	Die Welt ist bedrohlich - es gibt aber eine schützende Person - diese Person gibt Schutz, wenn man sich ihr aktiv anpaßt - unter Verzicht auf freie Selbstverwirklichung. Dieses	Meine Eltern reagieren auf meine Abgrenzung, Aggres sion und Impulsivität mit Strafe.	Meine Selbstachtung wird von einer einzigen zentralen Verstärkerbedingung (Bezugsperson, Berufl, Lebensziel) genährt. Andere Quellen haben keine verstärkende Funkti-	Riesenerwartungen an andere, die diese gar nicht erfüllen können. Zugleich Vermeidung intensiver und naher Begegnungen.
Störung:	**Agoraphobie/Panik**	**Zwang**	**Depression**	**Bulimie**

4. Fortsetzung Tabelle 22 (Vergleich der Störungsmodelle)

Störung:	Agoraphobie/Panik	Zwang	Depression	Bulimie
	Weltbild wird ungeprüft auf die Erwachsenenwelt übertragen		on .	
Kindliches Selbstbild	IIch brauche eine schützende, leitende Person; ich kann und will dafür auf Selbständigkeit und Freiraum verzichten; ich kann mich durch freundliche Bereitwilligkeit gut anpassen	Ich brauche Schutz & Sicherheit. Meine Aggression und Triebhaftigkeit hat eine nicht wieder gut zu machende schädliche Wirkung auf die Welt.	1. Keine Selbstverstärkung zur Überbrückung von Fremdverstärkung 2. Es muß ständig äußere Bestätigung eingeholt werden, um die Ideal-Selbstbilddiskrepanz zu verringern 3. Fehlende Erfahrung von Selbsteffizienz	Verzerrtes Körperbild. Chronisch ungestillter Hunger nach Zuneigung und Liebe.
Kindliche Grund-annahmen	Eltern geben nur Schutz, wenn ich so angepasst bin, daß sie Freude an mir haben;Mutter macht sich solche Sorgen, wenn sie nicht weiß, ob mir was passiert ist;Mutter wird ganz böse, wenn sie nicht kontrollieren kann, was ich mache	Abhängige Unterordnung und Pflichterfüllung ist notwendig. Aggressive Verselbständigung zerstört die Welt und damit meine Chance auf Schutz und Sicherheit.	Nur durch fortwährendes Bemühen und Selbstaufgabe wird die Verfügbarkeit der zentralen Bezugsperson / die Erreichbarkeit des zentralen Ziels bewahrt	Übertriebene äußere Normorientierung: Selbstachtung wird von einer einzigen zentralen Verstärkerbedingung (Schlankheitsideal) genährt. Verteufelung und Verbot der Trieb- bzw. Bedürfnisseite (für sich selbst etwas tun)
Überlebensregel	Nur wenn es mir durch aktiv-kooperative Anpassung gelingt, mir meine schützende Person verfügbar zu halten, kann ich in deren Schutz überleben. Sonst bin ich allein schutzlos den Gefahren der bedrohlichen Welt ausgeliefert.	Nur durch Ordnung, Pflichterfüllung und Unterdrückung aggressiver Verselbständigung , bewahre ich die Chance auf Schutz und Sicherheit und verhindere, daß meine Aggression und Triebhaftigkeit nicht wiedergutzumachenden Schaden in der Welt anrichtet.	restriktive Lebensregeln: strenger „moralischer" oder Leistungsstandard. Autonomie bedeutet unwiederbringbaren Verlust von Geborgenheit und Zuwendung. Gutes asketisches versus schlechtes hedonistisches Selbstbild.	Restriktive Regeln: strenger ästhetischer und Leistungsstandard. Bedürfnisbefriedigung bedeutet Verlust von Liebe und Anerkennung. Gutes asketisches versus schlechtes hedonistisches Selbstbild.

5. Fortsetzung Tabelle 22 (Vergleich der Störungsmodelle)

(Fortsetzung)				
dysfunktionale Verhaltens-stereotypien	Ins Histrionische gehende Bindung der Aufmerksamkeit des anderen; zum Dependenten passendes Geschick, das Wohlbefinden des Partners in der Beziehung zu pflegen; eine selbstunsichere Haltung, die ängstlich vermeidet, daß Unmut und Zorn beim Partner entsteht.	Rigidität, Zögern, Pflichtbewußtsein, Leistungs-orientierung, Zuverlässigkeit, Ausdauer, Aspontaneität, häufige Ambivalenzen	Alles auf eine Karte setzen: nur die zentrale Bezugsperson/ das zentrale Ziel reguliert den Selbstwert. So entsteht eine extreme Abhängigkeit von dieser (das soziale Netz hängt nur an einem Faden) bzw. von dem Ziel. Unterdrücken aller Wünsche und selbstbezogenen Gefühle; sofortige Angst und Schuldgefühle schon bei ansatzweisen Regelabweichungen.	Rigider Umgang mit diesen Regeln: Unterdrücken aller Wünsche; sofort Angst und Schuldgefühle schon bei ansatzweisen Regelabweichungen. Restriktive Diät.
Dauerdilemma	Lange Zeit wird nicht wahrgenommen, daß neben dem Bedürfnis nach Schutz und Sicherheit auch ein zunehmender Wunsch nach Selbständigkeit vorhanden ist. Dieses Dilemma bleibt zugunsten der Sicherheit entschieden (bis zur Auslösesituation)	Die antizipierte destruktive Wirkung eigener Aggressivität macht Angst und Schuldgefühle. Deshalb wird ständig darauf geachtet, mit Hilfe perfekter Pflichterfüllung und Leistung so weit wie möglich von dieser entfernt zu sein.	Entweder Durchsetzung meiner Interessen oder Bestätigung und Liebe.	Das Dilemma: Bedürfnisbefriedigung bzw. Selbstverstärkung und Eigenständigkeit versus Zuneigung und Anerkennung von außen
Reaktion/ Symptom	**... bei Agoraphobie und Panik:**	**... bei ZWANG:**	**... bei DEPRESSION:**	... bei BULIMIE:
primäre Emotion	primäre Emotion, die die natürliche Antwort auf das problematische Ereignis der Lebens-Situation S wäre (hier das Gefühl der Einengung und der	Trotz, Wut, Neid, Gier, sex. Verlangen	Tendenz zu intensiver emotionaler Reaktion (Trauer, Schmerz, Wut)	Riesen-Enttäuschung, Ärger, Trotz: „Was Du mir nicht gibst, nehme ich mir selbst".
Störung:	**Agoraphobie/Panik**	**Zwang**	**Depression**	**Bulimie**

6. Fortsetzung Tabelle 22 (Vergleich der Störungsmodelle)

(Fortsetzung)	Veränderungswunsch)			
primärer Handlungs-impuls	Primärer Handlungs-impuls, der sich aus der primären Emotion ergeben würde: a) inadäquat intensiver Impuls (hier: Trennung); b) adäquates Coping (hier: in der Partnerschaft Selbständig-keit und Freiraum erkämpfen)	a) inadäquat intensiv: Verletzen, Beschmutzen, Rebellieren b) adäquates Coping: sich wehren, fordern, Nein sagen	Aktiver Kampf gegen die frustrierende Person	a) aggressiver Angriff, Erzwingen von Wunsch-erfüllung b) wehrhafte Durch-setzung, Forderungen stellen
Antizipation der Konsequenz	Antizipation der Konsequenz dieses primären Handlungsimpulses, die eine extreme Bedrohung des Organismus bzw. der Person bedeuten würde (Allein und schutzlos sein, Verlassenwerden)	Chaos, Unheil, Strafe, Kritik, Ablehnung, Verletzung, Tod	Wenn ich aggressiv bin, verliere ich Liebe für immer	Erwartung von Ablehnung, Verurteilung, Abwertung
gegensteuernde Gefühle	Angst vor Unbegrenztheit oder vor Enge, die verhindern soll, daß der primäre Handlungsimpuls in eine Handlung umgesetzt wird	Angst, Scham, Zweifel, Schuld, Ekel Vermeidung	Angst und Schuldgefühle	Angst vor Kontrollverlust, Schuldgefühle
Vermeidung	Vermeidung: Unterdrükkung des primären Handlungsimpulses. Die Trennung unterbleibt ebenso wie die konstruktive Auseinandersetzung in der Partnerschaft	selbstverantwortlich zu den eigenen Anliegen stehen und sie angemessen durchsetzen	Unterdrückung aller „gesunden" Bewältigungs-reaktionen	Unterlassen von Selbst-behauptung
Störung:	**Agoraphobie/Panik**	**Zwang**	**Depression**	**Bulimie**

7. Fortsetzung Tabelle 22 (Vergleich der Störungsmodelle)

Neue verhaltens-steuernde Gefühle	Gefühl der Schutzlosigkeit, der Unfähigkeit, sich selbst zu helfen	Discomfort (Spannung, Unruhe)	Sinn- u. Hoffnungslosigkeit	Hilflosigkeit, Depressivität, Hunger statt Ärger
Symptom	Angst bis zur Panik	Zwangsgedanken, Zwangshandlungen, Zwangsimpulse	Niedergeschlagenheit, depressive Selbstregulation: negative Selbstwahrnehmung u. Selbstbewertung	Bulimischer Zirkel: a) restriktive Diät b) Fressen c) Erbrechen
sekundäre Verhaltens-weisen	Verhaltensweisen, die sekundär versuchen, die Auswirkungen des Symptoms abzumildern bzw. dessen negat. Auswirkungen entgegenzusteuern: Flucht und Vermeidung der phobischen Stimuli	während des Zwangs kurz Entlastung, danach Unsicherheit bezügl. Sollerfüllung u. Wiederholung	depressives Interaktionsverhalten: (Rückzug, Passivität)	Angst vor Dickwerden, Selbstvorwürfe, Schuldgefühle
Konsequenzen	**... bei Agoraphob./Panik:**	**... bei ZWANG:**	**... bei DEPRESSION:**	**... bei BULIMIE:**
Vermeiden aversiver Konsequenzen	Vermeiden der aversiven Konsequenzen einer „gesunden“ Copingreaktion als autonomem selbstverantwortlichem Verhalten, wie das Risiko des Allein-auf-sich-selbst-gestellt-Seins	Die Zwangshandlung führt kurzfristig zur Reduktion von Discomfort (Spannung, Unruhe, Angst, Schuldgefühl)	Aggressive Durchsetzung würde die soziale Umwelt nicht tolerieren. Sie wäre nicht mehr bereit, Lob und Anerkennung auszusprechen. Oder: Trauer würde das Loslassen der zentralen Bezugsperson bedeuten.	Die Eßstörung verhindert eine Eskalation der Zwistigkeiten und den Verlust jener Personen, die als Selbstwertquelle dienen
Bewahren von Verstärkungen	Bewahren von Verstärkungen (Schutz durch eine leitende Person)	Wer so angepaßt und normgerecht wie immer bleibt, wird dafür akzeptiert, als einer betrachtet, der im Grunde anständig ist, aber die Zwangskrankheit hindert ihn	Ich bleibe die Persönlichkeit, die durch die alten Verhaltensmuster von anderen weiter Anerkennung erhalten kann.	Erneute Hoffnung, durch gesteigertes Fasten endlich Zuneigung und Anerkennung zu bekommen
Störung:	**Agoraphobie/Panik**	**Zwang**	**Depression**	**Bulimie**

8. Fortsetzung Tabelle 22 (Vergleich der Störungsmodelle)

Störung:	Agoraphobie/Panik	Zwang	Depression	Bulimie
(Fortsetzung Bewahren ...)		halt, sich weiterhin so gut anzupassen		
Bestätigung der Selbst- und Weltsicht	Bestätigung der alten Selbst- und Weltsicht, daß die Welt bedrohlich und der Schutz der Bezugsperson unverzichtbar für ein Überleben ist	Bestätigung der Selbst- und Weltsicht (Affirmation): Ich brauche Perfektion (100%ige Gewißheit, Sauberkeit, Ordnung etc.). Ich kann mir nie sicher sein, ob meine zuletzt ausgeübte Handlung dies erreicht hat. Besteht noch Ungewißheit, so liegt dies nur daran, daß ich mich zu wenig bemüht habe. Ich muß mich weiter bemühen, um Schaden abzuwenden.	Bestätigung der Selbst- und Weltsicht (Affirmation): Ich brauche eine zentrale Selbstwertquelle. Ich kann mir diese nur sichern durch Sollerfüllung und Selbstaufgabe. Gibt sie mir zuwenig Bestätigung, so liegt dies nur daran, daß ich mich zu wenig bemüht habe. Ich habe keine Selbsteffizienz, deshalb brauche ich einen zentralen Selbstwertspender	Fressen bleibt der einzige Weg zur Bedürfnisbefriedigung. Aber: Reduziertes Selbsteffizienzerleben nach jedem Fressen-Erbrechen
positive Verstärkung durch die soziale Umwelt	Der Partner möchte und braucht eine von ihm abhängige Person	Die soziale Umwelt schätzt in vielen Bereichen zwanghaftes Verhalten. Was im bisherigen Leben vielleicht einzige relevante Quelle von sozialer Bestätigung war, ist auch nach Ausbruch der Zwangserkrankung die Bewältigungsstrategie erster Wahl. Sie muß in extremen Situationen eben auch in extremem Ausmaß eingesetzt werden.	Keine (Depression entsteht aus Verstärkerverlust)	Noch mehr Vermeidung von sozialen Kontakten, u.a. auch weil Zeit und Energie für das Nahrungsmanagement verloren geht.

lich und psychisch unwert und spüren einen großen emotionalen Hunger nach Liebe.

Kindliche Grundannahmen

Angstpatienten glauben, daß sie nur Schutz erhalten, wenn sie selbstbezogene Bedürfnisse zugunsten der Beziehung zurückstellen oder daß ihr Schutz suchen zu Enge führt. **Zwang**spatienten sind überzeugt, daß nur ihr extremes Bemühen um Ordnung und Normerfüllung verhindern kann, daß sie die Welt schädigen. **Depressive** müssen benötigte Selbstwertspenden durch viel Anstrengung und Pflichterfüllung erkämpfen. **Bulimie**patientinnen glauben, nur durch diszipliniertes, verzichtendes Erreichen des Schlankheitsideals ihren Hunger nach Liebe und Bestätigung stillen zu können.

Dysfunktionale Überlebensregel

Angstpatienten verbieten sich selbständiges, unabhängiges Bewegen in der Welt oder vermeiden Beziehungen, die ihre Bewegungsfreiheit einengen. **Zwang**spatienten müssen aggressive oder triebhafte Emotionalität aus ihrem Leben verbannen. **Depressive** Patienten dürfen sich keine positive Selbstbewertung und Selbstverstärkung gestatten. **Bulimie**patientinnen müssen hedonistische Tendenzen unterdrücken, die sie vom zu hohen ästhetischen und Leistungsstandard entfernen würden.

Dysfunktionale Verhaltensstereotypien

Angstpatienten sorgen durch aktiv-kooperative Anpassung dafür, daß ihnen die schützende Gemeinschaft erhalten bleibt. Zwangspatienten sind rigide, zögerlich, normorientiert, aspontan und unemotional. **Depressive** Patienten konzentrieren sich in ihrem Bemühen ganz auf eine zentrale Bezugsperson, den Beruf oder eine andere zentrale Selbstwertquelle. **Bulimie**patientinnen bleiben in Beziehungen enttäuscht. Statt Durchsetzung versuchen sie selbstverzichtende Erfüllung des Ideals.

Dauerdilemma

Angstpatienten schaffen es nicht, sowohl ihre Schutzbedürfnisse als auch ihre Bewegungsfreiheit zu erreichen. **Zwang**spatienten können nicht sowohl ihre Impulse ausleben, als auch soziale

Akzeptanz gewährleisten. **Depressive** Patienten können nicht sowohl ausreichend externe Selbstwertzufuhr sichern, als auch selbstbezogene Interessen durchsetzen. **Bulimie**patientinnen können nicht sowohl ihren riesigen emotionalen Hunger nach Liebe und Anerkennung stillen, als auch selbstbezogene Bedürfnisse haben und ihnen entsprechende Interessen realisieren.

Obige Aussagen entsprechen idealtypischen Unterscheidungen, die ebensowenig wie der statistische deutsche Durchschnittsbürger exakt so auffindbar sind. Sie sollen lediglich bei der Hypothesenbildung und -prüfung während der anamnestischen Exploration behilflich sein. Überraschend oft lassen sich entsprechende Fakten in der Biographie und bei der Persönlichkeit des Patienten finden. Gelingt dies, so lassen sich die funktionalen Zusammenhänge treffsicherer zu einem Bedingungsgefüge zusammenstellen. Wer statt dessen erbliche oder unspezifische Streßfaktoren oder life events als Erklärung heranzieht, erreicht lediglich eine Befriedigung des Kausalitätsbedürfnisses von Patient und Therapeut.

Um selbst im Rahmen der Therapieplanung das individuelle Störungsmodell eines konkreten Patienten erarbeiten zu können, kann der im Anhang Tabelle A3 gedruckte Leitfaden zur individuellen Bedingungsanalyse/Störungsmodell verwendet werden. Eine Kurzfassung des so erarbeiteten individuellen Störungsmodells entspricht der Verhaltens- und Bedingungsanalyse auf der Makroebene und kann in den SORK-Leitfaden (Makroebene) im Strategieteil des Therapieprotokollhefts (VDS 11) eingetragen werden (Abbildung A2 im Anhang).

C) DER STRATEGISCHE AUFBAU DER THERAPIE

ZIELANALYSE: Von der Störung zum Therapieziel

Es gibt kaum Psychotherapien, die der Zielanalyse explizit besondere Bedeutung beimessen. Deshalb sind die hierzu notwendigen Gedankengänge auch meist sehr ungewohnt und mühsam. Von unseren Patienten wissen wir, daß diese Trägheit zum Widerstand in Form von rationalen Gegenargumenten führt. Nicht anders verhält es sich mit Therapeuten. Wie ist mit diesem Widerstand umzugehen?

1. Sie haben völlig recht mit Ihren Argumenten. Tatsächlich findet sich das Ziel oft von selbst, wenn man einfach mit den Therapiegesprächen anfängt. Und eine Zielanalyse am grünen Tisch führt zu Zielen, denen der Patient in seinem gegenwärtigen Stand nie zustimmen würde. Schließlich sollte ein mündiger Patient selbst seine Ziele formulieren. Und natürlich ist das kognitive Ableiten von Therapiezielen aus der Detailstörung einem emotional-intuitiven Erfassen weit unterlegen. Und nicht zuletzt ist ein zielorientiertes Vorgehen ein produktiver Prozeß mit Scheuklappen, der jegliche Kreativität in der Therapie behindert. Vor allem müssen die anfänglich formulierten Therapieziele im Lauf der Behandlung ohnehin wieder geändert werden, eventuell sogar mehrfach.

2. Ihre Argumente enthalten ein entweder - oder, als ob eine systematische Zielanalyse unweigerlich alle Alternativen unmöglich machen würde. Statt dessen können wir versuchen, ihnen die Vorteile ihres Vorgehens zu lassen. Sie müssen auf nichts verzichten. Statt dessen erfinden wir das Wörtchen „und“:

a) Die Zielanalyse definiert vorläufige Ziele, die im Lauf der Behandlung ständiger Umformulierung bedürfen (Kanfer et al. 1990).

b) Die Zielanalyse ist ein Verhandlungsangebot des Therapeuten an den Patienten. Der kleinste gemeinsame Nenner der Zielvorstellungen von Patient und Therapeut ergibt schließlich die zunächst angestrebten Therapieziele. Gibt es diesen gemeinsamen Nenner nicht, wird die Therapie nicht begonnen (Klerman et al. 1984).

c) Die Zielanalyse beinhaltet das ständige empathische Erspüren des Patienten und das intuitiv-kreative Phantasieren seiner Entwicklungstendenzen. Die letztlich kognitive Zielformulierung ist nicht das Ergebnis logisch-deduktiver Denkprozesse, sondern der Versuch, das affektiv-kreative „Werk" sprachlich präzise zu fassen.

Dies bedeutet, daß das Verständnis der autonomen Psyche des Patienten mit ihrer individuellen psychosozialen Homöostase nur möglich ist, wenn der Therapeut über die kritisch-logische Informationsverarbeitung seiner eigenen willkürlichen Psyche hinausgeht und seine autonome Psyche „befragt". Empathie kann nur von der autonomen Psyche des Therapeuten aus geschehen. Es ist nicht die Empathie mit der willkürlichen Psyche des Patienten, sondern mit dessen autonomer Psyche. Dies führt oft zu einem diffusen Gefühl des Verstehens, das nur schwer in Worte gefaßt werden kann. Trotzdem ist es für Patient und Therapeut sehr wichtig, dieses Verstehen sprachlich zu fassen und sprachlich zu kommunizieren. Im Sinne von Kelly (1955) ist der Therapeut ohnehin der Schüler des Patienten, der versucht dessen komplexe affektiv-kognitive Theorie der Welt zu verstehen. Indem er das, was er bisher verstanden hat, in Worte faßt und dem Patienten sagt, kann dessen autonome Psyche erstaunlich exakt die Ungenauigkeiten der Beschreibungsversuche des Therapeuten rückmelden. Hypnotherapeuten versuchen diesen Dialog unter Umgehung der willkürlichen Psyche des Patienten zu optimieren.

Für den diagnostischen Prozeß ist die Fähigkeit des Therapeuten, bewußten Zugang zu seiner eigenen autonomen Psyche zu haben, unverzichtbar. Diese Fähigkeit ist ein zentrales Kriterium für die Befähigung eines Arztes oder Psychologen zum Beruf des Psychotherapeuten. Sie kann durch Selbsterfahrung gefördert werden und es liegt in der Verantwortung jedes Psychotherapeuten, sich diese Fähigkeit zu bewahren und sie weiter zu entwickeln.

Man kann sagen, daß es zwei Typen von Therapeuten gibt: diejenigen, die mit ihrer willkürlichen Psyche in der kognitiven Verhaltensanalyse verharren mit festem Boden unter den Füßen, aber diesem Boden zugleich verhaftet. Und es gibt diejenigen, die unter weitgehender Aussparung der rational-kritischen Fähigkeiten ihrer willkürlichen Psyche sich schwimmend und schwebend in den Gewässern der autonomen Psyche tummeln, allerdings kaum den festen Boden einer kognitiv-sprachlichen Analyse des Problems betretend. Sollten sie einem Dritten sagen, was in der Therapie geschieht, so würden sie keine Worte finden, die einer Metaebene der evaluativen Analyse der Therapie entsprechen würde. Sie betonen, daß ihr Verständnis ganzheitlich sei und deshalb so schwer kommunizierbar.

Durch diese beiden Arten, das Teil mit dem Ganzen zu verwechseln, wird gerade das ganzheitliche Verständnis des Menschen verhindert. Erst beide Arten zusammen ergeben ein wirklich ganzheitliches Verständnis. Dieses „und“ erfordert jedoch den Mut des Landbewohners, sich ins Wasser zu begeben und die Mühe des Wassertieres, sich auf dem Land zu bewegen.

Die Schnittstelle zwischen beiden - die Küste - ist die systematische Zielanalyse. So wie Phobiker bereits das Vorfeld der angstauslösenden Situation konsequent vermeiden, meiden auch unsere beide Therapeutentypen diese Schnittstelle. Die Angst beider macht diese Küste zum Niemandsland. Ihr Betreten bringt für das Landtier die Gefahr, ins Wasser zu fallen, für das Wassertier die Unsicherheit mit der mühsamen Bewegung zu Land nicht schnell genug in den Schutz des Wassers zu finden. Deshalb sei hier die Ermutigung zu ersten Schritten für beide ausgesprochen. Der Anfang könnte so aussehen: der rationale Therapeut darf jede intuitiv-affektive Wahrnehmung durch eine kognitive Analyse paraphrasieren, so daß er mit einem Bein festen Boden unter den Füßen behält. Der intuitive Therapeut darf nach jeder trockenen kognitiv analysierenden Verbalisierung sogleich wieder kurz ins Gewässer tauchen, um die Verbindung dieser Aussage mit dem Erspürten herzustellen.

Wir hätten es tatsächlich einfacher mit der Zielanalyse, wenn das Ziel das logische Gegenteil der Störung wäre. Selbst das würde aber eine sprachlich exakte Formulierung der Störung erfordern. Darüber hinaus wäre erforderlich, daß unsere Sprache eineindeutige Zuordnungen von Gegensatzpaaren erlaubt. Beides ist nicht möglich. Deshalb muß selbst in günstigen Fällen der deduktiv aus der Störung ableitbaren Zielformulierung das definierte Ziel recht unscharf bleiben.

Selbst wenn eine klinische Störungstheorie den Zustand der psychischen Gesundheit in ihre Axiome einbezieht, wie zum Beispiel obige affektiv-kognitive Entwicklungstheorie, bleibt erstens das Hinterfragen dieser Gesundheitspostulate und zweitens das Problem einer gemeinsam akzeptierten menschlichen Ethik. Selbst wenn der Therapieprozeß nicht unethisch manipulativ abläuft, kann die Manipulation des Menschen noch in der expliziten Zielformulierung bzw. noch schlimmer in den nicht bewußten impliziten Zielvorstellungen des Therapeuten liegen.

Wer sich wehrt, Therapieziele zu formulieren, wehrt sich dagegen, sich seine impliziten Zielvorstellungen bewußt zu machen und wird gerade dadurch ein unethisch manipulativer Psychotherapeut. Es gibt für den Therapeuten keinen Ausweg aus dem ethischen Dilemma der Zieldefinition. Es bleibt nur eines: sich dieses Dilemma möglichst immer wieder bewußt vor Augen zu führen. Der sicherste Weg dazu ist eine systematische Zielanalyse, die als permanenter Hintergrundprozeß die gesamte Therapie begleitet. (Kanfer et al. 1990)

Unter dem Vorbehalt, daß die Zielanalyse mit einer systematischen Erarbeitung von Detailzielen aus den Detailstörungen des Patienten nur vorläufige Überlegungen des Therapeuten sind, über die später mit dem Patienten verhandelt werden muß, können wir nun den Schritt zur systematischen Zielanalyse wagen.

1. SYSTEMATISCHE ZIELANALYSE: Vom Störungsdetail zum zum Detailziel

Aufbauend auf den oben ausführlich dargestellten kognitiven Entwicklungstheorien Piagets (1981), Kohlbergs (1974) und Kegans (1986), haben wir im vorigen Kapitel eine allgemeine affektiv-kognitive Entwicklungstheorie psychischer Störungen formuliert, die detailbezogene Zielformulierungen nahelegt, wie sie Sulz (1992a,b) schon für einzelne psychische Störungen versucht hat.
Tabelle 23 zeigt die Detailzielformulierungen, die sich allerdings ebenso wie die Detailstörungen einem ganzheitlichen Fallverständnis unterordnen müssen.
Die Detailstörung (linke Spalte) ist behoben, wenn das Detailziel (rechte Spalte) erreicht ist. Oder: eine Reduzierung der Detailstörung ist zu erreichen durch Annäherung an das Detailziel. Zum

Die **Lebensgestaltung** wird von pathogenen Beschränkungen und Überwertigkeiten befreit, indem alternative erfüllende Lebensbereiche zusätzlich aufgebaut werden. Die **Beziehungsgestaltung** wird „gesünder", wenn sie zur Gesundung des Individuums und der sozialen Gemeinschaft beiträgt, d.h. eigene emotionale Anliegen ebenso zur Geltung kommen wie diejenigen der Bezugspersonen und zusätzlich gemeinsame Anliegen entstehen. Für **bisher symptomauslösende Lebenssituationen** sollen künftig effiziente Bewältigungsstrategien verfügbar sein und auch selbstverantwortlich eingesetzt werden.
Angeborene Dispositionen können teils modifiziert, teils kompensiert werden, müssen aber auch in ihren unveränderbaren Anteilen akzeptiert werden. Ein realistischeres Verständnis der **Lerngeschichte** hilft, die emotionalen Auswirkungen frustrierenden oder verängstigenden Elternverhaltens zu erkennen. Aus ihnen lassen sich auch die affektiv-kognitiven Strukturen des **Selbst- und Weltbildes** ableiten, sowie die **Grundannahmen über das Funktionieren der Welt** als logische Schlüsse bzw. Wenn-dann-Aussagen des Kindes mit dessen begrenztem kognitivem Horizont. Diese empirischen Erfahrungen des Kindes und seine auf deren Basis aufgestellten Verallgemeinerungen liefern nicht nur die Prämissen für eine kindliche implizite Theorie der Welt, sondern auch das Verständnis für die **Überlebensregel**, deren Rekonstruktion zu den zentralen Zielen einer Therapie gehört. Die prämorbide Persönlichkeit und ihre **dysfunktionalen**

Tabelle 23: Von der Störung zum Ziel (allgemeines Modell)

Die Situation	**Was ist gestört?**	**Das Therapieziel ist ...**
Pathogene Lebensgestaltung	Pathogene Lebensgestaltung (auf welche Weise wird das übrige Leben so gestaltet, daß es unbefriedigend sein oder bleiben muß bzw. scheitern muß)	Mehrere erfüllende Lebensbereiche aufbauen (Beruf, Hobbys, Freundeskreis, Partnerschaft & Familie)
Pathogene Beziehungsgestaltung	Pathogene Beziehungsgestaltung (auf welche Weise wird in den aktuellen intimen und näheren Beziehungen mit den anderen Menschen so umgegangen, daß diese Beziehungen unbefriedigend werden müssen oder scheitern müssen)	In Beziehungen emotional offen sein, eigene Bedürfnisse äußern, sich den nötigen Freiraum schaffen, dabei die Interessen d. anderen berücksichtigen.
Auslösende Lebenssituation	Auslösende Lebenssituation (Welche konkreten Ereignisse im letzten Jahr bzw. welche größeren Veränderungen im Leben der letzten zwei Jahre führten zur Symptombildung und damit zur Auslösung der psychischen Erkrankung? Welches Problem konnte nicht anders als durch Symptombildung gelöst werden? - Bei Persönlichkeitsstörungen ist hiermit diejenige ohne fremde Hilfe nicht mehr zu bewältigende Lebenssituation gemeint, die den Leidensdruck so groß machte, daß Psychotherapie begonnen wurde)	Künftig in der symptomauslösenden Problemsituation effiziente Bewältigungsstrategien verfügbar haben, so daß die Symptombildung verzichtbar wird.
Die Person	**Was ist gestört?**	**Das Therapieziel ist ...**
Angeborene Disposition	Angeborene Disposition körperlicher oder psychischer Art, die anfällig für die Symptombildung macht	Aufbau von Selbstakzeptanz für die eigenen Schwachstellen und Begrenzungen der Lebensgestaltung
Lerngeschichte	Lerngeschichte (Verhalten der Eltern)	Lerngeschichtliches Verständnis der motivationalen und emotionalen Auswirkungen elterlichen Verhaltens auf das kleine Kind Lernen, daß die Menschen im heutigen

1. Fortsetzung Tabelle 23 (von der Störung zum Ziel - allgemeines Störungsmodell)		
Kindliches Weltbild	Kindliches Bild der Welt: Frustrierendes bzw. traumatisierendes Elternverhalten wird ungeprüft auf die Erwachsenenwelt übertragen	Lernen, daß die Menschen im heutigen Erwachsenenleben meist anders reagieren als früher die Eltern dem Kind gegenüber
Kindliches Selbstbild	Kindliches Selbstbild (eigene Bedürfnisse, Erwartungen, Fertigkeiten)	Erkennen, wie sehr das heutige Selbstbild noch von kindlichen Bedürfnissen und Befürchtungen geprägt ist. Deren Einfluß vermindern.
Kindliche Grundannahmen	Kindliche Grundannahmen über das Funktionieren der Welt (Erfahrungen mit den Eltern)	Herausarbeiten der kindlichen Logik als Wenn-Dann-Beziehung zwischen Selbst und Welt
Überlebensregel	Überlebensregel (Was muß ich unbedingt tun, was darf ich auf keinen Fall tun, um von der sozialen Umwelt die zum emotionalen Überleben benötigten Reaktionen zu erhalten)	Abschwächung oder Falsifikation der kindlichen Überlebensregel, so daß effizientes erwachsenes Sozialverhalten erlaubt ist.
dysfunktionale Verhaltensstereotypien	dysfunktionale Verhaltensstereotypien (habituelle Erlebens- und Reaktionstendenzen, die in der Kindheit funktionale Copingstrategien waren und jetzt im Erwachsenenalter in den meisten Situationen dysfunktional geworden sind - sie definieren die Persönlichkeit)	Reduktion der dysfunktionalen Verhaltenstendenzen (z.B. selbstunsicher oder dependent oder zwanghaft oder histrionisch)
Dauerdilemma	Dauerdilemma (Konflikt zwischen den Geboten und Verboten der Überlebensregel und meinen zentralen Wünschen und Bedürfnissen)	Vor- und Nachteile des alten Verhaltensstereotyps und des funktionalen Bewältigungsverhaltens abwägen, verantwortlich entscheiden

2. Fortsetzung Tabelle 23 (von der Störung zum Ziel - allgemeines Störungsmodell)		
Reaktion/Symptom	**Was ist gestört?**	**Das Therapieziel ist ...**
primäre Emotion	primäre Emotion, die die natürliche Antwort auf das problematische Ereignis der Lebens-Situation S wäre (meist tabuisiert oder bedrohlich, z.B. Wut, Ärger, Trauer)	Die ursprüngliche Emotion wieder wahrnehmen, sie sich erlauben, ihre Funktion als Motivator von Copingverhalten erkennen und nutzen
primärer Handlungs-impuls	primärer Handlungsimpuls, der sich aus der primären Emotion ergäben würde a) inadäquat intensiver Impuls (unzivilisiert, daher allgemein sozial abgelehnt) b) adäquates Coping (wegen emotionaler Abhängigkeit zu bedrohlich)	kognitive Kontrolle über den primären Handlungsimpuls erreichen: inadäquate Impulse ersetzen durch adäquate, effiziente Handlungskonzepte
Antizipation der Konsequenz	Antizipation der Konsequenz dieses primären Handlungsimpulses, die eine extreme Bedrohung des Organismus bzw. der Person bedeuten würde (Ablehnung, Zurückweisung)	Erkennen, daß die dysfunktionale Überlebensregel der Kindheit eine unrealistische Bedrohung vorhersagt (daß emotional nicht überlebt wird)
gegensteuernde Gefühle	gegensteuernde Gefühle (Angst, Scham, Schuldgefühle, Ekel), die verhindern sollen, daß der primäre Handlungsimpuls in eine Handlung umgesetzt wird.	Den gegensteuernden Gefühlen (Angst, Scham, Schuldgefühle, Ekel) die verhaltenssteuernde Wirkung nehmen (Toleranzvergrößerung)
Vermeidung	Vermeidung: Unterdrückung des primären Handlungsimpulses	Das Vermeidungsverhalten bewußt beobachten und der Selbstkontrolle zugänglich machen: Doch noch das funktionale Coping ausführen
Neue verhaltens-steuernde Gefühle	Neue verhaltenssteuernde Gefühle, die unmittelbar zu diskriminativen oder reflexhaft auslösenden Stimuli des Symptomverhaltens werden (z.B. Hilflosigkeit bei Depression, Angst beim Paniksyndrom)	Symptomatische Gefühle, die zeitlich unmittelbar dem Symptom vorausgehen, als konditionierte Symptomauslöser löschen
Symptom	Symptom als qualitativ neues Verhalten, das einerseits eine partielle Problemlösung in der auslösenden Situation bringt, andererseits aber auch nicht die Verbote und Gebote der Überlebensregel verletzt	Ein alternatives, mit dem Symptom unverträgliches Verhalten aufbauen (evtl. als Gegenkonditionierung)

1. Fortsetzung Tabelle 23 (von der Störung zum Ziel - allgemeines Störungsmodell)		
sekundäre Verhaltensweisen	Verhaltensweisen, die sekundär versuchen, die Auswirkungen des Symptoms abzumildern bzw. deren negat. Auswirkungen entgegenzusteuern	Erkennen, daß diese Art, das Symptom erträglich zu machen, für die Aufrechterhaltung des Symptoms sorgt
Konsequenzen	**Was ist gestört?**	**Das Therapieziel ist ...**
Vermeiden aversiver Konsequenzen	Vermeiden der aversiven Konsequenzen einer „gesunden" Copingreaktion als autonomem selbstverantwortlichem Verhalten, wie das Risiko der Ablehnung, des Unmutes	Die Angst vor Ablehnung und Unmut der anderen während des ‚gesunden' Copingverhaltens aushalten können
Bewahren von Verstärkungen	Bewahren von Verstärkungen (Gratifikationen aus der Abhängigkeit von wichtigen Bezugspersonen und Beziehungen)	a) weniger Verstärkung aus Abhängigkeit benötigen b) diese Verstärkungen sich selbst holen können bei wem ich sie holen will
Bestätigung der Selbst- und Weltsicht	Bestätigung der alten Selbst- und Weltsicht	Lernfähigkeit aufbauen, um alte Selbst- und Weltsichten durch ständig neue Erfahrungen realitätsgerecht verändern zu können und zu wollen
positive Verstärkung durch de soziale Umwelt	Zusätzliche positive Verstärkung des Symptomverhaltens durch die soziale Umwelt	Erkennen, welchen Vorteil das Symptom für die soziale Umwelt bringt, um deren verstärkendes Verhalten identifizieren und löschen zu können

Verhaltentsstereotypien sind die Realisierung der Überlebensregel auf der Erlebens- und Handlungsebene. Ihre Modifikation ist ein weiteres Detailziel bzw. bei Persönlichkeitsstörungen das Hauptziel. Das **Dauerdilemma**, das durch die restriktive Überlebensregel entstand, soll durch Befreiung aus dem dichotomen Denken stets neu lösbar werden.

Die **primären Emotionen** in zwischenmenschlichen Interaktionen sollen ihre Funktion der Verhaltenssteuerung wieder erlangen. Die **primären Handlungsimpulse** sollen nicht mehr unreflektiert unterdrückt, sondern bewußt überprüft und in situationsadäquates Verhalten umgesetzt werden. Die **Antizipation der Konsequenzen** soll empirische Erfahrungen des erwachsenen Menschen zur Vorhersage heranziehen anstatt der kindlichen Grundannahmen. **Gegensteuernde Gefühle**, die bisher eine Unterdrückung und **Vermeidung** von effizienten Bewältigungsstrategien hervorriefen, sollen ihre verhaltenssteuernde Funktion verlieren - ebenso wie die **„neuen" verhaltenssteuernden**

Gefühle (im Gegensatz zu den primären), die bisher das **Symptom** auslösten. **Sekundäre Verhaltensweisen**, die bisher auf das Symptom folgten, dieses erträglich machten, sollen als symptomerhaltend erkannt und reduziert werden.

Das subjektive **Vermeiden aversiver Konsequenzen** mit Hilfe des Symptoms sollte gelöscht werden, einerseits indem die Erfahrung gemacht wird, daß auch ohne Symptom das Aversive nicht eintritt, andererseits durch die Erfahrung, daß das Aversive, wenn es doch eintritt, gut ausgehalten werden kann, also nicht traumatisch ist. Das **Bewahren von Verstärkungen** durch das Symptomverhalten ist ebenfalls zweifach aufzulösen: zum einen durch den Verzicht auf die bisherigen (kindlichen) Verstärkungen bzw. Bedürfnisbefriedigungen, zum anderen dadurch, daß diejenigen Verstärker, die auch für den erwachsenen Menschen bedeutend bleiben, durch eigenes selbständiges, selbstverantwortliches und effizientes Verhalten erreichbar sind. Der bisherige Zwang zur **Bestätigung der bisherigen Selbst- und Weltsicht** (Assimilation) soll einer Lernfähigkeit weichen, die die Akkommodation der affektiven kognitiven Bedeutungen ermöglicht und so eine stimmige Selbst- und Weltsicht ergibt. Die bisherige **positive Verstärkung durch die soziale Umwelt** für die alten dysfunktionalen Verhaltensstereotypien und für das persönliche Opfer der Symptombildung zugunsten des sozialen Systems sollen schließlich einer Änderungsbereitschaft auch der Bezugspersonen weichen.

Grob zusammenfassend lassen sich bezogen auf das SORK-Schema fünf **Hauptziele** formulieren:

Situation (S-Ziel):

Die Lebensführung und Beziehungsgestaltung so ändern, daß sie künftig von konstruierten „Sollbruchstellen“ frei bleiben. In Problemsituationen künftig nicht mehr symptomatisch sondern adäquat bewältigend reagieren können.

Person (O-Ziel):

Die dysfunktionale Überlebensregel modifizieren (leben statt überleben) und das dysfunktionale Verhaltensstereotyp aufgeben zugunsten von Verhaltenstendenzen, die im Dienst der eigenen Entwicklung stehen.

Reaktion (R-Ziel):

Primäre emotionale und Handlungstendenzen zulassen und zivilisieren, d.h. verantwortlich einsetzen.

Symptom-Ziel:

Die Funktion des Symptoms erkennen und Alternativen hierzu entwickeln.

Konsequenz (K-Ziel):

Die Erfahrung machen, daß neue Problemlösungen nicht zwingend zum Verlust bisheriger Verstärkungen und auch nicht zu nicht bewältigbaren Bestrafungen durch die Umwelt führen.

Sowohl beim einzelnen Patienten als auch bei verschiedenen klinischen Störungen müssen die Ziele spezifiziert werden, treten verschiedene Detailstörungen mehr in den Vordergrund. Weiterhin ist der gegenwärtige Entwicklungsstand des Patienten und der bei ihm anstehenden Entwicklungsschritte zu berücksichtigen.

2. ZIELSPEZIFITÄT: Vergleich der Therapieziele bei verschiedenen Störungen

Um ein Gefühl für eine differentielle Zielanalyse zu entwickeln, lohnt es sich, die Detailziele der verschiedenen klinischen Störungen gegenüberzustellen.
In Tabelle 24 werden die Ziele bei verschiedenen Störungen verglichen. Hier sei auf einige Vergleiche beispielhaft eingegangen:

Lebensgestaltung

Angstpatienten sollen ihre Lebensgestaltung nicht mehr der Absicherung der Verfügbarkeit von Schutz und Sicherheit widmen. **Zwang**spatienten sollen in ihrer Lebensgestaltung mehr spontane Impulse, Experimentier- und Risikofreude zulassen. **Depressive** Patienten sollen das Primat der Selbstwertregulierung aus ihrer Lebensgestaltung herauslassen. **Bulimie**patientinnen sollen ihre Lebensgestaltung unter Wahrnehmung einer größeren Vielfalt von Eigeninteressen als nur der des emotionalen Hungers betreiben.

Beziehungsgestaltung

Angstpatienten sollen das Einengende der Partnerschaft frühzeitig spüren und Freiraum durchsetzen, diesen angstfrei gestalten. **Zwang**spatienten sollen sich dem anderen Menschen emotional öffnen und ihr Beziehungsverhalten durch Emotionen steuern. **Depressive** Patienten sollen auf Selbstwertzufuhr von der Bezugsperson verzichten. **Bulimie**patientinnen sollen in Beziehungen Konflikte zulassen, austragen und dadurch riskieren, daß das emotionale Futter ausbleibt.

Bisher symptomauslösende Lebenssituationen

Angstpatienten sollen den Trennungsimpuls als Angstauslöser kennen und statt der Dichotomie unerträgliche Enge versus beängstigende Freiheit den dritten Lösungsweg probieren: Freiraum in der Beziehung. **Zwang**spatienten sollten eine größere Toleranz gegenüber Risiko, Uneindeutigkeit,

Tabelle 24: Vergleich der Therapieziele bei verschiedenen Störungen

Die Situation	..bei Agoraphob./Panik:	... bei ZWANG:	... bei DEPRESSION:	... bei BULIMIE:
Lebens-gestaltung	Lebensbereiche aufbauen, die immer wieder die Erfahrung liefern, daß ich, wenn es sein muß, auch allein überleben kann; Beziehung so ausprobieren, daß die Erfahrung resultiert, daß ich jederzeit, wenn ich es will, heil und ungeschoren wieder herauskomme	1. Zu mehrdimensionaler Wertorientierung kommen (Genuß, Ästhetik, Freundschaft, Liebe etc.). 2. Unvollkommenheit zulassen können. 3. Maßstäbe den Situationen anpassen können. 4. Hedonistische Tendenzen ausleben können. 5. Situationen aufsuchen, die in Versuchung führen. Dort entgegen den alten Überlebensregeln handeln. 6. Mal weich nachgeben können, mal offen Widerstand leisten können.	1. Eingehen sozialer Kontakte und Beziehungen, bei denen der Selbstwert-Nutzen nachrangig ist. 2. Künftigen Engpässen d. Selbstwert-regulierung vorbauen, indem mehrere austauschbare Quellen verfügbar gemacht werden. 3. Diesbezügliche Vermeidungshaltung identifizieren und abbauen.	Aufbau und Gestaltung befriedigender Lebensbezüge mit weniger Abhängigkeit von anderen
Beziehungs-gestaltung	Das Einengende der Partnerschaft spüren; eigene Wünsche gegen den andern durchsetzen; sich Freiraum in der Partnerschaft schaffen; ohne den Partner sein können	1. Dem Partner seine eigene Domäne, seine eigenen Maßstäbe lassen und diese als zwar anders, aber ebenso wertvoll wie die eigenen anerkennen. 2. Zu aggressiven, triebhaften, genußsuchenden, nicht von vornherein sozial erwünschten Tendenzen stehen. 3. In der Wahrnehmung des Partners die Brille und Perspektive des Polizisten aufgeben. In der Bewertung des anderen die eigenen Interessen, das eigene Wollen statt ein normatives	1. Identifizieren der Fun ktion der zentralen Bezugsperson als idealisierter Selbstwertspender, Verzicht auf diese Funktion, ihr eine Funktion in einer reifen Partnerschaft geben. 2. In der Beziehung zu sich stehen können, dabei die Partnerschaft zur Not riskieren, um sie tragfähiger zu machen. 3. Distanz ertragen lernen. 4. Sich als allein lebensfähig wahrnehmen lernen.	Aufbau und Gestaltung befriedigender Beziehungen, so daß u.a. die Interaktionen befriedigender ablaufen. Eigene Anliegen durchsetzen können.

1. Fortsetzung Tabelle 24 (Vergleich der Zielformulierungen bei verschiedenen Störungen)

Störung:	Agoraphobie/Panik	Zwang	Depression	Bulimie
		Sollen ins Spiel bringen. In der Selbstbehauptung die eigenen Wünsche ausdrükken statt den andern zur Einhaltung von Standards mahnen. 4. Dem andern emotional begegnen, ohne das strukturierende Raster eigener Normsetzung. 5. Ziel von Auseinandersetzungen soll nicht das Fügen des anderen sein sondern konstuktive Kompromisse oder das Respektieren der anderen Sichtweise des Partners. 6. Das eigene Gefühl als Maßstab nehmen anstatt äußerer Normen		
Bisher symptomauslösende Lebenssituation	Die Trennungstendenz eingestehen, Freiraum in der Partnerschaft schaffen; Fähigkeit zur Selbstbestimmung auch innerhalb einer Beziehung spüren; nach dem Verlust erfahren, daß ich ihn überleben werde und dadurch die Angst durch Trauer ersetzen kann	1. Die Erfahrung machen, daß überlebt und gelebt werden kann, wenn nur teilweise der Ausgang einer Situation gesteuert werden kann. 2. Die Spannung aushalten lernen, bei einem Zuwachs an Verantwortung für eventuelle Fehler gerade stehen zu müssen und zu können. 3. Bisher unterdrückte aggressive, sexuelle oder oppositionelle Tendenzen wahrnehmen lernen, sie sich zugestehen können, mit ihnen umgehen lernen. 4. Die entwicklungs-	1. Bei Verlustereignissen geeignete Bewältigungsstrategien aktivieren können: a) den unaufhaltsamen Verlust betrauern, b) sich durchsetzen statt um Zuwendung zu kämpfen, c) sich Freunde/Beziehungen schaffen, d) um eine bedrohte Partnerschaft kämpfen und dabei zu sich zu stehen, e) neue Verstärkerquellen erschließen, f) erfolgreich sein dürfen,	a) Makroebene: Größere Frustrationstoleranz: - unrealistische Erwartungshaltung korrigieren, - unabhängiger von äußeren Gratifikationen werden. b) Mikroebene: Auf die auslösenden Stimuli anders als durch Freßattacken reagieren können. Adäquate Streßbewältigung

2. Fortsetzung Tabelle 24 (Vergleich der Zielformulierungen bei verschiedenen Störungen)

		bedingten Auslöser der Lebensspanne zwischen 15 und 25 Jahren identifizieren können (Verlassen des normgebenden Schutzes der Eltern; Eigen-verantwortlichkeit)	g) auf sich bauen lernen, bereit sein, Verantwortung zu übernehmen	
Die Person	**Ziele bei Angst**	**Ziele bei Zwang**	**Ziele bei Depression**	**Ziele bei Bulimie**
Angeborene Disposition	Senkung des physiologischen Aktivierungsniveaus; Fähigkeit zur Entspannung aufbauen; Selbstakzeptanz der dispositionell begrenzten Möglichkeiten	Zwischen Gedanken u. Gefühlen unterscheiden lernen; Gedanken richten keinen Schaden an; ich kann selbst entscheiden, welche Gedanken ich in Handeln umsetze. Liebevolle Zuwendung zu Geliebtem (ohne Zurückhaltung und nachfolgende Umsetzung in Aggression); den Effekt eigenen Handelns wahrnehmen und bewerten lernen	Mit den unveränderbaren Seiten meiner Person leben lernen	Körper-Set-Point akzeptieren. 1. Fähigkeit zur Selbstverstärkung aufbauen 2. äußere Bestätigung zur evtl. Korrektur des inneren Maßstabs 3. Erfahrung von Selbsteffizienz ermöglichen
Lerngeschichte	Lerngeschichtliches Verständnis der motivationalen und emotionalen Auswirkungen elterlichen Verhaltens auf das kleine Kind	Korrektur d. generellen Verknüpfung v. lustbetontem, aggressivem, explorativem Handeln mit Strafe. Vom magischen zum realistischen Weltbild, vom Selbstzweifel zur Selbsteffizienz-erfahrung	Verstehen, wie es zu den restriktiven Lebensregeln kam, ihre Überlebensfunktion in der Kindheit erkennen und daß der Erwachsene sie nicht mehr benötigt.	Verstehen, wie die Überforderung der Eltern dazu führte, daß es unmöglich war, sowohl kindl. Bedürfnisse zu befriedigen, als auch elterl. Ansprüche zu erfüllen.
Kindliches Weltbild	Ändern des Weltbildes: Die Welt außerhalb der Reichweite meines Schützers ist nicht bedrohlich. Der Partner verlangt gar nicht	Die Erfahrung machen, daß adäquate Aggression konstruktiv sein kann, so daß Angst und Schuldgefühle ausbleiben. Leistung u.	Lernen, mehrere Quellen der Verstärkung zu nutzen. Lernen, diese Quellen zu wechseln. Lernen, sich neue Verstärker-	Die Erfahrung machen, daß das Dogma der bedingten Liebe jetzt nicht mehr gilt. Trotz Selbstverstärkung geht
Störung:	**Agoraphobie/Panik**	**Zwang**	**Depression**	**Bulimie**

3. Fortsetzung Tabelle 24 (Vergleich der Zielformulierungen bei verschiedenen Störungen)

Störung:	Agoraphobie/Panik	Zwang	Depression	Bulimie
	so viel verzichtende Anpassung. In der Partnerschaft ist genug Freiraum.	Pflichterfüllung als Vermeidungsverhalten erkennen lernen.	Quellen zu eröffnen.	die Zuneigung anderer nicht verloren.
Kindliches Selbstbild	Erkennen, wie sehr das heutige Selbstbild noch von kindlichen Bedürfnissen und Befürchtungen geprägt ist. Neues Selbstbild: Ich kann mich heute selbst schützen; ich will mich nicht mehr so anpassen. Ich brauche Selbständigkeit und Freiraum	Sich Autonomie- u. Oppositionsneigung eingestehen. Opposition und Gehorsam ersetzen durch offene erwachsene Auseinandersetzung, dabei die Werte Autonomie versus Sicherheit bewußt abwägend	1. Fähigkeit zur Selbstverstärkung aufbauen. 2. äußere Bestätigung zur evtl. Korrektur des inneren Maßstabs. 3. Erfahrung von Selbsteffizienz ermöglichen.	Sich durch kompetentes Verhalten Betätigung holen können und dadurch die Erfahrung von Selbsteffizienz machen. Andere, erreichbare Ideale aufbauen.
Kindliche Grundannahmen	Herausarbeiten der kindlichen Logik als Wenn-Dann-Beziehung zwischen Selbst und Welt, z.B.: Nur wenn ich Mutters Wünsche erfülle, hat sie mich lieb.	Korrektur d. generellen Verknüpfung v. lustbetontem, aggressivem, explorativem Handeln mit Strafe. Vom magischen zum realistischen Weltbild, vom Selbstzweifel zur Selbsteffizienzerfahrung	Affektive Falsifizierung: zentrale Bezugspersonen bleiben auch ohne fortwährendes Bemühen. Deren Unmut bedeutet nicht Verlust ihrer Zuneigung. Sie sind im Notfall ersetzbar.	Die Erfahrung machen, daß das Dogma der bedingten Liebe jetzt nicht mehr gilt. Trotz Selbstverstärkung geht die Zuneigung anderer nicht verloren. Locus of control nach innen verlegen. Lernen, mehrere Quellen der Verstärkung zu nutzen.
Überlebensregel	Abschwächung oder Falsifikation der kindlichen Überlebensregel, so daß effizientes erwachsenes Sozialverhalten und eigenständige Lebensgestaltung erlaubt ist.	a) Toleranter moralischer oder Leistungsstandard b) Autonomie und Sicherheit sind vereinbar; ich brauche nicht absolute Sicherheit c) das hedonist. Selbstbild positiv bewerten. Innere Homöostase v. Primat der Perfektion befreien, diese ersetzen durch andere Werte (Liebe, Ästhetik etc.); derPflichterfüllg. u. Perfektion	Den restriktiven inneren Maßstab gewährender machen. Gegen die depressogenen Lebensregeln handeln und sehen, daß das Leben nicht an diesem Faden (zentrale Bezugsperson/zentrales Ziel/Thema) hängt.	Den restriktiven perfektionistischen Maßstab gewährender machen. Lernen, daß Leben ohne Geborgenheit möglich ist,daß Bedürfnisbefriedigung nicht zum Verlust von Zuwendung führt.

4. Fortsetzung Tabelle 24 (Vergleich der Zielformulierungen bei verschiedenen Störungen)

Störung:	Agoraphobie/Panik	Zwang	Depression	Bulimie
		die Verstärkerwirkung nehmen; größere Toleranz gegen Sollabweichungen		
dysfunktionale Verhaltens-stereotypien	Reduktion der dysfunktionalen Verhaltenstendenzen (z.B. selbstunsicher oder histrionisch)	Zulassen eigener Wünsche und selbstbezogener Gefühle; geringe Regelabweichungen ohne alarmierende Angst und Schuldgefühle wahrnehmen. Aggressive Tendenzen adäquat verarbeiten und äußern lernen. Die Erfahrung machen, daß adäquate Aggression konstruktiv sein kann, so daß Angst und Schuldgefühle ausbleiben. Leistung u. Pflichterfüllung als Vermeidungsverhalten erkennen lernen.	Verstehen, wie vulnerabel die alte Überlebensstrategie (alles auf eine Karte setzen) machte. Entscheidung gegen diese Strategie. In der Anwendung der Lebensregeln wohlwollend sein. Sich Wünsche und selbstbezogene Gefühle erlauben.	Realistische Erwartungen bilden. Sich emotionalen Begegnungen und Auseinandersetzungen stellen können. In der Anwendung der Lebensregeln wohlwollend sein. Sich Wünsche und selbstbezogene Gefühle erlauben. Essen ohne Diät. Sich durch kompetentes Verhalten Bestätigung holen können und dadurch die Erfahrung von Selbsteffizienz machen. Sich emotional nahen Beziehungen und Auseinandersetzungen stellen können.
Dauerdilemma	Probieren, ob es neben dem Entweder-Oder noch ein Und gibt. Vor- und Nachteile des ausschließlichen Strebens nach Schutz und Sicherheit sehen lernen.	Aggressive Verselbständigung wird unnötig, wenn Unterordnung und Pflichterfüllung ersetzt wird durch partnerschaftliche Kommunikation und Konfliktlösung.	Lernen, daß leben ohne Geborgenheit möglich ist, daß Selbständigkeit/ Genuß nicht zu Verlust von Zuwendung führen muß. Den Schmerz des Selbstwertmangels als verhaltenssteuerndes Signal nutzen, um sich über die Erfahrung von Selbsteffizienz selbst Wert geben zu lernen.	Sich das Recht auf eigene Bedürfnisbefriedigung zugestehen und bereit sein, dieses Recht anderen gegenüber zu vertreten

5. Fortsetzung Tabelle 24 (Vergleich der Zielformulierungen bei verschiedenen Störungen)

Reaktion/ Symptom	**Ziele bei Angst**	**Ziele bei Zwang**	**Ziele bei Depression**	**Ziele bei Bulimie**
primäre Emotion	Die ursprüngliche Emotion (Einengung) wieder wahrnehmen, sie sich erlauben, ihre Funktion als Motivator (Veränderungswunsch) von Coping-verhalten (eigene Interessen durchsetzen) erkennen und nutzen	primäre Emotionen wieder wahrnehmen, zulassen, als wichtige Reaktion zum Selbstschutz anerkennen	Primäre emotionale Tendenzen als Signale der massiven Verletzung eigener Interessen schätzen lernen	Frustrationstoleranz erhöhen. Ärger zur Motivierung von Durchsetzung nutzen.
primärer Handlungs-impuls	Inadäquate Trennungs-Impulse ersetzen durch adäquate, effiziente Handlungskonzepte	a) intensive Handlungsimpulse in zivilisierte durchsetzende Reaktionen umwandeln lernen b) adäquates Copingverhalten aufbauen	wenn schon Kampf, dann um Durchsetzung eigener Interessen	kontinuierliche Regulierung emotionaler u. soz. Bedürfnisse. Überkontrolle als die primäre Störung erkennen
Antizipation der Konsequenz	Erkennen, daß die dysfunktionale Überlebensregel der Kindheit eine unrealistische Bedrohung vorhersagt (die emotional nicht überlebt wird)	realistische Vorhersage der Konsequenzen eigenen Handelns	empirische Überprüfung der ängstlichen Antizipationen	Durch Situationsmeisterung zum Selbsteffizienzgefühl
gegensteuernde Gefühle	Den gegensteuernden Gefühlen die verhaltenssteuernde Wirkung nehmen (Toleranzvergrößerung: Angst aushalten lernen, um -in der Situation bleibend - die Erfahrung machen zu können, daß nichts Bedrohliches geschieht)	gegensteuernden Gefühlen die verhaltenssteuernde Wirkung nehmen, ihre rein historische Bedeutung sehen	Angst und Schuldgefühlen die verhaltenssteuernde Wirkung nehmen	Nicht Fressen, sondern Nahrungsentzug ist pathologisch
Störung:	**Agoraphobie/Panik**	**Zwang**	**Depression**	**Bulimie**

6. Fortsetzung Tabelle 24 (Vergleich der Zielformulierungen bei verschiedenen Störungen)

Vermeidung	Das Vermeidungsverhalten bewußt beobachten und der Selbstkontrolle zugänglich machen: Doch noch das funktionale Coping ausführen	Jetzt selbstverantwortlich zu den eigenen Anliegen stehen und sie angemessen durchsetzen. Sich bei Vermeidungsversuchen ertappen	Aufbau von effizienten Bewältigungsreaktionen wie Trauer, Kämpfen um eigene Interessen	Durchsetzung eigener Interessen.
Neue verhaltenssteuernde Gefühle	Gefühle, die zeitlich unmittelbar dem Symptom vorausgehen, als konditionierte Symptomauslöser löschen	Dem Discomfort (Spannung, Unruhe) die verhaltenssteuernde Wirkung nehmen	Antizipation der positiven Auswirkungen der Bewältigungsreaktionen	Statt Hilflosigkeit und Heißhunger wieder Ärger und emotionale Wünsche spüren
Symptom	Lernen, mit der Angst umzugehen: sich ihr zu stellen, bis sie von selbst nachläßt	Löschen der Zwangssymptome	Erwartung von Meisterung und Selbsteffizienz	Diätfrei leben. Katharsis durch alternative Reaktionen zum Fressen. Löschen der negativen Verstärkung d. Erbrechens
sekundäre Verhaltensweisen	Erkennen, daß diese Art, das Symptom erträglich zu machen, für die Aufrechterhaltung des Symptoms verantwortlich ist: Löschen von Flucht und Vermeidungsverhalten	Gefühle der Unsicherheit bezüglich des Efekts eigenen Handelns ohne Kontrolle und Nachbessern aushalten lernen, um Selbsteffizienzerfahrung zu ermöglichen. Symptomauslösende Situationen wieder aufsuchen, um den Zwang löschen zu können	Gesunderhaltende Selbstregulation: positive Selbstwahrnehmung und Selbstbewertung. Andere für ihre Zuwendung verstärken. Aktivitäten, die in sich verstärkend sind und sozialen Erfolg bringen	Realist. Körperschema, moderates Körperideal, so daß nicht jedes genußvolle Essen ein schlechtes Gewissen macht
Konsequenzen	**Ziele bei Angst**	**Ziele bei Zwang**	**Ziele bei Depression**	**Ziele bei Bulimie**
Vermeiden aversiver Konsequenzen	Die Angst vor Allein in der Welt sein während des ‚gesunden' Copingverhaltens aushalten können	Den gewünschten Erfolg der Reduktion bzw. des Ausbleibens von Discomfort durch alternative Verhaltensweisen erreichen. Die symptomaus-	Sich die Erlaubnis geben zu positiver Selbstbewertung und zu Selbstverstärkung. Dabei erfahren, daß benötigte	Auseinandersetzung als Mittel zur Verbesserung von Beziehungen kennenlernen
Störung:	**Agoraphobie/Panik**	**Zwang**	**Depression**	**Bulimie**

7. Fortsetzung Tabelle 24 (Vergleich der Zielformulierungen bei verschiedenen Störungen)

Störung:	Agoraphobie/Panik	Zwang	Depression	Bulimie
		lösende Wirkung des Zeigarnik-Effekts verstehen, wahrnehmen und ihm begegnen können.	emotion. Zuwendung nicht verloren geht.	
Bewahren von Verstärkungen	a) weniger Schutz benötigen b) Schutz sich selbst geben können	Korrektere Selbstwahrnehmung: Meine Handlung führt Ordnung, Sauberkeit, Sicherheit etc. herbei. Das durch meine Handlung erzielte Ausmaß an Ordnung, Sauberkeit, Sicherheit etc. ist ausreichend. Ausüben von Selbstverstärkung: affektive Genugtuung über das Erreichte.	Die Erfahrung des Meisterns-Könnens (Selbsteffizienz) machen, des allein auf sich gestellt Zurechtkommens, des Verantwortung-Übernehmen-Könnens für eigenständige Entscheidungen.	Unabhängiger werden von der Zuneigung und Anerkennung anderer. Die Erwartung zentraler emotionaler Verstärkung durch Schlankwerden löschen.
Bestätigung der Selbst- und Weltsicht	Lernfähigkeit aufbauen, um alte Selbst- und Weltsichten durch ständig neue Erfahrungen realitätsgerecht verändern zu können und zu wollen	Die Erfahrung machen, daß die alte Selbstsicht falsch war: "Ich brauche nicht 100%ige Sicherheit" - bzw. daß die alte Weltsicht falsch war: "Ich werde auch ohne 100%ige Perfektion akzeptiert." Sich auf sein erstes Gefühl über den tatsächlich erreichten Effekt des eigenen Handelns verlassen, die Rest-Ungewißheit aushalten lernen."Ich muß die Rest-Ungewißheit nicht abbauen, sie steckt in jeder Handlung. Für evtl. dadurch entstehenden Schaden kann und will ich geradestehen - aber erst wenn er wirklich eintritt."	Falsifizierung der bisherigen Selbst- und Weltsicht: Ich brauche keine äußere Selbstwertquelle, wenn ich deren mehrere habe incl. mir selbst. Gibt mir jemand zu wenig Bestätigung, so kann dies Ursachen haben, die ich nicht zu vertreten habe. Selbstwahrnehmung auf eigene Erfolge lenken und ein Gefühl der Selbsteffizienz etablieren.	Neues Weltbild: Auch wenn ich nicht durch Selbstverzicht die hohen Ansprüche erfülle, schätzen mich andere. Neues Selbstbild: Ich brauche von anderen gar nicht so viel Bestätigung, da ich meinen Wert selbst spüren kann. Auch wenn ich das Schlankheitsideal nicht erfülle, bin ich ein wertvoller Mensch.

8. Fortsetzung Tabelle 24 (Vergleich der Zielformulierungen bei verschiedenen Störungen)

positive Verstärkung durch die soziale Umwelt	Die Umwelt, d.h. der Partner sollte so selbständig werden, daß er den Patienten nicht nur für abhängiges Verhalten verstärkt	Soziale Verstärkung durch alternative Verhaltensweisen erreichen können. Das evtl. Nachlassen sozialer Verstärkung wegen abnehmender Zwanghaftigkeit tolerieren lernen, intermittierend durch Selbstverstärkung ersetzen können.	1. Wieder sozial aktiv sein, um wieder Zugang zu den gewohnten sozialen Verstärkungen zu erhalten. 2. Andere für ihre Zuwendung verstärken. Lernen, sozialen Beziehungen andere Werte abzugewinnen als deren Nutzen für die Selbstwertregulation.	Zeitraum für soziale Kontakte vergrößern. Diesen eine neuen Verstärkungsfunktion geben (z.B. gegenseitige Akzeptanz statt einseitige Anerkennung)
Störung:	**Agoraphobie/Panik**	**Zwang**	**Depression**	**Bulimie**

Unabwägbarkeit und Verantwortlichkeit entwickeln. **Depressive** Patienten sollten zentrale Verluste betrauern können, das Verlorene loslassen und dann wieder frei werden für neue Lebensbezüge. **Bulimie**patientinnen sollen Bedürfnisfrustrationen einerseits mehr tolerieren können, andererseits sich besser dagegen wehren können.

Hier muß wieder betont werden, daß kaum ein Patient diese idealtypischen Störungsmuster aufweist. Für den einzelnen Patienten werden einige Details in ausgeprägter Form zutreffen, andere sind bei ihm zu vernachlässigen. Trotzdem lohnt es sich immer wieder, bei den Reflexionen über die individuell vorrangigen Therapieziele einen Blick auf die störungsspezifische Zielübersicht zu werfen. Viel zu oft unterliegen Patient und Therapeut in unausgesprochener Übereinkunft einem systematischen Diagnosefehler (Sulz and Gigerenzer, 1982). Ein die Störung von ganz neuer Seite zeigendes Detail wird einfach links liegen gelassen und erst viel zu spät in die gemeinsamen Betrachtungen einbezogen. Dann vielleicht, wenn nicht mehr genügend Finanzmittel für weitere Stunden vorhanden sind. Die systematische Detail-Zielanalyse läßt diese gemeinsame Skotom beheben bzw. „das gemeinsame blinde Auge" von Patient und Therapeut öffnen.

Wenn beim Patienten neben der klinischen Symptomstörung **zusätzlich** eine subklinische oder klinische **Störung seiner Persönlichkeit** besteht, wird die Störungs- und Zielanalyse durch die Persönlichkeitsstörung recht komplex. Um so wichtiger ist es dann, zunächst beide Störungen zu trennen und eine getrennte Störungs- und Zielanalyse für die Syndromstörung und die Persönlichkeitsstörung durchzuführen. Erst in einem dritten Schritt werden diese zu einer Gesamtanalyse zusammengefügt. Meist wird der Fehler gemacht, sofort diese Störungsbereiche zu mischen. Dadurch verliert das individuelle fallbezogene Störungsmodell seinen Erklärungswert. Denn die Funktionen der verschiedenen Störungsbereiche werden verschleiert.

Folgendes Vorgehen wird deshalb empfohlen:

a) Analyse der Persönlichkeitsstörung
b) Analyse der Symptomstörung
c) Gemeinsame Analyse beider Störungen.

Ähnlich problematisch wird es, wenn ein Patient **zwei klinische Syndromstörungen** hat, zum Beispiel eine Angststörung und eine Depression. Hier ist folgendes Vorgehen erforderlich:

a) Genaue getrennte Exploration der zeitlichen Auslösung, der Entstehung, des erstmaligen Auftretens und des Ablaufs beider Störungen.

b) Sobald sich ergibt, daß eine der Störungen ein sekundäres Syndrom ist, das durch das Bestehen der anderen verursacht wurde, genügt es, sich zunächst für die weitere Störungs- und Zielanalyse auf das primäre klinische Syndrom zu konzentrieren. Trotzdem wird vielleicht mit der Behandlung einer sekundären Depression begonnen, weil der Patient in seinem depressiven Zustand für die Behandlung einer primären Angststörung gar nicht geeignet ist.

c) Handelt es sich um zwei eigenständige Syndrome, die unabhängig voneinander eine zentrale Funktionalität in der Lebensgestaltung des Patienten haben, so sollten sie auch völlig getrennt analysiert werden.

Um selbst eine systematische Zielanalyse bei einem konkreten Patienten durchführen zu können kann Tabelle 23 auch als Leitfaden zur Zielanalyse verwendet werden. Er ist auch zu theoretischen Zwecken verwendbar. Man kann mit seiner Hilfe ein eigenes Störungsmodell analog den oben beschriebenen VDS-Störungsmodellen erarbeiten (vergl. Kapitel: Exkurs).

3. ZIELPRIORITÄTEN: Von den Detailzielen zum Globalziel

Die systematische Analyse der Störung führte uns über die definitorischen Details der Störung zu den individuellen Detailzielen: Mit 23 Zielen haben wir eine Datenvielfalt erhalten, die zwar dem individuellen Fall und seinem klinischen Syndrom gerecht wird, die aber zugleich der Datenreduktion bedarf. Hierzu bieten sich zwei verschiedene Wege an. Zum einen die bereits oben vorgeschlagene Zielformulierung innerhalb des SORK-Schemas, mit einem S-Ziel, einem O-Ziel, einem R-Ziel, einem Symptom-Ziel und einem K-Ziel. Zum anderen die völlig freie Prioritätensetzung, etwa indem bei jedem **Detailziel** zunächst seine **Wichtigkeit** beurteilt und dichotom entschieden wird:

eher wichtig / eher unwichtig.

Im zweiten Schritt wird eine **Rangordnung** der verbliebenen, wichtigen zum Beispiel acht Detailziele gebildet. Der dritte Schritt ist die Bestimmung der **Zahl der endgültigen Ziele**, zum Beispiel vier oder fünf. Dieses Vorgehen hat den Vorteil, daß das Ergebnis völlig dem individuellen Fallverständnis des Therapeuten unter Würdigung des von ihm erarbeiteten Störungsmodell entspricht.

Der Nachteil dieses Vorgehens besteht darin, daß seine subjektive Wertung vielleicht relevante Aspekte außer acht läßt. Jeder Therapeut hat seine Vorlieben. Der eine arbeitet überwiegend kognitiv an einer Änderung der Organismusvariablen, der andere stellt ganz das Verhalten in den Mittelpunkt seiner Arbeit. Beide vernachlässigen eventuell die Kontingenzen und Bedingungen menschlichen Verhaltens (die klassische Konditionierung und die Verstärkung). Auch wenn es schematisch erscheinen mag, hat die Bestimmung der Zielprioritäten innerhalb des SORK-Schemas große Vorteile. Es wird keine der vier Hauptvariablen der Störung außer acht gelassen. Wenn als fünftes Ziel jeweils ein Symptomziel hinzu gefügt wird, passiert es auch nicht, daß das Symptom links liegen bleibt. Denn das erste Ziel des Patienten ist stets die Symptomlinderung. Selbst wenn ein Symptomziel nur dem Patienten zuliebe formuliert wird, besteht der Gewinn in der Regel doch darin, seine Therapiemotivation für dic übrigen Interventionen zu fördern oder überhaupt erst herzustellen.

Das SORK-Schema ist eine Grobgliederung der psychosozialen Homöostase des Menschen, darstellbar als ein kybernetischer Regelkreis (Sulz, 1987). Das kybernetische System besteht aus dem Menschen und seiner sozialen Umwelt. Den Regler dieses Systems haben wir als autonome Psyche benannt, da das resultierende Verhalten nicht auf einer bewußten Ebene willkürlich gesteuert wird, die instrumentelle Funktion des Verhaltens nicht bewußt intendiert ist. Für die lernpsychologisch fundierte Verhaltenstherapie ist dies eine Selbstverständlichkeit. Die kognitiv orientierten Therapeuten, die sich an eine kognitive Bewußtseinspsychologie anlehnen, laufen jedoch Gefahr, alles der willkürlichen Psyche, die durch bewußte Informationsverarbeitung und bewußt und willkürlich intendierte Reaktionen charakterisiert ist, zuzuschreiben. Wenn sowohl die systemische als auch die Selbstregulation des Menschen bei der Zielsetzung berücksichtigt werden soll, sind Zielsetzungen sowohl bezüglich der Situations- und Konsequenz-Variablen als auch bezüglich der Organismus- und Reaktionsvariablen hilfreich. Wer dies bisher nicht getan hat und es jetzt bei einigen Patienten ausprobiert, wird bald merken, welche Aspekte er bisher vernachlässigt hat.

Die Zielbestimmung innerhalb des SORK-Schemas kann folgendermaßen ablaufen:

a) Auswahl der beiden wichtigsten S-Ziele, der beiden wichtigsten O-Ziele, der beiden wichtigsten R-Ziele, der beiden wichtigsten K-Ziele.
b) Auswahl der vier wichtigsten Ziele aus diesen acht verbliebenen Zielen.
c) Wer möchte, kann auch eine Zwangsauswahl treffen, d.h. zu jeder Variablen des SORK-Schemas genau ein Ziel auswählen.
d) Hinzufügen des Symptomziels.

Bei Frau A. habe ich mich im ersten Schritt für folgende acht Ziele entschieden:

1. (S) Lebensbereiche aufbauen, die Eigenständigkeit ermöglichen (Lebensgestaltung)
2. (S) Eigene Wünsche nach Freiraum in der Partnerschaft durchsetzen (Beziehungsgestaltung)
3. (O) Neues Selbstbild: Ich kann mich heute selbst schützen.
4. (O) Falsifizierung der Überlebensregel
5. (R) Inadäquate Trennungsimpulse ersetzen durch effiziente interaktionelle Handlungskompetenz
6. (Symptom) Lernen mit der Angst umzugehen
7. (K) Vermeidungsverhalten reduzieren - in der Situation bleiben

8. (K) Positive Verstärkung durch die soziale Umwelt für die alten Verhaltensmuster reduzieren

Im zweiten Schritt wählte ich folgende vier Ziele aus:

1. (S) Lebensbereiche aufbauen, die Eigenständigkeit ermöglichen (Lebensgestaltung)
2. (O) Falsifizierung der Überlebensregel
3. (R) Inadäquate Trennungsimpulse ersetzen durch effiziente interaktionelle Handlungskompetenz
4. (K) Vermeidungsverhalten reduzieren - in der Situation bleiben

Ich fügte als Symptomziel hinzu:

5. (Symptom) Lernen mit der Angst umzugehen

Wie aus Tabelle 25 ersichtlich, können die fünf Ziele anschließend noch bezüglich ihrer Priorität oder ihrer Reihenfolge in eine Rangreihe gebracht werden:

1. Lernen mit der Angst umzugehen (Symptom)
2. Vermeidungsverhalten reduzieren - in der Situation bleiben (K)
3. Lebensbereiche aufbauen, die Eigenständigkeit ermöglichen (S)
4. Falsifizierung der Überlebensregel (O)
5. Inadäquate Trennungsimpulse ersetzen durch effiziente interaktionelle Handlungskompetenz (R)

In Anhang (Abbildung A4) und im Strategieteil des Therapieprotokollheftes (VDS 11) ist ein **Formblatt zur individuellen Zielanalyse** abgedruckt.

Ein letzter Schritt ist die **Formulierung eines Gesamtziels**, das notwendigerweise abstrakter ist. Wiederum ist eine ungewohnte geistige Disziplin erforderlich, wenn der Wechsel der Abstraktionsebenen nicht zur Diagnoseroutine gehört. Die beiden extremen Grundhaltungen sind dabei das Verlieren im Detail versus die eindimensionale vom Konkreten abgehobene und nicht operationalisierbare Zukunftsutopie. Das Gesamtziel wird einerseits mit Seitenblick auf das Spezifische des klinischen Syndroms (worauf kommt es bei Agoraphobie an?) und andererseits mit Blick

Abbildung 12:
Individuelle Zielanalyse: Ziel-Liste (Beispiel Agoraphobie und Panik)

Gesamt-Ziel:

Durch neue Erfahrungen ein Selbstbild entwickeln, das gekennzeichnet ist durch die Fähigkeit, sic selbst schützen zu können, allein überleben zu können, so daß entsprechende Situationen keine Angst mehr auslösen und deshalb auch nicht mehr vermieden werden müssen.

Teilziele:	Rangreihe oder Reihenfolge	Zu wieviel % erreicht ?
a) Hauptziele:		
1. Ziel (S): Lebensbereiche aufbauen, die Eigenständigkeit ermöglichen	3	
2. Ziel (O): Falsifizierung der Überlebensregel	4	
3. Ziel (R): Inadäquate Trennungsimpulse ersetzen durch effiziente interaktionelle Handlungskpmpetenz	5	
4. Ziel (K): Vermeidungsverhalten reduzieren - in der Situation bleiben	2	
5. Ziel (Symptom): Lernen mit der Angst umzugehen	1	
b) eventuelles weiteres Ziel:		
6. Ziel:		

auf den gesamten Menschen (worauf kommt es bei genau diesem Menschen an?) formuliert. Es ist eine Abstraktion und Verdichtung der vier Einzelziele. Bei Frau A. formulierte ich als Gesamtziel:

"Durch neue Erfahrungen ein Selbstbild entwickeln, das gekennzeichnet ist durch die Fähigkeiten sich selbst schützen und allein überleben zu können, so daß entsprechende Situationen keine Angst mehr auslösen und deshalb auch nicht mehr vermieden werden müssen."

Damit läßt sich die Grundrichtung der Therapie immer wieder vor Augen führen. Die einzelnen Ziele erscheinen als Operationalisierungen des Gesamtziels, die immer wieder auf dieses bezogen werden können. Später wird diesem Gesamtziel eine Gesamtstrategie als abstrakte Formulierung des Therapieplanes entsprechen.

4. ZIELE DES THERAPEUTEN - Wo bleibt der Patient?

Obige Überlegungen zur Zielanalyse wurden zwischen den Sitzungen mit dem Patienten angestellt. In den Sitzungen lerne ich vom Patienten, wie seine Welt beschaffen ist und erlebe ihn in der Beziehung zu mir. In der nächsten Sitzung sage ich ihm, was ich bisher verstanden habe. Ausgehend von den für mich bestehenden Ungereimtheiten der letzten Stunde stellen wir weitere gemeinsame Betrachtungen seiner subjektiven Welt an. Dabei kommen wir beide zu einem immer weiterführenden Verständnis seines Selbst-Welt-System. Der Patient bestätigt die vermutliche Richtigkeit meiner Hypothesen, die sich zu einer Theorie über ihn und seine Welt zusammenfügen. Er versteht sich besser und fühlt sich verstanden. Manchmal scheint es, daß die diagnostischen Sitzungen die wichtigsten Stunden der Therapie sind. Diese Art des diagnostischen Vorgehens verbindet eine umfassende Diagnostik mit dem Aufbau einer stabilen emotionalen Beziehung, die rasch tragfähig genug wird, um die psychischen Belastungen einer intensiven Kurzzeittherapie aufzufangen.

Mit der Kommunikation des individuellen Störungsmodells ist auch der Dialog über die daraus abzuleitenden Therapieziele verbunden. Hier stockt das gemeinsame Verstehen. Niemals ist zu hören: „Ja, genau das will ich!" Höchstens das etwas reserviertere „Was kann ich tun, um das zu erreichen?" und nicht selten „Was kann ich tun, um das zu wollen?" Dies bedeutet nicht, daß dem Patienten die affektive Einsicht in unsere gemeinsame Störungsdefinition fehlt. Er spürt aber, daß er sich innerlich sträubt, die Nachteile der Zielerreichung in Kauf zu nehmen und die Vorteile des Ist-Zustands aufzugeben. Wenn dem nicht so wäre, hätte es keiner Symptombildung bedurft!

Hier wird die gemeinsame Zielanalyse zu einer therapeutischen Intervention, die dem Vermitteln von Problemlösestrategien (Fiedler 1981, Sulz 1987) dient. Die **affektive Bedeutung der** jeweiligen **Zielerreichung**, d.h. der emotionalen Verluste oder Gefahren, versucht der Patient in unserem Gespräch zu erspüren. Die **Wahrnehmung der Gefühle**, die eintreten, wenn sich das Leben im Sinne der Zielerreichung geändert hat, ist nur möglich, wenn aus der sprachlichen Zielformulierung ein Bild bzw. eine Szene entsteht. Die auftretenden Gefühle sind nicht Selbstzweck, sondern ein notwendiges Mittel um die affektive Bedeutung herausarbeiten zu können. Bleiben Patient und Therapeut in einem spachlich-kognitiven Dialog, so gelingt es dem Patienten nicht, die wirkliche

Bedeutung des Ziels bewußt zu erfassen.

Es tritt Angst (vor Veränderung) oder Trauer (in Antizipation des Verlustes) auf. Es ist hier eine große Hilfe, eine therapeutisch eingeleitete Imagination der Zielerreichung herzustellen. Erst danach sollte wieder zur kognitiv-sprachlichen Ebene der Zielbewertung zurückgekehrt werden. Tabelle 25 zeigt ein Beispiel einer Zielbewertung durch den Patienten. Das entsprechende Formblatt **„Zielbewertung durch den Patienten"** ist in Anhang (Tab. A4) abgedruckt.

Die **vom Patienten selbst genannten Ziele** werden ebenfalls gemeinsam untersucht und bewertet. Sie werden allerdings dahingehend bewertet, ob sie Entwicklungsziele (progressive Ziele) oder „nostalgische" (regressive) Ziele sind. Die progressiven Ziele werden mit obigen parallelisiert und das Therapeutenziel durch das bedeutungsgleiche Patientenziel ausgetauscht.

Die **regressiven Ziele des Patienten** bedürfen ganz besonderer Beachtung, denn sie bestimmen den **Widerstand** gegen die therapeutischen Versuche, die progressiven Ziele zu erreichen. Es wäre falsch, den Patienten „zur Vernunft" oder zur gefügigen Anpassung an die Entwicklungsziele zu bringen. Das verbale Ausformulieren, das Bedenken und Aufzählen der Vor- und Nachteile, das Imaginieren der Zielerreichung mit dem Erleben der dabei auftretenden Gefühle, die die affektive Bedeutung des Ziels signalisieren, ist unbedingt notwendig. Hier wird die Zielanalyse zur „Ziel- und Widerstandsanalyse". Mit dem Formblatt „Zielbewertung durch den Patienten" im Anhang Tabelle A4 können auch die regressiven Ziele festgehalten werden.

Ich schließe eine **Exploration der Bedürfnisse** an. Nach einer freien Aufzählung der Bedürfnisse gebe ich einen Bedürfnisfragebogen zum Ausfüllen (Tabelle 32). Die regressiven Ziele lasse ich so auf die zentralen zwischenmenschlichen und selbstbezogenen Bedürfnisse zurückführen. Der Patient kann auf diese Weise die kognitive Ebene verlassen, die zwar hilft, die Fähigkeiten der willkürlichen Psyche nutzend, eine effektive therapeutische Änderung in Gang zu setzen. Aber nicht die willkürliche Psyche beherbergt die wichtigen lerngeschichtlichen Erfahrungen der Kindheit, sondern die autonome Psyche. Diese wird erreicht über das **Wahrnehmen der Bedürfnisse**. Dem Patienten sollte im Gespräch Raum gegeben und der Weg bereitet werden, wirklich zu spüren, was er braucht, nicht nur zu denken, daß er es braucht.

Tabelle 25: Zielbewertung durch den Patienten (Beispiel)

Mein Ziel	sein Vorteil	mein Gefühl	sein Nachteil	mein Gefühl	meine Entschei dung (ja/nein)
1. Ziel: Lernen mit der Angst umzu-gehen	Ich bin der Angst nicht mehr ausgelie-fert	Zuversicht	Dann tue ich vielleicht etwas Gefährliches	mir ist mulmig	ja
2. Ziel: In der beäng-stigenden Situation bleiben	Ich werde Angst haben	Angst	Ich muß genau das tun, was am schlimmsten ist	Angst -körperlich spürbares Sträu-ben	das fällt mir schwer
3. Ziel: Eigenständige Lebens-bereiche aufbauen	Ich kriege mehr Selbstbe-wußtsein	schlechtes Gewissen	Ich bin dann ohne meinen Partner	Unsicherheit	ja
4. Ziel: Falsifizierung der alten Überlebens-regel	Ich hätte mehr Entscheidungs-freiheit	Zweifel - wenn die alte Regel doch stimmt?	Dann ändert sich ja alles auf einmal - wie kann man da leben?	Verwirrung, ohne Halt	das ist am schwersten
5. Ziel: Auseinander-setzen statt Trennen	Meine Partner-schaft würde langfristig befriedigender	Beklommenheit	Mein Partner wird evtl. nicht mehr bei mir bleiben wollen	Angst	ja

Es zeigen sich überwiegend zwei Arten des Widerstands:

1) der absolute Vorrang von Abhängigkeitsbedürfnissen gegenüber Autonomiebedürfnissen,
2) die Befürchtung, die Autonomiebedürfnisse nicht mehr befriedigen zu können, und wieder in Abhängigkeit zu geraten.

Mit dem Wahrnehmen und Spüren des Bedürfnisses kommt auch die Erinnerung an die **Geschichte dieses Bedürfnisses**, an das Unglück des Kindes, dem die Befriedigung dieses Bedürfnisses vorenthalten wurde oder das auf die Befriedigung verzichten mußte, weil sonst sein emotionales Überleben gefährdet gewesen wäre.

Darauf müssen Patient und Therapeut gemeinsam **Empathie für den bedürftigen Menschen** aufbringen. Es wäre eine falsch verstandene Zielorientierung, den Istzustand abzuwerten oder dem Patienten das Recht dazu abzusprechen, Probleme zu haben. Ebenso wichtig wie die Empathie des Therapeuten ist die **Empathie des Patienten** für das bedürftige Kind und für den bedürftig gebliebenen Erwachsenen. Wenn ihm Therapie als Entwicklung vermittelt wird, so kann auch verdeutlicht werden, daß Verständnis und Wohlwollen einen besseren Boden für Entwicklung und Wachstum bereiten als Ablehnung und Selbstkritik. Zur therapeutischen Zielorientierung gehört die **Akzeptanz des Ist-Zustandes**, die beim Patienten einer **Selbstakzeptanz** entspräche. Wir können allerdings nicht erwarten, daß der Patient schon zu Beginn der Therapie ausreichend Selbstakzeptanz aufbringt, müssen also seine fehlende Akzeptanz akzeptieren. Der Therapeut hat hier eine wichtige Modellfunktion, die er erfüllt, wenn er immer wieder Verständnis und Akzeptanz für den Istzustand deutlich ausspricht. Wir halten fest, daß Selbstakzeptanz in unserer Definition der Zielorientierung implizit enthalten ist. Widerstand können wir vorläufig als fehlende Kongruenz der Therapeutenziele und der Patientenziele definieren. Ein wesentlicher Bestandteil der Zielanalyse ist die Benennung und Würdigung der regressiven („antitherapeutischen") Ziele des Patienten. Die affektive Entscheidung gegen die Beibehaltung eines regressiven Ziels ist bereits Therapie, ebenso wie die Entscheidung für ein progressives Ziel.
Erst beides zusammen stellt die **Bereitschaft zur Entwicklung** her. Im therapeutischen Gespräch muß wiederum dem Patienten Zeit und Raum gegeben werden, sich kognitiv und affektiv die Bedeutung der Zielerreichung zu vergegenwärtigen. Seine Entscheidung hat nur dann therapeutischen Stellenwert, wenn er das Ziel gefühlhaft erspüren kann. Und seine Entscheidung ist nur dann eine Entscheidung, wenn er aus diesem Fühlen heraus die Frage „Wollen Sie das wirklich?" mit ja

beantwortet. Der Therapeut wiederum muß sich vergegenwärtigen, daß die Zielentscheidung des Patienten im Bewußtsein der Verletzung seiner alten Überlebensregel getroffen werden, daß er also spürt, daß es um sein emotionales Überleben geht, und daß er sich bereit erklärt, ein Wagnis einzugehen, das mit einem für ihn unabwägbaren Risiko behaftet ist. Nur die Verfügbarkeit des Therapeuten und nur das Vertrauen auf die therapeutische Beziehung helfen ihm, das Ziel zu bejahen.

5. ZIELERWARTUNGEN: Die Richtung stimmt, aber wie weit geht die Reise?

Sowohl die vom Modell abgeleiteten, als auch die den Phantasien des Patienten entspringenden Zielformulierungen klingen nicht selten paradiesisch. So, als wollte und könnte man ein absolutes Maximum erreichen. Bleibt es dabei, so baut der Patient entweder zu hohe Erwartungen auf und die Ernüchterung im Lauf der Therapie führt zum großen Rückfall in das Symptomverhalten. Oder das hohe und hehre Ziel erscheint von Anfang an als nicht zu bewältigender Berg: „Das schaffe ich nie!"

Wir müssen uns deshalb vor Augen führen, daß unsere bisherigen Zielformulierungen lediglich **Zielrichtungen** angegeben haben, wie ein Wegweiser ohne Kilometerangabe. Wie weit wir in diese Richtung gehen wollen, bleibt damit ungeklärt. Diese Unklarheit führt dazu, daß Patient und Therapeut ganz verschiedene Zielvorstellungen entwickeln und dies mangels Kommunikation zu spät merken. Der Patient meint vielleicht, es seien zwei Kilometer Weg zurückzulegen, der Therapeut geht von zwanzig Kilometern aus. Der Therapeut wundert sich über die langsamen und kleinen Schritte des Patienten und wieder denkt er an Widerstand.

Hier ist eine gemeinsame Festlegung der **konkreten Zielerwartungen** hilfreich. Im therapeutischen Kontext bietet sich hierzu die **Zielerreichungsskalierung** (Goal-Attainment-Scaling GAS) nach Kiresuk und Sherman (1968) an. Sie wurde in Verbindung mit der strategischen Therapieplanung der Verhaltenstherapie u.a. von Potreck-Rose (1987) und Sulz (1992a S.187) beschrieben (vergleiche Tabelle 26).
„Der Grad der Zielerreichung am Therapieende wird für jedes Ziel auf einer 5-stufigen Skala eingeschätzt:

-2 = Das Ergebnis der Therapie ist **sehr viel schlechter** als erwartet
-1 = Das Ergebnis der Therapie ist **schlechter** als erwartet
0 = Das Ergebnis der Therapie ist **wie erwartet**
+1 = Das Ergebnis der Therapie ist **besser** als erwartet
+2 = Das Ergebnis der Therapie ist **sehr viel besser** als erwartet

Der mittlere Skalenwert Null entspricht demnach dem, was in den Augen des Therapeuten und des Patienten am wahrscheinlichsten zu erreichen sein wird. Schlechtere und bessere Ergebnisse als dieses halten sie für weniger wahrscheinlich. In diese Skalierung geht sowohl die klinische Erfahrung des Therapeuten, als auch seine Beurteilung des individuellen Falles ein, hängt also sehr von der Person des Therapeuten und des Patienten ab. Auch die Auswahl der 4 oder 5 wichtigsten Therapieziele (bei einer Kurzzeittherapie wären es nur 1 oder 2 Ziele) ist das Ergebnis der Wechselwirkung der Patient- und Therapeutenvariablen. Die Störungsmodelle des VDS ... liefern eine Vielzahl von Zielformulierungen. Tabelle 26 zeigt ein Beispiel für einen depressiven Patienten. Die Operationalisierung der 5 Zielerreichungsstufen je Therapieziel fällt Verhaltenstherapeuten sehr viel leichter als Therapeuten anderer Psychotherapierichtungen. Deshalb ist der zusätzliche Aufwand zur Zielanalyse der Verhaltenstherapie so gering, daß eine routinemäßige Verwendung möglich ist." (aus Sulz 1992a, S. 187)

Ein Formblatt **„Kriterien der Zielerreichung (Erwartung)"** zur Verwendung bei eigenen Patienten befindet sich bei Sulz (1992a) und im Strategieteil des Therapieprotokollheftes (VDS 11).

Das Beispiel in Tabelle 26 (aus Sulz 1992a) zeigt wie bei einem depressiven Patienten der Zustand zu Beginn der Therapie in der Zeile -2 für jede Zieldimension beschrieben wurde: Er zog sich sozial zurück, war passiv, konnte aus Angst und Schuldgefühlen heraus seine eigenen Interessen nicht vertreten, schrieb sich die Schuld für Mißerfolge zu, während er Erfolge nicht sah oder dem Zufall zuschrieb. Es kam zu keinerlei selbstverstärkenden, bestätigenden oder anerkennenden inneren Dialogen oder Handlungen.

Patient und Therapeut einigten sich darauf, daß realistischerweise bezüglich Ziel 1 zu erwarten sei (Zielerreichung Stufe 0), daß er wieder zur Arbeit gehe, wieder soziale Kontakte aufnehme und pflege und diese positiv erlebe. Bezüglich Ziel 2 erwarteten beide das Äußern von Bedürfnissen und Gefühlen und das Durchsetzen von eigenen Interessen, allerdings noch begleitet von Gefühlen der Unsicherheit, Angst und schlechtem Gewissen. Bei Ziel 3 einigten sie sich auf die Erwartung, die Verursachung von Erfolgen und Mißerfolgen zwar schon kognitiv richtig zuordnen zu können, aber dies gefühlsmäßig noch nicht bejahen zu können. Ähnlich auch bei Ziel 4 der kognitive und handelnde Einsatz von Selbstverstärkung, ohne bereits gefühlsmäßig ganz dahinter stehen zu können. In der Regel entsprechen diese Erwartungen einer 75-prozentigen Zielerreichung. Stufe +1 (besser als erwartet) entspricht 100 Prozent und Stufe +2 wäre eine „traumhafte" Entwicklung.

Tabelle 26: Kriterien der Zielerreichung (Erwartung), Beispiel Depression

Ziel	**Ziel 1: Abbau depressiven Verhaltens**	**Ziel 2: affektiv-behauptende Reaktion in sozialen Situationen**	**Ziel 3: Erfahrung von Selbsteffizienz**	**Ziel 4: Selbstverstärkung**
Rang d. Ziels	Th.: Pat.:	Th.: Pat.:	Th.: Pat.:	Th.: Pat.:
Zielerreichungs stufe -2 (sehr viel schlechter als erwartet)	sozialer Rückzug (vermeidet alle soz. Kontakte); Passivität (unternimmt den ganzen Tag fast nichts)	Angst & Schuldgefühle verhindern weiterhin, daßnicht zu den eigenen Interessen gestanden wird	Eigene Erfolge werden gesehen, Mißerfolge stets internal attribuiert	Keinerlei selbstverstärkende Handlungen & Kognitionen
-1 (schlechter als erwartet)	nur auf Aufforderung werden soz. Kontaktaufnahmen, berufl. & positive Aktivitäten ausgeführt	Wegen Angst & Schuldgefühlen tritt behauptendes Verhalten nur auf therapeut. Anweisung auf	Noch sehr strenge Attribuierung von Erfolg/Mißerfolg - jedoch korrigierbar	Selbstverstärkung nur auf therapeut. Anweisung - mit schlechtem Gewissen
0 (wie erwartet)	geht zur Arbeit, hat soz. Kontakte, diese werden positiv erlebt	Trotz Angst & Schuldgefühlen werden eigene Bedürfnisse & Gefühle geäußert u. Wünsche durchgesetzt	Korrekte kognitive Attribuierung von Erfolg & Mißerfolg, entgegen dem Gefühl	im Selbstkontrollmodus gegen die alte Neigung herbeigeführte Selbstverstärkungen
1 (besser als erwartet)	eigene Initiativen in Teilbereichen vorhanden, z.B. neue soz. Kontakte, neue Aktivitäten (Hobby ua)	Angst & Schuldgefühle verlangen keine bewußte Überwindung mehr, sind aber noch wahrnehmbar	Sowohl kognitiv als auch affektiv korrekte Attribuierung von Erfolg & Mißerfolg	aus eigener Initiative herbeigeführte/aufgesuchte Selbstverstärkungen und Genüsse
2 (sehr viel besser als erwartet)	gestaltet Beruf, soziale Kontakte u. private Aktivitäten initiativ und kreativ	Freie Äußerung eigener Gefühle & Bedürfnisse u. deren Durchsetzung sind Gewohnheit geworden	Wohlwollender Umgang mit Erfolgen u. Mißerfolgen (gewohnheitsmäßig)	Großzügige gewohnheitsmäßige Selbstverstärkung & Genußmanagement

Einige Patienten stellen auch in der Therapie so hohe Ansprüche an sich, daß sie zur Selbstakzeptanz erst dann bereit sind, wenn sie das Traumziel erreicht haben. Abgesehen davon, daß der Therapeut in seiner eigenen Persönlichkeitsentwicklung bei den meisten Zielen auch nicht auf Stufe +2 steht, ist bei diesen Patienten die Arbeit an konsensfähigen Zielerwartungen eine wichtige therapeutische Intervention. Die kognitiven Schemata eines solchen Patienten bedürfen der Akkommodation, sonst mißbraucht er die Therapie zur Assimilation der Therapieergebnisse an seine überzogenen Schemata, d.h. in dieser Hinsicht hat keine Therapie stattgefunden. Die Akkommodation bedarf weniger der kognitiven Intervention. Primär geht es um die Akkommodation der affektiven Bedeutung der verschiedenen Zielerreichungsstufen. Diese Patienten wenden noch die dichotome Alles-oder-nichts-Denkweise auf ihre Selbstbewertung an: „Nur wenn ich das Idealziel ganz erreiche, bin ich ein wertvoller Mensch".
Wieder stoßen wir auf die kindliche Überlebensregel des Menschen, die ihm verbietet, nicht ideal zu sein, wenn ihm sein emotionales Überleben lieb ist. Wieder geht es um das in Frage stellen dieser Überlebensregel als einer in der Kindheit zwar zutreffenden Regel, im Erwachsenenalter jedoch ungeprüften und unbewiesenen Hypothese. Und es geht um das Abschied nehmen von dem durch die Überlebensregel vorgegebenen Weg, der zur Erfüllung der Sehnsüchte und Wünsche der Kindheit hinführen sollte. Der Abschied vom bisherigen Weg kommt teils vorläufig, teils endgültig dem Abschied von der Wunscherfüllung gleich. Dies führt zu Trauer und Schmerz. Der Therapeut sollte nicht versäumen, dem Patienten die „hautnahe" Wahrnehmung dieser Gefühle zu ermöglichen. Erst trauern und Abschied nehmen ermöglicht es, die affektive Bedeutung (d.h. das affektiv-kognitive Schema) zu akkommodieren und eine neue Zielerwartung aufzubauen.

Nicht selten ist eine so durchgeführte Zielanalyse im Sinne des therapeutischen Problemlöseparadigmas schon die halbe Therapie. Das Problembewußtsein ist hergestellt, die Therapiemotivation ist aufgebaut und die therapeutische Beziehung ist entstanden.

Trotzdem muß der Weg zum Ziel beschritten werden, dies bedeutet weggehen vom alten, vertrauten Ort, betreten von fremdem Neuland. Und es gibt zwar das Ziel, aber nicht **den** Weg. Viele Wege führen nach Rom. Doch nur Entwicklung führt zu Wachstum.

DER BEHANDLUNGSPLAN: Viele Wege führen nach Rom

THERAPEUTISCHE STRATEGIEN: Welche Wege wie begehen?

Wenn der Patient sich tatsächlich dazu entschlossen hat, die definierten Therapieziele wirklich erreichen zu wollen, wenn sich also in ihm der Antrieb regt, dorthin gelangen zu wollen, so entwickelt er auch genügend Kreativität und Ideenreichtum, um begehbare Wege zum Ziel zu erfinden.
Der Begriff der Zielorientierung beinhaltet eine motivationale Komponente: die Therapiemotivation ist definitorischer Bestandteil der Zielorientierung. Dies bedeutet, daß sich die Blickrichtung von der Problemorientierung (ich weiß nicht, was tun) zur Zielorientierung (ich will dorthin) geändert hat. Damit ist die Voraussetzung dafür geschaffen, daß der Mensch frei wird, die Ressourcen seiner autonomen Psyche auszuschöpfen (Kreativität, Intuition) und die Fähigkeiten seiner willkürlichen Psyche einzusetzen (Produktivität, Effizienz).
Der Weg vom Problem zum Ziel wird zum Instrument eines zweckbestimmten Handelns oder zum operanten Verhalten, das durch Hoffnung auf Erfolg und durch positive Verstärkung gesteuert wird. Natürlich wird der Patient seinen Behandlungsplan nicht ohne Zutun des Therapeuten aufstellen. Aber er findet Antworten auf die Frage, **was** getan werden kann, um ein Ziel zu erreichen.
Wie dies im therapeutischen Kontext umgesetzt werden kann, weiß der Therapeut hinzuzufügen und vorzuschlagen. Dabei müssen spezielle Interventionstechniken im Sinne von Verhaltensexperimenten nur dann vorgeschlagen werden, wenn die eigenen Möglichkeiten des Patienten nicht ausreichen oder unökonomisch sind.

Begeben wir uns zunächst jedoch wieder auf die Metaebene der theoriegeleiteten strategischen Therapieplanung. Der dritte Schritt zur effizienten Psychotherapie ist, nach der
- individuellen Bedingungsanalyse und der
- systematischen Zielanalyse, die
- **strategische Therapieplanung** (Abbildung A13).

Abbildung 13:
Drei Schritte zu einer effizienten Kurzzeittherapie

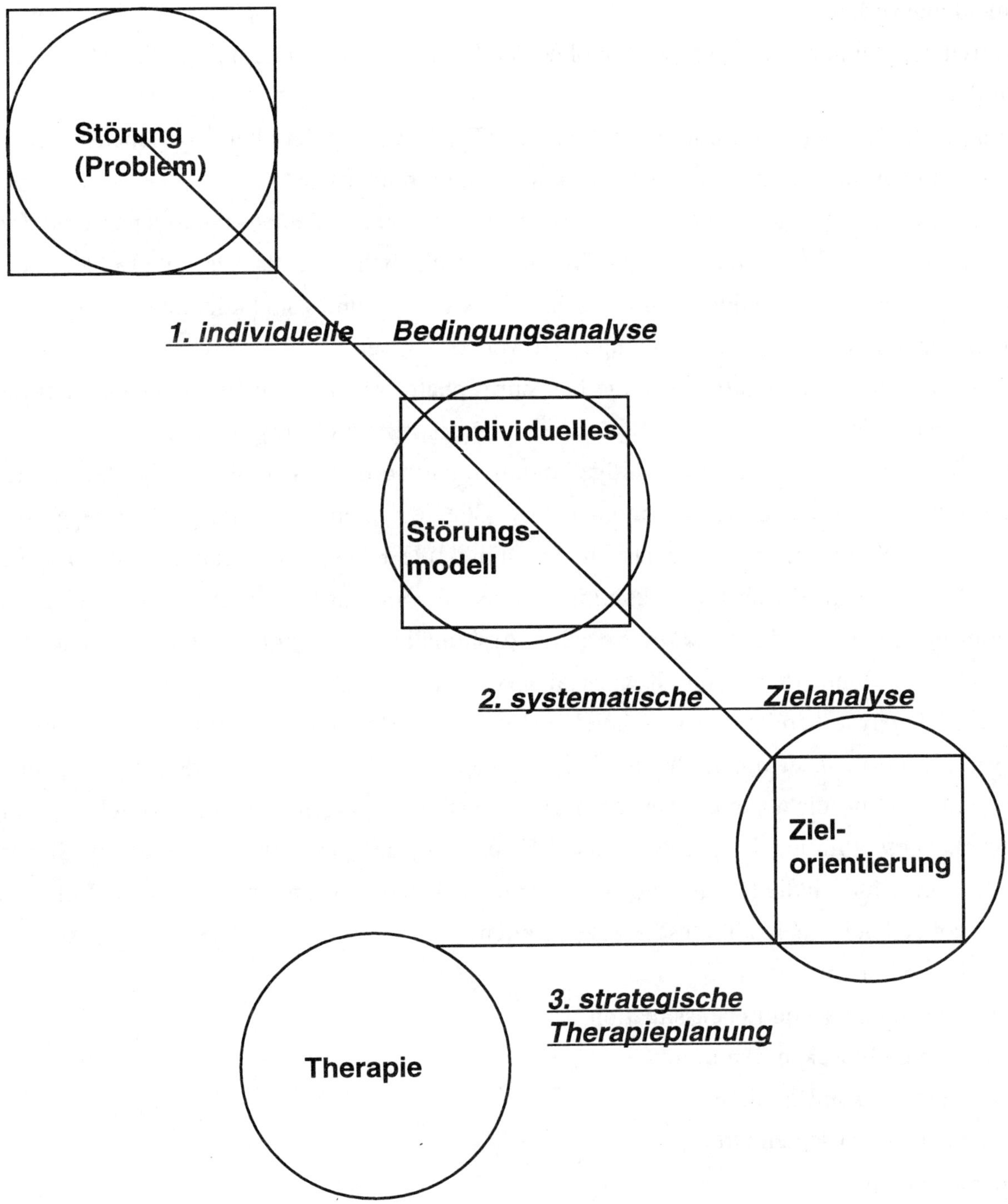

Die vier Hauptvariablen des SORK-Modells führen zu vier **Hauptstrategien** (im Beispiel von Frau A.):

1) Angstexposition, um zu lernen mit der Angst umzugehen (zur Angstreduktion).
2) Selbstkontrolliertes Aufsuchen aller bisher vermiedenen Situationen (zum Abbau des Vermeidungsverhaltens).
3) Aktivitätenplanung: Unternehmungen ohne den Mann (zur Veränderung des Selbst- und Weltbildes).
4) Empirische Hypothesenprüfung nach Beck (zur Falsifizierung der alten Überlebensregel).
5) Kommunikationstraining (aktives Konfliktlösen statt trennen).

Für jede dieser Hauptstrategien lassen sich, ausgehend von der allgemeinen kognitiven Entwicklungstheorie psychischer Störungen von kognitiver und verhaltenstherapeutischer Seite Detailstrategien vorschlagen, die wiederum durch vom einzelnen Therapeuten und vom Patienten kreativ gefunden Interventionen individuell praktisch umgesetzt werden können.

Tabelle 27 zeigt die Detailstrategien, die hier nur probatorischen beispielhaften Charakter haben sollen. Sie sind nicht als immanenter Bestandteil der in diesem Buch vorgestellten Theorie zu sehen. Vielmehr spiegeln sie einerseits derzeitige kognitive und verhaltenstherapeutische Praxis wieder, andererseits die Offenbarung des momentanen Standes meiner bevorzugten therapeutischen Schwerpunktsetzungen, insgesamt also meine subjektive Konstruktion meines therapeutischen Selbst-Welt-Systems. Da ich mich in kontinuierlicher Entwicklung befindlich sehe, ist dieser Ansatz als Momentaufnahme im dialektischen Prozeß der Assimilation und Akkommodation der Bedeutungsentwicklung im Sinne Piagets und Kegans zu verstehen.

Da die Zielanalyse bereits zu einer Selektion von fünf Detailzielen geführt hat, ist nun kein Auswahlprozeß mehr erforderlich. Es bleibt vielmehr der Seitenblick auf diejenigen Therapieinterventionen, die nicht gemacht werden sollen, als Prüfungsschritt einer wirklich stimmigen Auswahl. Diese Prüfung ist zugleich eine Überprüfung des gesamten individuellen Störungsmodells. Betrachte ich die Detailstrategien als Teilstrecken des gesamten Weges zum Ziel, so muß ich mir vorstellen können, auf diese Weise wirklich

a) mit diesem Patienten
b) bei seiner spezifischen Lebenssituation
c) und seinem klinischen Syndrom
d) in die gewünschte Richtung
e) bis an den gewünschten Ort

gelangen zu können.

Tabelle 27: Von der Störung zu Ziel und Therapie (allgemeines Modell)

Die Situation	Was ist gestört?	Das Therapieziel ist ...	Die Therapie wird sein ...
Pathogene Lebens-gestaltung	Pathogene Lebens-gestaltung (Auf welche Weise wird das übrige Leben so gestaltet, daß es unbe-friedigend sein oder bleiben bzw. scheitern muß?)	Mehrere erfüllende Lebens-bereiche aufbauen (Beruf, Hobbys, Freundeskreis, Partnerschaft & Familie)	Planerisches Problemlösen (z.B. in Sulz, 1987, Psycho-therapie in der klinischen Psychiatrie)
Pathogene Beziehungs-gestaltung	Pathogene Beziehungs-gestaltung (auf welche Weise wird in den aktuellen intimen und näheren Bezie-hungen mit den anderen Menschen so umgegangen, daß diese Beziehungen unbefriedigend werden oder scheitern müssen?)	In Beziehungen emotional offen sein, eigene Bedürfnis-se äußern, sich den nötigen Freiraum schaffen, dabei die Interessen d. anderen berücksichtigen.	Training der Wahrnehmung und Kommunikation von Gefühlen und Bedürfnissen, des Führens von Konflikt-gesprächen
Auslösende Lebens-situation	Auslösende Lebenssituation (Welche konkreten Ereignis-se im letzten Jahr bzw. welche größeren Verände-rungen im Leben der letzten zwei Jahre führten zur Symptombildung und damit zur Auslösung der psychi-schen Erkrankung? Welches Problem konnte nicht anders als durch Symptombildung gelöst werden? - Bei Persönlichkeitsstörungen ist hiermit diejenige, ohne fremde Hilfe nicht mehr zu bewältigende Lebens-situation gemeint, die den Leidensdruck so groß machte, daß Psychotherapie begonnen wurde)	Künftig in der symptomaus-lösenden Problemsituation effiziente Bewältigungs-strategien verfügbar haben, so daß die Symptombildung verzichtbar wird.	Vermittlung von Streß-bewältigungsstrategien, Training sozialer Kompe-tenz, Vermittlung von Problemlösestrategien
Die Person	**Was ist gestört?**	**Das Therapieziel ist ...**	**Die Therapie wird sein ...**
Angeborene Disposition	Angeborene Disposition körperlicher oder psychi-scher Art, die anfällig für die Symptombildung macht	Aufbau von Selbstakzeptanz für die eigenen Schwach-stellen und Begrenzungen der Lebensgestaltung	Affektiv-Kognitive Umstruktu-rierung des Ideal-Selbst-bildes (Reduktion der Ist-Ideal-Diskrepanz)

1. Forts. Tab.27	**Störung**	**Therapieziel**	**Therapie**
Lern-geschichte	Lerngeschichte (Verhalten der Eltern)	Lerngeschichtliches Verständnis der motivationalen und emotionalen Auswirkungen elterlichen Verhaltens auf das kleine Kind	Bedingungsanalytische Gespräche
Kindliches Weltbild	Kindliches Bild der Welt: Frustrierendes bzw. traumatisierendes Elternverhalten wird ungeprüft auf die Erwachsenenwelt übertragen	Lernen, daß die Menschen im heutigen Erwachsenenleben meist anders reagieren als früher die Eltern dem Kind gegenüber	Training sozialer Wahrnehmung
Kindliches Selbstbild	Kindliches Selbstbild (eigene Bedürfnisse, Erwartungen, Fertigkeiten)	Erkennen, wie sehr das heutige Selbstbild noch von kindlichen Bedürfnissen und Befürchtungen geprägt ist. Deren Einfluß vermindern.	Selbstkontrollstrategien mit gezielter Selbstbeobachtung und Selbstbewertung
Kindliche Grund-annahmen	Kindliche Grundannahmen über das Funktionieren der Welt (Erfahrungen mit den Eltern)	Herausarbeiten der kindlichen Logik als Wenn-Dann-Beziehung zwischen Selbst und Welt, z.B.: Nur wenn ich Mutters Wünsche erfülle, hat sie mich lieb.	Kognitive Gesprächsführung nach Beck: Sokratischer Dialog
Überlebens-regel	Überlebensregel (Was muß ich unbedingt tun, was darf ich auf keinen Fall tun, um von der sozialen Umwelt die zum emotionalen Überleben benötigten Reaktionen zu erhalten)	Abschwächung oder Falsifikation der kindlichen Überlebensregel, so daß effizientes erwachsenes Sozialverhalten erlaubt ist.	Empirische Hypothesenprüfung nach Beck: Tu das Gegenteil dessen, was Deine Überlebensregel Dir befiehlt, und sieh, ob die vorhergesagten Folgen eintreten.
dysfunktionale Verhaltens-stereotypien	dysfunktionale Verhaltensstereotypien (habituelle Erlebens- und Reaktionstendenzen, die in der Kindheit funktionale Copingstrategien waren und jetzt im Erwachsenenalter in den meisten Situationen dysfunktional geworden sind - sie definieren die Persönlichkeit)	Reduktion der dysfunktional. Verhaltenstendenzen (z.B. selbstunsicher oder dependent oder zwanghaft oder histrionisch)	Definition der Überlebensregel, die das Verhaltensstereotyp determiniert. Training der sozialen und Emotionswahrnehmung und d. Sozialverhaltens

2. Forts. Tab.27	**Störung**	**Therapieziel**	**Therapie**
Dauer-dilemma	Dauerdilemma (Konflikt zwischen den Geboten und Verboten der Überlebens-regel und meinen zentralen Wünschen und Bedürfnis-sen)	Vor- und Nachteile des alten Verhaltensstereotyps und des funktionalen Bewältigungsverhaltens abwägen, verantwortlich entscheiden	Planerisches Problemlösen als kognitive Strategie des Aufbaues von selbst-verantwortlichem Verhalten
Reaktion/ Symptom	**Was ist gestört?**	**Das Therapieziel ist ...**	**Die Therapie wird sein ...**
primäre Emotion	primäre Emotion, die die natürliche Antwort auf das problematische Ereignis der Lebens-Situation S wäre (meist tabuisiert oder be-drohlich, z.B. Wut, Ärger, Trauer)	Die ursprüngliche Emotion wieder wahrnehmen, sie sich erlauben, ihre Funktion als Motivator von Copingverhalten erkennen und nutzen	Übung der Gefühls-wahrnehmung, kognitive Umstrukturierung bisheriger Verbote, Übung der Verhaltenskette primäre Emotion - adäquates Copingverhalten
primärer Handlungs-impuls	primärer Handlungsimpuls, der sich aus der primären Emotion ergäben würde: a) inadäquat intensiver Impuls (unzivilisiert, daher allgemein sozial abgelehnt); b) ad-äquates Coping (wegen emotionaler Abhängigkeit zu bedrohlich)	kognitive Kontrolle über den primären Handlungsimpuls erreichen: inadäquate Impulse ersetzen durch adäquate, effiziente Handlungskonzepte	Selbstinstruktionsübungen nach Meichenbaum, kogniti-ve Umstrukturierung zu strenger Normen, die adäquates Coping verbieten
Antizipation der Konse-quenz	Antizipation der Konsequenz dieses primären Handlungs-impulses, die eine extreme Bedrohung des Organismus bzw. der Person bedeuten würde (Ablehnung, Zurück-weisung)	Erkennen, daß die dysfunktionale Überlebens-regel der Kindheit eine unrealistische Bedrohung vorhersagt (die emotional nicht überlebt wird)	empirische Hypothesen-prüfung nach Beck: Handeln entgegen der dysfunktionalen Überlebens-regel
gegen-steuernde Gefühle	gegensteuernde Gefühle (Angst, Scham, Schuldge-fühle, Ekel), die verhindern sollen, daß der primäre Handlungsimpuls in eine Handlung umgesetzt wird.	Den gegensteuernden Gefühlen (Angst, Scham, Schuldgefühle, Ekel) die verhaltenssteuernde Wirkung nehmen (Toleranz-vergrößerung)	Selbstkontrollübungen (immer länger diese Gefühle aushalten lernen, ohne zu tun, wozu sie drängen)
Vermeidung	Vermeidung: Unterdrückung des primären Handlungs-impulses	Das Vermeidungsverhalten bewußt beobachten und der Selbstkontrolle zugänglich machen: Doch noch das funktionale Coping ausführen	Selbstbeobachtungs- und Selbstinstruktionsübungen

3. Forts. Tab.27	**Störung**	**Therapieziel**	**Therapie**
Neue verhaltens-steuernde Gefühle	Neue verhaltenssteuernde Gefühle, die unmittelbar zu diskriminativen oder reflex-haft auslösenden Stimuli des Symptomverhaltens werden (z.B. Hilflosigkeit bei Depression, Angst beim Paniksyndrom)	Symptomatische Gefühle, die zeitlich unmittelbar dem Symptom vorausgehen, als konditionierte Symptomaus-löser löschen	Emotionsexposition zur Löschung der klassischen und instrumentellen Konditio-nierungen
Symptom	Symptom als qualitativ neues Verhalten, das einerseits eine partielle Problemlösung in der auslösenden Situation bringt, andererseits aber auch nicht die Verbote und Gebote der Überlebensregel verletzt	Ein alternatives, mit dem Symptom unverträgliches Verhalten aufbauen (evtl. als Gegenkonditionierung)	Bei Depression z.B. Trauerexposition, bei Agora-phobie Angstexposition, bei Eßstörungen Anti-Diät-Training etc.
sekundäre Verhaltens-weisen	Verhaltensweisen, die sekundär versuchen, die Auswirkungen des Sym-ptoms abzumildern bzw. deren negat. Auswirkungen entgegenzusteuern	Erkennen, daß diese Art, das Symptom erträglich zu machen, für die Aufrechter-haltung des Symptoms sorgt	Durch Selbstkontrolle die das Symptom abmildernden Verhaltensweisen stoppen und ersetzen durch das primär intendierte Bewältigungsverhalten
Konsequen-zen	**Was ist gestört?**	**Das Therapieziel ist ...**	**Die Therapie wird sein ...**
Vermeiden aversiver Konsequen-zen	Vermeiden der aversiven Konsequenzen einer „gesun-den“ Copingreaktion als autonomem selbst-verantwortlichem Verhalten, wie das Risiko der Ableh-nung, des Unmutes	Die Angst vor Ablehnung und Unmut der anderen während des ‚gesunden‘ Copingverhaltens aushalten können	Unterstützung und Ermunte-rung, Shaping, Verstärkung von Teilerfolgen
Bewahren von Verstär-kungen	Bewahren von Verstärkun-gen (Gratifikationen aus der Abhängigkeit von wichtigen Bezugspersonen und Bezie-hungen)	a) weniger Verstärkung aus Abhängigkeit benötigen b) diese Verstärkung sich selbst holen können, bei wem ich sie holen will	a) Affektiv-kognitive Ent-scheidung zum bewußten Verzicht (z.B. auf so viel Geborgenheit) b) Aufbau neuer soz. Bezie-hungen, c) Selbstverstärkung

4. Forts. Tab.27	Störung	Therapieziel	Therapie
Bestätigung der Selbst- und Weltsicht	Bestätigung der alten Selbst- und Weltsicht	Lernfähigkeit aufbauen, um alte Selbst- und Weltsichten durch ständig neue Erfahrungen realitätsgerecht verändern zu können und zu wollen	Kognitives Lernset durch kognitive Gesprächsführung wie den Sokratischen Dialog herstellen
positive Verstärkung durch de soziale Umwelt	Zusätzliche positive Verstärkung des Symptomverhaltens durch die soziale Umwelt	Erkennen, welchen Vorteil das Symptom für die soziale Umwelt bringt, um deren verstärkendes Verhalten identifizieren und löschen zu können	Familienbeobachtung, Familiengespräche zur gemeinsamen Bedingungsanalyse

Nach einer eventuellen Überarbeitung wird eine dem oben formulierten Gesamtziel korrespondierende **Gesamtstrategie** auf relativ abstraktem Niveau genannt, die einerseits eine Zusammenfassung obiger vier Hauptstrategien ist, andererseits angibt, was Therapeut und Patient tun werden. Ein Beispiel für eine Gesamtstrategie bei einem depressiven Patienten ist:
"Durch die Erfahrung von Selbsteffizienz (Durchsetzen eigener Vorstellungen am Arbeitsplatz) unabhängig werden von der äußeren Selbstwertquelle (ständige Bestätigung des Vorgesetzten)"

Nicht nur zur Ausarbeitung einer Falldokumentation, wie bei Sulz (1992a) vorgeschlagen wird, sondern auch zu therapeutischen Zwecken ist es notwendig, von der abstrakten Sprache des Modells auf die konkrete Person und ihr konkretes Erleben und Verhalten zurückzukommen, wenn der Behandlungsplan aufgestellt wird. Es ist nicht nur das Problem von Gutachtern, hinter abstrakten Therapieplänen den konkreten Patienten nicht mehr wiederzuerkennen. Es ist auch das Problem von Patient und Therapeut, die Idee in die konkrete Tat umzusetzen. Konkrete, auf den individuellen Patienten bezogene Formulierung der geplanten Behandlung schafft die Brücke zur praktischen Umsetzung der Strategie.
Als Beispiel habe ich den Behandlungsplan für Frau A. (Abbildung 14) bezogen auf jeweilige Störung und jeweiliges Ziel formuliert:

1) Angstexposition, um zu lernen mit der Angst umzugehen (zur Angstreduktion).

2) Selbstkontrolliertes Aufsuchen aller bisher vermiedenen Situationen (zum Abbau des Vermeidungsverhaltens).

3) Aktivitätenplanung: Unternehmungen ohne den Mann (zur Veränderung des Selbst- und Weltbildes).

Abbildung 14:
Individueller Therapieplan (Beispiel Agoraphobie und Panik)

Gesamtstrategie:
Tun, was Angst macht (in die phobische Situation gehen, allei etwas unternehmen, einen eigenen Lebensbereich aufbauen)

Reihenfolge

Situation S:
Aktivitätenplanung: Unternehmungen ohne den Ehemann (um eigene Lebensbereiche aufzubauen)

3

Organismus O:
Empirische Hypothesenprüfung nach Beck (zur Falsifizierung der dysfunktionalen Überlebensregel)

4

Reaktion R:
Kommunikationstraining (aktives Konfliktlösen statt Trennung)

5

Symptom:
Angstexposition, um zu lernen mit der Angst umzugehen (Angstreduktion)

1

Konsequenz K:
Selbstkontrolliertes Aufsuchen aller bisher vermiedenen Situationen (zum Abbau des Vermeidungsverhatens)

2

4) Empirische Hypothesenprüfung nach Beck (zur Falsifizierung der alten Überlebensregel).
5) Kommunikationstraining (aktives Konfliktlösen statt Trennung vom Partner).

Zur Verwendung bei eigenen Patienten ist ein Formblatt „**Behandlungsplan**“ im Anhang in Tabelle A5 abgedruckt. Dieses befindet sich auch im Strategieteil des Therapieprotokollheftes (VDS 11).

KURZZEITTHERAPIE: Die Zeit spielt eine Rolle

Bis jetzt wissen wir, welche Interventionen geplant sind, um welches Ziel zu erreichen. Wir wissen noch nichts über die Reihenfolge ihrer Anwendung und über die Zahl der Therapiestunden, die jeweils benötigt wird. Natürlich wird man zum Beispiel einen Bildhauer nicht fragen, welche Zeit er eingeplant für die nächste Skulptur und welchen Zeitaufwand er für die abgrenzbaren Detailabschnitte seiner Arbeit kalkuliert. Und natürlich können wir Psychotherapie, insbesondere wenn sie als Entwicklung gesehen wird, ebenso als freies kreatives Schaffen betrachten. Doch gerade die Betrachtung der biologischen und psychischen Entwicklung des Menschen zeigt uns, daß Entwicklung ihre Zeit braucht. Zu wenig ist genauso schlecht, wie zu viel. Die zu lange Schwangerschaft, das zu lange Stillen, das zu lange Behüten, das zu lange Binden an äußere Normen sind entwicklungsschädigend. Es gibt nicht wenige Therapien, in denen der Patient, zum Beispiel auch durch zwei Therapiestunden pro Woche, zu lange „bebrütet" wird und Regression statt Progression gefährdet wird. Es ist also nicht nur eine Frage der Anzahl der von der Krankenkasse bezahlten Therapiestunden, wieviel Zeit für bestimmte Teilabschnitte der Therapie aufgewendet wird.

Mit Ausnahme von mehrstündigen Expositionstrainings bedürfen häufige und lange Therapiegespräche der besonderen Begründung. Die gemeinsam mit dem Therapeuten verbrachte Zeit ist ein Herausholen aus der natürlichen Umwelt und aus dem sozialen Kräftefeld in einen Schonraum, der zwar dem Patienten ein gefahrloses Explorieren seiner Psyche erlaubt und ihm den Mut zu Neueinschätzungen der Welt und zu Entscheidungen gibt. Aber um diese Entscheidungen in die Tat umsetzen zu können, braucht er ausreichend Zeit zwischen den Therapiesitzungen. Es sind auch nicht weitere wöchentliche Stunden zu diesem Thema erforderlich. Kurze, fünf- bis zehnminütige Berichterstattungen reichen aus, damit der Therapeut erkennen kann, daß der Patient „in eigener Regie" die vereinbarten Schritte unternimmt.
Manche Therapeuten verhalten sich so wie Eltern, die ihrem Kind das Fahrradfahren beibringen und überbehütend zu lange festhalten, so daß die Versuche des Kindes ein eigenes Gleichgewicht herzustellen ständig von ihnen gestört werden. Eine falsch verstandene Grundhaltung der Entwicklung macht Therapiestunden zu Plauderstunden, die gerade keine Entwicklung ermöglichen, sondern den Therapeuten die falsche Rückmeldung geben: „Die Stunden bei Ihnen tun mir ja so gut.

Ich fühle mich so von Ihnen verstanden. Das hält dann immer mindestens drei Tage an." Im Klartext berichtet der Patient, daß der Therapeut ihm Linderung verschafft, ohne daß unbequeme Änderungen erforderlich werden. Da sind schnell 40 bis 80 Therapiestunden verbraucht. Das Therapieergebnis ist dann, daß es dem Patienten mit Therapie und Therapeuten gut, ohne Therapeut und ohne Therapie schlecht geht.

Ein Plädoyer für die Kurzzeittherapie stützt sich weniger auf Zeitknappheit oder die Frage der Finanzierung. Vielmehr ist mit ihr eine therapeutische Grundhaltung verbunden, die mit der Zeit sorgfältig umgeht. Dies bedeutet, daß Entwicklung nicht in den Therapiestunden, sondern zwischen den Therapiestunden geschieht.

In den Therapiestunden werden lediglich Anstöße zur Entwicklung gegeben und Blockaden und Barrieren beiseite geräumt. Dies geschieht in einer aktiven und konfrontierenden Weise. Die einzelnen Therapiestunden müssen gut vorbereitet werden und sie müssen eine definierte Teiletappe des strategischen Weges zum Ziel sein. Eine Therapiestunde muß an die vorhergehende Stunde anschließen, auf sie aufbauen und die nächste Stunde vorbereiten. Im Gegensatz dazu steht die zufällige Aneinanderreihung von Gesprächen, deren Inhalt und Ablauf von den Berichten des Patienten bestimmt ist und bei denen der Therapeut nur eine reagierende Rolle spielt, also eine konzeptionelle Gestaltung ausbleibt. Sowohl die verhaltenstherapeutische Selbstkontrolltherapie von Roth und Rehm (1986) als auch die kognitiv-psychodynamische interpersonale Psychotherapie (IPT) von Klerman und Mitarbeitern (1984) sind gut strukturierte Kurzzeitbehandlungen der Depression.

Als Beispiel eines Gesamtstrategieplans dient die Selbstkontrolltherapie eines depressiven Patienten (vgl. Sulz, 1986). Strategische Planung und Ergebnis der jeweiligen Interventionen sind in Tabelle 28 wiedergegeben. Die letzten drei hier nicht wiedergegebenen Sitzungen dienten dem Ausbau und der Konsolidierung des bis dahin Erreichten, sowie der Vorbereitung auf die therapielose Zeit.

Bei Sulz (1992a) und im Strategieteil des Therapieprotokollheftes (VDS 11) befindet sich ein „**Formblatt Gesamtstrategieplan**" zur Verwendung mit eigenen Patienten.

Tabelle 28: Gesamt-Strategie-Plan (Beispiel Depressionsbehandlung)

Störung: *selektiv negative Sellbstbeobachtung*
Ziel (Nr. *1*): *positive Selbstwahrnehmung*
Strategie: *Aufmerksamkeit auf positive Erinnerungen, Aktivitäten und Konsequenzen lenken*

Datum	Intervention	Ergebnis	Zielerreichung
10.9.	*Sitzung: Liste positiver Aktivitäten*	*skeptisch, aber kooperativ*	*25%*
	Hausaufgabe: Selbstbeobachtungs-protokolle	*vollständig gemacht*	*25%*
17.9.	*Sitzung: Graphik: Stimmung&Aktivität*	*Aha-Erlebnis*	*25%*
	Hausaufgabe: Erinnern positiver Ereignisse	*war schwierig*	*25%*
24.9.	*Sitzung: kurz- und langfristige Konsequenzen*	*ging zögerlich*	*25%*
	Hausaufgabe: Imagination der Konsequenzen	*fiel ihr leicht*	*50%*
1.10.	*Sitzung: Aktivitätenplanung*	*Mißerfolgserwartung*	*50%*
	Hausaufgabe: 3 Aktivitäten	*ging sehr gut*	*50%*

Störung: *zu strenger Standard; falsche Attribution von Erfolg/Mißerfolg*
Ziel (Nr. *2*): *Standard mildern, Erfolg internal und Mißerfolg external attribuieren*
Strategie: *Ziele operationalisieren; im Tagesprotokoll Erfolge richtig attribuieren*

Datum	Intervention	Ergebnis	Zielerreichung
7.10.	*Sitzung: Verantwortlichkeit für positive*	*hartes Ringen*	*25%*
	Hausaufgabe: Prozent eigener Verantwortung ins Protokoll		*25%*
14.10.	*Sitzung: Ziele operationalisieren*	*fällt schwer*	*25%*
	Hausaufgabe: Ziel-Aktivitäten sammeln	*ist sehr interessiert*	*50%*
21.10.	*Sitzung: Teilziele formulieren*	*der depressive Berg war weg*	*50%*
	Hausaufgabe: zielorientierte Aktivitäten	*Pat. war initiativ*	*50%*
28.10.	*Sitzung: Zielerreichung bestimmen*	*noch zu streng*	*50%*
	Hausaufgabe: Erinnerungsübung	*ging jetzt gut*	

Fortsetzung Tab. 28: Gesamtstrategieplan (Beispiel einer Depressionsbehandlung)			
Störung: *depressive Selbstbestrafung (Selbstvorwürfe, Genußverbot)* **Ziel (Nr.***3***)**: *Selbstverstärkende Handlungen und Kognitionen* **Strategie:** *Aufmerksamkeit auf positive Erinnerungen, Aktivitäten und Konsequenzen lenken*			
Datum	Intervention	Ergebnis	Zielerreichung
4.11.	*Sitzung: kleine, mittlere und große Aktivitäten und Belohnungen*	*noch zu strenger Maßstab*	*25%*
	Hausaufgabe: belohnenswerte Aktivitäten	*gelingt gut*	*25%*
11.11.	*Sitzung: Selbstverstärkung üben u. planen*	*muß sich überwinden*	*50%*
	Hausaufgabe: gelungene Aktivitäten selbst verstärken	*anfänglich große Schwierigkeiten*	*50%*
18.11.	*Sitzung: verdeckte Selbstverstärkung üben und planen*	*Eintritt in ein verbotenes Land*	*75%*
	Hausaufgabe: jede positive Aktivität kognitiv verstärken	*ging erstaunlich gut*	*75%*
25.11.	*5 positive Eigenschaften/Fähigkeiten*	*als sehr hilfreich empfunden*	*75%*
	Hausaufg.: Aktivität - Fähigkeiten zuordnen	*sehr gerne gemacht*	

Die konzeptionelle Einbettung jeder Therapiestunde in das Gesamtkonzept und die systematische Nutzung der Zeit zwischen den Therapiestunden durch zielorientierte Aktivitäten des Patienten führen dazu, daß sich jede Therapiestunde in drei Abschnitte gliedert:

1) Besprechung der zwischenzeitlichen Aktivitäten und Erfahrungen
2) Das neue, heutige Thema
3) Vereinbarung der Aktivitäten bis zur nächsten Therapiesitzung.

Teil 1 und 3 sind Arbeitsbesprechungen, die dem Patienten helfen, **daß** er neue Wege in seiner Lebens- und Beziehungsgestaltung geht und daß er auf diesen Wegen fortschreitet, d.h. daß er wirksame Änderungen herbeiführt. Ohne die regelmäßig zu erwartende ernsthafte Beschäftigung des Therapeuten mit den Unternehmungen zwischen den Therapiesitzungen würden diese rasch unterbleiben. Kurzzeittherapie ist aber darauf angewiesen, daß der Patient das in der Therapiestunde Erarbeitete gleich versucht in seinem Leben umzusetzen. Seine dabei gemachten Erfahrungen sind eine empirische Prüfung (Bestätigung oder Falsifizierung) der subjektiven affektiv-kognitiven

Neukonstruktionen in der Therapie. Oder mit einem Bild ausgedrückt: Patient und Therapeut sind Architekten, die in der Therapiesitzung die Pläne für das zu bauende Gebäude zeichnen. Der Patient ist zwischen den Therapiesitzungen der Baumeister. Erst seine praktischen Versuche, die Mauern des Gebäudes zu errichten, zeigen die Verwendbarkeit der Architektenpläne. Und er ist auch bald Bewohner des neuen Gebäudes, d.h. des neuen Selbst-Welt-Systems und erprobt dessen Bewohnbarkeit, d.h. er erprobt die neue Überlebensform. Allerdings wird die Kurzzeittherapie beendet sein, bevor sich gezeigt hat, daß aus der Überlebensform eine Lebensform geworden ist, d.h. die permanente Bedrohung gewichen ist und innere und äußere Lebensqualität entstanden ist.

Das Protokoll einer typischen Therapiestunde mit einer depressiven Patientin, bei der eine Selbstkontrolltherapie nach Roth und Rehm durchgeführt wurde, zeigt Tabelle 29.

Bei dieser Patientin bestand zugleich eine passiv-aggressive Persönlichkeit. Dies bedeutet, daß ihre passiv-aggressive Überlebensform scheiterte und dieses Scheitern die Depression auslöste. Sowohl ihr Bericht über ihre zwischenzeitlichen Aktivitäten als auch ihre Kausalattributionen in der Therapiestunde zeigten, daß Depression und passiv-aggressive Verhaltenstendenz teils gegenläufig wirken. Die therapeutische Schwierigkeit bestand darin, daß ein zielorientiertes Arbeiten an den dysfunktionalen Verhaltensstereotypien der passiv-aggressiven Persönlichkeit zunächst ihre Hilflosigkeit und damit auch ihre Depression hätte anwachsen lassen. Andererseits neigte sie primär dazu, nicht-depressives Verhalten automatisch in passiv-aggressiver Weise auszuüben, d.h. ins alte prämorbide Verhaltensmuster zurückzufallen. Diese von der Psychoanalyse „Charakterwiderstand“ genannte Bewältigungsstrategie gilt es, in der Therapie in wirklich neue Verhaltensweisen überzuführen, die der Ausdruck von Entwicklung sind. Ich habe mich deshalb nicht gegen das alte Verhaltensstereotyp gestellt, sondern es als einen wirksamen Schritt aus der Depression akzeptiert. Als zweiten Schritt habe ich ein aktives, selbstverantwortliches Verhalten angeregt.

Tabelle 29: Protokoll einer Therapiesitzung (Beispiel)

Datum: *7.10.91* Wievielte Sitzung? *5.* von *15* bewilligten Sitzungen (Rest *10* Sitzungen)
Patient: *Frau D.* Therapeut: *S.*

1. Hausaufgaben, deren Durchführung bis heute vereinbart war

Aufgabe 1:	diente Ziel Nr. *1*	durchgeführt?	mit Erfolg?	sollte weiter geübt werden?
Erinnern kurz- & langfr. Konsequ.	*"positive Selbstbeobachtung"*	ja/nein (ja unterstrichen)	-2 -1 0 +1 +2 (0 unterstrichen)	nein / ja (nein unterstrichen)

Schwierigkeiten der Aufgabe waren: *Aufmerksamkeit auf Positives lenken.*
Motivationsprobleme des Pat. *waren: Daran zu denken, die Übung zu machen.*
Erforderliche Änderungen des Vorgehens:..

Aufgabe 2:	diente Ziel Nr.*1*	durchgeführt?	mit Erfolg?	sollte weiter geübt werden?
3 positive Aktivitäten planen	*"positive Selbstbeobachtung"*	ja/nein (ja unterstrichen)	-2 -1 0 +1 +2 (0 unterstrichen)	nein / ja (ja unterstrichen)

Schwierigkeiten der Aufgabe waren: *Die depressive Hemmung und Passivität überwinden.*
Motivationsprobleme des Pat. waren: *Lieber anderen die Aktivitäten überlassen.*
Erforderliche Änderungen des Vorgehens: ....

2. Das heutige Thema

Außergewöhnliche Vorkommnisse, die Vorrang haben: *Bericht über die Geburtstagfeier*

a) Heutiges Teilziel (WOHIN?): *Erfolge internal attribuieren.*
des Ziels Nr. 2 ("*positive Selbstbewertung*")

b) Heutige Intervention (WAS?): *Einschätzung der Verantwortlichkeit für zwei wichtige positive Ereignisse der vergangenen Woche, sowie für zwei negative Ereignisse (Erfolgs-/Mißerfolgs-attribuierung).*

c) Wie verlief die therapeutische Arbeit heute?
c1) Chancen/Ressourcen (Was konnte gut genutzt werden?)
Klare Beurteilung des begrenzten Beitrags der anderen zum eigenen Erfolg
....
c2) Barrieren/Blockaden (Was wollte/konnte der Patient nicht?)
Selbst Verantwortung übernehmen - auch nicht für Mißerfolge
....
c3) Neue bedingungsanalytische Erkenntnis (Erweiterung, Modifizierung d. indiv.Störungsmodells)
Hier wirken Depression (internale Mißerfolgsattribution) und passiv-aggressive Persönlichkeit (Angst, für Mißerfolge verantwortlich gemacht zu werden) gegenläufig.

Fortsetzung Tab. 29: Protokoll einer Therapiesitzung (Beispiel)

3. Weitere Perspektive

a) Die neuen Hausaufgaben:

WAS?	WIE?	WO?	WANN?	WIE OFT?
1. *2 Aktivitäten, die sonst nicht ausgeführt würden*	*Theater* *Restaurant gehen*	*kl. Komödie* *Ischia*	*Mittwoch.* *Montag*	1x 1x
2. *Prozentsatz d. eigenen Beitrags f. jede Aktivität*	*ins Protokoll tägl. eintragen*	*i. Wohnzimmer*	*abends vor dem Duschen*	*täglich*
3.	....	....	....	....

b) Das nächste Teilziel wird sein:
Ziele operationalisieren (Teilziele formulieren).

Sein Stellenwert bezüglich des Gesamtziels ist:
Strenge Selbstbeurteilung mildern; Ziele durch kleine Schritte erreichbar machen.

Zugehörige Strategien/Interventionen: *Zwei Ziele aufstellen, die noch während der Therapie erreichbar sind, diese dann in Teilziele (Schritte) zerlegen.*

DAS THERAPIEPROTOKOLLHEFT

Aufzeichnungen während der Therapiestunden sind bei manchen Therapeuten verpönt. Sie stören allerdings den Patienten kaum. Ständiges Mitschreiben würde tatsächlich den Dialog stören. Aber das kurze zwischenzeitliche Niederschreiben eines wichtigen Aspekts dann, wenn eine Sequenz intensiver interaktioneller Intervention (z.B. Exposition oder Rollenspiel) gerade beendet ist, gibt auch dem Patienten die Möglichkeit, aus dem Modus des unmittelbaren, affektiven Erlebens in den Modus der kognitiven Reflexion über das gerade Geschehene zu wechseln. Dieser Wechsel ist für das therapeutische Arbeiten unverzichtbar. Der Patient kann gleichzeitig seine eigenen Notizen machen. Sonst wird Therapie zu einem Agieren, das zwar willkommene kathartische Effekte erzielt. Diese Katharsis ist aber ein Ventil, das den Status quo erträglich macht und dadurch die Motivation zur Änderung und Entwicklung verhindert. Ich habe aus didaktischen Gründen das Formblatt für das Therapieprotokollheft in Tabelle 29 detailliert gestaltet, um die Aufmerksamkeit des Therapeuten, dem die differenzierte Rückschau auf eine Therapiestunde ungewohnt ist, auf einige sonst übersehene Aspekte zu lenken. Dieses Formblatt ist nicht als Routineprotokoll konzipiert.
Im Therapieprotokollheft (VDS 11) werden nur die ersten vier Therapiestunden so ausführlich protokolliert. Auf der Rückseite ist jeweils Platz für freie Aufzeichnungen. Die Formblätter für die weiteren Sitzungen sind so einfach gestaltet, daß sie sich für die Routine des Therapiealltags eignen. Sie enthalten kleinere Varianten mit wechselnden Hinweisen zur Berücksichtigung des Beziehungsaspektes, der Ausschöpfung weiterer Ressourcen des Patienten, der Wahrnehmung bisher unbemerkt gebliebener Blockaden, dem Umgang mit Rückfällen, der Vorbereitung des Therapieendes und der Zeit nach der Therapie, des Abschiednehmens, der Rückfallprophylaxe und der Rückschau auf die Therapie. Begleitend werden im letzten Therapieabschnitt für die Zeit zwischen den Therapiestunden konkrete Ablösungs- und Verselbständigungsschritte des Patienten angeregt. Die Formblätter „**Protokoll der .... Therapiesitzung**“ sind im Therapieprotokollheft (VDS11) abgedruckt. .

Die gelben Zwischenblätter im Therapieprotokollheft dienen dem Protokoll der Supervisionssitzung. Nur während der Weiterbildung wird nach jeder vierten Therapiestunde eine **Supervision** durchgeführt. Es lohnt sich aber auch **nach Abschluß der Weiterbildung** mindestens einmal für einen Therapiefall eine Supervisionsstunde zu nehmen, bei schwierigen Fällen öfter.

Die ersten 15 Seiten des Therapieprotokollheftes enthalten einen Strategieteil, der die Befunde, Diagnosen, die ersten Auswertungsergebnisse der Fragebögen (auf Symptomebene, psychosozialer Ebene und Persönlichkeitsebene) sowie den in diesem Buch dargestellten und diskutierten Ablauf der Verhaltens- und Bedingungsanalyse, der Zielanalyse und der Therapieplanung wiedergibt.

Der dritte Teil des Therapieprotokollheftes beinhaltet Angaben zur Therapieevaluation, unter anderem ein Verlaufsdiagramm der Fragebogendaten, Katamneseprotokoll und Verlaufs- und Abschlußbericht.

Wer als Kurzzeittherapeut eine eigene differenzierte Selbstorganisation hat, benötigt solche Leitplanken nicht. Sie hindern ihn ähnlich, wie im bereits zitierten Beispiel des Radfahrenlernens die Stützräder bald hinderlich sind. Sie werden nur solange, wie dringend benötigt, verwendet. Ich empfehle, zwei bis drei Therapien mit Hilfe des Therapieprotokollheftes zu dokumentieren und zu reflektieren. Die Fremdbestimmung durch das Therapieprotokollheft kann dazu verleiten, lieber keine Organisation als eine fremdbestimmte Organisation zu haben. In der Kurzzeittherapie ist jedoch eine differenzierte Selbstorganisation unverzichtbar. Jeder kann sie auf seine Weise erarbeiten. In der eigenen Ausbildung wurde sie nicht erworben. Die eigene Bequemlichkeit verhinderte eine freiwillige Selbstorganisation und nimmt es auch nicht tragisch, wenn 25 Prozent der Therapiesitzungen konzeptionslos „ausgesessen" werden. Wenn ich auch noch die Evaluation meiner Therapie weglasse, so muß ich mir nicht einmal eingestehen, daß die Zielerreichung in Relation zur Zahl der verbrauchten Therapiestunden sehr bescheiden ist. Es kann sein, daß meine Therapieerfolge überwiegend von denjenigen Patienten herkommen, die von selbst die Initiative ergreifen und die ihre Therapie so gut wie selbst durchführen, ohne daß ich wirklich therapeutische Arbeit leisten mußte.

Die Klagen des Therapeuten über die fehlenden Aktivitäten und Änderungsbemühungen des Patienten zwischen den Therapiesitzungen weisen nicht selten auf seine eigene bequeme Passivität hin. Es sei dem Therapeuten zugute gehalten, daß diese Art der Kausalattribution ihn vor Depression und Burn out schützt. In der Kurzzeittherapie ist es jedoch Aufgabe des Therapeuten, in jeder Therapiestunde aktiv den Anreiz für die anstehende Entwicklung des Patienten zu geben. Findet zwischen den Therapiesitzungen keine Entwicklung statt, so hat der Therapeut in der vorausgegangenen Stunde zu wenig Anreiz hierzu gegeben oder auf eine falsche Weise. Da bei der Kurzzeittherapie **jede Therapiestunde auf Tonband aufgezeichnet wird**, beginnt die Fehlersuche beim Anhören der Tonbandaufzeichnungen der letzten Sitzung. Dies gibt Aufschluß zum Beispiel über ein Verharren auf der konkreten Handlungsebene oder auf freiem kognitivem „Reden über ...“ bei Vernachlässigen der Vergegenwärtigung der schützenden Funktion der Blockaden etc.

Zusammenfassend kann das Therapieprotokollheft als Formulierung des konzeptionellen Rahmens einer strategischen Kurzzeittherapie betrachtet werden. Jeder Therapeut kann jeden Schritt auf seine Weise anders machen. Aber er kann keinen der Schritte auslassen. Diese Schritte definieren strategische Kurzzeittherapie, wobei deren inhaltliche Gestaltung noch offen bleibt.

D) DURCHFÜHRUNG DER STRATEGISCHEN KURZZEITTHERAPIE (SKT)

Eine aus der affektiv-kognitiven Entwicklungstheorie psychischer Störungen abgeleitete strategische Kurzzeittherapie hat mit variabler Zahl der Therapiestunden etwa die in Tabelle 30 beschriebene Themenabfolge. Auch die Reihenfolge der Themen kann variieren. So beginnt zum Beispiel eine Angsttherapie moglichst fruh mit dem „Lernen mit der Angst umzugehen" beginnen. Eine Depressionstherapie wird die durch neue Aktivitäten gemachten „neuen Erfahrungen" relativ früh ermöglichen. Und bei einer Zwangsbehandlung wird alles viermal solange dauern.

Die Themen wurden in diesem Buch ausführlich untersucht und diskutiert. Wir haben also die Therapie während der Lektüre schon einmal von der strategischen Seite der Hintergrundsbetrachtungen her ablaufen sehen. In der praktischen Durchführung begegnen sich jedoch zwei Menschen mit ihrer je eigenen Persönlichkeit und Biographie und in ihrem jeweiligen momentanen Lebenskontext. Ein Therapeut, der sich gerade in Scheidung befindet, ist ein völlig anderer als jener, der soeben geheiratet hat. Also werden zwei grundverschiedene Therapien resultieren. Vielleicht befinden sich beide in einem solchen Ausnahmezustand, daß sie ihre Therapie besser unter vorübergehender Supervision durchführen sollten.

Tabelle 30: Durchführung der Strategischen Kurzzeittherapie SKT

Stunde	Thema der Therapiestunde	bis zur nächstenStunde macht der Patient ...
1. Stunde	Erstgespräch	Symptomfragebögen
2. Stunde	Befunderhebung(Symptome/Syndrom) und Diagnosestellung (ICD10 oder DSM-III-R)	Anamnesefragebogen VDS1
3. Stunde	Anamneseerhebung	Bedürfnisfragebogen
4. Stunde	Nachexploration	Gefühlfragebogen
5. Stunde	Gemeinsame Analyse der Störungs-bedingungen (Funktion des Symptoms)	Entwicklungsfragebogen Persönlichkeitslisten
6. Stunde	Entwicklungs- und Persönlichkeitsdiagnostik (Phase, Überlebensregel, Verhaltensstereotyp)	Beziehungsfragebogen
7. Stunde	Beziehungsdiagnostik: Rekonstruktion der subjektiven Konstruktionen	Zielliste
8. Stunde	Zielanalyse und Lösungswege suchen (mit dem Problemlöseparadigma)	Liste regeressiver Ziele
9. Stunde	Widerstandsanalyse (regressive Ziele und das Dilemma)	hört Tonbandprotokoll der bisherigen Stunden
10. Stunde	Die Entscheidung	hört von nun an Tonband-
11. Stunde	Loslassen und Abschiednehmen - Trauern	protokoll der letzten Stunde
12. Stunde	Angst vor Veränderung - Ich stelle mich der Angst und den Gefahren	täglich 2 Stunden das Neue tun
13. Stunde	Die neuen Erfahrungen	täglich 3 Stunden das Neue
14. Stunde	Ich entwickle mich	tun
15. Stunde	Dabei bleiben	täglich 4 Stunden das Neue
16. Stunde	Niederlagen machen wehrhaft	tun
17. Stunde	Das neue Selbst und die neue Welt	täglich 6 Stunden das Neue
18. Stunde	Neue Beziehungen beginnen	tun
19. Stunde	Neue Beziehungen aufbauen	täglich 8 Stunden das Neue
20. Stunde	Neue Beziehungen gestalten	tun
21. Stunde	Nach dem Überleben kommt das Leben	Symptomfragebögen
22. Stunde	Die Therapie geht zu Ende - Evalution	Bedürfnis/Gefühlfragebögen
23. Stunde	Die Therapie geht zu Ende - wie geht's weiter?	Persönlichkeitslisten
24. Stunde	Die Therapie geht zu Ende - Abschied, Trauer	die nächsten Entwicklungs-
25. Stunde	Die Therapie ist beendet - die SELBST- Ent-wicklung beginnt	projekte planen

Der Therapeut, die Therapeutin

Da ich mit obiger Überschrift erstmals in diesem Buch auf die sprachliche Verkürzung des weiblichen gegenüber dem männlichen Geschlecht eingehe, möchte ich meine Formulierung „der Patient“ und „der Therapeut“ hier kurz begründen. Ich muß zugeben, daß meine Abneigung gegen die Verballhornungen der Sprache durch Zwitterbildungen wie „TherapeutIn“ oder „Therapeut(in)“ oder „Therapeut/in“ eine subjektive Bevorzugung von Muttersprache gegenüber Mutters Geschlecht zu sein scheint. Auch die neuerdings immer wieder gefundene gegenteilige Verkürzung, wenn nur noch „die Therapeutin“ existiert, irritiert mich besonders dann, wenn der Autor ein Mann ist. Für eine Autorin ist es vielleicht die derzeit beste Lösung dieses Problems. Es mag eine Selbstlüge sein, wenn ich behaupte, daß Begriffe wie „der Patient“ oder „der Therapeut“ für mich ebenso eine Geschlechts-Leerformel ist, wie „der Mensch“, ein abstraktes, geschlechtsunbestimmtes (nicht geschlechtsloses) Wesen, das erst durch die leibhafte Konkretisierung einer real existierenden Person zur Frau oder zum Mann wird. Ich betrachte dies jedoch als meine in Entwicklung befindliche subjektive Konstruktion der Welt der Geschlechter.

Therapeuten, die eine Kurzzeittherapie durchführen wollen, müssen für ihre eigene Person obige Themen gründlich geklärt haben. Die Selbsterfahrung in der Verhaltenstherapieweiterbildung leistet dies nur im Ausnahmefall. Also bleibt die Selbstanalyse und die Selbstmodifikation, genauer: die **Selbstentwicklung**. Ich bevorzuge diesen Ausdruck vor Kanfers Begriff des Selbstmanagements (Kanfer et al. 1990), der im wesentlichen dasselbe meint. Allerdings führt der Begriff „Selbstmanagement“ leicht zu der Illusion, daß dieser Vorgang Sache der willkürlichen Psyche sei, d.h. daß es darum gehe, so viel wie möglich bewußt intendierten Verhaltens herzustellen, um eine weitgehend bewußte Steuerungsmöglichkeit über die eigenen Reaktionen zu haben. Der Begriff **„Selbstentwicklung“** geht dagegen von einer dem Menschen innewohnenden natürlichen Tendenz zur Weiterentwicklung auch im Erwachsenenalter aus, d.h. das ganze Leben hindurch. Zudem gesteht es der autonomen Psyche des Menschen zu, diese Entwicklung zu vollziehen, während die willkürliche Psyche, lediglich entwicklungshemmende Unternehmungen und Barrieren reduzieren und entwicklungsfördernde Unternehmungen realisieren soll, d.h. lediglich eine Moderatorfunktion haben kann.

Wenn wir nach diesen Überlegungen vom **autonomen Menschen** sprechen, so erhält der Begriff „autonom“ eine doppelte Bedeutung. Der autonome Mensch hat sich einerseits von den Abhängigkeiten seiner Kindheit befreit. Wenn dies gelungen ist, so versucht seine autonome Psyche andererseits auch nicht mehr, diesen alten Abhängigkeiten gerecht zu werden. Bis dahin hatte sie stets versucht eine „abhängige“ Homöostase anzustellen (der Welt muß genüge getan werden) - auf Kosten der individuellen Homöostase (dem Selbst muß genüge getan werden). Frei von diesen Abhängigkeiten kann sich nun eine „autonome“ Homöostase einstellen, die sich im Sinne Kegans (1986) in der Bezogenheit auf die soziale Welt zu einer „überindividuellen“ Homöostase entwickeln kann. Die autonome Psyche ist jetzt im doppelten Sinne autonom. Sie ist frei - für Beziehungen.

Da kaum ein Therapeut diese überindividuelle Entwicklungsstufe ganz erreicht hat, ist es für jede Psychotherapie sehr wichtig, daß er seinen Entwicklungsstand kennt und weiß, welchen Einfluß dieser auf Patienten verschiedener Entwicklungsstufen haben wird und welche spezifischen Therapieprobleme jeweils zu erwarten sind. Er wird einem Patienten kaum weiter helfen können, als er selbst ist. Dabei kann es durchaus reichen, wenn ich selbst in Entwicklung bin (und nicht stagniere) und dem Patienten dazu verhelfe, einer zu werden, der dabei ist (und hoffentlich dabei bleibt) sich zu entwickeln.

Der Patient, die Patientin

Die **Therapeutenwahl** unserer Patienten findet auf die gleiche Weise statt wie die Partnerwahl. Hier wie dort wählen manche gar nicht, sondern werden geschickt und ausgewählt. Wenn nicht gerade ein schweres akutes Syndrom den Patienten an den erstbesten therapeutischen Helfer fesselt, ist dies bereits ein Diagnostikum, das freilich nur aus der „Vogelperspektive“ wahrgenommen werden könnte. Die meisten Psychotherapeuten machen sich keine Gedanken über die vom Patienten angestellten Vergleiche. Würden sie das tun, dann wüßten sie eher, was der Patient eigentlich von ihnen erwartet. Sie würden allerdings auch nicht so naiv in die Verliebtheitsphase der Therapie hineinschlittern. Es lohnt sich deshalb, sich die Frage zu stellen, wem von den primären Bezugspersonen der Kindheit der Therapeut am ehesten ähnelt bzw. zu welchem von beiden er am ehesten der Antityp ist (der ideale Vater oder die ideale Mutter). Dieser Wahlmodus darf nicht mit Übertragung verwechselt werden, denn es geht um die reale Person des Therapeuten, um seine Persönlichkeit. Eine Übertragung oder Übertragungsneurose im Sinne der Psychoanalyse entsteht

erst dann, wenn emotionale Reaktionen des Patienten nicht auf die vorhandenen, sondern auf die projektiv wahrgenommenen Eigenschaften oder Handlungstendenzen des Therapeuten hin erfolgen. Insofern müssen wir das „Auserwählte“ vom „Übertragenen“ unterscheiden. Mit beiden muß völlig anders umgegangen werden. Die Übertragung bedarf der Akkommodation des Patienten, das Auserwählte bedarf der Akkommodation des Therapeuten. Insofern ist sowohl die Frage zu stellen:
„Welche Bedeutung hat mein Persönlichkeitstyp für meinen Patienten und dessen Therapie?“,
als auch die Frage:
„Welche Bedeutung hat meine Biographie für mein Verständnis des Patienten und für seine Biographie?“
Auch eine dritte Frage sollte gestellt werden:
„Welche Bedeutung hat dieser Patient mit seiner Biographie für den Therapeuten und seine Biographie?“

Mit der Therapeutenwahl betreibt der Patient bereits eine diagnostisch wichtige, subjektive Konstruktion, eine direkte Objektivierung seiner Subjektivität, einen Schritt zur Self-fullfilling prophecy. Oder einen Reparaturversuch, der, wenn der Therapeut die daraus entstehende therapeutische Aufgabe nicht erkennt und löst, wie andere bisherige Reparaturversuche scheitern wird und damit erneut eine Self-fullfilling prophecy heraufbeschwört oder, anders ausgedrückt, zum Wiederholungszwang wird.

Bereits im **Erstgespräch** sollten die Wahrnehmungen des Therapeuten auf diese Aspekte gerichtet sein. Diese sind nicht kognitiv erschließbar, nur affektiv spürbar. Beziehung ist nie kognitiv - sie ist stets emotional. Insofern ist **Beziehung** das sich zwischen zwei Menschen einstellende emotionale **interaktionelle Verhaltensstereotyp**. Wenn wir der autonomen Psyche eines Menschen die Fähigkeit zusprechen, unter Umgehung der bewußten Wahrnehmungen der willkürlichen Psyche das persönliche Verhaltensstereotyp des Gegenübers ganzheitlich zu erfassen und darüber hinaus auch Vorhersagen über dessen interaktionelles Verhaltensstereotyp (dessen Beziehungsmodi) zu machen, so nähern wir uns einer Erklärung der Treffsicherheit der Partnerwahl und der Therapeutenwahl. In Bezug auf die Partnerwahl kennen wir genügend eindrückliche, dramatische Fallbeispiele, die diese Fähigkeit begründen. Auch bezüglich der Therapeutenwahl sollten wir solange davon ausgehen, bis das Gegenteil bewiesen wurde.

Erste Stunde: das Erstgespräch

Die erste Begegnung zwischen Patient und Therapeut dient dem gegenseitigen Kennenlernen. Dem Patienten wird durch eine kaum strukturierte Gesprächsführung ausreichend Raum gegeben, sich und seine Beschwerden auf seine Weise darzustellen und von sich aus Beiträge zum Inhalt und zur Art des Gesprächs zu bringen. Die Fremd- und Selbstwahrnehmung des Therapeuten liefert diesem eine Fülle von Information, die zu Hypothesen über den Patienten führen. Diese Hypothesen bilden den Inhalt der zweiten Hälfte des Erstgesprächs - neben dem Versuch, die Auslösesituation und die Symptombildung zu verstehen (Sulz 1987).

Bis zur zweiten Stunde füllt der Patient zuhause einen Symptomfragebogen (vgl. Sulz 1992 a) und Fragebögen zu seinem Verhalten in Problemsituationen (z.B. U-Fragebogen oder EMI von Ullrich und Ullrich (1979)) aus. Er wird auch gebeten, Aufzeichnungen bezüglich seines Symptoms und dessen situativen Bedingungen zu machen.

Zweite Stunde: Befunderhebung und Diagnosenstellung

In der zweiten Stunde zeigt sich der Patient oft von einer anderen Seite, so daß wiederum Fremd- und Selbstwahrnehmung des Therapeuten wichtige ergänzende Informationen bringen.

Der psychische Befund wird in dieser Stunde vervollständigt. Manche Therapeuten führen die Befunderhebung mit Hilfe eines standardisierten Interviews, wie dem SKID (Wittchen et al. 1990), durch.

Wer den Befund frei erhebt, kann den VDS-Befund (VDS 14) zur Hilfestellung benutzen. Er ist eine übersichtliche Erinnerungshilfe, welche Symptome bei welchem psychopathologischen oder Somatisierungs-Syndrom zu erwarten sind und wie gefragt werden kann, um das Vorhandensein eines bestimmten Symptoms zu explorieren. Ein einfaches „ja" des Patienten auf die Frage reicht nicht aus. Er wird gebeten, das Symptom näher zu beschreiben, bis der Untersucher sich überzeugen kann, daß das betreffende Symptom wirklich vorhanden ist (Tabelle 31).

Tabelle 31: **Erhebung des sychischen/psychosomatischen Befundes(Beispiel)** Patient: *Herr Römer.*

VDS 14: Psychischer/psychosomatischer Befund:
Der Patient/die Patientin leidet unter einem *depressiven* **Syndrom**
mit (Aufzählung aller **Symptome**, die zu diesem Syndrom gehören und vom Untersucher mit ja beantwortet wurden)
Niedergeschlagenheit.., *Hoffnungslosigkeit..*, *Insuffizienzgefühlen.*, Erschöpfbarkeit..,
Schuldgefühlen.., *innerer Unruhe..*, *verlangsamtem Denken..*, und *Siuzidgedanken..*
Er/sie leidet außerdem unter einem ....**-Syndrom**
mit (Aufzählung aller **Symptome**, die zu diesem Syndrom gehören und vom Untersucher mit ja beantwortet wurden)
............................, ..., ..., ...,
............................, und ....
Außerdem leidet er/sie unter (Aufzählung weiterer wichtiger Symptome)
............................, ..., ..., und ....
Es bestehen **keine** *wahnhaften bzw. halluzinatorischen Symptome*..
(z.B. keine Symptome, die auf ein paranoid-halluzinatorisches, chronisch oder akut hirnorganisches oder ein manisches Syndrom hinweisen würden).

Es besteht ein Hinweis auf eine Persönlichkeitsstörung (aus diesem Symptom-Fragebogen nicht hervorgehend!) **ja/nein** (nein eingekreist)
ggf: Es besteht eine .... Persönlichkeitsstörung mit ....(Eigenschaften, Verhaltensweisen).

Zusammenfassende Syndrom-Diagnose: | **Welches Familienmitglied hatte ein.....**

(....)	Es besteht ein paranoid-halluzinatorisches Syndrom	seit .../19..		Wer?....................Wann?..........
(....)	Es besteht ein manisches Syndrom	seit .../19..		Wer?....................Wann?..........
(....)	Es besteht ein chronisches hirnorganisches Syndrom	seit .../19..		Wer?....................Wann?..........
(....)	Es besteht ein akutes hirnorganisches Syndrom	seit .../19..		Wer?....................Wann?..........
(.**X**.)	Es besteht ein depressives Syndrom	seit .8/1993	primär/sekundär? (primär unterstrichen)	Wer?....................Wann?..........
(....)	Es besteht ein Angst-Syndrom	seit .../19..	primär/sekundär?	Wer?....................Wann?..........
(....)	Es besteht ein aggressives Syndrom	seit .../19..		Wer?....................Wann?..........
(....)	Es besteht eine Sexualstörung	seit .../19..	primär/sekundär?	Wer?....................Wann?..........
(....)	Es besteht ein Zwangs-Syndrom	seit .../19..		Wer?....................Wann?..........
(.**X**.)	Es besteht eine stoffliche Abhängigkeit bzw. Mißbrauch (Mißbrauch unterstrichen)	seit .1/1993		Wer?......................Wann?..........
(....)	Es besteht eine Eßstörung	seit .../19..		Wer?....................Wann?..........
(....)	Es besteht ein Tic oder Stottern	seit .../19..		Wer?....................Wann?..........
(....)	Es besteht ein Schmerz-Syndrom	seit .../19..		Wer?..*Mutter*.........Wann?*seit 1989*
(....)	Es besteht ein Somatisierungs-Syndrom (incl. Konversions- und hypochondr. Syndrom)	seit .../19..		Wer?..*Vater*..........Wann?*seit 1957*
(....)	Es besteht Hinweis auf ein ....-Syndrom	seit .../19..	primär/sekundär?	Wer?....................Wann?..........

Datum: *12.1.94* Unterschrift: *S.Schneider* (Name *S. Schneider*...................)

1. Fortsetzung Tab. 31: Erhebung des sychischen/psychosomatischen Befundes(Beispiel)

40.	niedergeschlagen	Ich fühle mich traurig und niedergeschlagen	ja/nein
41.	hoffnungslos	Haben Sie die Hoffnung verloren?	ja/nein
42.	Insuffiziengefühl	Glauben Sie, daß Sie zu den für Sie wichtigen Tätigkeiten nicht in der Lage sind?	ja/nein
43.	Selbstabwertung	Halten Sie sich für unwert, weniger wert als andere Menschen?	ja/nein
44.	erschöpfbar	Erschöpfen Sie Tätigkeiten des normalen Alltags viel schneller als früher?	ja/nein
45.	Interessenverlust	Haben Sie das Interesse an vielen Dingen verloren?	ja/nein
46.	Selbstvorwürfe	Machen Sie sich wiederholt Vorwürfe und quälen Sie diese Vorwürfe?	ja/nein
47.	Schuldgefühle	Haben Sie das Gefühl, sich schuldig gemacht zu haben?	ja/nein
48.	innere Unruhe	Fühlen Sie sich innerlich unruhig?	ja/nein
49.	Jammern Arzt:	Der Pat. wendet sich mit Klagen und Jammern an den Therapeuten, so daß dieser kaum in der Lage ist über ein anderes Thema mit dem Patienten zu reden	ja/nein
50.	Denken verlangs.	Geht Ihr Denken langsamer und schwerer voran als früher?	ja/nein
51.	Grübeln	Grübeln Sie mehr als Sie wollen, so daß Sie sich anderen weniger zuwenden können?	ja/nein
52.	Schlafstörungen	Können Sie schlecht einschlafen/durchschlafen/wachen Sie sehr früh auf?	ja/nein
53.	Schlafstör.welche	Welche der angegebenen Schlafstörungen haben Sie	....?
54.	Tagesschwank.	Ist Ihre Stimmung zu bestimmten Tageszeiten schlechter (z.B. morgens oder abends)?	ja/nein
55.	Suizidgedanken	Denken Sie daran, sich das Leben zu nehmen?	ja/nein
56.	Suizidtendenzen	Haben Sie manchmal konkret vor, sich das Leben zu nehmen?	ja/nein
57.	Suizidversuche	Haben Sie kürzlich versucht, sich das Leben zu nehmen?	ja/nein
58.	Suizidvers. wie?	Was haben Sie konkret getan?	?

Besteht ein depressives Syndrom? **ja/nein**

2. Fortsetzung Tab. 31: Erhebung des sychischen/psychosomatischen Befundes(Beispiel)

78.	aggressiv	Reagieren Sie wütender, zorniger, sarkastischer als früher?	ja/nein
79.	aggr.Impulsstörg.	Können Sie Wut/Aggression nicht kontrollieren (aggr. Ausbrüche, Handgreiflichkeit)	ja/nein
80.	Selbstbeschädig.	Verletzen Sie sich in letzter Zeit fahrlässig oder absichtlich selbst?	ja/nein
		Besteht ein aggressives Syndrom?	**ja/nein**
81.	Sexual. vermind.	Hat Ihr sexuelles Interesse deutlich nachgelassen?	ja/nein
82.	Sexual. störg.	Leiden Sie unter einer spezifischen sexuellen Störung?	ja/nein
83.	Sex.störg. welche?	Welche Störung?Inwiefern ist Ihre Sexualität gestört?..?	
		Besteht eine Sexualstörung?	**ja/nein**
84.	Zwänge	Leiden Sie unter Zwängen wie Kontrollieren, Ordnen, Putzen, Waschen, Zählen, Wiederholen oder anderen Zwängen (Ich mach das ohne es zu wollen und ohne daß jemand mich zwingt)	ja/nein
85.	Zwänge welche?	Welche Zwänge haben Sie...?	
		Besteht ein Zwangs-Syndrom?	**ja/nein**
86.	Alkoh.mißbrauch	Trinken Sie viel alkoholische Getränke?	ja/nein
87.	Alk. wieviel?	Wieviel Alkohol pro Tag: *4*.Bier,..........Wein,............Schnaps,..........Sonstiges?	
88.	Alk. wann?	Wann trinken Sie Alkohol...........*abends, damit die Unruhe besser wird*...............?	
89.	Alk.situation	In welchen Situationen trinken Sie....*nur nach der Arbeit zu Hause*.......?	
90.	Suchtmittelmißbr	Verwenden Sie Schlaf-, Beruhigungs-, Schmerz-, Aufputsch- oder andere Mittel, die süchtig machen können, ohne ärztliche Verordnung?	ja/nein
91.	Suchtm.welche?	Welche Suchtmittel nehmen Sie...?	
92.	Suchtm.wieviel?	Wieviel Suchtmittel nehmen Sie...?	
93.	Entzugssymptome	Kommt es bei einer Unterbrechung der Einnahme von Suchtmitteln zu Entzugserscheinungen, so daß Sie möglichst schnell das Getränk/Mittel wieder zu sich nehmen müssen?	ja/nein
		Besteht eine stoffliche Abhängigkeit oder ein Suchtmittel-Mißbrauch?	**ja/nein**

Tabelle 31 zeigt Ausschnitte aus dem VDS-Befund (Symptomliste) mit einem Beispiel. In psychiatrischer Tradition wird nach der Befunderhebung auf Symptomebene eine vorläufige **Syndromdiagnose** gestellt, zum Beispiel depressives Syndrom oder Angstsyndrom. Diese beschreibt zusammenfassend den klinischen Aspekt der Störung des Patienten. Diese Art des diagnostischen Vorgehens mit einem ersten Urteil, welches Syndrom der Patient überhaupt aufweist, hat gegenüber standardisierten Vorgehen den Vorteil, daß die nachfolgende klassifikatorische Diagnose ohne Scheuklappen der Detailbetrachtung des Nonstop-Algorithmus erfolgt. Anschließend können zum Beispiel aus der **Münchner-Diagnosen-Checkliste MDCL** (Hiller et al. 1990) die für das gefundene Syndrom in Frage kommenden ICD-10 (Dilling et al. 1991) oder DSM-III-R (Wittchen et al. 1991) Diagnoselisten im Sinne einer diagnostischen Klassifikation und Differentialdiagnose selektiv herangezogen werden.

Manche Psychotherapeuten neigen dazu, dem Symptom zu wenig Bedeutung beizumessen. Ja oft wird sogar zur Symptomorientierung abwertend Stellung genommen. Symptomorientiert wird mit oberflächlich, unwirksam gleichgesetzt und einer kausalen, wirklich wirksamen Therapie gegenüber gestellt. In den Betrachtungen der kausalen Kette spielt dann bald das Symptom keine Rolle mehr, d.h. daß vom Symptom abstrahiert und auch nur noch der Mensch, der irgendeine psychische Störung entwickelte, gesehen wird. Dies bedeutet, daß die Ursache des Symptoms und die Pathogenese gar nicht mehr interessiert. Es wird von der Hypothese ausgegangen, daß ohnehin jeder Mensch jedes beliebige Symptom entwickeln kann. Hier ist zweierlei zu entgegnen. Zum einen würde uns der Patient gar nicht gegenüber sitzen, wenn er nicht ein Symptom entwickelt hätte. Zum anderen wird über dieser Einstellung versäumt, nach der individuellen **Funktion des Symptoms** zu fragen. Zwei verschiedene Symptome sind wie zwei Schlüssel zu zwei verschiedenen Schlössern, wer sie nicht als solche versteht, kann auch die Tür zum Verständnis des Patienten nicht aufschließen. Auch die Beobachtung, daß ein und dasselbe Symptom bei zwei verschiedenen Menschen unterschiedliche Funktion haben kann, widerlegt nicht die spezifische Schlüsselfunktion des einzelnen Symptoms bei einem Menschen.

Wir können darüber hinaus sagen, daß das Symptom der **Beziehungsstifter** zwischen Patient und Therapeut ist. Der Patient geht zum Therapeuten eine Beziehung nur ein, weil er sich daraus Symptomlinderung erhofft. Eine durch die Krankenkasse bezahlte Psychotherapie hat als erste Aufgabe die Behandlung des aktuellen Krankheitsgeschehens. Eine persönliche Disposition mit den zugrunde liegenden habituellen emotionalen, kognitiven und Handlungstendenzen ist in diesem

Sinne keine Krankheit. Sie zu behandeln liegt im Interesse der Krankenkasse nur dann, wenn sonst die Gesundung nicht anhalten würde.

Der Patient erhält nach dieser Stunde den Patienten-Anamnesefragebogen VDS 1, um ihn bis zur nächsten Therapiestunde auszufüllen. Er wird gebeten, fünf Tage lang abends eine Stunde dafür zu reservieren - seine erste aktive Mitarbeit, die in ähnlichem Umfang die ganze Therapie über von ihm erwartet wird.

Dritte und vierte Stunde: Anamneseerhebung

Wenn der Patient den ausgefüllten Anamnesefragebogen mitbringt, werden mit ihm die wichtigen Aspekte seiner Biographie anhand seiner Angaben im Fragebogen durchgesprochen. Abildung 15 gibt einen Überblick über die im Anamnesebogen erfaßten biographischen Aspekte. Insbesondere werden die affektiven Bedeutungen der Erlebnisse seiner Lebensgeschichte erfragt und die emotionalen Beziehungen zu den Bezugspersonen. Ziel dieser Nachexploration (siehe auch den Leitfaden zur Nachexploration VDS 3) ist es, die notwendigen Informationen zu sammeln, um ein erstes hypothetisches, individuelles Störungsmodell skizzieren zu können. Dabei werden gezielte Fragen bezüglich aller oben ausführlich diskutierten Bestimmungsstücke der affektiv-kognitiven Entwicklungstheorie gestellt. Dem Patienten wird bis zum nächsten Mal der Bedürfnisfragebogen (siehe Tabelle 32) und ein Gefühlsfragebogen (siehe Tabelle A2) zum Ausfüllen mit nach Hause gegeben.

Abbildung 15:
Diagramm der Anamnese (Lebens- und Krankheitsgeschichte)

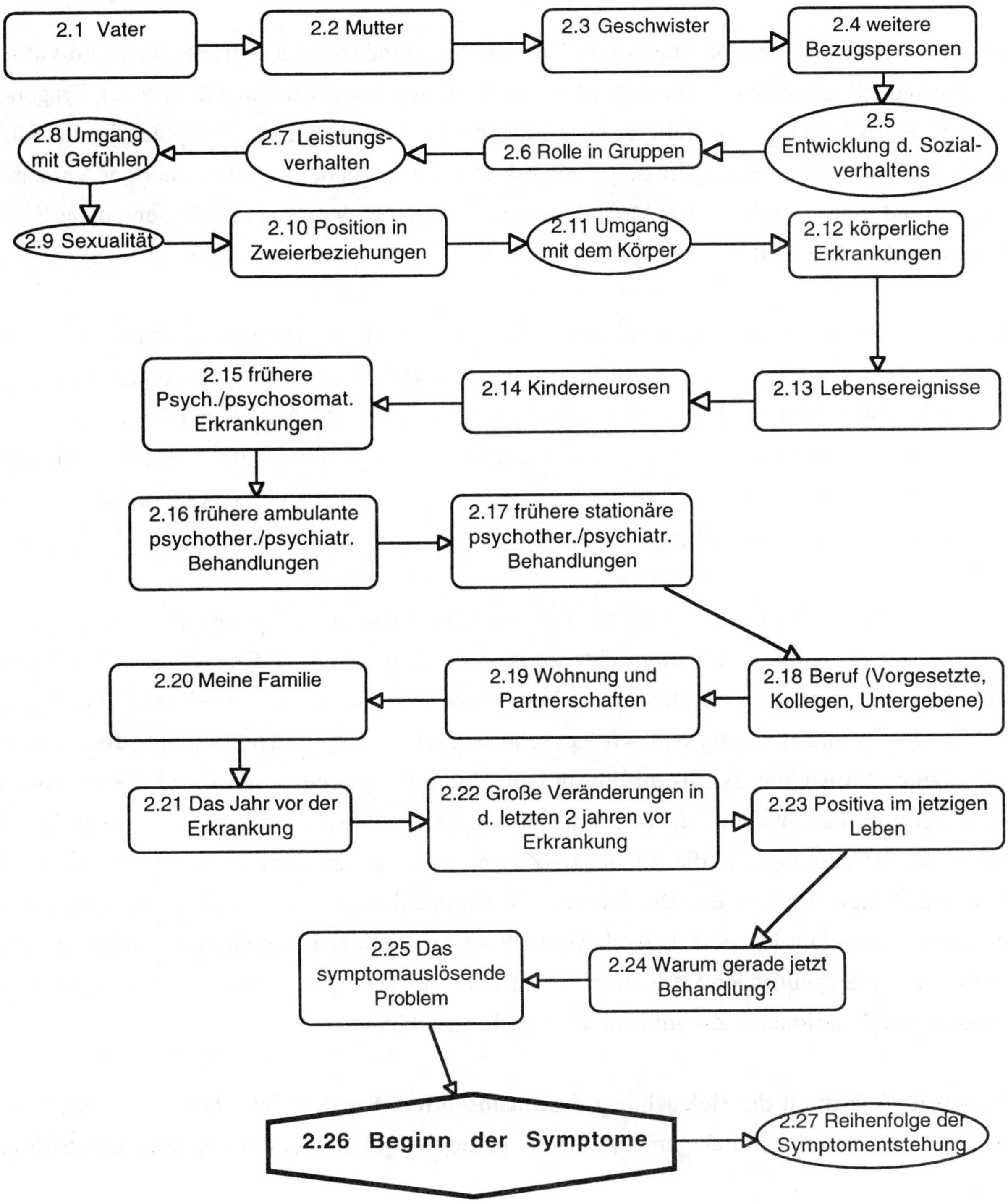

Fünfte Stunde: gemeinsame Bedingungsanalyse

Vermutlich hatte der Therapeut bereits nach der vierten Stunde ein ihn überzeugendes individuelles Störungsmodell gefunden. Dem Patienten wurde dieses bereits durch die Art der Fragen des Therapeuten nahegelegt. Insofern ist er auf das bedingungsanalytische Gespräch in der fünften Stunde vorbereitet. Der Therapeut trägt, halb sokratisch erfragend, halb sein bisheriges Verständnis ausdrückend, sein hypothetisches Modell vor und füllt **gemeinsam** mit dem Patienten das **SORK-Schema** auf Makro- und Mikroebene aus.

Dabei wird klar ausgesprochen, wo sich die Sichtweisen von Patient und Therapeut nicht treffen, so daß kein Überstülpen eines Schemas erfolgt. Trotzdem verleiht der Therapeut seiner Überzeugung Ausdruck, daß er das erarbeitete Störungsmodell für eine gute Arbeitsgrundlage der weiteren Betrachtungen ansieht und als solche verwenden möchte. Schließlich bittet er den Patienten, noch einmal in eigenen Worten seine momentane Sichtweise einerseits und das erarbeitete Störungsmodell andererseits zu formulieren.

In dieser Stunde muß noch einmal überprüft werden, wann das jetzige Syndrom wirklich begann. Es interessiert zwar, ob das Symptom eine zu diesem Zeitpunkt völlig neuartige Schöpfung des Patienten ist, oder ob es in abgeschwächter Form vor fünf oder zehn Jahren schon einmal vorübergehend auftrat. Auch wenn es früher schon aufgetreten ist, wird nun wichtig, **den Zeitpunkt der jetzigen klinischen Syndrombildung** gemeinsam festzulegen. Dabei sind die anfänglichen Nennungen des Patienten mehrfach zu hinterfragen. Es scheint nämlich, daß es für einige Patienten von großer Bedeutung ist, die zeitlichen Zusammenhänge zu „verschleiern", da sie kausale Zusammenhänge implizieren. Die kausalen Zusammenhänge verraten aber die Funktion des Symptoms und gefährden diese dadurch. Deshalb hat das alleinige Erarbeiten der zeitlichen Abfolge bereits einen therapeutischen Stellenwert, selbst wenn der Therapeut sich mit dem Aussprechen der kausalen und funktionalen Zusammenhänge noch zurückhält.

Der zweite Schritt ist die Beleuchtung des **auslösenden Aspekts** der jetzigen Lebenssituation. Zunächst wird noch einmal gemeinsam die pathogene Lebensgestaltung und die pathogene

Tabelle 32: SKT- Bedürfnis-Fragebogen

BEDÜRFNIS	Ist IHNEN dieses Bedürfnis heute WICHTIG?	War es in Ihrer Kindheit BEFRIEDIGT?
Versuchen Sie bei der Beantwortung, nicht von Ihren Überlegungen auszugehen, sondern auf Ihre Gefühle zu achten.	0=gar nicht 3=deutlich 1=kaum 4=sehr 2=etwas 5=extrem	0=gar nicht 3=deutlich 1=kaum 4=sehr 2=etwas 5=extrem
Willkommen sein, dazu gehören	0 1 2 3 4 5	0 1 2 3 4 5
Geborgenheit, Wärme	0 1 2 3 4 5	0 1 2 3 4 5
Schutz, Sicherheit, Zuverlässigkeit	0 1 2 3 4 5	0 1 2 3 4 5
Liebe erhalten	0 1 2 3 4 5	0 1 2 3 4 5
Aufmerksamkeit, Beachtung	0 1 2 3 4 5	0 1 2 3 4 5
Empathie, Verständnis	0 1 2 3 4 5	0 1 2 3 4 5
Wertschätzung, Bewunderung, Lob	0 1 2 3 4 5	0 1 2 3 4 5
Selbst machen, selbst können (Selbsteffizienz)	0 1 2 3 4 5	0 1 2 3 4 5
Selbstbestimmung, Freiraum	0 1 2 3 4 5	0 1 2 3 4 5
Grenzen gesetzt, Normen vermittelt	0 1 2 3 4 5	0 1 2 3 4 5
Gefordert, gefördert werden	0 1 2 3 4 5	0 1 2 3 4 5
Idealisierung, ein Vorbild haben	0 1 2 3 4 5	0 1 2 3 4 5
Intimität, Hingabe, Erotik	0 1 2 3 4 5	0 1 2 3 4 5
ein Gegenüber (Beziehung), Liebe geben	0 1 2 3 4 5	0 1 2 3 4 5

Welches Bedürfnis war i.d.Kindheit das wichtigste von allen? Nr. ....
Welches war das wichtigste von Nr. 1 bis 7? Nr. .....
welches war das wichtigste von Nr. 8 bis 14? Nr. .....

Beziehungsgestaltung betrachtet. Dann wird das Hinführen beider zur „Sollbruchstelle“ der Symptombildung klar herausgearbeitet. Wie reagierte der Patient in dieser Situation? Und noch wichtiger: was unterließ er zu tun? Welche **Konsequenzen** hätte er befürchtet, wenn er das Unterlassene getan hätte? Welche Veränderung hat er vermieden und was ist der Vorteil der Nichtveränderung?

Zuhause füllt der Patient Entwicklungsfragebögen und die Persönlichkeitsskalen aus. Letztere hatte er in der Regel bereits im Anamnesefragebogen ausgefüllt. Er soll darüber hinaus bei jedem Vorkommen des Symptoms die Funktion des Symptoms mit Hilfe des Mikro-SORK-Schemas bedenken. Jeden Abend soll er sich das SORK-Störungsmodell auf Makroebene durchlesen und vergegenwärtigen.

Sechste Stunde: Entwicklungs- und Persönlichkeitsdiagnostik

Ziel dieser Therapiestunde ist es, die sich aus den bisherigen Informationen ergebenden Hypothesen zum Entwicklungsstand und zur Persönlichkeit des Patienten durch weiteres Erfragen von Erleben und Verhalten in typischen Alltagssituationen und in Problemsituationen zu prüfen. Gemeinsam mit der siebten Stunde entspricht dies einer vertikalen Verhaltensanalyse nach Grawe (Caspar und Grawe, 1982). Abbildung 16 zeigt ein Beispiel einer vertikalen Verhaltensanalyse.Die schließlich formulierte **Überlebensregel** weist einerseits auf die Entwicklungsstufe des Patienten hin und andererseits auf sein dysfunktionales Verhaltensstereotyp (Persönlichkeitstypus).
Diese Überlebensregel ist zugleich die innere Weichenstellung zur Symptombildung. Sie gebietet ein Verharren in den alten dysfunktionalen Verhaltensstereotypien, die jedoch zur Lösung des aktuellen Lebensproblems untauglich sind. Wenn bestätigt werden kann, daß die gefundene Überlebensregel tatsächlich das in der symptomauslösenden Situation entscheidende Verbot bewirkt, so spricht dies für ihre Wirksamkeit in der psychosozialen Homöostase des Patienten.

Die Überlebensregel läßt sich gemeinsam mit dem Patienten mit Hilfe von Abbildung 17 gut erarbeiten. Zuvor ist es sinnvoll, ihn nach fünf Eigenschaften als Kind und fünf Eigenschaften als Erwachsener vor der Erkrankung zu fragen. Oft sind die neuen erwachsenen Eigenschaften keine eigentliche Weiterentwicklung, sondern Elaborationen der kindlichen Bewältigungsstrategien, so daß die Überlebensregel für beide gilt.

Abbildung 16:
Vertikale Verhaltensanalyse - Beispiel einer Patientin mit dependenten, selbstunsicheren und zwanghaften Verhaltensstereotypien

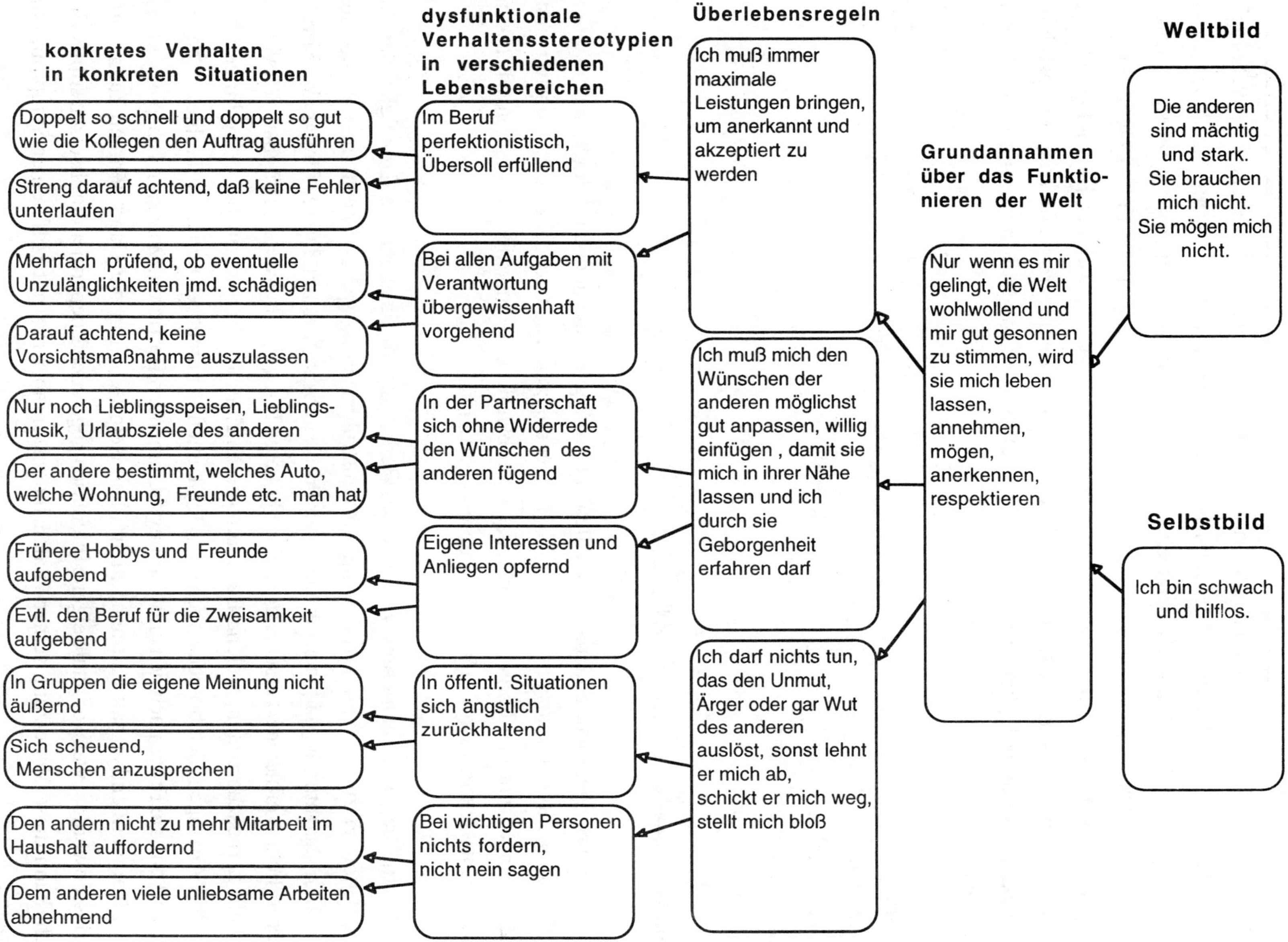

Was in der kognitiven Entwicklungstheorie die Überlebensregel, ist in der Tiefenpsychologie der unbewußte Konflikt. Allerdings gehen wir davon aus, daß das **Dilemma** des Patienten in der symptomauslösenden Situation bewußtseinsfähig ist und wir greifen auch nicht auf ein umfassendes psychoanalytisches Theoriengebäude zurück. Die affektiv-kognitive Entwicklungstheorie legt nahe, daß sich in der symptomauslösenden Situation zeigt, auf welcher Entwicklungsstufe der Patient verharrt. Zur Problemlösung müßten ihm die Errungenschaften der nächst höheren Entwicklungsstufe verfügbar sein. Eine einfache Hilfe zur **Entwicklungsdiagnose** sind folgende Vorgaben:

Ich bin .....
Ich brauche .....
Ich kann schon ....
Ich brauche nicht mehr ....
Ich kann noch nicht ....
Ich fürchte ...
Mein Dilemma ist : entweder... oder ...

Wenn wir das eigentliche adäquate Verhalten zur Problemlösung dem tatsächlich in der symptomauslösenden Situation ausgeübten Verhalten gegenüberstellen und dabei den Konflikt und die Befürchtungen vor den Folgen des adäquaten Problemlösens einbeziehen, können wir erkennen **welche Entwicklungsstufe noch nicht erreicht wurde**.

Dies ist für die Zielformulierung von zentraler Bedeutung, da die Therapie darauf abzielen sollte, dem Patienten zu einer affektiv-kognitiven Umstrukturierung seines Selbst- und Weltbildes zu verhelfen, das ihm das adäquate Verhalten zur Problemlösung erlaubt. Dieses für das akute Problem erforderliche Verhalten ist erst auf der nächst höheren Entwicklungsstufe verfügbar. Wir versuchen deshalb herauszuarbeiten, welche Barrieren diesen Entwicklungsschritt bisher verhindert haben. Die drei Aussagen „Ich brauche noch ...“, „Ich kann noch nicht ...“ und „Ich fürchte ...“ geben die Antwort auf die Frage nach den entwicklungshemmenden Barrieren. Wer zum Beispiel Geborgenheit für unverzichtbar hält und noch nicht allein sein Leben in die Hand nehmen kann, fürchtet Verlassenwerden, wenn er vitale eigene Interessen gegen den Ehepartner durchsetzen sollte. Er gibt nach, kann diese Verletzung seiner vitalen Interessen aber nur mit Hilfe einer Symptombildung ertragen.

Abbildung 17: Die dysfunktionale Überlebensregel finden

SELBST-BILD:

(als Kind):
Ich brauche einerseits
(Abhängigkeitsbedürfnisse):

....

....

und ich brauche andererseits
(Autonomiebedürfnisse):

....

....

aber ich kann (noch) nicht:

....

....

Ich bin einerseits (schon):

....

Ich bin andererseits (noch):

....

WELT-BILD:

(Eltern, Familie):

Von Vater bekomme ich ***..

nur wenn ich *..

Von Mutter bekomme ich ***..

nur wenn ich *..

Vater reagierte auf *..

mit ***..

Er reagiert dagegen auf **..

mit ****..

Mutter reagierte auf *..

mit ***..

Sie reagiert dagegen auf **..

mit ****..

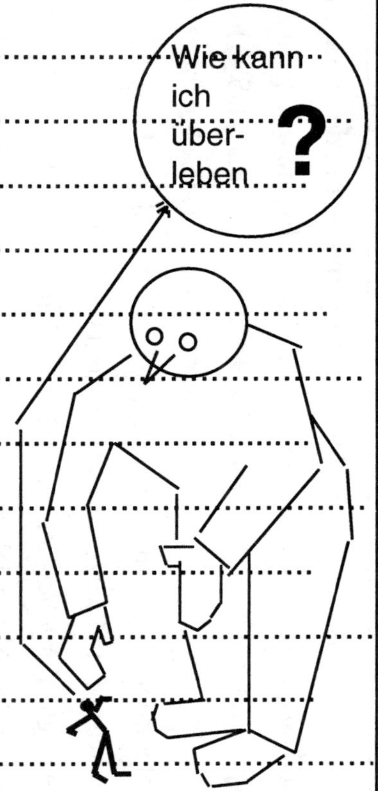

ÜBERLEBENSREGEL:

Nur wenn ich immer ....(Gebotenes, nützliches Verhalten*

und wenn ich niemals ....,(Tabuisiertes, verbotenes Verhalten*

bewahre ich mir ....(Befriedigung meiner zentralen Bedürfnisse***

und verhindere ich, daß ....!(Überlebensgefährdende Bedrohung****

Neben der Bestimmung des Entwicklungsstandes bzw. der Übergangsphase, mit der die symptomauslösende Situation gleichgesetzt werden kann, ist eine **Persönlichkeitsdiagnostik**, zum Beispiel mit Hilfe der VDS-Persönlichkeitsskalen (in den Anamnesefragebögen VDS 1 bis VDS 4) hilfreich. Die durch sie gefundenen dysfunktionalen Verhaltensstereotypien lassen sich ebenfalls auf eine dysfunktionale Überlebensregel zurückführen, die die wesentliche Entwicklungsbarriere darstellt. Wir können durch sie verstehen, warum und wozu die Lebens- und Beziehungsgestaltung pathogen wurde. Das oben mit Beispiel gezeigte Vorgehen der vertikalen Verhaltensanalyse kann zur Prüfung des Ausmaßes der Durchdringung des Alltagslebens und Alltagsverhaltens mit dysfunktionalen Verhaltensregeln dienen. Damit ist auch eine Prüfung der Handlungsrelevanz des gefundenen Persönlichkeitstypus möglich.

Bis zur nächsten Sitzung erhält der Patient die Aufgabe, seine gegenwärtigen Beziehungen auf je einer DIN-A-4-Seite zu beschreiben und dazu je eine konkrete Situation zu beschreiben, die typisch für die Beziehung ist.

Siebte Stunde: Beziehungsdiagnostik - Rekonstruktion der subjektiven Konstruktionen

Die oben beschriebenen Beziehungstypen geben ein grobes Raster für die Beziehungsdiagnostik. Sie entspricht nicht notwendigerweise der Entwicklungs- und Persönlichkeitsdiagnostik, da sich in der psychosozialen Homöostase des Familiensystems ein eigenes Gleichgewicht einstellen kann, das sich vom Entwicklungsniveau der individuellen Homöostase unterscheidet - und zwar nach oben und nach unten verschoben. Hat sich in der Partnerschaft ein höheres Entwicklungsniveau eingestellt als beim Individuum, so liegt in Bezug auf das Individuum eine Pseudoentwicklung vor, denn als Einzelperson ohne Partner könnte dieses Niveau nicht eingehalten werden. Meist finden sich jedoch Menschen, die das gleiche Entwicklungsniveau haben, allerdings meist komplementäre Rollen einnehmen, etwa in der Ausgestaltung einer Kollusion (Willi, 1981). Wir lassen uns vom Patienten die gewöhnlichen und außergewöhnlichen Interaktionen in seinen zentralen Beziehungen ausführlich schildern und versuchen, allmählich eine eigene Phantasie dieser Beziehung zu entfalten. Die so gebildete Hypothese des Niveaus der Beziehungsgestaltung prüfen wir durch Fragen nach weiteren Beispielen und Gegenbeispielen. Die Interaktionsregel, die das emotionale Überleben **in der** Beziehung und zugleich das Überleben **der** Beziehung gewährleisten soll, definiert zugleich die Störung der Beziehung und weist uns auf das Ziel der Behandlung hin. Es gibt kaum einen Patienten,

der seine zentralen Beziehungen zu seiner Zufriedenheit gestalten kann. Diese Aussage trifft zu, wenn wir auch die beruflichen Beziehungen als zentral bezeichnen, etwa zum Vorgesetzten, zu den ständigen Mitarbeitern oder zu den Untergebenen. Mit dem in Tabelle 33 abgedruckten Fragebogen kann als Wahrnehmungsübung die Bedeutung der wichtigen Beziehungen erarbeitet werden.
Eine gemeinsame Rekonstruktion der subjektiven Wirklichkeit der Beziehungen erarbeitet die Subjektivität dieser Wirklichkeit. Aus der Schilderung des Patienten rekonstruiert der Therapeut für sich die Beziehungswirklichkeit des Patienten. Der Vergleich seiner Rekonstruktion mit der ursprünglichen Konstruktion des Patienten ergibt die Subjektivität des Patienten, zum Beispiel daß der Chef absichtlich einen strengen Vorgesetzten eingesetzt hat, nur um den Patienten zu schikanieren. Oder die Überzeugung, daß die Ehepartnerin ganz gut ohne den Patienten auskommt und er ihr nur im Wege steht. Die in dieser Therapiesitzung durchgeführte Beziehungsdiagnostik ist zugleich ein Versuch, die subjektive Beziehungswirklichkeit zur Beziehungshypothese umzudefinieren und empirische Überprüfungen dieser Hypothese nach Beck (siehe Wright und Beck 1986) in operationalisierter Form zu formulieren, zum Beispiel: „Wenn ich meinem Mann sage, daß ich nicht mehr bereit bin, seine abwertenden Äußerungen hinzunehmen und mir diese für die Zukunft verbitte, wird seine Reaktion entweder sein, daß er mich verläßt (Hypothese) oder er ist verwirrt über meine Entschiedenheit und wird sich darauf besinnen, daß er mich doch braucht (ein erster Schritt zur Falsifizierung der Hypothese)".

Die empirische Hypothesenprüfung verändert nicht nur das Selbst- und Weltbild des Patienten und damit die subjektive Beziehungswirklichkeit, sondern schafft auch eine wirklichere Beziehung.

Tabelle 33: Fragebogen - emotionales Erleben wichtiger Beziehungen

Hier geht es darum, die Bedeutung der Beziehung zu den drei wichtigsten Menschen in Ihrem gegenwärtigen Leben (dazu kann auch ein Vorgesetzter oder Kollege gehören, weil mit diesen die meiste Zeit verbracht wird) zu erfassen, z.B. die Bedürfnisse, die der andere befriedigen soll, die Ängste, die mit ihm und der Beziehung verbunden sind . Dabei sollen, während der Vergegenwärtigung der Beziehung zum anderen, in der Wahrnehmung der eigenen Gefühle bleibend, folgende Sätze ergänzt werden:

1. Person (Wer ist das? ....)
Ich fühle in mir ....
Ich brauche von dir ....
Ich fürchte von dir ....
Ich will von dir nicht ....
Ich mag an dir nicht ....
Ich mag an dir ....
Du bist für mich ....

2. Person (Wer ist das? ....)
Ich fühle in mir ....
Ich brauche von dir ....
Ich fürchte von dir ....
Ich will von dir nicht ....
Ich mag an dir nicht ....
Ich mag an dir ....
Du bist für mich ....

3. Person (Wer ist das? ....)
Ich fühle in mir ....
Ich brauche von dir ....
Ich fürchte von dir ....
Ich will von dir nicht ....
Ich mag an dir nicht ....
Ich mag an dir ....
Du bist für mich ....

Achte Stunde: Zielanalyse

In den bisherigen Stunden sind die Therapieziele bezüglich der Änderung der Störungsbedingungen, der notwendigen Weiterentwicklung der Persönlichkeit und der Beziehungen schon deutlich geworden. Insofern liegt der Schwerpunkt dieser achten Therapiesitzung nicht auf der Zielfindung, sondern auf der Operationalisierung der Ziele. Wie im Problemlöseprozeß (vgl. Sulz 1987) werden zunächst im Sinne eines „Brainstorming" alle Ziele gesammelt, die dem Patienten überhaupt einfallen, auch Lebensziele. Der Therapeut fügt einige hinzu, bietet Umformulierungen an, die näher am Verständnis des Problems liegen, aber zugleich das affektive Anliegen des Patienten ausdrücken.

Schließlich wird der Patient gebeten, für jedes Ziel die Vor- und Nachteile zu nennen. Wieder fügt der Therapeut diejenigen hinzu, die seinem Verständnis nach vergessen wurden, aber wichtig sind. Der Patient soll nun versuchen, sich die Zielerreichung mit den jeweiligen Vor- und Nachteilen vorzustellen, eventuell als **Imagination** mit geschlossenen Augen, und die Gefühle erspüren, die dabei auftreten. Dabei wird so mancher Vorteil zum Nachteil oder er wird bedeutungslos. Die Gefühle, die bei den Nachteilen entstehen, werden in der nächsten Therapiestunde wichtige Indikatoren für Art und Ausmaß der gegen das Therapieziel gerichteten Motivation, d.h. Indikatoren für den Widerstand des Patienten gegen eine gezielte Veränderung des Ist-Zustandes ergeben. Einige vom Patienten genannte Ziele (bzw. die vom Therapeuten hinzugefügten „Abhängigkeits-" Ziele) werden als **regressive Ziele** benannt. Sie werden in der nächsten Stunde zum Thema gemacht.

Wer die therapeutische Intervention des planerischen Problemlösens kennt, weiß, daß diese Zielanalyse pure Therapie ist. Dabei kommt dem **Entscheidungsprozeß** des Patienten eine große Bedeutung zu. Kann er sich für die progressiven Ziele wirklich „von Herzen" entscheiden? Kann er auf die regressiven Ziele, wenn auch schweren Herzens, verzichten? Wenn die bisherigen Betrachtungen nicht in reinen Kognitionen steckenblieben, sondern die affektive Bedeutung der Zielentscheidungen erspürt und gefühlt werden konnten, so ist damit die Prognose der Therapie schon offengelegt.

Es folgt ein Brainstorming der möglichen Lösungswege zu jedem verbliebenen Ziel und wieder wird versucht, durch Imagination die affektive Bedeutung der einzelnen Lösungswege bewußt zu machen, ihre Vor- und Nachteile zu antizipieren und sich für einige zu entscheiden und das Streichen der anderen zu begründen.

Aufgabe des Therapeuten ist die eines Wegbegleiters auf einem schwierigen Pfad, der dem Patienten hilft, den nächsten kognitiven oder den nächsten affektiven Schritt zu tun und darauf zu achten, daß dabei „fest aufgetreten" wird. Das bedeutet, daß die Entscheidung zu diesem Schritt zwar schwerfallen mag, daß sie aber wirklich und ganz getan wird und nicht wieder gleich relativiert oder halb zurückgenommen wird. Der Patient wird nicht zu diesen Schritten ermuntern. Der Therapeut ist in diesem Moment **nicht** zielorientiert. Er hilft dem Patienten lediglich, seine Aufmerksamkeit auf das jeweils Wichtige zu lenken, auch auf das, was ihn abhält, sein Ziel erreichen zu wollen oder diesen ausgewählten Weg wirklich gehen zu wollen. Je mehr der Problemlöseprozeß mit Ziel- und Wegfindung und -entscheidung vom Therapeuten forciert wird, um so mehr Widerstand wird er an dieser Stelle in die kommende Therapie selbst „einbauen".

Eine Kurzzeittherapie kann nur diejenigen Ziele erreichen, für die der Patient sich selbst entschieden hat. Natürlich hat der Therapeut seine eigenen Zielvorstellungen miteingebracht, so daß das Ergebnis bereits der gemeinsame Nenner von Patient und Therapeut ist.

Neunte Stunde: Widerstandsanalyse (regressive Ziele, das Dilemma)

Obwohl der Patient bereits bei der Zielanalyse die Nachteile der Zielerreichung und die Nachteile des ausgewählten Lösungsweges bedacht und auch emotional vergegenwärtigt hat, ist es notwendig noch einmal all das gründlich zu analysieren, was ihn in seinem bisherigen Leben davon abgehalten hat, den anstehenden Entwicklungsschritt zu tun. Denn dieser wäre ja schon als Kind - vor Jahrzehnten - zeitgemäß gewesen.

Also beginnt noch einmal eine biographische Rückschau, ein Erinnern an das Kind von zum Beispiel vier Jahren, seine damalige Lebenssituation. Der Therapeut versucht, den Patienten ganz in die Empathie zu diesem Kind hineinzubewegen, dessen Bedürfnisse, dessen Frustration, seine Gefühle, seine wehrhaften Handlungsimpulse, seine Ängste und Schuldgefühle und schließlich seine damalige Kapitulation. Als Kind war der Befreiungsdruck vielleicht ebenso groß wie heute. Aber damals war die Abhängigkeit real. Diese eindeutige Chancenlosigkeit, zusammen mit dem kindlichen

Lebensplan, auf alle Fälle einigermaßen heil durch die Kindheit zu kommen, erklärt, weshalb damals Resignation auftrat und nicht Symptombildung. Die autonome Psyche des Kindes entschied damals, daß die für seine Kindheit lebensnotwendige elterliche Versorgung nur durch ein einigermaßen gedeihliches Klima zu gewährleisten ist.

Die Aussage „Ich brauchte damals von meinen Eltern doch noch..." beschreibt das kindliche Selbstbild. Der Patient kann nun nachspüren, wieviel davon er auch heute noch braucht (ganz gleich, welche Ziele er sich in der letzten Stunde gesetzt hatte). Gemeinsam mit dem Therapeuten sammelt er nun all das, **was er am liebsten behalten würde und ohne das er sich noch nicht vorstellen kann, leben zu können**. Diese Güter und Gratifikationen der Abhängigkeit müssen möglichst deutlich herausgearbeitet werden, ihre affektive Bedeutung ganz ausführlich erspürt und das Wohltuende an ihnen noch einmal gekostet werden. Und Patient und Therapeut müssen beide **akzeptieren, daß diese Bedürfnisse jetzt noch so stark da sind**.

Darauf schwenkt der Scheinwerfer der Aufmerksamkeit auf die Ziele, die in der letzten Stunde erarbeitet wurden. Dadurch wird der Patient sich seines Dilemmas bewußt. Er kann versuchen, diesen **doppelten Annäherungs-Vermeidungs-Konflikt** (Miller, 1944) aufleben zu lassen, nicht mehr aus der Perspektive dessen, der ihm ohnmächtig ausgeliefert ist, hin und her gerissen, entscheidungsunfähig. Sondern aus der Perspektive dessen, der sich auf den Weg machen möchte. Ein wichtiges Kriterium des Entwicklungszustandes eines Menschen ist seine Fähigkeit, bewußt Ambivalenz wahrzunehmen. Und ein weiteres Kriterium ist die Fähigkeit, sie zusätzlich emotional zu ertragen, d.h. sie solange mit den zugehörigen Gefühlen im Bewußtsein zu lassen, bis ein bewußter konstruktiver Lösungsweg gefunden wurde. Die Therapiestunde zeigt deutlich den Entwicklungsstand des Patienten in dieser Hinsicht. Ist seine Ambivalenztoleranz zu niedrig, so wird er sich sträuben, sein Dilemma in seiner ganzen affektiven Bedeutung, selbst im schützenden Rahmen dieser kognitiven Gesprächsführung, ausgiebig genug wahrzunehmen.

Er wird entweder vorschnell auf Zielvorschläge des Therapeuten eingehen oder die affektive Bedeutung von sich fernhalten und nur zu kognitiven Abwägungen kommen.

Gelang es dem Patienten die affektive Bedeutung der angestrebten therapeutischen Entwicklung in vollem Ausmaß zu thematisieren, so wird noch einmal versucht, Empathie und **Akzeptanz für das bisherige Sträuben** gegen Veränderung herzustellen. Diese Seite im Patienten ist nicht der Gegner des Therapeuten (der Widerständler) und auch nicht der Gegner des Patienten (die unfähige Seite), sondern ein liebens- und schätzenswerter Mensch, der es sich nicht leicht gemacht hat und der die äußerst schwierigen Lebensbedingungen der Kindheit und Jugend auf bestmögliche Weise gemeistert hat: Therapeut und Patient versuchen, von Anfang an den Widerstand als **die dritte Person in der Therapiesitzung** miteinzubeziehen, bei allen Entscheidungen zu berücksichtigen und, wie bei der Hypnotherapie, Verhandlungen mit ihr zu führen.

Bis zur nächsten Stunde soll der Patient versuchen, täglich das Tonbandprotokoll dieser Stunde abzuhören, sich dabei emotional sein Dilemma zu vergegenwärtigen und eine empathische und akzeptierende Haltung zu dieser „dritten Person" zu finden.

Zehnte Stunde: Die Entscheidung

Es mag zu aufwendig erscheinen in einem Problemlöseprozeß, der eigentlich schon am Ende der achten Stunde abgehandelt erschien, eine neunte, eine zehnte, eine elfte und eine zwölfte Therapiestunde hinzuzufügen. Sie dient dazu, die in den ersten acht Stunden bei vielen Patienten überwiegend kognitiven Bedeutungen ihres Selbst- und Weltbildes, ihrer Überlebensregel und ihrer Dilemmas und seiner Symptombildung durch deren affektive Bedeutungen zu ergänzen. Im Idealfall werden beide zu affektiv-kognitiven Bedeutungen integriert. Dies setzt voraus, daß der Patient im Kontext der therapeutischen Betrachtungen Ambivalenztoleranz aufbringen kann, also einen Entwicklungsschritt in Hinsicht auf die Bedeutungsentwicklung tun kann. Deshalb liegt auch in dieser zehnten Therapiestunde der Schwerpunkt auf dem **Vergegenwärtigen der affektiven Bedeutung der Entscheidung** für das Therapieziel und für den Lösungsweg. Es ist der Vorteil des kognitiven Ansatzes, die zur Kindheit gegenteiligen Vorzeichen zu schaffen. In der Kindheit fehlte, mangels kognitiver Reifung des Kindes, der kognitive Rahmen, der eine weniger bedrohliche Betrachtung der affektiven Bedeutungen ermöglicht hätte und durch den erst eine Integration von kognitiver und affektiver Bedeutung zur affektiv-kognitiven Struktur möglich gewesen wäre.

Noch einmal werden die Ziele und Lösungswege mit ihren Vor- und Nachteilen klar formuliert. Die Bedenken und Ängste der dritten Person werden wieder „gehört" und wieder „verstanden". Die Entscheidungen werden nun so formuliert, daß die Person angesichts der zuverlässigen Zusammenarbeit mit ihren beiden anderen Gesprächspartnern bereit sein kann, diese Entscheidungen mitzutragen. Die Entscheidung für den therapeutischen Weg soll eine Konzeption skizzieren, die sich am „schwächsten Glied“ orientiert, so daß dessen Mühe, mitzukommen und dessen Fehlschläge nicht zu neuen Insuffizienzerfahrungen führen. Vielmehr ist jeder seiner Schritte als ein Zeichen wachsender Selbsteffizienz zu bewerten.

Erst wenn auch diese dritte Person, das noch in Entwicklung befindliche Kind, sich entschieden hat, ist eine Entscheidung für den therapeutischen Weg gefallen. Ergebnis wird sein, daß dieser Weg die **Therapie als Entwicklung dieses Kindes** definiert.

Beim Patienten ergibt sich nach einer so getroffenen Entscheidung eine deutliche Änderung seines Gefühlszustandes, oft einer Mischung aus befreitem, frohem Aufatmen und aufgeregtem Empfinden.

Die Entscheidung hat **Vertragscharakter** und ist verbindlich für alle drei Seiten. Insbesondere haben auch die Zugeständnisse gegenüber der dritten Person bzw. gegenüber dem sich entwickelnden Kind vertragliche Verbindlichkeit, die immer wieder hervorgehoben werden muß. Am besten ist es, diese Zugeständnisse schriftlich festzuhalten (Tabelle 34), denn sie bestimmen das Ausmaß der Angst vor Veränderung.

Zwischen den Sitzungen hört der Patient täglich das Tonbandprotokoll dieser Therapiestunden, liest die vertraglichen Vereinbarungen durch und erklärt sich selbst gegenüber, daß er eine Entscheidung gefällt hat und zu dieser Entscheidung stehen wird.

Tabelle 34: Meine Entwicklungs-Arbeit in der Zeit vom .... bis zum ....
Mein **Gesamt-Ziel** (z.B. das Gegenteil des Gebots meiner Überlebensregel):
Mein **konkretes Nah-Ziel** (künftig auf welche Weise zu handeln?):
In welcher häufigen und wichtigen **Situation**, die von mir bewußt herstellbar ist?
Wie oft pro Tag werde ich obige Situation herstellen (3-5 x oder 2x oder 1x(mindestens!)? **Wann** am jeweiligen Tag (Uhrzeit)? Bei welcher Gelegenheit, **wo?** **Wie** genau werde ich die Situation herstellen?
Wie werde ich verhindern, daß ich kneife (**meiner Vermeidung entgegensteuern**)? Welche **Belohnung** gebe ich mir fürs Tun? Welche (sehr **unangenehme) Ersatzleistung** erbringe ich fürs Nicht-Tun (z.B. für jeden Tag ohne Übung DM 100.- an die mir unangenehmste Partei spenden)?
Mit wem schließe ich einen entsprechenden **Vertrag** ab (Gruppenmitglied, ein Freund/eine Freundin, Therapeut)? Wann und wie oft gebe ich ihm/ihr **Zwischenmeldung** (telefonisch, brieflich, persönlich)? Hiermit **versichere ich**, daß ich obige Entwicklungsarbeit wie angegeben durchführen werde und daß ich mich an die darin festgelegten Abmachungen halten werde. Datum: Unterschrift:

Elfte Stunde: Loslassen und Abschied nehmen - Trauern

Mit einer Entscheidung ist es nicht getan, auch wenn sie die eigentliche Weichenstellung darstellt. Die Entscheidung bedeutet Abschied von vielem, was zu den guten Seiten der Kindheit gehörte und was im Erwachsenenalter bewahrt oder bekommen werden sollte.
Jetzt, nachdem die Entscheidung gefallen ist, das Schiff gerade dabei ist, sich vom alten Ufer zu lösen, müssen die Taue, die es festgehalten haben, losgebunden und losgelassen werden. Während sich das Schiff vom Ufer entfernt, ist der Blick zurück ein Abschied nehmen - für immer. Die Endgültigkeit des Abschieds bezieht sich nur auf genau dieses Ufer - das alte Entwicklungsgleichgewicht des Selbst und der Welt. Dies wird im Erleben oft damit verwechselt, nie wieder an einem Ufer landen zu können, nie wieder festen Boden unter den Füßen zu bekommen.

Abschied - loslassen - trauern, diese Schrittabfolge ist nur möglich, wenn **ich weiß, daß ich überleben werde**, daß ich lebensfähig bin - daß ich den Verlust dessen, wovon ich mich verabschiede, verkraften werde.

Nur dann kann Überlebensangst in Trauer übergehen.

Aufgrund der Entwicklungsschritte in der bisherigen Therapie sollte der Patient jetzt im Besitz dieses Wissens sein. In der Therapiestunde kann die **Imagination** des Schiffes, mit dem der Patient sich vom Ufer entfernt und von dem aus er das Ufer entschwinden sieht, immer kleiner, immer ferner werden, bis es am Horizont verschwunden ist, diesen Vorgang affektiv erlebbar machen. Ohne solche affektiven Vergegenwärtigungen ist der Abschied kein Abschied und es wird doch weiter emotional am Alten festgehalten. Kognitive Umstrukturierungen bleiben „im Kopf", ohne Bedeutung für die künftige Lebensgestaltung. Ohne Loslassen ist Trauer nicht abschließbar, wird sie immer wiederkehren, um wie die Schallplatte mit dem Kratzer an der gleichen Stelle hängen zu bleiben. Das Trauern wird dem Patienten dadurch erleichtert, daß er sich möglichst intensiv an das Gute, Wohltuende, Wertvolle, bisher so sehr Gewünschte und scheinbar Gebrauchte erinnert. Das **Weinen** um das Verlorene löst auch die bisher festgehaltenen Gefühle und schafft mit den wieder verfügbaren Gefühlen den Zugang zu den zugehörigen Handlungsimpulsen, die von nun an erlaubt sind und zum aktiven Verhaltensrepertoire gehören dürfen. Der Patient hat im Umgang mit der Welt neue Wahlmöglichkeiten (Wippich und Sulz, 1986).

Bis zur nächsten Sitzung hört der Patient das Tonbandprotokoll dieser Sitzung und versucht diese Schritte in seinen Gefühlen so zu reaktivieren, daß jeden Tag Abschied, Loslassen und Trauern stattfindet.

Zwölfte Stunde: Angst vor Veränderungen - ich stelle mich der Angst und den Gefahren

Ist der Abschied abgeschlossen, wendet sich der Blick und das Gefühl ab von der Stelle des Horizonts, an der das alte Ufer verschwunden ist. Die Aufmerksamkeit richtet sich auf den eigenen Zustand der Veränderung - das alte Selbst und die alte Welt sind verloren, das neue Selbst formt sich und die neue Welt kommt bald in Sicht: eine Überfahrt, ein Übergang zum neuen Selbst-Welt-Gleichgewicht. Die Aufregung wird zur Angst, die im therapeutischen Kontext zur bewältigbaren Furcht wird. Hier ist von therapeutischer Seite aus eine Mischung von Unterstützung (für die dritte Person, das sich entwickelnde Kind) und Überlassen von Selbstverantwortung (für den erwachsenen Menschen) notwendig. Während der Patient bisher nur schwer Empathie für das Kind aufbringen konnte, nimmt er nun ganz dessen Perspektive ein und tut sich schwer, den erwachsenen Menschen in sich zu spüren. Er will diese Position am liebsten an den Therapeuten delegieren. Der kognitive Ansatz hilft hier, die erforderliche Struktur der Wahrnehmung und des Denkens präsent werden zu lassen, damit der Patient seine erwachsenen Ressourcen einsetzen kann. Er relativiert im Sinne eines **Entkatastrophierens** die Gefahren und Bedrohungen seiner jetzigen Veränderungsschritte. Die realistischerweise verbleibenden Risiken nimmt er bewußt in Kauf, wobei er seine eigenen Fähigkeiten diese zu bewältigen, als ausreichend einschätzt. Nachher darf der Patient nicht das Gefühl haben, daß der Schutz des Therapeuten die Angst genommen hat, bzw. daß es ohne dessen Begleitung sehr bedrohlich gewesen wäre. Bis dahin wurde eine affektive und kognitive Neueinschätzung (Lazarus, 1975) der Konsequenzen der Zielerreichung bzw. des Beschreitens des ausgewählten Weges zum Ziel erlangt.

Der nächste Schritt erfolgt analog zur **Exposition** bei der Phobiebehandlung. Er steht unter dem Vorzeichen des „Lernens mit der Angst umzugehen" (Margraf und Schneider, 1990). Das weitere Vorgehen entspricht der kognitiven Angstbewältigung, in der von Sulz (1987) vorgeschlagenen Durchführungsform:

Die Situation (beispielhaft): Ich versuche, auf dem Weg des prompten Aussprechens von Gefühlen mein Ziel einer offenen Kommunikation zu erreichen.

Mein Vorgehen:

a) Ich achte auf **frühe Angstsignale** und lerne auf diese Weise erkennen, wie bei mir eine Angstreaktion anfängt.

b) Ich **akzeptiere die Angst**, lasse sie da sein, lasse sie an mich heran. Es ist verständlich, daß anfangs noch Angst da ist.

c) Ich **entscheide mich, auf meinem Weg** zum Ziel **zu bleiben**. Ich will lernen, in meinen Entscheidungen nicht mehr der Angst zu folgen. Sondern ich will lernen, mit der Angst umzugehen.

d) **In der Situation** Selbstinstruktion nach Meichenbaum (1991):
Nachdem er mir wieder nicht zugehört hat, obwohl ich ihn um seine Aufmerksamkeit gebeten hatte, sage ich ihm jetzt, daß mich das ärgert ...

e) **Nachher** (Selbstbewertung):
Es war nicht leicht, aber ich bin dabei geblieben. Für den Anfang war das ganz gut. Wichtig war nur, daß ich es mache, nicht wie ich es mache.

Mit dem Patienten wird in der Therapiesitzung eine „Trockenübung" gemacht, die aus drei Abschnitten besteht:

1) Aufbau einer funktionalen affektiv-kognitiven Einstellung zur Situation und zum eigenen Vorhaben (a -c).
2) Rollenspiel der Situation inklusive Selbstinstruktion (d).
3) „Abbuchen" der Situationsbewältigung auf der „Haben-Seite".

Versäumt der Patient den letzten Punkt, so vermeidet er einerseits **Selbstverantwortung**, andererseits die notwendige **Selbstverstärkung**, die zum Aufbau des neuen Coping-Verhaltens erforderlich ist. Nach dieser ausführlichen Vorbesprechung kann der Patient die ersten Situationen aufsuchen, in denen er versucht, der Welt auf neue Weise zu begegnen. Es reicht, ein bis zwei Verhaltensexperimente zu vereinbaren, zum Beispiel „nein sagen, wenn ich nicht will“ oder „aussprechen, wenn mich etwas ärgert“.

Der Patient erinnert sich eher an sein Vorhaben, wenn er eine „Strichliste“ führt, in der er jedes Mal festhalten kann, wenn er es geschafft hat, nein zu sagen, zum Beispiel durch ein „N“ bzw. wenn er seinen Ärger aussprechen konnte, zum Beispiel durch ein „Ä“. Diese Strichliste könnte so aussehen:

14.11.93	N, N, Ä
15.11.93	Ä, N
16.11.93	N, N.

Da er darüber hinaus täglich das Tonbandprotokoll dieser Stunde anhört, bleibt er auf diese Weise beim Thema.

Dreizehnte Stunde: Die neuen Erfahrungen

Jeder Schritt der Zielerreichung ist ein Handeln entgegen der Überlebensregel der alten Entwicklungsstufe. Jedes Ausbleiben zum Beispiel von Verlassenwerden, Verstoßenwerden, nicht mehr geliebt werden, Kontrollverlust oder Identitätsverlust widerlegt die Vorhersage der Überlebensregel. Trotzdem bringt die Angst den Patienten wieder in die alte Perspektive, er denkt wieder wie bisher, zum Beispiel „diesmal hat er mein ungebührliches Verhalten noch durchgehen lassen, er hatte einen guten Tag. Ich bin gerade noch einmal davongekommen.“ Deshalb ist es sehr wichtig, mit dem Patienten die Erfahrungen der vergangenen Woche ausgiebig nachzubesprechen und hellhörig zu beachten, wie seine Formulierungen Rückfälle in das alte Selbst- und Weltbild sind. Er wird gebeten, diese Aussage zu wiederholen und selbst zu prüfen, welchem Selbst- und Weltbild sie entsprechen. Dann wird er gebeten, die Perspektive der neuen Selbst- und Weltsicht anzunehmen und aus dieser Sichtweise das Gesagte zu wiederholen. Hier können auch die von Brunner (1994) gemachten Vorschläge zur sprachlichen Neufassung behilflich sein.

Die Mühsal der Verhaltenstherapie besteht oft darin, daß die Patienten ihre neuen Erfahrungen in ihr altes Selbst- und Weltbild assimilieren und dadurch dauerhafte Verhaltensmodifikationen verhindern. In dieser Therapiestunde wird deshalb der notwendige zweite Bestandteil der therapeutischen Intervention durch Verhaltensänderung erarbeitet: Während das symptomatische Verhalten dazu diente, das alte Selbst- und Weltbild zu bestätigen (Assimilation), dient das therapeutisch initiierte alternative Verhalten dazu, das alte Selbst- und Weltbild zu falsifizieren und zu verändern (Akkommodation). Dies bedeutet, daß jedes Verhalten einen doppelten Effekt hat:

a) direkt motivational über seinen instrumentell erreichten Anteil (Verstärkung)
b) affektiv-kognitiv im Sinne einer Informationsverarbeitung durch Bestätigung oder Falsifizierung von affektiv-kognitiven Bedeutungsstrukturen (Assimilation in bzw. Akkommodation des Selbst- und Weltbildes).

Erst wenn wir diesem zweiten Aspekt ausreichend Beachtung schenken, werden aus neuem Verhalten und Erleben auch neue Erfahrungen. Es sei denn, ein neues Verhalten hat zu einem überwältigend neuen Erleben geführt, wie zum Beispiel die Angstexposition und die Trauerexposition. Die neuen, überaus beeindruckenden Erlebnisse sind nicht mehr in das alte Selbst- und Weltbild assimilierbar. Sie sprengen die alte subjektive Konstruktion des Selbsts und der Welt. Die in Tabelle 35 wiedergegebene Streßbewältigungsstrategie berücksichtigt beide Aspekte und ist in der Praxis sehr hilfreich, weil sie zudem den emotionalen Zugang zur Streßbewältigung mit einbezieht.

Doch auch Expositionserfahrungen bedürfen einer kognitiv-sprachlichen Nachbearbeitung. Eine Explikation der neuen subjektiven Konstruktion des Selbst- und Weltsystems erleichtert der willkürlichen Psyche künftige Eingriffe in die psychische Homöostase im Sinne einer Selbstkontrolle. Nicht wenige Patienten machen sonst eine zweifache Erfahrung: Einerseits wissen sie nun, daß sie der erlebten spezifischen Belastung standhalten können, andererseits hat doch der Therapeut als Regisseur oder gar als steuernde Hand einer Marionette sie durch die Szene geleitet. Weder die nötige Attribuierung von **Selbsteffizienz**, noch diejenige von **Selbstverantwortung**.resultiert daraus. Ein ständiges Explorieren sowohl der kognitiven, als auch der affektiven Bedeutungen verhilft zu deren Integration in ein neues stabiles affektiv-kognitives Bedeutungssystem, das weniger anfällig für Rückfälle ist.

Abbildung 18: Streßbewältigung - kognitiv, emotional, körperlich und handelnd

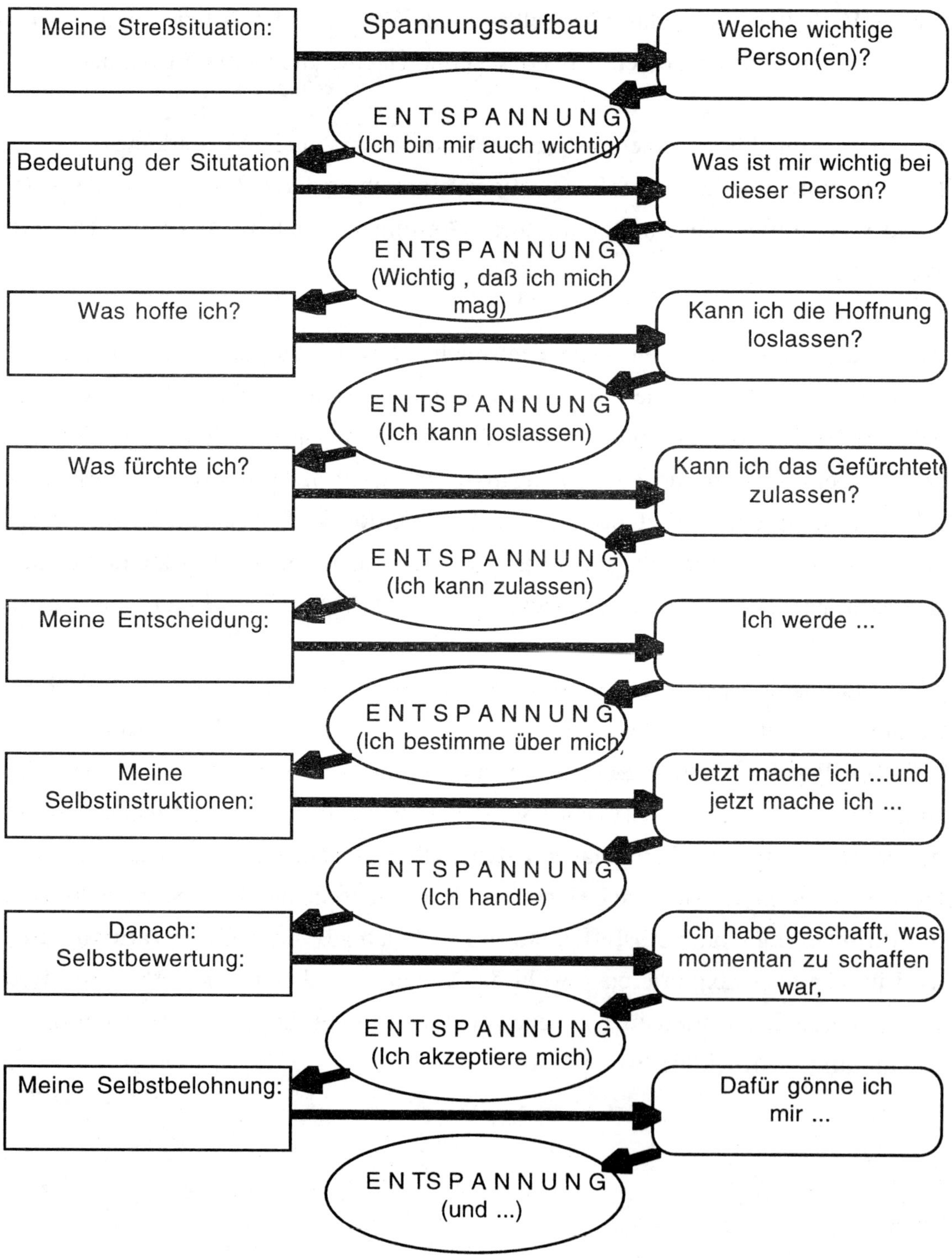

Vierzehnte und fünfzehnte Stunde: Dabei bleiben - ich entwickle mich

Der Aufbau von neuem Verhalten als Alternative zum Symptomverhalten hat natürlich nur teilweise eine mit dem Symptom identische Funktion. Er ist ein alternativer Versuch der Problemlösung und der Konfliktbewältigung, hat hierdurch also eine gleichsinnige Funktion. Er hat aber andererseits die genau gegenteilige Funktion. Im Sinne einer empirischen Hypothesenprüfung nach Beck (Wright und Beck 1986) dient er dazu, die alte dysfunktionale Überlebensregel zu falsifizieren, d.h. empirische Belege für eine neue „funktionale" Überlebensregel zu sammeln.

Da eine einzige nicht bestätigte Vorhersage der alten Überlebensregel lediglich eine Ausnahme von der weiterhin gültigen Regel bedeutet, bedarf es einer größeren Zahl von neuen empirischen Erfahrungen. Gerade bei mittelschwer bis schwer depressiven Patienten diktiert die depressive Stimmung eine rigide Beibehaltung der alten Informationsverarbeitung, so daß kognitive Umstrukturierungen im Kognitiven hängen bleiben und wenig Überzeugungskraft haben. Sie erreichen die alten affektiven Bedeutungsstrukturen überhaupt nicht. Statt punktueller kognitiver Dialoge zwischen Patient und Therapeut kann hier nur die Macht der wiederholten Verhaltens-Verstärkungs-Sequenzen über die direkte affektiv-motivationale Wirkung eine Änderung initiieren. Erst die Summe der beiden Ansätze

- des verhaltenstherapeutischen Umgangs mit Kognitionen und Affekten und
- des kognitiven Umgangs mit Erlebnissen und Erfahrungen

optimiert in vielen Fällen die Therapie.

Wiederum muß auf die besondere Bedeutung des Expositionsverfahrens hingewiesen werden. Wegen seiner unmittelbaren und umfassenden Wirkung sollte es nicht nur in der Angsttherapie eingesetzt werden.

Jede bisher massiv vermiedene Emotion eignet sich zum Gegenstand eines Expositionsverfahrens, allerdings ist fast nur bei Phobien und Zwängen die In vivo-Exposition praktisch durchführbar. Deshalb ist die Emotions-Exposition im therapeutischen Gespräch ein gangbarer Weg. Analog zur

Exposition in imago wird der Patient, nachdem mit ihm Einvernehmen hergestellt wurde, diese Intervention jetzt durchzuführen, an Erinnerungen, Gedanken und Vorstellungen herangeführt, die ihm den Zugang zur affektiven Bedeutung einer Situation ermöglichen. Wenn er angibt, daß er das entsprechende Gefühl, zum Beispiel Trauer, deutlich spürt, gibt der Therapeut ständig Instruktionen, die den Patienten an diesem Gefühl halten (Abbildung 19).

Im Gegensatz zur Angstexposition im Imago ist ein ständiger Dialog empfehlenswert. Der Patient äußert sich bei jedem obigen Schritt. Der Therapeut kann auf diese Weise die Intensität der Gefühle und deren Zeitdauer besser beeinflussen. Er kann den Patienten von seinen unentwegten kognitiven Vermeidungen stets wieder zum Gefühl zurückführen. Obgleich es ein Konfrontationsverfahren ist, besteht keine interpersonelle Konfrontation. Vielmehr ist der Therapeut behutsam empathisch und unterstützend, so daß ihn der Patient an seiner Seite spürt, wenn er sich ins Niemandsland seiner Gefühle vorwagt. Der Therapeut ist wie ein Geburtshelfer, der zur Geburt des Gefühls verhilft. Diese emotionale Arbeit verhilft zu einer differenzierteren Wahrnehmung der Welt, sowie des Selbst, und erweitert das Repertoire der Handlungsmöglichkeiten des Patienten. Je mehr Gefühle wieder frei zur Verfügung stehen, um so vielfältiger kann die soziale Umwelt erlebt und bewertet werden und um so vielfältiger kann die Verhaltenssteuerung Verhaltensweisen mobilisieren, die lange Zeit zum passiven Verhaltensrepertoire eines Menschen gehört hatten. Die Wahrnehmung wird treffender und das Verhalten situationsgerechter.

Ein adäquater Umgang mit der Welt im Sinne einer Handlung, die der psychosozialen Homöostase dient, bleibt aus, wenn die zur Verhaltenssteuerung erforderlichen Gefühle blockiert sind. Wer adäquates Sozialverhalten und eine reife Beziehungsgestaltung entwickeln will, muß auch die Emotionalität entwickeln. Ein Sozialtraining, das nur auf Kognitionen und „Performance“ des Verhaltens achtet, mag eine gute, rational gesteuerte Verhaltenstechnologie aufbauen - eine „kühle“ Homöostase, die der souveränen oder institutionellen Phase Kegans entspricht. Eine „durchblutete“, gefühlvolle Beziehung ist dadurch jedoch nicht möglich.

Abbildung 19:
Emotions-Exposition: Der Therapeut leitet die Wahrnehmung des Patienten im Expositionskreis

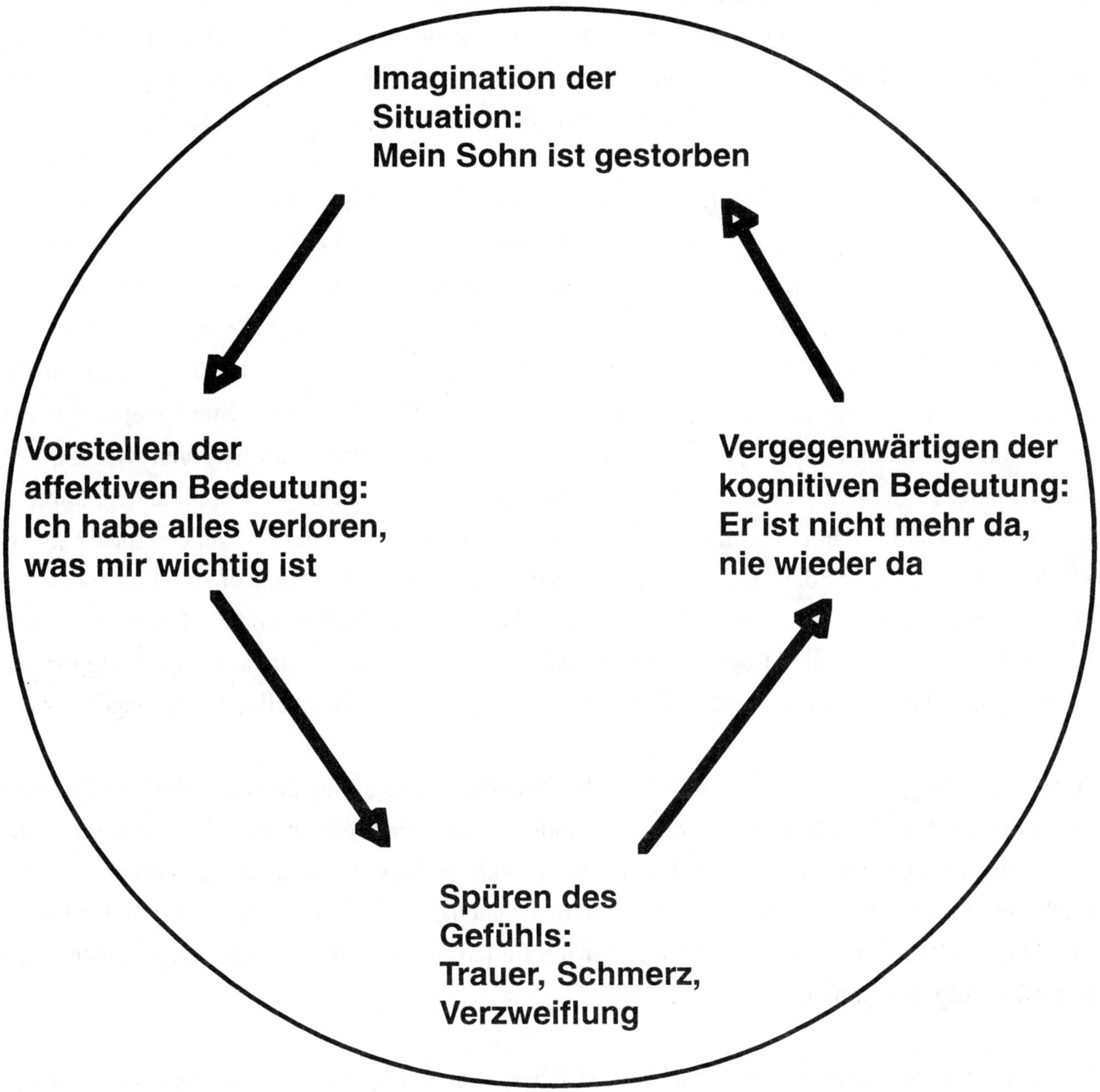

Sechzehnte Stunde: Niederlagen machen „wehrhaft“.

Niederlagen sind nicht vorprogrammierbar. Deshalb kann diese Therapiestunde die dreizehnte, vierzehnte oder auch erst die 21. Stunde sein. Die Logik des Therapieablaufs führt dazu, dieses Thema an dieser Stelle zu besprechen. Niederlage ist nicht der Rückfall, sondern das Eintreten der befürchteten Folgen eines neuen Verhaltens. Etwa das Zerbrechen einer Freundschaft durch mein neues wehrhaftes Verhalten, das öffentliche Versagen bei einer prinzipiell lösbaren Aufgabe oder das „Prügel beziehen“, das völlige Unterliegen in einer heftigen Auseinandersetzung.

Nicht nur die Erfolge des neuen Verhaltens sind wichtige Erfahrungen, sondern auch die Mißerfolge. Vielleicht können die Mißerfolge sogar mehr dabei helfen, die Angst vor Veränderung zu nehmen. Denn sie zeigen, daß die befürchtete Katastrophe keine Katastrophe ist. So baute die verlorene Freundschaft vielleicht nur darauf auf, daß der andere sich Beifall holte und bestimmte, was gemacht wurde. Das öffentliche Versagen bringt vielleicht die Erfahrung, daß die Öffentlichkeit nicht gnadenlos verurteilt ist, sondern nachsichtig ist. Und die „Prügel“ in dem Streit waren nur ein momentaner Schmerz, das Selbstwertgefühl erholt sich schnell und beim nächsten Mal werden einige Fehler nicht mehr passieren. Wer sich wehrt, gerät in einen Schlagabtausch, in dem er nicht nur Schläge austeilt, sondern auch einsteckt. Diese Seite wird zu oft in der Therapie vernachlässigt. Die Konfliktvermeidung des Therapeuten kann dazu führen, daß der Patient in dieser Hinsicht davon abgehalten wird, neue Erfahrungen zu sammeln, die sein altes Selbst- und Weltbild revidieren helfen. Er bleibt bei der alten Regel: „Verhalte dich so, daß du nie versagst. Packe eine Aufgabe nur an, wenn sicher ist, daß du sie schaffst. Gehe in einen Streit nur, wenn du weißt, daß du siegen wirst.“

Je mehr es gelingt, ein Selbsteffizienzgefühl über Wehrhaftigkeit aufzubauen und über die Courage sich emotional auf die Begegnung mit dem anderen Menschen einzulassen, um so mehr wird Selbstvertrauen entstehen, das nicht durch ständige äußere Bestätigungen „aufgemöbelt“ werden muß. Eine Sache kann so wichtig sein, daß ich für sie auch dann kämpfe, wenn ich der Schwächere bin. Die Niederlage ist dann zwar bitter, aber ich fühle mich besser, als wenn ich gekniffen und kampflos aufgegeben hätte.

Die Selbstwertprobleme vieler Menschen bestehen sehr häufig in der Wahrnehmung eigener

Wehrlosigkeit aufgrund angstgeleiteter übermäßiger Aggressionshemmung. Die Insuffizienzgefühle wegen gescheiterter Bemühungen um Großartigkeit sind nicht selten das Resultat des mißlungenen Versuchs, fehlende Wehrhaftigkeit durch narzißtische Grandiosität zu kompensieren. Das narzißtische Streben wird um so entbehrlicher, je mehr der Patient Wehrhaftigkeit und Durchsetzungsfähigkeit aufgebaut hat. Hierzu muß aber auch die Angst vor „Prügel" und Niederlagen im Kampf abgebaut werden (Wehrlosigkeit). Diese darf nicht mit der Angst vor der narzißtischen Niederlage verwechselt werden (Wertlosigkeit). Wer konsequent Niederlagen vermeidet, verbannt sie aus seinem Alltag. Er kann nicht lernen mit ihnen umzugehen. Kommen sie doch, so sind sie die große Katastrophe. In der Therapie ist es wichtig, daß nicht der Therapeut über die Niederlage hinweg tröstet, sondern daß der Patient diese als einmalig, begrenzt und nur zum Teil selbst verursacht attribuieren lernt. Ohne Schuldzuweisung wird eine gemeinsame Fehleranalyse zu einem Entwurf der künftigen Meisterung dieser Situation führen. Dadurch wird einer künftigen Vermeidung dieser Situationen vorgebaut und eine Motivation erzeugt, es beim nächsten Mal schaffen zu wollen.

Siebzehnte Stunde: Das neue Selbst und die neue Welt

Die Verhaltensexperimente der vergangenen Woche brachten eine Falsifizierung der alten dysfunktionalen Überlebensregel und damit die Möglichkeit, das alte Selbst- und Weltbild an die neuen Erfahrungen zu akkommodieren und weiter zu entwickeln. Im Gespräch wird auf die veränderte Selbstwahrnehmung und das neue Selbstgefühl eingegangen und die Art der Veränderung gemeinsam betrachtet. Die Unterschiede werden herausgearbeitet und Implikationen der neuen Sichtweisen gesucht. Diese kognitiven Analysen dienen der Festigung und Verankerung des neuen Entwicklungsstandes. Dabei wird die neue Überlebensregel explizit formuliert und die Errungenschaften des neuen Entwicklungsniveaus der Persönlichkeit und der Beziehungsgestaltung festgehalten. Schließlich wird die nunmehr vorhandene Fähigkeit, aus dem bisher symptomauslösenden Dilemma künftig durch inzwischen etablierte Bewältigungsmuster herausfinden zu können, konstatiert.

Auch hier ist entscheidend, ob und wie deutlich die affektive Komponente des Selbstbildes - das Selbstgefühl - die neue Entwicklungsstufe erreicht hat. Patienten berichtet oft, daß in schwierigen Situationen das neue Selbstgefühl wieder verschwindet und dadurch auch die alten Verhaltensmuster wieder auftreten, zum Beispiel ein schlechtes Gewissen bekommen, nur weil ich eine andere

Meinung habe. Die immer wieder auftretenden Selbstzweifel erfordern die Verankerung des neuen Selbstgefühls in den kognitiven Strukturen des Patienten. Er kann dadurch Selbstinstruktionen zu seiner Stabilisierung nutzen und mit Hilfe von Selbstkontrollstrategien die neuen Verhaltensweisen an Stelle der früheren Verhaltensmuster etablieren. Umgekehrt werden die neuen Fertigkeiten und ihre positiven Auswirkungen dem neuen Selbst und dessen stabilen, bleibenden Eigenschaften zugeschrieben.

Zum neuen Selbst gehört der freie Zugang zur Wahrnehmung der eigenen Bedürfnisse, die neben einer auf einer humanen Ethik basierenden Wertorientierung und den Erfordernissen der sozialen Beziehungen handlungsleitend sind. Zur Verhaltenssteuerung des neuen Selbst können nun auch die bisher blockierten Gefühle dienen. Vor den relevanten Veränderungsschritten kann beim Patienten eine große Orientierungslosigkeit wie beim Betreten eines völlig fremden Landes entstehen - ja und noch schlimmer, denn nicht nur diese Welt ist fremd, sondern auch das neue Selbst. Werde ich die anderen Menschen, die ich jetzt liebe, noch lieben können? Werden mich diese Menschen noch lieben, wenn ich gar nicht mehr derjenige bin, den sie sich als Partner oder Freund ausgesucht haben? Es scheint, daß die Entwicklungsstadien mehrfach durchlaufen werden, bis das neue Selbst und die neue Welt konsolidiert sind. Erst die neuen Erfahrungen lassen glaubhaft erscheinen, daß die Bedürftigkeiten des alten Entwicklungsniveaus nicht mehr bestehen, daß dieses neue Selbst einfach nicht mehr soviel Geborgenheit, Schutz oder auch Liebe braucht. Die Welt, von der ich dies nicht mehr brauche, erlebe ich weniger frustrierend, sie löst weniger Wut aus. Einerseits kann ich mehr Wut zulassen, sie übersteigt andererseits aber auch nicht mehr das meiner Umwelt zumutbare Ausmaß. Ich muß also weniger Aggression neutralisieren bzw. unterdrücken. Die psychosoziale Homöostase hat jetzt ihren Sollwert optimiert, während früher ein zu hoch eingestellter Homöostat für nie endende Bemühungen und Strapazen sorgte.

Achzehnte bis zwanzigste Stunde: Neue Beziehungen

Das Entwicklungsniveau der Beziehungsgestaltung kann in Gruppen- oder Paartherapien durch eine Zweierübung, in der Einzeltherapie durch eine Imaginationsübung festgestellt werden. Die Bedeutung der Beziehung, die Bedürfnisse, die der Partner befriedigen soll, die Ängste, die mit dem Partner und der Beziehung verbunden sind und die stereotypen Erlebens- und Verhaltensweisen weisen auf den gegenwärtigen Stand der affektiv-kognitiven Entwicklung hin: Dabei sollen, völlig in der Wahrnehmung des anderen, und seiner Gefühle, sowie in der Wahrnehmung der eigenen Gefühle, folgende Sätze ergänzt werden:

Ich fühle in mir ... (z.B. Unsicherheit oder Minderwertigkeit).
Ich brauche von dir ... (z.B. Schutz oder Anerkennung).
Ich fürchte von dir ... (z.B. Einengung oder Verachtung).
Ich will von dir nicht ... (z.B. Bemächtigung oder Herabsetzung).
Ich mag an dir nicht ... (z.B. Unzuverlässigkeit oder Gönnerhaftigkeit).
Ich mag an dir ... (z.B. Gelassenheit oder Großzügigkeit).
Du bist für mich ... (z.B. Ruhepol oder bewundertes Idol).

Wenn der Patient es geschafft hat, sein früheres Entwicklungsniveau zu verlassen, so können obige Aussagen diese Entwicklung widerspiegeln. Die alten Bedürfnisse und Ängste sollten jetzt nicht mehr im Vordergrund stehen. In einer Paarsitzung erfahren wir auch das Entwicklungsniveau des Partners und können beurteilen, ob eine große Diskrepanz zwischen beiden besteht. Auch wenn verschiedene Entwicklungsniveaus bei den Partnern vorhanden sind, können sich diese nach dem Prinzip des Austausches gut arrangieren: „Wenn du mir gibst, was ich brauche, gebe ich dir, was du brauchst." Ist das Entwicklungsgefälle zwischen beiden Partnern allerdings zu hoch, so hat die Beziehung nur dann Aussicht auf Bestand, wenn der „zurückgebliebene" Partner ebenfalls eine Weiterentwicklung beginnt.
Abbildung 33 zeigt, daß asynchrone Entwicklungen zu großen Spannungen führen, wenn, unabhängig vom Niveau des einzelnen der Niveautyp (Zusammengehörigkeit versus Autonomie) der beiden Partner verschieden ist. Sind beide auf einem Zusammengehörigkeitsniveau (z.B. der eine Partner impulsiv, der andere zwischenmenschlich), ist die Beziehung relativ nah und intim, es herrschen vorwiegend zentripetale Kräfte. Sind beide auf einem Differenzierungs- oder Autonomieniveau (z.B. der eine souverän und der andere institutionell), so kann daraus, wenn die zentrifugalen Kräfte nicht zu groß sind, eine zwar distanziertere, aber dennoch den Bedürfnissen beider gerecht werdende Beziehungsgestaltung resultieren.

Oft verhilft eine Paartherapie, die an eine Kurzzeittherapie anschließen kann, zu einer Verminderung des Entwicklungsgefälles. Ihr Ziel sollte nicht die Synchronisierung des Entwicklungsniveaus sein. Denn die, durch die Entwicklung des einen Partners entstehende Spannung in der Beziehung ist stets auch Anreiz für Weiterentwicklung für den anderen. Bei extrem großem Entwicklungsgefälle ist eine psychotherapeutische Behandlung des Partners notwendig, um eine lebendige Beziehung

Abbildung 20:
Beziehungs-Entwicklung und individuelle Entwicklung

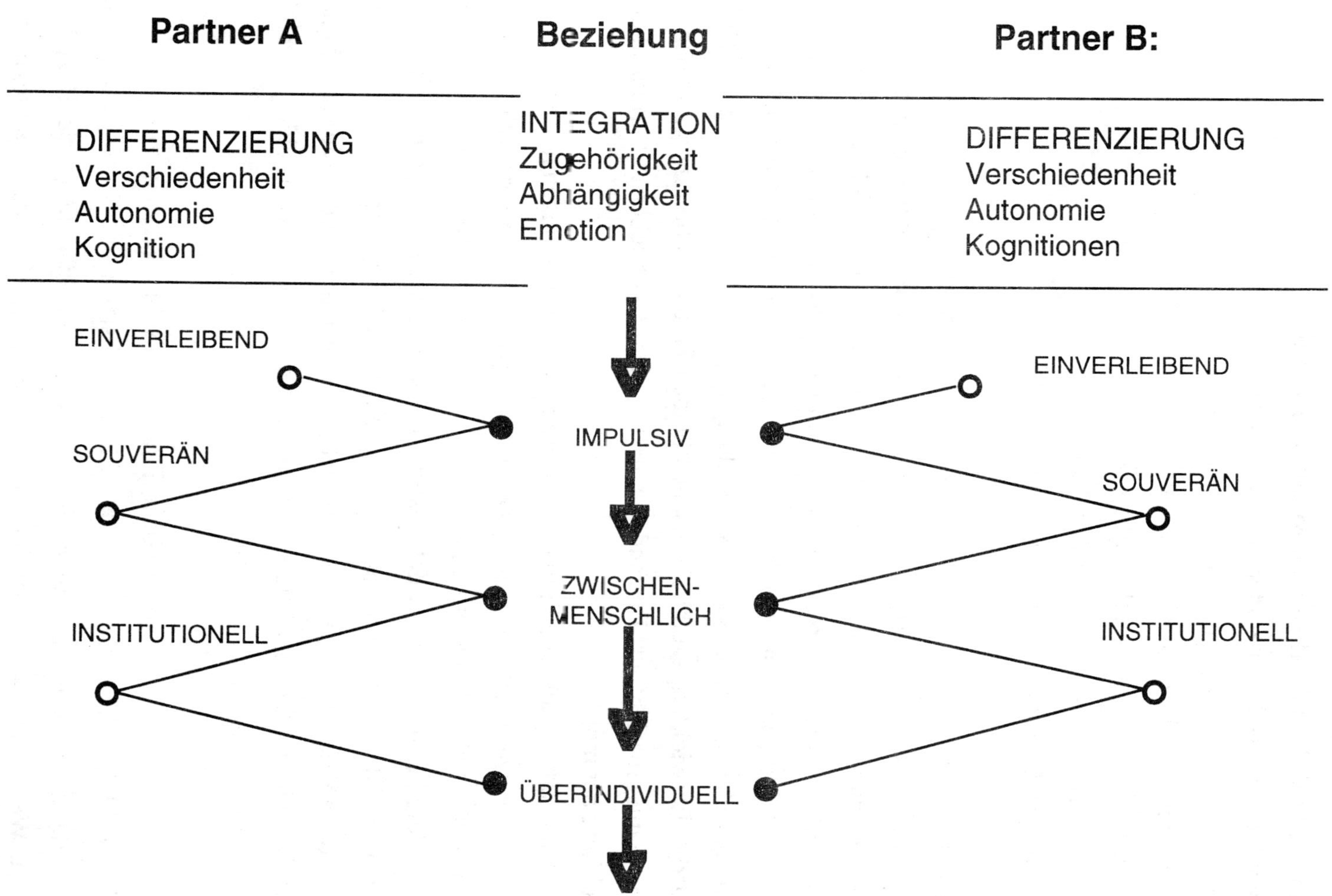

Beide Partner haben gleiches Entwicklungsniveau (z.B. impulsiv oder souverän): ähnliche Interessen
Beide Partner haben integratives Entwicklungsniveau (●): nahe Beziehung
Beide Partner haben differenzierendes Entwicklungsniveau (○): Partner haben mehr Eigenleben
Beide Partner haben verschiedenes Niveau und verschiedenen Typ (● ; ○), z.B. Partner A impulsiv und Partner B institutionell: Beziehung als Stressor

aufrecht erhalten zu können. Allerdings kann auch die Entscheidung zu einer Beendigung der alten Beziehung das Ergebnis der Therapie sein. Die Beziehung ist bedeutungslos geworden, weil zum Beispiel Geborgenheit und Schutz keine zentrale Aufgabe der Partnerschaft mehr sind. Der Partner verliert an Attraktivität. Wenn nicht eine völlig zerrüttete Beziehung bestand, die zur Erkrankung führte, und wenn nicht der Partner ganz und gar unfähig oder unwillig ist, sich weiter zu entwickeln, rate ich von zu hastigen Trennungsentscheidungen ab. Der Schutz des Therapeuten und der Therapie kann zu einer Selbstüberschätzung bzw. blindem Vertrauen darauf führen, daß der Therapeut das Schlimmste schon verhüten werde. Hinzu kommt, daß Angst- und Depressionspatienten ohnehin die Trennung als bevorzugte (wenn sie sich obenauf fühlen) oder befürchtete Problemlösung (wenn sie sich „ganz unten" fühlen) sehen. Von therapeutischer Seite hat deshalb das „in der Nähe bleiben" Kegans (1986) auch bei diesem Entwicklungsschritt Priorität. Dies bedeutet, daß keine Trennung vom bisherigen Partner erfolgen muß. Es wird lediglich die alte Art der Beziehungsgestaltung aufgekündigt. Durch neue Verhandlungen und neue Begegnungen kann **eine neue Beziehung** begonnen werden - **ohne eine Trennung** vom Partner. Diese Verhandlungen und Begegnungen gehören noch zur Kurzzeittherapie. Erst durch die Fähigkeit zu diesen Schritten ist die Fähigkeit zu neuen Beziehungen aufgebaut worden.

Einundzwanzigste. Stunde: Nach dem Überleben kommt das Leben

Es ist geschafft. Das Überleben ist gesichert. Die Begegnungen mit anderen Menschen erfolgen nicht mehr unter dem Vorzeichen in Frage gestellter Daseinsberechtigung, der Bindung des Partners, des Kampfes um Liebe und Anerkennung, der Versuche, den anderen zu kontrollieren, dem beschwörenden Verhindern von Gegenaggression und dem Ausweichen der Hingabe.

Dadurch wird sehr viel psychische Energie frei. Spielerische Kreativität, Interesse und Neugier für die Welt ersetzen die frühere angestrengte Wachsamkeit und ängstliche Vermeidungshaltung. Andere Menschen gewinnen nicht mehr dadurch Attraktivität, daß sie potentielle Bedürfnisbefriediger (zum Beispiel Selbstwertspender) sind, sondern weil sie als Person interessant sind, weil die Begegnung mit ihnen eine Bereicherung des eigenen Horizonts ist. Weder Harmonie, noch Problemfreiheit bestimmen das Leben. Weder durchgängige Zufriedenheit, noch immerwährendes Glück sind die emotionalen Dauerzustände eines Lebens, das aber doch mehr ist als nur Überleben. Der frühere Überlebenskampf war ein fortwährendes Bestreben, ein homöostatisches Gleichgewicht der autonomen Psyche herzustellen, ein sisyphusartiges Bemühen, das nie zum Erfolg führte. Jetzt ist der Sollwert dieses Regelsystems korrigiert. Er ist tatsächlich erreichbar geworden. Er stellt sich immer wieder ein. Die Abweichungen, d.h. das Ungleichgewicht, nehmen nicht mehr Zeit in Anspruch als die Gleichgewichtszustände. Die Homöostase pendelt um eine Mitte, wie eine Kugel in einer Schale, deren Boden den stabilen Schwerpunkt bildet. Man kann diese unterschiedlichen Regelprozesse durch eine Skizze veranschaulichen (Abbildung 21).

Darf ich so sein und bleiben, wie ich jetzt bin? Dürfen meine Bezugspersonen so sein und bleiben, wie sie jetzt sind? Darf mein Leben so sein und bleiben, wie es jetzt ist? Um diese Fragen geht es in der Therapiestunde. Pläne für eine aktive Lebensgestaltung werden darauf untersucht, ob sie vielleicht noch Überlebensstrategien sind. Die gegenwärtigen Abhängigkeits- und Autonomiebedürfnisse werden auf ihre Ausgewogenheit geprüft. Die gegenwärtig vorherrschenden Verhaltensmuster werden bedingungs- und funktionsanalytisch betrachtet. Dabei fällt auf, daß einige Verhaltensweisen noch genau so häufig auftreten wie früher, daß sie aber jetzt eine ganz andere Funktion haben. Musizieren dient zum Beispiel nicht mehr der Spannungsabfuhr und Aggressionsneutralisierung, sondern ist kreatives Spiel und Selbstausdruck geworden. Sexualität diente vielleicht bisher der Befriedung von Geborgenheitsbedürfnissen, während sie jetzt hingebungsvolle Begegnung ist. Der Leitspruch des griechischen Schriftstellers Nikos Kazantzakis (1883 - 1957) lautete „Ich hoffe nichts, ich fürchte nichts, ich bin frei“. So manchem schnürt es die Kehle zu, wenn er sich vorstellt, diesem Leitgedanken gemäß leben zu sollen. Richtig verstanden ist er tatsächlich eine Herausforderung zur persönlichen Weiterentwicklung. Wir müssen ihn für unsere Therapie präzisieren: „Ich erhoffe nicht die Befriedigung meiner kindlichen Bedürfnisse. Ich fürchte nicht die Frustration dieser kindlichen Bedürfnisse und auch nicht die aggressive feindselige Reaktion meiner sozialen Umwelt. Ich bin frei von kindlichen Bedürfnissen und Ängsten. Ich bin frei für gleichberechtigte Beziehungen zwischen erwachsenen, abgegrenzten Individuen.“

Mit dem Patienten wird durch Imagination die affektive Bedeutung dieser Lebenseinstellung erarbeitet. Welche Aussage macht noch Angst, welche erzeugt Widerstand? In der Verhaltenstherapie wurde in letzter Zeit immer wieder psychische Gesundheit mit Genußfähigkeit gleichgesetzt. Insofern war der Aufbau von genießendem Verhalten eine wichtige Intervention. Bei den meisten Menschen, die nicht depressiv sind, geht es nicht um den Aufbau von Genußfähigkeit, denn diese Fähigkeit ist vorhanden. Vielmehr geht es um die Fähigkeit, sich die Erlaubnis zum Genuß zu

Abbildung 21: Lebens-Homöostase und Überlebens-Homöostase

Überlebenskampf: Die psychische Homoöstase ist unentwegt bemüht, wenigstens die untere Überlebensgrenze zu erreichen und erreicht nur im Ausnahmefall das homöostatsche Optimum. Der Toleranzbereich des homöostatischen Systems ist klein.

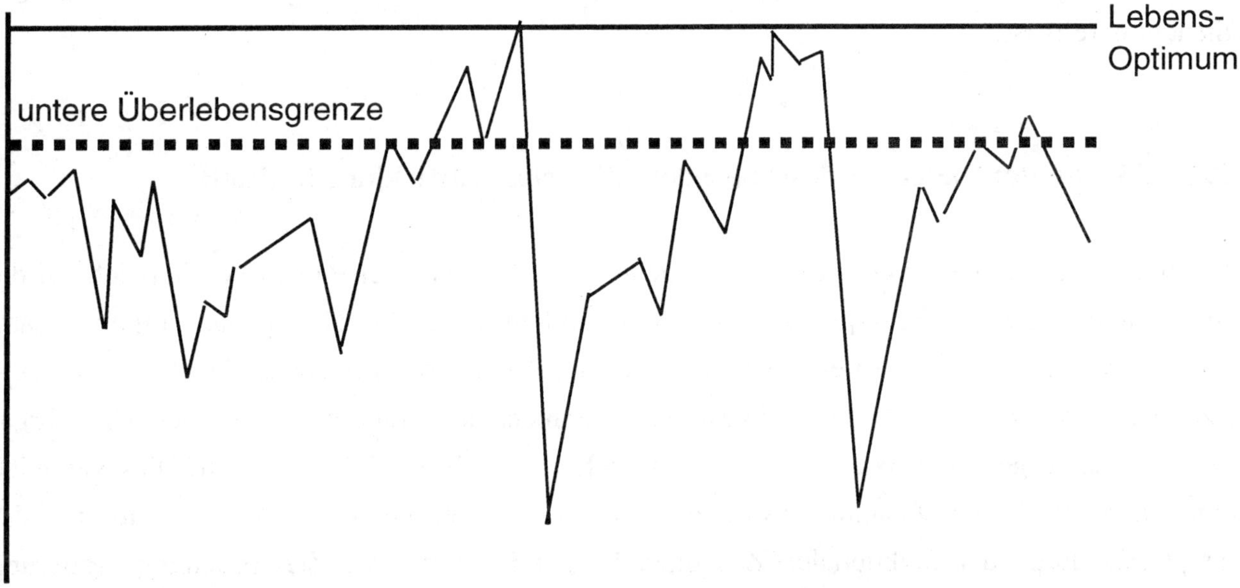

Lebensgestaltung: Die psychische Homöostase oszilliert um das Optimum und unterschreitet nicht die untere (emotionale) Überlebensgrenze, erreicht sie nur im Ausnahmefall. Der Toleranzbereich des homöostatischen Systems ist groß.

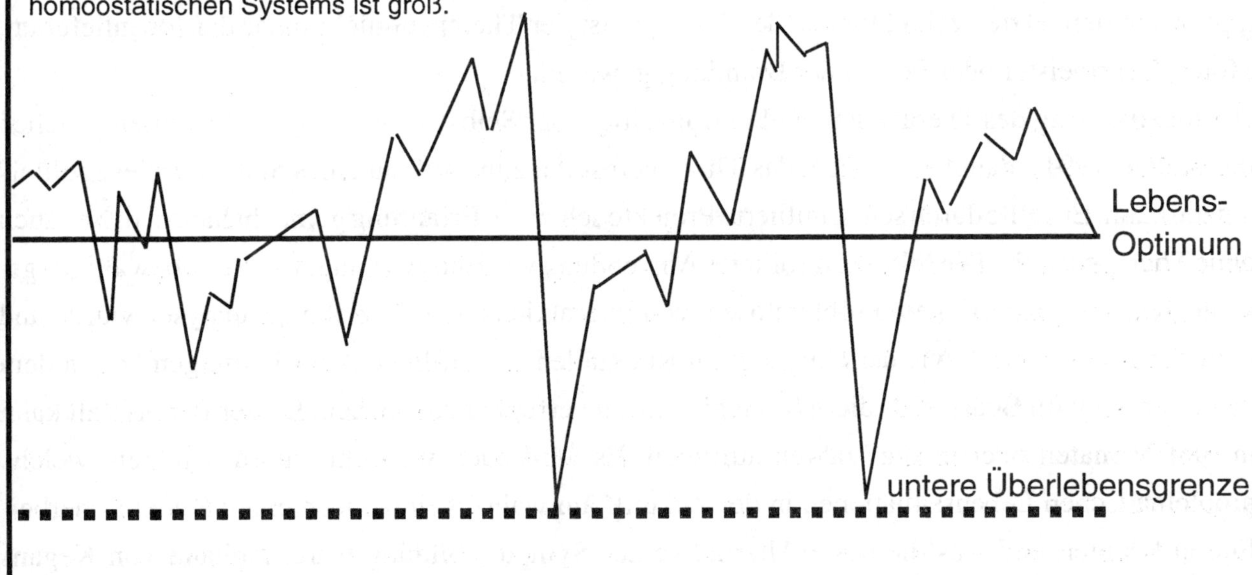

geben. Hierzu muß ein Verbot aufgehoben werden. Und dies setzt die Fähigkeit voraus, die Verantwortung für seine Entscheidungen und Handlungen zu übernehmen. Durch Überzeichnen des Risikos, das getragen werden muß bzw. der negativen Konsequenzen des eigenen Verhaltens (die Katastrophe ausmalen), können beim Patienten affektive Bewertungen, zum Beispiel schlechtes Gewissen oder Angst vor Ablehnung evoziert werden. Dies zeigt, wie frei oder unfrei er in obiger Hinsicht bereits ist.

22. bis 25. Stunde: Die Therapie ist beendet - die Selbstentwicklung beginnt.

Die letzten vier Stunden dienen dem Abschließen der Therapie. Der Patient bereitet sich auf die therapeutenlose Zeit vor. Er erspürt die emotionale Bindung, die er zum Therapeuten aufgebaut hatte und er vergegenwärtigt sich das emotional Positive an dieser zwischenmenschlichen Beziehung, die jetzt beendet werden wird. Gefühle des Abschiednehmens und Trauerns werden bewußt wahrgenommen und ausgedrückt. Was werde ich nicht mehr haben? Was wird mir fehlen? Was werde ich mitnehmen? Es folgen Zuammenfassungen des gewonnenen Verständnisses der Störung, der Symptombildung, der funktionalen Zusammenhänge. Es wird eine Zielerreichungsskalierung durchgeführt, dabei das Erreichte ebenso gewürdigt, wie das nicht Erreichte. Die Therapie wird als erster bewußter Schritt eines lebenslangen Prozesses der Selbstentwicklung definiert. Das Selbstmanagement (Kanfer et al. 1990) dieser Entwicklung wird ausführlicher besprochen und bereits erprobt. In den letzten zehn Stunden der Therapie ist der Therapeut nicht mehr der Ideenlieferant, Motor, Lehrmeister oder Fels in der Brandung gewesen.
Die Idealisierung des Therapeuten mußte frühzeitig einer Selbstaufwertung des Patienten weichen (Schindler, 1991), damit der Patient das Therapieresultat zum Aufbau eines Selbsteffizienzgefühls nutzen kann. Er sollte durch selbst initiierte Projekte schon die Erfahrung gemacht haben, daß es auch ohne Therapeut geht. Die selbstkontrollierte Anwendung von Entspannung, von Streßbewältigungsstrategien, von planerischem Problemlösen, von Interaktions- und Beziehungsanalysen wurde und wird ebenso erarbeitet, wie der Umgang mit Rückfällen. Schriftliche Ausarbeitungen helfen dem Patienten, sich im Bedarfsfall diese Strategien rasch verfügbar zu machen. Dieser Bedarfsfall kann in fünf Monaten oder in fünf Jahren auftreten. Es wird auch versucht, zu antizipieren, welche problematischen Lebenssituationen in der Zukunft am wahrscheinlichsten einen Rückfall herbeiführen könnten und was die beste Alternative zur Symptombildung wäre. Anhand von Kegans

Lebensphasenbeschreibung wird der gegenwärtige Entwicklungsstandort bestimmt und die nächsten Entwicklungsschritte besprochen. Was habe ich bereits hinter mir gelassen, was konnte ich bereits loslassen (z.B. Geborgenheit)? Woran muß ich (mich) noch festhalten (z.B. Anerkennung)? Was kann ich noch nicht (fordern)? Was kann ich mir noch nicht einmal vorstellen (z.B. Hingabe)? Es wird versucht, die Meilensteine für den künftigen Weg der Selbstentwicklung zu setzen. Welchem Etappenziel entspricht der erste Meilenstein, welchem der zweite usw. Welche konkreten Vorhaben (z.B. Ärger wahrnehmen und ausdrücken) sind der Weg, die erste Etappe? Wenn möglich, finden die letzten zehn Stunden vierzehntäglich statt, um der Eigenregie des Patienten Raum zu geben. Die letzten beiden Sitzungen können in vierwöchentlichem Abstand erfolgen.

Wenn die Stunden ausreichen, ist ein noch allmählicheres Ausschleichen bei einigen Patienten sinnvoll, zum Beispiel von zunächst monatlichem, dann vierteljährlichem und schließlich halbjährlichem Abstand der Sitzungen.

Die Frage einer anschließenden **Paartherapie** wird abgeklärt. Wer eine Einzeltherapie hatte, kann nun von einer sich über zwei Jahre erstreckenden **Selbsterfahrungsgruppe** profitieren, wobei die Gruppenmitglieder ein wertvolles Korrektiv zu den entwicklungsbedingten Begrenztheiten in der Selbst- und Weltsicht sind. Der Besuch einer **Selbsthilfegruppe**, die als Selbst-Entwicklungsgruppe Feedback für die individuellen Versuche der Selbstentwicklung gibt, ist für diejenigen, die noch eine weite Strecke der Selbstentwicklung vor sich haben, sehr hilfreich. Dabei lohnt sich auch einmal im Monat eine weite Fahrt in die nächste große Stadt. Zusätzlich vereinbarte wöchentliche Telefonate mit einem Mitglied der Selbsthilfegruppe geben weiter Anreize für eine kontinuierliche Weiterentwicklung. Auch ohne Paartherapie ist die Einbeziehung des Lebenspartners in den Entwicklungsprozeß im Sinne einer systemischen Entwicklung ein ökonomischerer Weg als ein Alleingang, der ständig auf den Widerstand des Partners stößt. Die Empfehlung des regelmäßigen, mindestens wöchentlichen Schreibens eines **Tagebuches** rundet die flankierenden Maßnahmen zur Aufrechterhaltung des Entwicklungsprozesses ab.

Die knappe Darstellung des strategischen Ablaufs einer Kurzzeittherapie zeigte, wie beim Patienten eine Entwicklung in Gang gesetzt werden kann, die nach der Therapie ihre Fortsetzung findet. Dieser strategische Therapieablauf, der eine konsequente Umsetzung einer affektiv-kognitiven Entwicklungstheorie ist, wird in der Verhaltenstherapie überlagert durch störungsspezifische Ziele und Therapieinterventionen. Ohne diese spezifischen Therapieinhalte ist oben skizzierte strategische Durchführung einer Kurzzeittherapie ein elaborierter Therapieansatz zur Behandlung von Persönlichkeitsstörungen. Insgesamt macht die hier dargestellte Entwicklungstheorie psychischer Störungen deutlich, daß Eltern zwei grundlegende Fehler machen.

Erstens gehen sie irrtümlicherweise davon aus, daß Kinder im Vorschulalter gleiche affektive und kognitive Verarbeitungsprozesse haben wie Erwachsene. Sie können die qualitativ andere Art der Informationsverarbeitung der Kinder nicht erkennen und scheitern mit ihrem Versuch der Empathie. Dies führt zum zweiten grundlegenden Fehlverhalten der Eltern, zu Aggressivität und Feindseligkeit gegenüber dem Kind, das wie ein Akku durch diese Aggression aufgeladen wird.

Da es noch keine Ambivalenztoleranz hat, kann es seine Eltern entweder nur lieben oder nur hassen. In der realen Abhängigkeit von den Eltern muß es für sein Überleben die Liebe zu diesen bewahren und seine Aggression unterdrücken und schließlich völlig aus dem Bewußtsein entfernen. Um dies zu schaffen, entwickelt es Verhaltensstereotypien, die im Erwachsenenalter dysfunktional und Ausdruck einer kindlichen Überlebensregel sind, die eine Weiterentwicklung der Persönlichkeit verhindert und schließlich zur Symptombildung führt. Solche Menschen haben eine Disbalance zwischen Abhängigkeits- und Autonomiebedürfnissen. Sie haben nur noch ein beschränktes Repertoire an Emotionen.

Wegen der zentralen Bedeutung der Emotionen für die Verhaltenssteuerung bleiben nur noch wenige stereotype Verhaltensweisen übrig, die zu den bekannten klinischen Persönlichkeitstypen führen. Die bewußten Kognitionen des Menschen spielen dabei eine untergeordnete Rolle. Um dies deutlich zu machen, wurden in diesem Buch die beiden Konstrukte der willkürlichen Psyche (alles was wir bewußt intendiert tun oder bewußt wahrnehmen) und der autonomen Psyche (die von unserem Bewußtsein im Normalfall nicht beeinflußte Regulation unserer gesamten psychischen Abläufe) eingeführt. Sowohl die Lernpsychologie, als auch die kognitiven Ansätze von George Kelly (1955, personal constructs) und Aaron T. Beck (Wright und Beck 1986, Grundannahmen, Kognitive Schemata), untersuchen einerseits die affektiven (Lernpsychologie) und andererseits die kognitiven Strukturen dieser autonomen Psyche. Ein immer wieder falsch verstandener kognitiver Ansatz meint jedoch, daß die bewußten Kognitionen der willkürlichen Psyche die Geschicke des Menschen leiten. Diesem Irrtum soll das Konstrukt der autonomen Psyche entgegenstehen.

Die kognitiven Entwicklungstheorien Piagets (1981), Kohlbergs (1974) und Kegans (1986) sind die Basis der hier dargestellten affektiv-kognitiven Entwicklungstheorie psychischer Störungen. Sie zeigen, daß die kognitive Entwicklung des Kindes eine realitätsgerechte Verarbeitung von chronisch oder intensiv frustrierendem oder traumatisierendem Elternverhalten nicht ermöglicht. Es resultiert eine verzerrte Selbst- und Weltsicht, die bis ins Erwachsenenalter hinein unkorrigierbar bleibt, zum Beispiel die Überzeugung, daß meine Aggressivität gefährlich ist, daß sie die Menschen zerstören würde. Deshalb muß diese Aggressivität durch extreme Zwanghaftigkeit neutralisiert werden.

Außerdem zeigen diese Theorien, daß die affektive Entwicklung des Kindes, im Vergleich zur kognitiven, verzögert abläuft. Traumatisierendes Elternverhalten führt dazu, daß das Kind seine Emotionen und Impulse mit Hilfe von Angst unterdrücken muß. Dadurch kommt die affektive Entwicklung zum Stillstand. Denn die Verknüpfung von Affekten mit zugehörigen Kognitionen wird unmöglich.
Die Affekte und Impulse können nicht „zivilisiert“ werden, bleiben dadurch bedrohlich. Sie können nicht in eine ganzheitliche affektiv-kognitive Bedeutungsstruktur eingegliedert werden und sind deshalb einer bewußten kognitiven Steuerung nicht zugänglich. Wichtige Bestandteile einer Psychotherapie bestehen deshalb darin, die psychosoziale Homöostase des Menschen, die bisher durch den dysfunktionalen „Sollwert“ einer kindlichen Überlebensregel blockiert war, wieder zu befähigen, ein gesundes Fließgleichgewicht herzustellen. Hierzu ist die Balancierung von Abhängigkeits- und Autonomiebedürfnissen notwendig (motivationale Therapiestrategie). Außerdem muß der Zugang zu den blockierten Gefühlen ermöglicht werden (affektive Therapiestrategie). Diese müssen mit zugehörigen Kognitionen zu affektiv-kognitiven Bedeutungen verknüpft werden (affektiv-kognitive Therapiestrategie). Schließlich muß die kindliche Selbst- und Weltsicht und die Grundannahme über das Funktionieren der Welt korrigiert und die dysfunktionale Überlebensregel falsifiziert werden (kognitive Therapiestrategie). Letztendlich ist der Abbau der dysfunktionalen Verhaltensstereotypien erforderlich (Handlungs-Therapiestrategie).
Sind diese Blockierungen der psychosozialen Entwicklung behoben, so kann der Übergang zur nächsten Entwicklungsstufe ermöglicht werden. Die dabei erforderlichen Therapieschritte wurden in der Beschreibung einer 25-stündigen Kurzzeittherapie dargestellt (Widerstand, Entscheidung, Loslassen, Veränderung, neue Erfahrungen, Entwicklung, Niederlagen, neues Selbst- und Weltbild, neue Beziehungen, Leben, Selbstentwicklung). Dieser strategische Therapieablauf kann einerseits als zu reflektierender Hintergrundsprozeß jeglicher Psychotherapie verstanden werden. In der Verhaltenstherapie laufen dann im Vordergrund die verhaltensmodifizierenden Interventionen ab. Andererseits kann diese Durchführung, vor allem bei Persönlichkeitsstörungen, als ein affektiv-kognitiver Ansatz zur Veränderung des Erlebens und Verhaltens angewandt werden (Tabelle 35).

Tabelle 35: Strategische Kurzzeittherapie SKT in der Verhaltenstherapie	
Stunde	Thema der Therapiestunde
1. Stunde	Erstinterview
2. Stunde	Befunderhebung und Verhaltensanalyse (Mikroebene)
3. Stunde	Anamneseerhebung (Lerngeschichte)
4. Stunde	Nachexploration
5. Stunde	Bedingungsanalyse (Makroebene)
6. Stunde	Entwicklungsanalyse (affektiv-kognitives Entwicklungsniveau, vertikale Verhaltensanalyse (dysfunktionale Überlebensregeln)
7. Stunde	Interaktions- & Beziehungsanalyse (mit Partner/Familie)
8. Stunde	Zielanalyse (mit dem Problemlöseparadigma)
9. Stunde	Motivationsanalyse (regressive Ziele und das Dilemma)
10. Stunde	Entscheidungstraining
11. Stunde	Emotions- gegebenenfalls Trauer-Exposition
12. Stunde	Streßbewältigungsstrategien und Entspannungstraining
13. Stunde	z.B. Selbstmanagemenstrategien
14. Stunde	oder/und z.B. soziales Rollenspiel
15. Stunde	oder/und z.B. Kompetenztraining
16. Stunde	z.B. Umgang mit Niederlagen und Mißerfolgen
17. Stunde	z.B. Kommunikationstraining oder Expositionsverfahren
18. Stunde	z.B. Kommunikationstraining oder Expositionsverfahren
19. Stunde	z.B. Kommunikationstraining oder Expositionsverfahren
20. Stunde	z.B. Kommunikationstraining oder Expositionsverfahren
21. Stunde	Planerische Lebensgestaltung (Lebensqualität)
22. Stunde	Kognitive und affektive Evaluation der Therapie
23. Stunde	und der therapeutischen Beziehung
24. Stunde	Copingstrategien zur Rückfallprophylaxe
25. Stunde	Selbstmanagementstrategien

Das Vorgehen ist direktiv mit ständigen kognitiven Klärungen und Konfrontation mit den „pathologischen bzw. pathogenen“ Gefühlen der Angst und des Schuldgefühls, sowie der unterdrückten „primären bzw. gesunden“ Gefühle. Die emotionale Haltung des Therapeuten wechselt zwischen deutlich ausgedrückter Empathie und Herausforderung bzw. Konfrontation (vgl. Linehan 1993). Das Vorgehen ist eine Übertragung des ursprünglich bei Angst, Zwang und Trauer angewandten Expositionsverfahrens auf Emotionen allgemein: Emotionsexposition, gefolgt von der konsequenten Verknüpfung des Gefühls mit Kognitionen zur affektiv-kognitiven Bedeutung. Dies schafft die Voraussetzung für die empirische Hypothesenprüfung nach Beck: permanentes Handeln entgegen der alten Überlebensregel, um diese zu falsifizieren und zu beweisen, daß überleben auch anders möglich ist.

Die Therapieerfolge der systemischen Therapie und der Hypnotherapie weisen darauf hin, daß der hier skizzierte Veränderungsprozeß nicht durch bewußte Einsicht in die Zusammenhänge und auch nicht durch bewußte Entscheidungen erfolgen muß. Diese Therapieansätze umgehen die willkürliche Psyche des Menschen, da sie davon ausgehen, daß diese ohnehin nur den therapeutischen Widerstand mobilisieren würde. Entweder arbeiten sie mit suggestiven Methoden, die direkt auf die autonome Psyche einwirken, zum Beispiel mit Parabeln, Geschichten, gezielten Sätzen, deren Botschaft dem Verständnis der bewußten, willkürlichen Psyche entgeht bzw. sie versetzen den Patienten in einen Trancezustand oder in Hypnose. Oder ihre Strategie ist, die willkürliche Psyche durch verwirrende Aussagen in einen kognitiven Irrgarten zu schicken, aus dem sie so lange nicht mehr herausfindet, bis die autonome Psyche „die Arbeit“ erledigt hat und zu einem neuen homöostatischen Gleichgewicht gefunden hat.

Trotzdem können wir davon ausgehen, daß die oben skizzierten Veränderungsschritte auch bei diesen Therapien ablaufen, und es wäre gut, wenn der Therapeut sich nicht nur Therapietechnologie aneignen würde, sondern wüßte, was er in Bewegung setzt, welcher Art diese Bewegungen sind, in welche Richtung und wie weit sie gehen. Die hier beschriebene affektiv-kognitive Entwicklungstheorie erklärt als Störungs- und Therapietheorie auch die Interventionen der systemischen und der Hypnotherapie. Auch die Vorgehensweise der klientenzentrierten Gesprächstherapie, der Gestalttherapie und der Transaktionsanalyse lassen sich im Rahmen dieser Theorie abbilden.

ZUSAMMENFASSUNG

In diesem Buch wurde der bereits früher (Sulz 1992a) begonnene Versuch fortgesetzt, die Analyse der Lerngeschichte eines Menschen so zu elaborieren und zu systematisieren, daß daraus eine Entwicklungstheorie resultiert, die unter lernpsychologischen, motivationspsychologischen, emotionspsychologischen, persönlichkeitspsychologischen, familien- und sozialpsychologischen Gesichtspunkten individuelle Dispositionen, Vulnerabilitäten und Symptombildungen erklärt. Diese Theorie ist als eine affektiv-kognitive Theorie eine Erweiterung des kognitiv-verhaltenstherapeutischen Ansatzes, der in der Praxis der Verhaltenstherapie längst realisiert wurde. Die empirische Forschung beginnt derzeit ebenfalls, Belege für die wissenschaftliche Fundierung der in diesem Buch systematisierten heuristischen Modelle praktizierender Psychotherapeuten zu finden. Als niedergelassener Therapeut, der den ganzen Tag Einzel-, Paar-, Familien- und Gruppentherapien durchführt, kann ich zur empirisch-wissenschaftlichen Fundierung nichts beitragen. Mir bleibt nur die Möglichkeit, meine klinischen Wahrnehmungen mit dem bisherigen theoretisch-wissenschaftlichen Erkenntnisstand zu einem klinischen Theoriemodell zusammenzufügen und diese Theorie so zu explizieren, daß ihre Aussagen von anderen überprüft werden können. Ob nun der Wahrheitsgehalt dieser Theorie für die therapeutische Praxis bedeutsamer ist oder ihr heuristischer Wert, wird sicher nicht einhellig gesehen werden. Mein Anliegen ist das letztere, wenngleich meine Hoffnung wäre, daß die empirische Forschung nicht unentwegt aus ihren selbst gewonnenen Erkenntnissen schöpfen würde, wodurch neben einer klinischen Alltagstherapie eine Wissenschaftstherapie existiert.

Es ist für einen Wissenschaftler sicher keine Herabsetzung, wenn er erfahrene Therapeuten Therapie machen läßt und als Wissenschaftler diese Therapeuten und ihre Therapie beforscht. Daß dies bisher in der Verhaltenstherapie unterlassen wurde, hat verhindert, daß mehr gegenseitige Befruchtung von Therapie und Wissenschaft erfolgen konnte. So haben sich zwei konträre Selbst- und Weltsichten aufrecht erhalten: Wissenschaftler verwechseln Wissenschaft mit Therapie und verwechseln Wissenschaftler mit Therapeuten. Therapeuten negieren die Praxisrelevanz wissenschaftlicher Forschung und die therapeutische Kompetenz von Wissenschaftlern. Hier steht eine Entwicklung und

Integration an. Die Widerstände, die dieser Entwicklung entgegenstehen, unterscheiden sich nur wenig von den in diesem Buch diskutierten therapeutischen Widerständen. Im Gegensatz zum individuellen Schicksal verlasse ich mich allerdings auf die Zuverlässigkeit des dialektischen Prinzips, das auch die Geschichte der Psychotherapie kennzeichnet. Lediglich außerhalb der Psychotherapie liegende Machtstrukturen vermögen die historische Dialektik um Jahrzehnte bis Jahrhunderte anzuhalten, allerdings nicht zu verhindern. Schon mit dem Differenzierungsschritt keimt die Tendenz zur Integration auf, so, wie die Tendenz eines Pendels zur Gegenrichtung mit jedem Millimeter des Pendelausschlags wächst.

Fort- und Weiterbildung: Training der strategischen Kurzzeittherapie SKT

Um sich eine effiziente strategische Arbeitsweise als Psychotherapeut anzueignen, ist ein Training hilfreich, in dem alle wesentlichen Prozesse praktisch durchgegangen werden. Im Centrum für Integrative Psychotherapie CIP in München werden hierzu Intensivwochen durchgeführt. Fünf Tage lang wird im Selbsterfahrungsmodus anhand der eigenen Biographie und Persönlichkeit und anhand der eigenen Lebens- und Beziehungsgestaltung der Prozeßablauf der strategischen Kurzzeittherapie erfahren. In einer zweiten Intensivwoche von vier Tagen Dauer werden die therapeutischen Interventionen so weit erarbeitet, daß sie mit eigenen Fällen praktisch durchgeführt werden können. Zwei weitere Intensivworkshops von je drei Tagen Dauer, die eine Mischung von patientenzentrierter Selbsterfahrung und Supervision sind, geben die Möglichkeit, die eigene Person und die Ausübung der Therapeutenrolle im Therapieprozeß zu reflektieren. Im Rahmen der ärztlichen Psychotherapie-Weiterbildung ist das SKT-Training als Kursreihe „Verhaltenstherapie als zweites Psychotherapieverfahren“ eine gute Ergänzung zur tiefenpsychologischen Psychotherapie-Weiterbildung, da es wesentliche Sicht- und Vorgehensweisen vermittelt, die in dieser Weiterbildung nicht angeboten werden.

Kontaktadresse ist: Centrum für Integrative Psychotherapie CIP, Nymphenburger Straße 185, 80634 München, Fax: 089/132133. Die Verhaltenstherapie-Weiterbildung der Bayerischen Akademie für Psychotherapie BAP, Nymphenburger Straße 185, 80634 München, ist zu größerem Anteil ebenfalls durch den strategischen Ansatz geprägt.

EXKURS: Computerunterstützte Bedingungungs- und Zielanalyse und Therapieplanung

Bei systematisierten Ansätzen zur Psychodiagnostik ist es naheliegend, den heute in jeder Klinik und Praxis verfügbaren Personal Computer zur Unterstützung der diagnostischen Schritte heranzuziehen. Ein Vorteil ist die größere und schneller abrufbare Kapazität an Informationen und Wissen (Klepsch, 1990). Ein anderer ist die visuelle Verfügbarkeit der Struktur und des Algorithmus des Diagnoseprozesses. So wie Bedeutungen für den Menschen sowohl affektiv als auch kognitiv sein sollten, damit ein vollständiges Bild der sozialen Welt entsteht, so ist auch nach dem emotional-intuitiven Erspüren des Problems des Patienten eine kognitive Strukturierung der diagnostischen Informationen im Rahmen einer Kurzzeittherapie z.B. mit Hilfe einer Expertensoftware hilfreich, um zu einem umfasenden Bild des Patienten und seiner Störung zu kommen. Die Widerstände der Therapeuten gegen das Einschalten einer Maschine sind verständlich. Die somatische Medizin hat die apparative Ära schon durchgemacht und wendet sich wieder der Natur zu, nicht ohne dort, wo Apparate hilfreich oder gar unverzichtbar sind, diese in der Alltagspraxis zu belassen. Analoge Entwicklungen bleiben auch in der Psychotherapie nicht aus.

Begleitend zum VDS-Handbuch „Das Verhaltensdiagnostiksystem VDS: Von der Anamnese zum Therapieplan" (Sulz, 1992a) wurde 1992 eine Verhaltensdiagnostik-Software (VDS-Expert I) veröffentlicht, das dazu dienen sollte, aus den Anamnese-Fragebögen des Verhaltensdiagnostiksystems (Sulz 1992b) gezielt über einen Frage-Antwort-Dialog mit 68 Items die für die Therapieplanung relevante Information herauszufiltern, d.h. eine gezielte Datenreduktion einerseits und eine Erklärungskette zur Erstellung eines individuellen Störungsmodells bei einem spezifischen Patienten herauszuarbeiten.

Die in diesem Buch in den vorausgegangenen Kapiteln dargestellte Systematik der Bedingungsanalyse, Zielanalyse und Therapieplanung eignet sich besonders zum Einsatz des Computers als Unterstützung. Die Weiterentwicklung des genannten Diagnostikprogrammes (VDS-Expert II) bildet den in diesem Buch vorgestellten Algorithmus und damit auch die allgemeine Störungstheorie als einer affektiv-kognitiven Entwicklungstheorie psychischer Störungen ab. Natürlich können alle darin vollzogenen Schritte auch mit Papier und Bleistift vollzogen werden, das heißt, der Computer ist nicht notwendig, um zu den gewünschten Ergebnissen zu kommen. Aber er ist sehr hilfreich, spart Arbeit und Zeit und gewährleistet eher ein stringentes diagnostisches Vorgehen.

VDS-Expert II kann in dreifacher Weise zur Anwendung kommen:

A) In Anlehnungan an die spezifischen VDS-Störungsmodelle Angst, Depression, Zwang, Bulimie oder Alkoholismus (Sulz 1992b) wird auf der Grundlage der anamnestischen Informationen ein individuelles Störungsmodell für einen Patienten erarbeitet, daraus Therapieziele und Therapieplan abgeleitet.

B) Unter Vorlage des allgemeinen Störungsmodells der affektiv-kognitiven Entwicklungstheorie psychischer Störungen wird auf der Basis der anamnestischen Informationen ein individuelles Störungsmodell für einen Patienten erarbeitet, daraus Therapieziele und Therapieplan abgeleitet.

C) Unter Vorlage des allgemeinen Störungsmodells der affektiv-kognitiven Entwicklungstheorie psychischer Störungen wird vom Anwender ein eigenes neues spezifisches Störungsmodell erarbeitet (z.B. für eine bestimmte Persönlichkeitsstörung oder für eine Störung wie Migräne. Ergebnis ist eine fallunabhängige spezifische Störungstheorie.

A) Vom spezifischen VDS-Störungs-/Ziel-/Therapiemodell zur individuellen Störung des Patienten und zu Therapiezielen und Therapieplan

Nach dem Einlesen der Personaldaten des Patienten von der Chipkarte (Versichertenkarte) oder manuellem Eingeben wird mit der Entscheidung beispielsweise für Vorgehen (a) z.B. bei einem depressiven Patienten das VDS-Störungsmodell Depression aufgerufen. Dies geschieht durch Anklicken des Begriffs „**Depression**“ in der Vorschlagsliste der Störungsmodelle (Bild 1).

VDS-Expert-Bild 1:

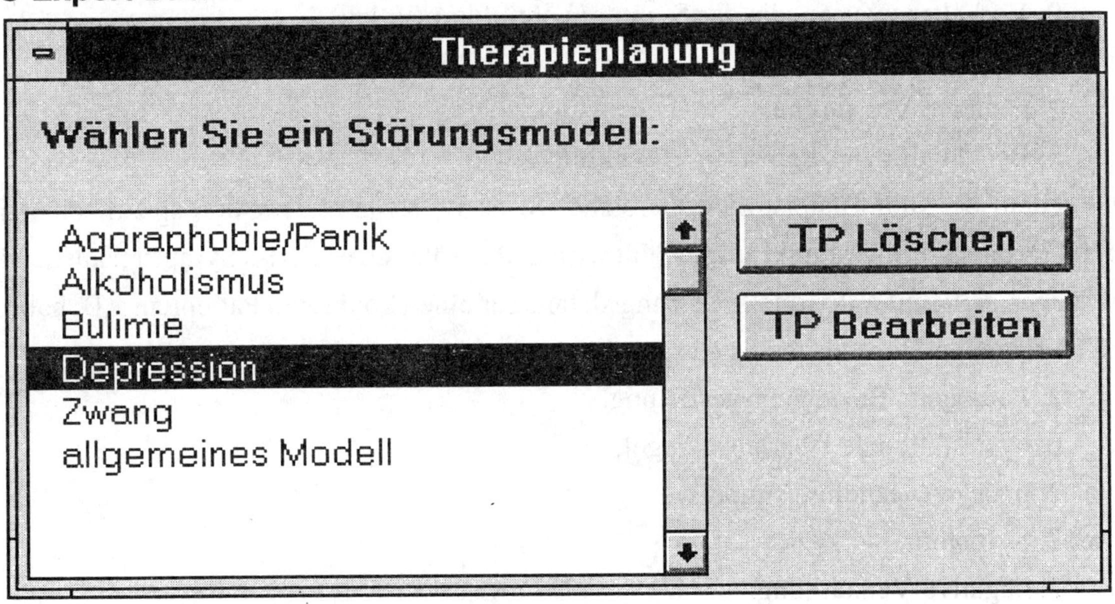

Als nächstes wird dieses Störungsmodell Punkt für Punkt durchgegangen und dabei überlegt, welcher der Störungsbereiche für den vorliegenden Fall am bedeutsamsten ist:

(S) 1. Pathogene Lebensgestaltung,
2. pathogene Beziehungsgestaltung,
3. spezifischer Auslösesituation,

(O) 1. Angeborene Disposition
2. Lerngeschichte,
3. kindliches Weltbild
4. kindliches Selbstbild,
5. Grundannahmen über das Funktionieren der Welt,
6. dysfunktionale Überlebensregel,
7. dysfunktionale Verhaltensstereotypien,
8. Dauerdilemma,

(R) 1. primäre Emotion,
2. primärer Handlungsimpuls,
3. antizipierte bedrohliche Konsequenz,
4. gegensteuernde Gefühle,
5. Vermeidung/Unterdrückung der Handlungstendenz,
6. neue (symptomatische) verhaltenssteuernde Gefühle,

(Symptom)7. Symptom,
8. aus dem Symptom ableitbare Verhaltensweisen,
9. Verhaltensweisen, die das Symptom abmildern sollen,

(K) 1. positive Verstärkung,
2. negative Verstärkung.
3. Bestätigung des Selbst- un d Weltbildes

Wenn aus jedem der fünf Hauptstörungsbereiche (S, O, R, K) je ein für den spezifischen Fall zutreffender Detail-Störungs-Punkt ausgewählt wird und zusätzlich noch das Symptom ausgewählt wird, so ergeben sich fünf individuelle Störungsdetails für einen konkreten Patienten, z.B. habe ich für Herrn D. folgende Störungsdetails ausgewählt:

(S) 2. Pathogene Beziehungsgestaltung,
(O) 6. dysfunktionale Überlebensregel,
(R) 2. primärer Handlungsimpuls,
(Symptom) 7. Symptom,
(K) 2. negative Verstärkung.

Wenn wir diesen ersten Schritt einer Bedingungsanalyse mit Hilfe von VDS-Expert nachvollziehen, so kann dies durch wenige Schritte erfolgen. Unten links kann mit dem Mauszeiger auf den „Button“ (S) für Situation geklickt werden. Dann klicken wir hierzu in der Auswahlliste die entsprechenden Zeilen an, z.B. „**2. Beziehungen**“ und „**3. Auslöser**“, wenn wir eine pathogene Beziehungsgestaltung gefunden ahben und wenn die situative Auslösung determinierend ist (Bild 2):

VDS-Expert-Bild 2:

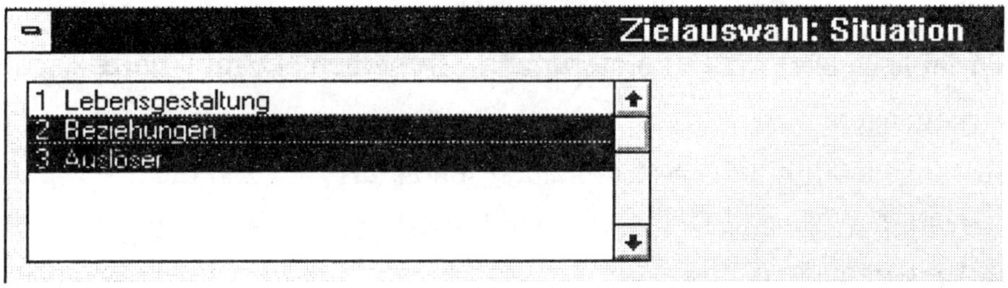

In den großen Textfenstern im unteren Teil des Monitorbildes (Bild 3) tauchen daraufhin links die VDS-Modell-Details für Störung, in der Mitte für die Zielanalyse und rechts der Therapieplan auf (in der oberen Reihe für „2. Beziehungen“ und in der unteren Reihe für „3. Auslöser“):

VDS-Expert-Bild 3:

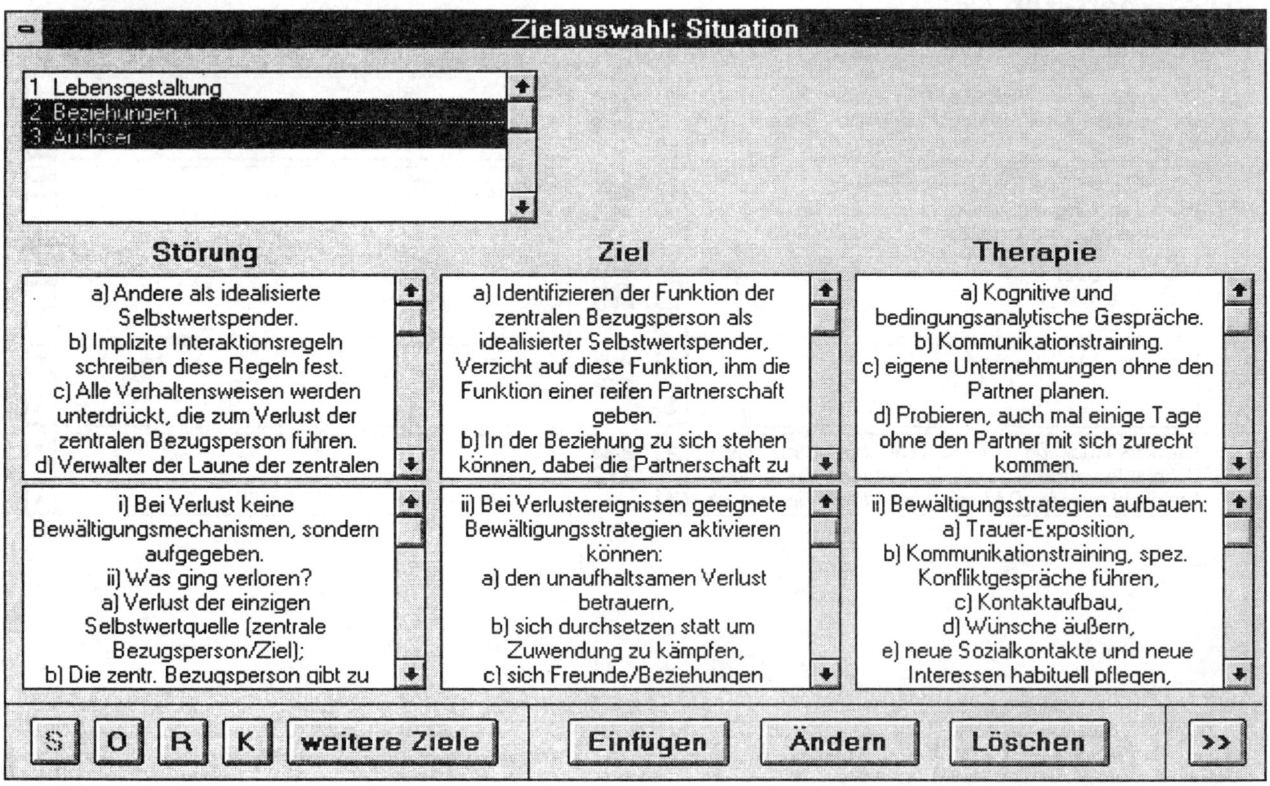

Das Störungsmodell „Depression“ bietet eine Verknüpfung Störung - Ziel - Therapie an, die die Ableitung des Therapieziels aus der Art der Störung ist und die für jede Störung und jede Störung-Ziel-Kombination die derzeit gängigen verhaltenstherapeutischen Therapiestrategien zur Wahl stellt.

Für den Störungsbereich Organismus (O) wird ebenso vorgegangen, anschließend für die Störungsbereiche Reaktion (R) und Konsequenz (K). Um zu diesen zu gelangen, wird - in obiger Abbildung unten links sichtbar - auf die Taste „O“ geklickt, worauf in dem Auswahlfenster oben links die 8 zur Organismus-Variable gehörigen Detailstörungen erscheinen. Darauf wird wiederum wie oben beschreiben vorgegangen.

Da für jedes Störungsdetail mit der Störung auch schon das Ziel und die Therapie festgelegt sind, steht nach diesen fünf Auswahlschritten der Modellvorschlag des Störungsmodells „Depression“ sowohl für das SORK-Schema (Bedingungsanalyse) als auch für die Therapieziele und für den Therapieplan fest. Diese Vorschläge können nun zur Orientierung dienen, wenn versucht wird, den eigenen Patienten zu beschreiben.

Folgende Abbildung (Bild 5) zeigt auf der linken Seite die auf den konkreten Patienten zutreffenden Detailstörungen aus den Störungsbereichen S, O, R und K.

VDS-Expert-Bild 4:

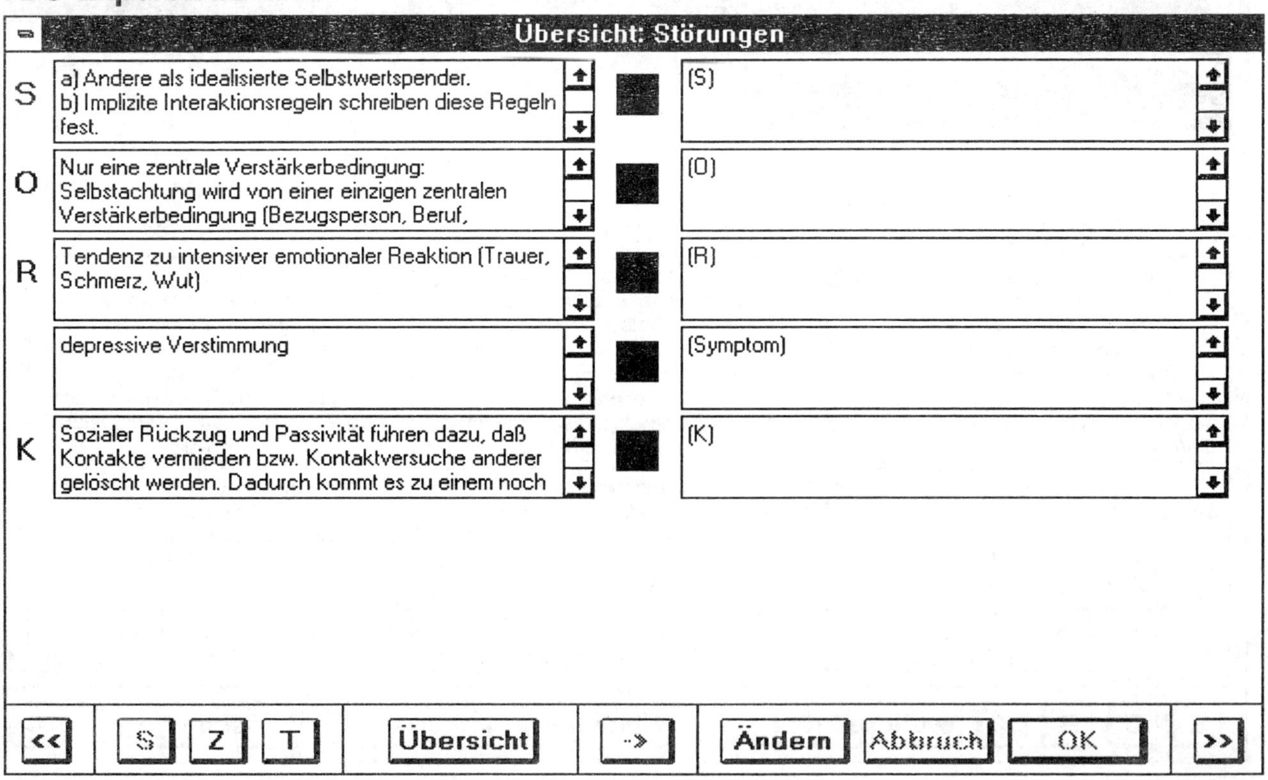

Wir beginnen mit der Formulierung des individuellen SORK-Schemas auf der rechten Seite, z. B. schreiben wir in das erste Textfeld rechts:

(S) In der Ehe hat der Pat. die Hoffnung verloren, zugleich seine Interessen durchsetzen zu können und trotzdem weiter Geborgenheit von der Partnerin zu erhalten.

Auf diese Weise werden für S, O, R, K und das Symptom die fallspezifischen Störungen formuliert. Folgende Abbildung (Bild 5) zeigt das fertige individuelle SORK-Schema:

VDS-Expert-Bild 5:

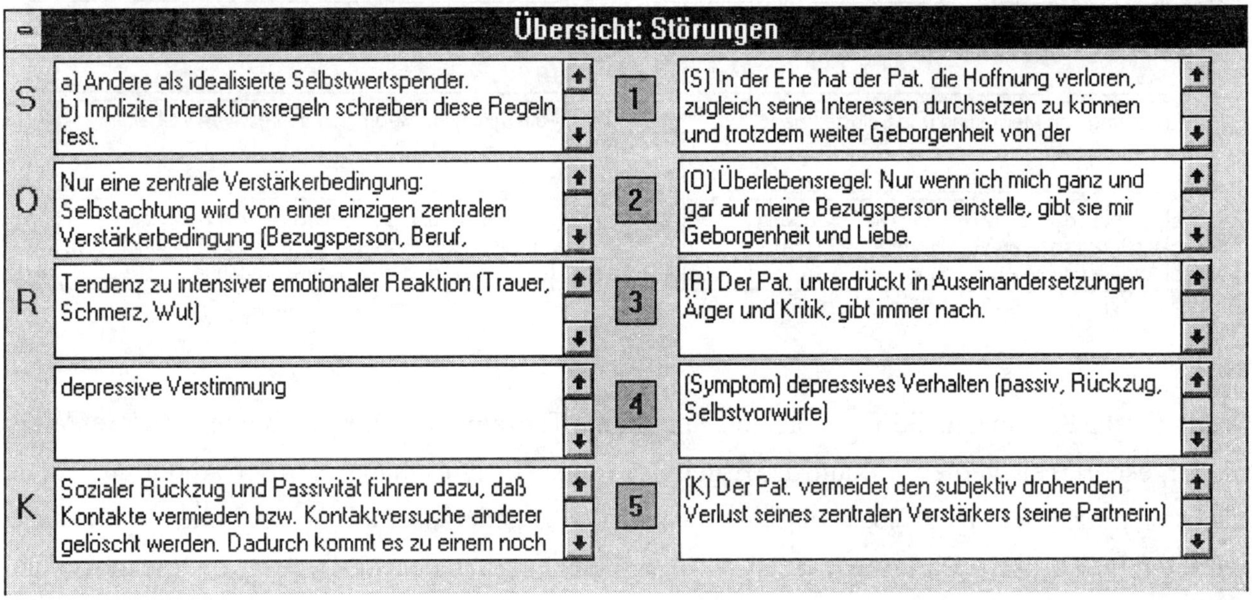

Nur diese selbst formulierten Angaben können von VDS-Expert anschließend in die zu schreibende Falldokumentation übernommen werden. Sie können aber auch in beliebigem Kontext ausgedruckt werden.

Ebenso gehen wir bei der Zielanalyse vor: In der vorletzten Abbildung (Bild 3) sind unten links drei Buttons mit den Bezeichnungen S für Störung, Z für Ziele und T für Therapie zu sehen. zur Zielanalyse kommen wir, wenn wir auf den Button Z klicken. Wieder befinden sich jeweils auf der linken Seite die zu den ausgewählten Detailstörungen gehörigen Detailziele des VDS-Störungsmodells „Depression", auf der rechten Seite kann der fallspezifische Text für die individuellen Therapieziele geschrieben werden, z.B.:

(zu S) Sich in der Partnerschaft behaupten lernen.

Schließlich ist die Zielanalyse mit der Formulierung der fünf Hauptziele wie in der rechten Spalte der folgenden Abbildung (Bild 6) erfolgt:

VDS-Expert-Bild 6:

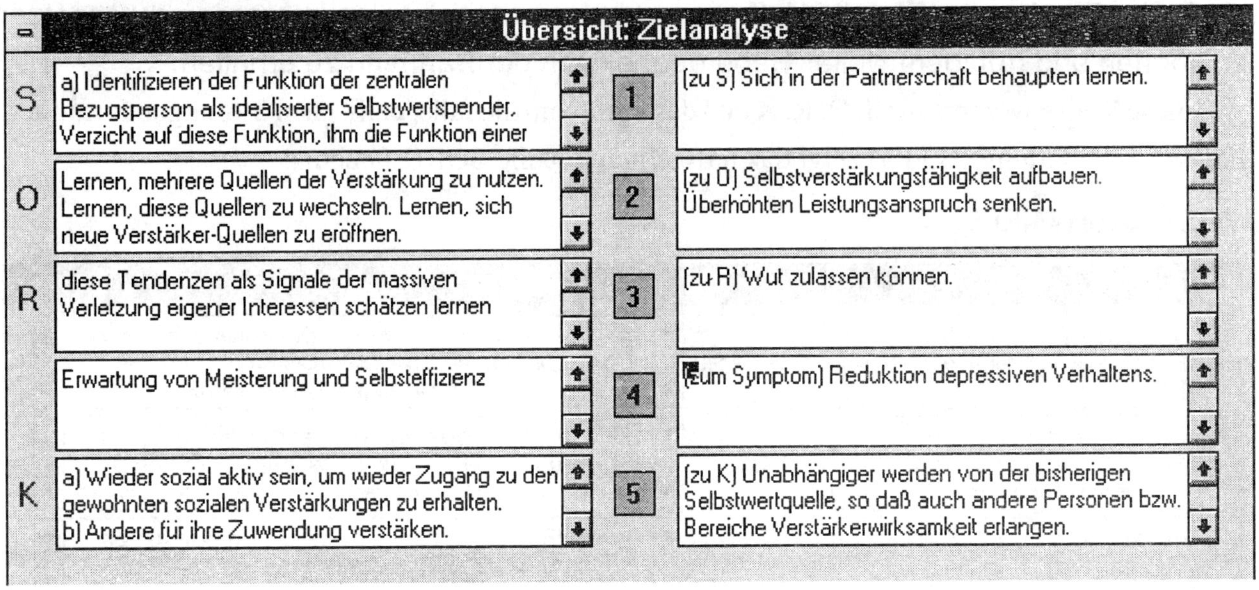

Wenn für die Störungen, die Therapieziele und für die Therapie die Entscheidungen in dieser Weise niedergeschrieben wurden, so kann das Ergebnis in einer Gesamtschau wie in der Abbildung auf der nächsten Seite oben (Bild 7)betrachtet - und natürlich geändert werden. In der linken Spalte sehen wir die fallspezifische Bedingungsanalyse (SORK-Schema), in der mittleren Spalte die individuellen Therapieziele und in der rechten Spalte den Therapieplan.

Anschließend können die Ziele, die bisher in der Reihenfolge des SORK-Schemas wiedergegeben wurden, entsprechend ihrer Priorität in eine neue Reihenfolge gebracht werden. Hierzu wird auf die kleinen Zahlenkästchen in der Mitte mit dem Mauszeiger geklickt, bis die gewünschte Rangordnung entstanden ist. Dies zeigt die Abbildulng auf der nächsten Seite unten (Bild 8).

VDS-Expert-Bild 7:

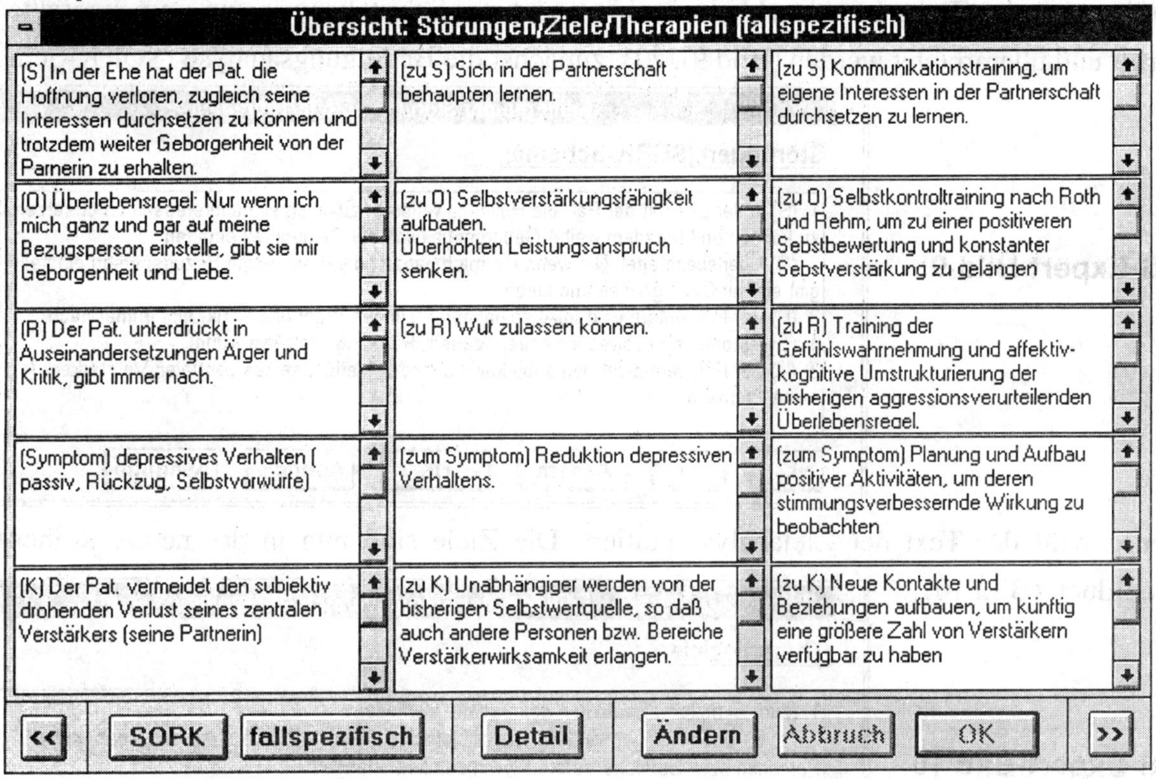

VDS-Expert-Bild 8:

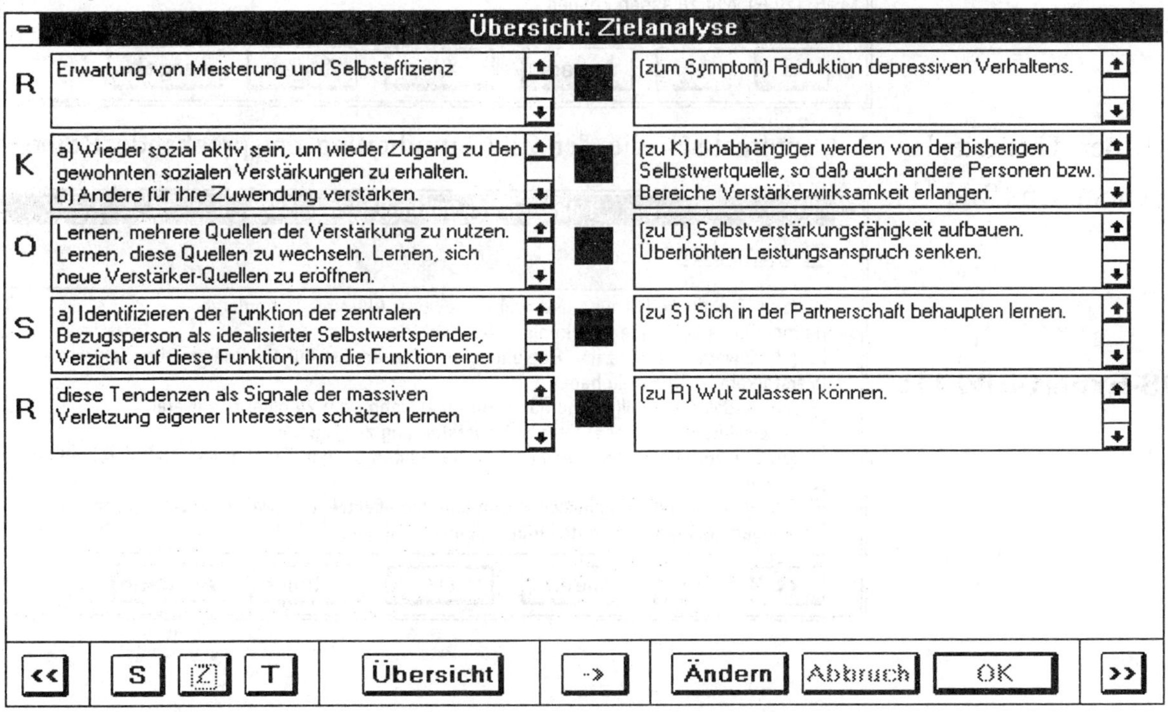

Automatisch wird auch die Reihenfolge der Therapievorschläge entsprechend geändert, so daß ihre Zuordnung zu den Zielen bestehen bleibt. In einem nächsten Schritt kann der zusammengefaßte Text geprüft und überarbeitet werden (Bild 9), z.B. zunächst die Bedingungsanalyse (SORK-Schema):

VDS-Expert-Bild 9:

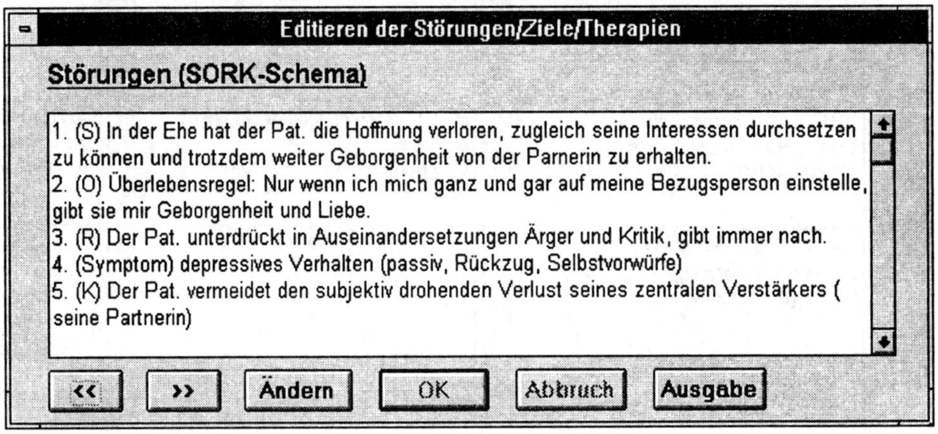

Ebenso wird der Text der Zielanalyse editiert. Die Ziele sind nun in der neuen Reihenfolge angeordnet (Bild 10):

VDS-Expert-Bild 10:

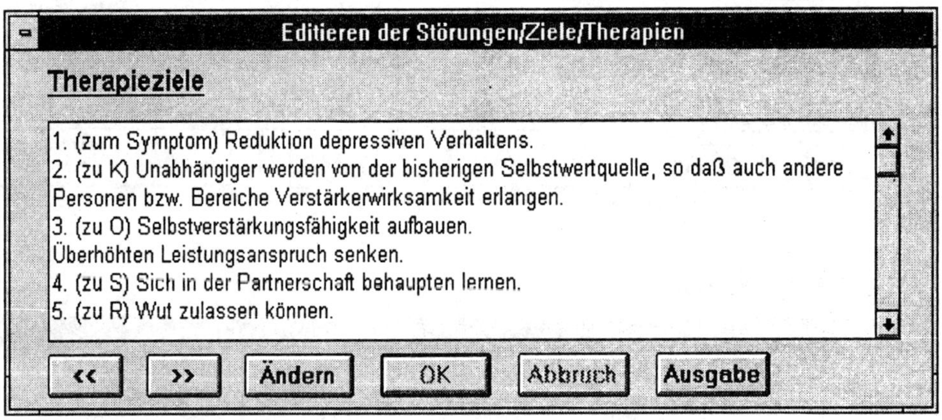

Auch der Therapieplan hat automatisch die der Zielformulierung entsprechende Reihenfolge eingenommen (Bild 11):

VDS-Expert-Bild 11:

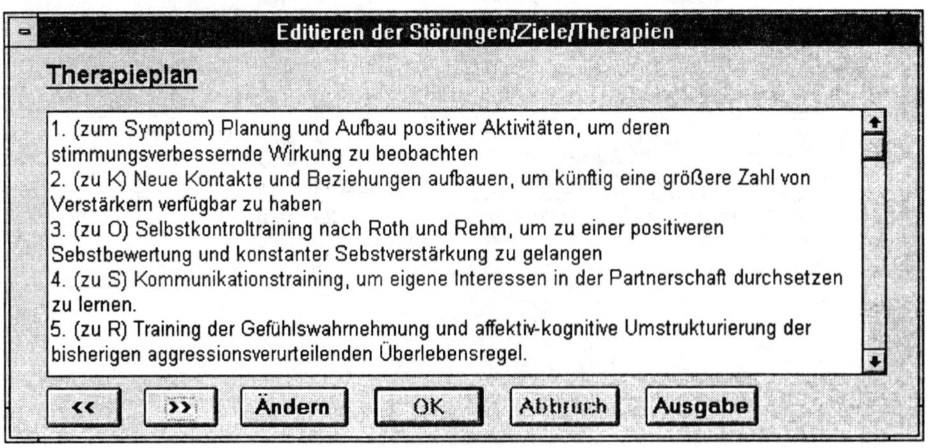

Mit diesen drei Texten haben wir im wesentlichen das gewünschte Ergebnis der Analyse der Bedingungen der Störung, der Ziele und der therapeutischen Entscheidungen. Die Logik der diagnostischen und therapeutischen Entscheidungen wird durch das Problemlöseparadigma (Problem - Ziele - Lösungswege) einerseits und durch das SORK-Schema andererseits vorgegeben.

B) Vom allgemeinen VDS-Störungs-/Ziel-/Therapiemodell zur individuellen Störung des Patienten und zu Therapiezielen und Therapieplan

Wer nicht eines der spezifischen VDS-Störungsmodelle (Angst, Zwang, Depression, Bulimie, chron. Alkoholismus) als Orientierungshilfe verwenden möchte, kann das allgemeine VDS-Störungsmodell als Vorgabe wählen. Nach dem Einlesen der Personaldaten des Patienten von der Chipkarte (Versichertenkarte) oder manuellem Eingeben wird mit der Entscheidung beispielsweise für Vorgehen (B) z.B. bei einer Angst-Patientin das allgemeine VDS-Störungsmodell aufgerufen. Dies geschieht durch Anklicken des Begriffs „**allgemeines Modell**" in der Vorschlagsliste der Störungsmodelle:

VDS-Expert-Bild 12:

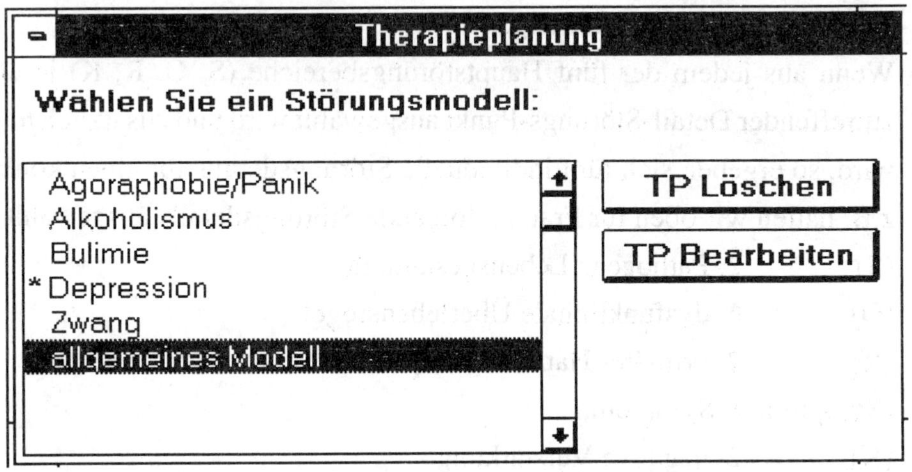

Als nächstes wird das allgemeine Störungsmodell Punkt für Punkt durchgegangen und dabei überlegt, welcher der Störungsbereiche für den vorliegenden Fall am bedeutsamsten ist:

(S) 1. pathogene Beziehungsgestaltung,
2. Pathogene Lebensgestaltung,
3. spezifischer Auslösesituation,

(O) 1. Angeborene Disposition
2. Lerngechichte,
3. kindliches Weltbild
4. kindliches Selbstbild,
5. Grundannahmen über das Funktionieren der Welt,

6. dysfunktionale Überlebensregel,
7. dysfunktionale Verhaltensstereotypien,
8. Dauerdilemma,

(R) 1. primäre Emotion,
2. primärer Handlungsimpuls,
3. antizipierte bedrohliche Konsequenz,
4. gegensteuernde Gefühle,
5. Vermeidung/Unterdrückung der Handlungstendenz,
6. neue (symptomatische) verhaltenssteuernde Gefühle,
7. Symptom,
8. aus dem Symptom ableitbare Verhaltensweisen,
9. Verhaltensweisen, die das Symptom abmildern sollen,

(K) 1. positive Verstärkung,
2. negative Verstärkung.

Wenn aus jedem der fünf Hauptstörungsbereiche (S, O, R, K) je ein für den spezifischen Fall zutreffender Detail-Störungs-Punkt ausgewählt wird und zusätzlich noch das Symptom ausgewählt wird, so ergeben sich fünf individuelle Störungsdetails für einen konkreten Patienten
z.B. hatten wir oben für Frau A. folgende Störungsdetails ausgewählt:

(S) 2. Pathogene Lebensgestaltung,
(O) 6. dysfunktionale Überlebensregel,
(R) 2. primärer Handlungsimpuls,
(Symptom)7. Symptom,
(K) 2. negative Verstärkung.

Wenn wir diesen ersten Schritt einer Bedingungsanalyse mit Hilfe von VDS-Expert nachvollziehen, so kann dies durch wenige Schritte erfolgen. Unten links kann mit dem Mauszeiger auf den „Button“ (S) für Situation geklickt werden. Dann klicken wir hierzu in der Auswahlliste die entsprechende Zeile an, z.B. „**1. Lebensgestaltung**“, wenn wir eine pathogene Lebensgestaltung gefunden haben und wenn die situative Auslösung und die Beziehungsgestaltung bei dieser Patientin weniger wichtig sind:

VDS-Expert-Bild 13:

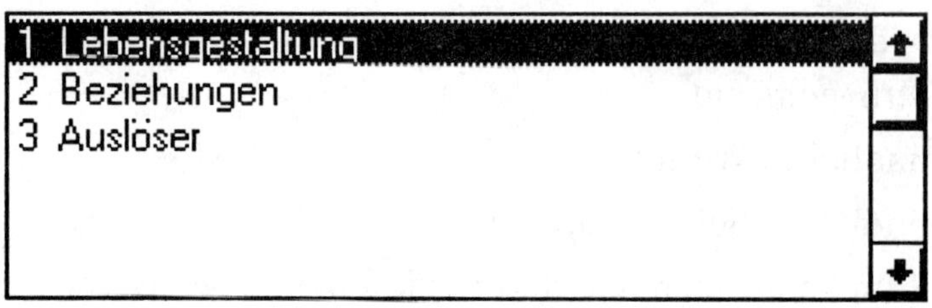

In den großen Textfenstern im unteren Teil des Monitorbildes tauchen daraufhin links die VDS-Modell-Details für Störung, in der Mitte für die Zielanalyse und rechts der Therapieplan auf (Bild 14: in der oberen Reihe für „1. (Pathogene) Lebensgestaltung", die untere Reihe bleibt frei):

VDS-Expert-Bild 14:

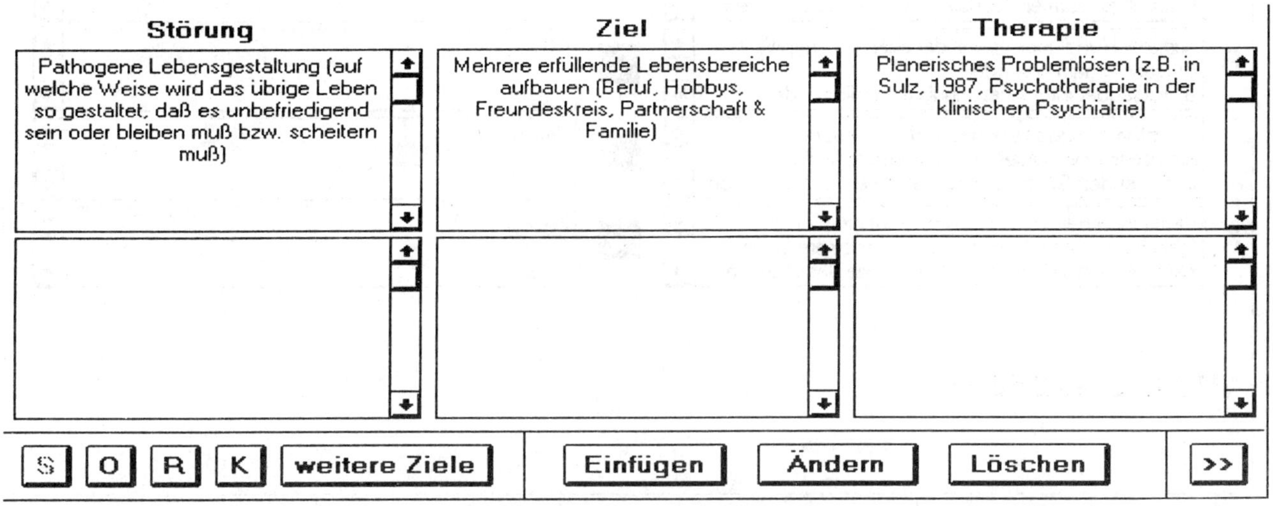

Das allgemeine Störungsmodell bietet eine Verknüpfung Störung - Ziel - Therapie an, die die Ableitung des Therapieziels aus der Art der Störung ist und die für jede Detail-Störung und jede Störung-Ziel-Kombination die derzeit gängigen verhaltenstherapeutischen Therapiestrategien zur Wahl stellt.

Für den Störungsbereich Organismus (O) wird ebenso vorgegangen, anschließend für die Störungsbereiche Reaktion (R) und Konsequenz (K). Um zu diesen zu gelangen, wird - in obiger Abbildung unten links sichtbar - auf die Taste „O" geklickt, worauf in dem Auswahlfenster oben links die 8 zur Organismus-Variable gehörigen Detailstörungen erscheinen - analog Bild 13. Darauf wird wiederum wie oben beschrieben vorgegangen.

Da für jedes Störungsdetail mit der Störung auch schon das Ziel und die Therapie festgelegt sind, steht nach diesen fünf Auswahlschritten der formale Modellvorschlag des allgemeinen VDS-Störungsmodells sowohl für das SORK-Schema (Bedingungsanalyse) als auch für die Therapieziele und für den Therapieplan fest. Diese Vorschläge können nun zur Orientierung dienen, wenn versucht wird, den eigenen Patienten zu beschreiben.

Folgende Abbildung (Bild 15) zeigt auf der linken Seite die auf den konkreten Patienten zutreffenden Detailstörungen aus den Störungsbereichen S, O, R und K des allgemeinen VDS-Störungsmodells.

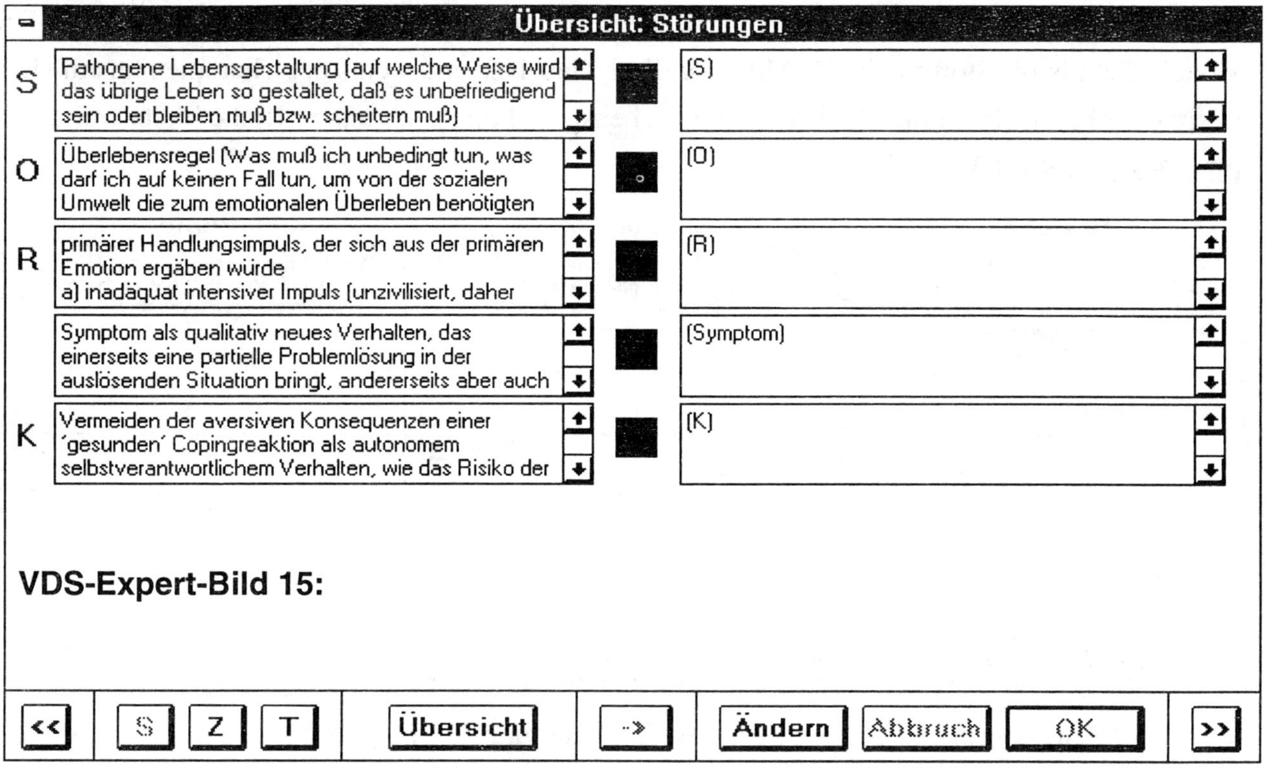

VDS-Expert-Bild 15:

Wir beginnen mit der Formulierung des individuellen SORK-Schemas auf der rechten Seite, z. B. schreiben wir in das erste Textfeld rechts:

(S) Bisher hatte die Pat. keinerlei außerfamiliäre Erlebens- und Tätigkeitsbereiche.

Folgende Abbildung (Bild 16) zeigt in der rechten Spalte das fertige fallspezifische SORK-Schema.

VDS-Expert-Bild 16:

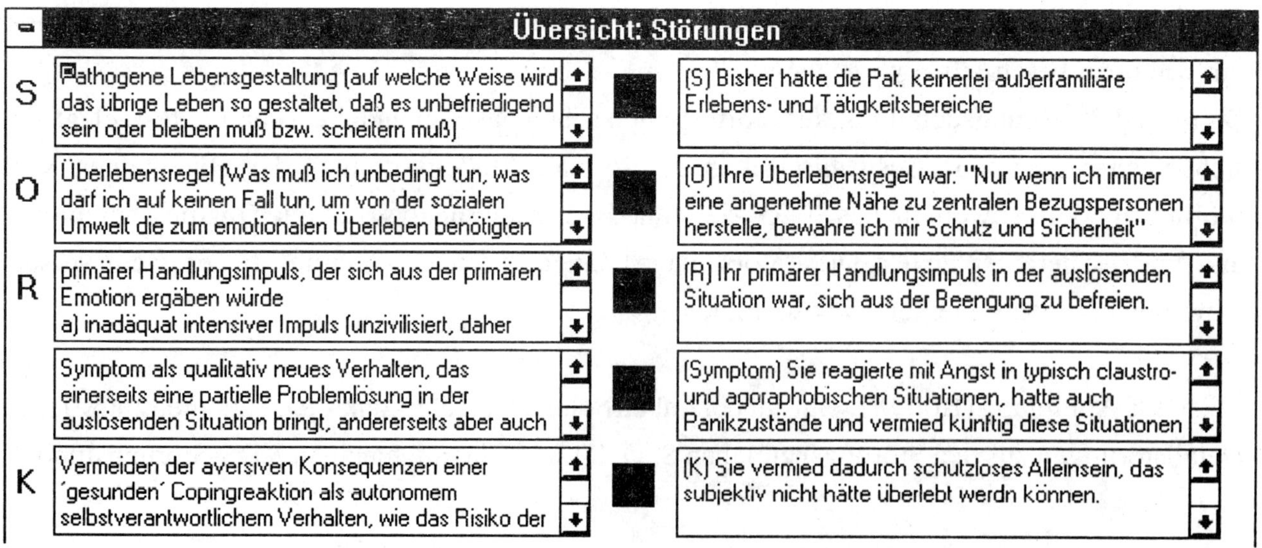

Nachdem für S, O, R, K und das Symptom die fallspezifischen Störungen formuliert wurden, wird rechts unten auf den Button „OK“ geklickt (Bild 15).

Wir gehen bei der Zielanalyse wie oben vor: In der vorletzten Abbildung (Bild 15) sind unten links drei Buttons mit den Bezeichnungen S, Z und T zu sehen - S für Störung, Z für Ziele und T für Therapie. Zur Zielanalyse kommen wir, wenn wir auf den Button Z klicken.

Wieder befinden sich jeweils auf der linken Seite die zu den ausgewählten Detailstörungen gehörigen Detailziele des allgemeinen VDS-Störungsmodells, auf der rechten Seite kann der fallspezifische Text für die individuellen Therapieziele geschrieben werden. Zur Orientierung steht in den freien Textfeldern der jeweilige Hinweis z.B.:(zu S) oder (zu O). Folgende Abbildlung (Bild 17) zeigt in der rechten Spalte die fertige fallspezifische Zielanalyse.

VDS-Expert-Bild 17:

Übersicht: Zielanalyse

S	Mehrere erfüllende Lebensbereiche aufbauen (Beruf, Hobbys, Freundeskreis, Partnerschaft & Familie)	(zu S) Lebensbereiche ohne den Partner aufbauen, die Eigenständigkeit ermöglichen.
O	Abschwächung oder Falsifikation der kindlichen Überlebensregel, so daß effizientes erwachsenes Sozialverhalten erlaubt ist.	Überlebensregel, indem die Erfahrung gemacht wird, daß auch allein Lebenstüchtigkeit besteht.
R	kognitive Kontrolle über den primären Handlungsimpuls erreichen: inadäquate Impulse ersetzen durch adäquate, effiziente	(zu R) Trennungsimpulse ersetzen durch interaktionelle Handlungskompetenzen.
	Ein alternatives, mit dem Symptom unverträgliches Verhalten aufbauen (evtl. als Gegenkonditionierung)	(zum Symptom) Lernen, mit der Angst umzugehen.
K	Die Angst vor Ablehnung und Unmut der anderen während des 'gesunden' Copingverhaltens aushalten können	(zu K) Vermeidungsverhalten reduzieren, in der beängstigenden Situation bleiben

Nach der Zielformulierung auf SORK-Ebene wird (in Bild 15) unten links der Button „T“ angeklickt, um zu den allgemeinen VDS-Therapievorschlägen überzugehen (hier nicht als Abbildung wiedergegeben), die wiederum in der linken Spalte erscheinen, so daß auf der rechten Spalte die zugehörigen eigenen fallspezifischen Therapieentscheidungen formuliert wrden können.

Wenn für die Störungen, die Therapieziele und für die Therapie die Entscheidungen in dieser Weise niedergeschrieben wurden, so kann das Ergebnis in einer Gesamtschau wie in der folgenden Abbildung (Bild 18) betrachtet - und natürlich geändert werden. In der linken Spalte sehen wir die fallspezifische Bedingungsanalyse (SORK-Schema), in der mittleren Spalte die individuellen Therapieziele und in der rechten Spalte den Therapieplan:

VDS-Expert-Bild 18:

Übersicht: Störungen/Ziele/Therapien (fallspezifisch)

(S) Bisher hatte die Pat. keinerlei außerfamiliäre Erlebens- und Tätigkeitsbereiche	(zu S) Lebensbereiche ohne den Partner aufbauen, die Eigenständigkeit ermöglichen.	(zu S) Aktivitätenplanung: Unternehmungen ohne den Ehemann (um eigene Lebensbereiche aufzubauen)
(O) Ihre Überlebensregel war: "Nur wenn ich immer eine angenehme Nähe zu zentralen Bezugspersonen herstelle, bewahre ich mir Schutz und Sicherheit"	(zu O) Falisifizierung der dysfunktionalen Überlebensregel, indem die Erfahrung gemacht wird, daß auch allein Lebenstüchtigkeit besteht.	(zu O) Empirische Hypothesenprüfung nach Beck (zur Falsifizierung der dysfunktionalen Überlebensregel)
(R) Ihr primärer Handlungsimpuls in der auslösenden Situation war, sich aus der Beengung zu befreien.	(zu R) Trennungsimpulse ersetzen durch interaktionelle Handlungskompetenzen.	(zu R) Kommunikationstraining (aktives Konfliktlösen statt zu lange nichts sagen und sich dann trennen)
(Symptom) Sie reagierte mit Angst in typisch claustro- und agoraphobischen Situationen, hatte auch Panikzustände und vermied künftig diese Situationen	(zum Symptom) Lernen, mit der Angst umzugehen.	(zum Symptom) Angstexposition, um zu lernen, mit der Angst umzugehen (Angstreduktion)
(K) Sie vermied dadurch schutzloses Alleinsein, das subjektiv nicht hätte überlebt werdn können.	(zu K) Vermeidungsverhalten reduzieren, in der beängstigenden Situation bleiben	(zu K) Selbstkontrolliertes Aufsuchen aller bisher vermiedenen Situationen (zum Abbau des Vermeidungsverhaltens)

<< | SORK | fallspezifisch | Detail | Ändern | Abbruch | OK | >>

Auf diese Weise **wurde ohne Anlehnung an ein spezifisches Störungsmodell** eine fallspezifische Bedingungs- und Zielanalyse und Therapieplanung durchgeführt. Zugrunde lag lediglich die formale Rationale der allgemeinen Entwicklungstheorie psychischer Störungen, die auf einer affektiv-kognitiven Entwicklungstheorie basiert, wie sie in diesem Buch dargelegt wurde. Die Logik der diagnostischen und therapeutischen Entscheidungen wird durch das Problemlöseparadigma (Problem - Ziele - Lösungswege) einerseits und durch das SORK-Schema andererseits vorgegeben.

Anschließend können die Ziele, die bisher in der Reihenfolge des SORK-Schemas wiedergegeben wurden, wie oben (A) entsprechend ihrer Priorität in eine neue Reihenfolge gebracht werden. Darauf wird weiter wie oben unter (A) beschrieben vorgegangen. Es resultieren drei Texte, die u.a. in die Falldokumentation übernommen wrden können und die das gewünschte Ergebnis der Analyse der Bedingungen der Störung, der Ziele und der therapeutischen Entscheidungen ausdrücken.

C) Theoriebildung: Vom allgemeinen VDS-Störungs-/Ziel-/Therapiemodell zum eigenen neuen spezifischen Störungsmodell

Die dritte Möglichkeit, VDS-Expert II zu nutzen, liegt im Bereich der Theoriebildung. Wer viel Erfahrung mit einer spezifischen Störung hat, für die noch kein VDS-Störungsmodell exisitert, kann ebenso vorgehen, wie ich es mit den bisher fertig gerstellten Modellen (Angst, Zwang, Depression, Bulimie, Alkoholismus) getan habe:

a) Sichtung der verfügbaren wissenschaftlichen Literatur über die spezfische Störung.

b) Sammeln der störungsspezifischen Aussagen in der vorgefundenen Literatur und Vergleich mit den eigenen klinischen Erfahrungen mit dieser Störung.

c) Zuordnen dieser gesammelten Aussagen zu den Variablen des allgemeinen VDS-Störungsmodells.

d) Vorläufiges Schreiben des neuen spezifischen Störungsmodells.

e) Prüfen der Modellaussagen bei den nächsten 10 bis 20 Patienten, die an dieser Störung leiden.

f) Modifizieren des vorläufigen Modells.

g) Weitergabe des Modells an andere Therapeuten bzw. Institute bzw. Kliniken zur weiteren Prüfung.

h) Zukünftiges ständiges Durchlaufen der Phasen a) bis g).

Wer nur sein ganz privates Störungsmodell erstellen will, ohne Anspruch auf Wissenschaftlichkeit, lediglich als heuristisches Modell für die klinische Praxis, kann natürlich sofort mit den Eintragungen in VDS-Expert II beginnen:

Dies geschieht durch Anklicken des Begriffs **„allgemeines Modell"** in der Vorschlagsliste der Störungsmodelle (Bild 19):

VDS-Expert-Bild 19:

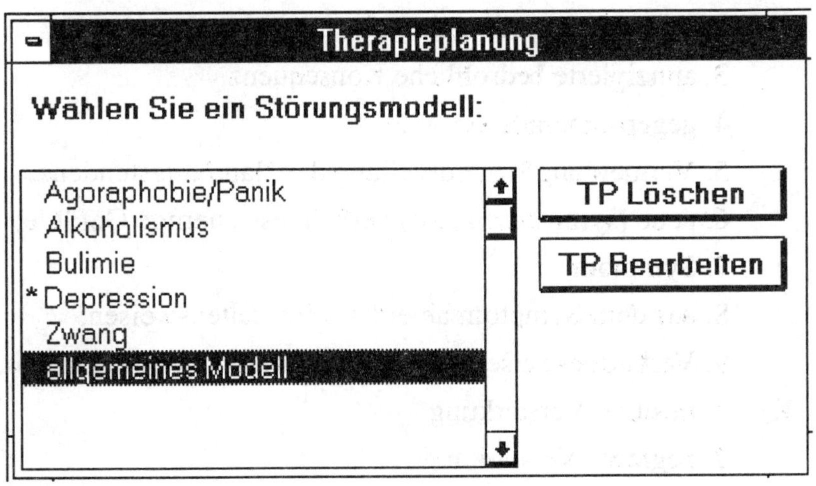

Es folgt eine Aufforderung zum Benennen des neuen Störungsmodells (Bild 20):

VDS-Expert-Bild 20:

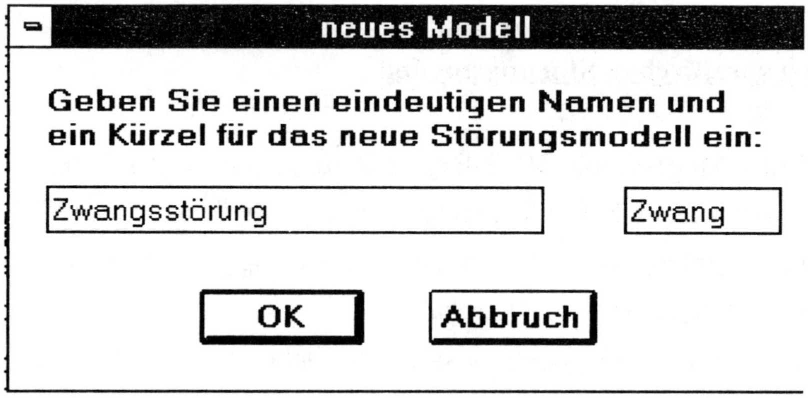

Als nächstes wird das allgemeine VDS-Störungsmodell Punkt für Punkt durchgegangen:

(S) 1. pathogene Beziehungsgestaltung,
2. Pathogene Lebensgestaltung,
3. spezifischer Auslösesituation,

(O) 1. Angeborene Disposition
2. Lerngechichte,
3. kindliches Weltbild
4. kindliches Selbstbild,
5. Grundannahmen über das Funktionieren der Welt,
6. dysfunktionale Überlebensregel,
7. dysfunktionale Verhaltensstereotypien,
8. Dauerdilemma,

(R) 1. primäre Emotion,
2. primärer Handlungsimpuls,
3. antizipierte bedrohliche Konsequenz,
4. gegensteuernde Gefühle,
5. Vermeidung/Unterdrückung der Handlungstendenz,
6. neue (symptomatische) verhaltenssteuernde Gefühle,
7. Symptom,
8. aus dem Symptom ableitbare Verhaltensweisen,
9. Verhaltensweisen, die das Symptom abmildern sollen,

(K) 1. positive Verstärkung,
2. negative Verstärkung.

Wer nicht alle obigen Punkte erarbeiten will, kann auch lediglich sein eigenes SORK-Schema für jede ihm wichtige psychische Erkrankung auf diese Weise erarbeiten, muß aber hierzu pro Störungsbereich mindestens eine Detailstörung anklicken, z.B.:

(S) 3. spezifische Auslösesituation,

(O) 6. dysfunktionale Überlebensregel,

(R) 2. primärer Handlungsimpuls,

(Symptom)7. Symptom,

(K) 2. negative Verstärkung.

Wenn wir diesen ersten Schritt einer Bedingungsanalyse mit Hilfe von VDS-Expert nachvollziehen, so kann dies durch wenige Schritte erfolgen. Unten links kann mit dem Mauszeiger auf den „Button“ (S) für Situation geklickt werden. Dann klicken wir hierzu in der Auswahlliste (Bild 21) die erste Zeile an: „**1. Lebensgestaltung**“, und schreiben für jeden Detailstörungsbereich die störungsspezifische Modellaussage.

VDS-Expert-Bild 21:

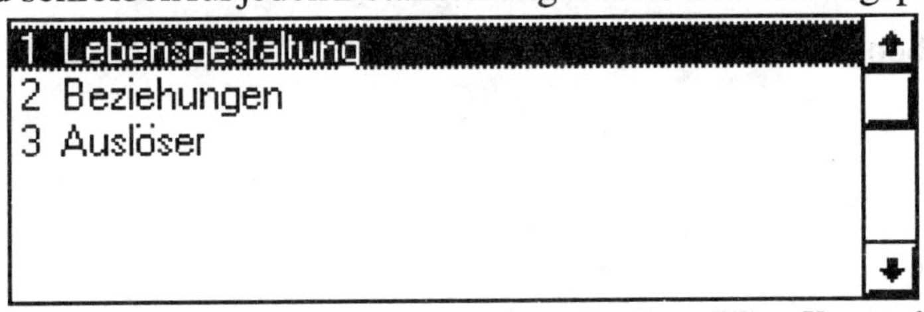

Nehmen wir als Beispiel aus dem Störungsbereich R (Reaktion) „**2. primärer Handlungsimpuls**“. In den großen Textfenstern im unteren Teil des Monitorbildes tauchen daraufhin in der oberen Zeile links die allgemeinen VDS-Modell-Details für **Störung** (primärer Handlungsimpuls, der sich ...), in der Mitte für die **Ziele** (kognitive Kontrolle über den primären ...)und rechts die **Therapie** (Selbstinstruktionsübungen ...) auf. In den Textfenstern in der unteren Zeile können wir nur die entsprechenden Modellaussagen für das neue Ströungsmodell (hier als Beispiel Zwang):

VDS-Expert-Bild 22:

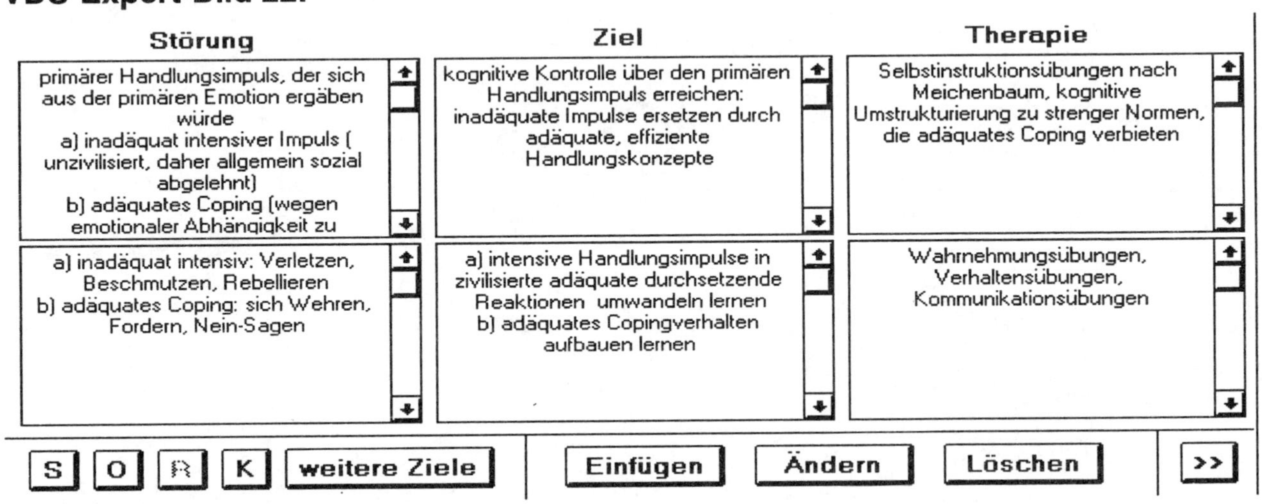

Das allgemeine VDS-Störungsmodell bietet eine Verknüpfung Störung - Ziel - Therapie an, die die Ableitung des Therapieziels aus der Art der Störung ist und die für jede Detail-Störung und jede Störung-Ziel-Kombination die derzeit gängigen verhaltenstherapeutischen Therapiestrategien zur Wahl stellt. Wir können dies nun auf die spezifische Störung Punkt für Punkt übertragen.

Auf diese Weise **wurde in Anlehnung an das allgemeine VDS-Störungsmodell** als theoretische Leistung ein spezifisches Störungsmodell für eine neue psychische oder psychosomatische Störung erarbeitet und Bedingungs- und Zielanalyse sowie die Therapieplanung durchgeführt. Wieder lag die formale Rationale der allgemeinen Entwicklungstheorie psychischer Störungen zugrunde, die auf einer affektiv-kognitiven Entwicklungstheorie basiert, wie sie in diesem Buch dargelegt wurde. Die Logik der Schritte von der Störung zum Ziel über die Therapie wurde durch das Problemlöse-paradigma (Problem - Ziele - Lösungswege) einerseits und durch das SORK-Schema andererseits vorgegeben.

Tabelle A1:

VDS 14: Psychischer/psychosomatischer Befund (Arzt/Therapeut) Patient: ....(Stand 1.2.94)

Der VDS-Befund dient der Erhebung des psychischen und psychosomatischen Befundes.

Dabei reicht nicht die Ja-Antwort des Patienten, damit der Untersucher das Vorhandensein des Symptoms bejaht. Erst wenn der Untersucher sich vom Patienten seine Beschwerden durch Nachfragen beschreiben ließ und der Untersucher aufgrund dieser Beschreibung zum Urteil kommt, daß das Symptom vorhanden ist, bejaht er die Frage im VDS-Befund (durch einen Kreis um das „ja“).

Einige Symptome können nicht erfragt werden, sondern müssen aus dem Verhalten oder den Angaben des Patienten erschlossen werden. Diese Symptome sind durch das Wort „Arzt:“ gekennzeichnet, z.B.:

2. zerfahren Arzt: Pat. äußert Gedankenbruchstücke, ... ja/nein

Das Vorliegen eines spezifischen Syndroms kann wiederum nicht aus der Zahl der Ja-Antworten des Untersuchers geschlossen werden. Es ist nur dann sinnvoll, das Vorhandensein eines Syndroms zu diagnostizieren, wenn es sich um eines der wenigen Syndrome handelt, deretwegen der Patient zur Untersuchung oder zur Behandlung kommt bzw. wenn es Ausdruck einer seit längerem bekannten oder vorhandenen eigenen Erkrankung ist.

Der zeitliche Beginn des Syndroms (ohne Exploration der Auslösesituation)kann meist hier schon festgelegt werden.

Einige Syndrome sind häufig sekundär (d.h. zeitlich eindeutig später als das primäre) - z.B. ein depressives Syndrom oder Alkoholmißbrauch bei einer chron. Angststörung. Dies sollte bereits hier vermerkt werden. Spätere Mehrfachdiagnosen verschleiern sonst wieder die Pathogenese.

Tabelle A1:VDS 14: Psychischer/psychosomatischer Befund (Arzt/Therapeut) Patient: ....(Stand 1.2.94)

Zusammenfassung des Befundes:

Der Patient/die Patientin leidet unter einem ....**-Syndrom**
mit (Aufzählung aller **Symptome**, die zu diesem Syndrom gehören und vom Untersucher mit ja beantwortet wurden)
.............................., ..., ..., ...,
.............................., ..., ..., und ....

Er/sie leidet außerdem unter einem ....**-Syndrom**
mit (Aufzählung aller **Symptome**, die zu diesem Syndrom gehören und vom Untersucher mit ja beantwortet wurden)
.............................., ..., ..., ...,
............................, und ....

Außerdem leidet er/sie unter (Aufzählung weiterer wichtiger Symptome)
.............................., ..., ..., und ....

Es bestehen **keine** ....
(z.B. keine Symptome, die auf ein paranoid-halluzinatorisches, chronisch oder akut hirnorganisches oder ein manisches Syndrom hinweisen würden).

Es besteht ein Hinweis auf eine Persönlichkeitsstörung (aus diesem Symptom-Fragebogen nicht hervorgehend!) **ja/nein**

ggf: Es besteht eine .... Persönlichkeitsstörung mit ....(Eigenschaften, Verhaltensweisen).

Zusammenfassende Syndrom-Diagnose:				**Welches Familienmitglied hatte ein.....**
(....)	Es besteht ein paranoid-halluzinatorisches Syndrom	seit .../19..		Wer?.....................Wann?...........
(....)	Es besteht ein manisches Syndrom	seit .../19..		Wer?.....................Wann?...........
(....)	Es besteht ein chronisches hirnorganisches Syndrom	seit .../19..		Wer?.....................Wann?...........
(....)	Es besteht ein akutes hirnorganisches Syndrom	seit .../19..		Wer?.....................Wann?...........
(....)	Es besteht ein depressives Syndrom	seit .../19..	primär/sekundär?	Wer?.....................Wann?...........
(....)	Es besteht ein Angst-Syndrom	seit .../19..	primär/sekundär?	Wer?.....................Wann?...........
(....)	Es besteht ein aggressives Syndrom	seit .../19..		Wer?.....................Wann?...........
(....)	Es besteht eine Sexualstörung	seit .../19..	primär/sekundär?	Wer?.....................Wann?...........
(....)	Es besteht ein Zwangs-Syndrom	seit .../19..		Wer?.....................Wann?...........
(....)	Es besteht eine stoffliche Abhängigkeit bzw. Mißbrauch	seit .../19..		Wer?.....................Wann?...........
(....)	Es besteht eine Eßstörung	seit .../19..		Wer?.....................Wann?...........
(....)	Es besteht ein Tic oder Stottern	seit .../19..		Wer?.....................Wann?...........
(....)	Es besteht ein Schmerz-Syndrom	seit .../19..		Wer?.....................Wann?...........
(....)	Es besteht ein Somatisierungs-Syndrom (incl. Konversions- und hypochondr. Syndrom)	seit .../19..		Wer?.....................Wann?...........
(....)	Es besteht Hinweis auf ein ....-Syndrom	seit .../19..	primär/sekundär?	Wer?.....................Wann?...........

Datum: Unterschrift: (Name.....................)

1.	Wahn	Glauben Sie, daß viele oder manche Leute über Sie reden oder Sie gezielt beobachten oder Ihnen versteckte Botschaften zukommen lassen?	ja/nein
2.	zerfahren Arzt:	Pat. äußert Gedankenbruchstücke, Satzfolgen ohne Zusammenhang)	ja/nein
3.	Beeinträchtigung	Glauben Sie, daß manche Leute absichtlich versuchen, Ihnen Schaden zuzufügen?	ja/nein
4.	Manirismen Arzt:	Pat. macht Bewegungen, Gesten, Gesichtsausdruck auffällig, maniriert, (KEINE extrapyramidalen Bewegungsmuster!)	ja/nein
5.	Stimmen hören	Hören Sie Stimmen von Menschen, die nicht anwesend oder sichtbar sind?	ja/nein
6.	Inadäquat. Affekt	Haben Sie frohe Gefühle oder lachen Sie, auch wenn Schlimmes im Gang ist?	ja/nein
7.	Sonst. Halluzinat.	Hören oder sehen Sie äußere Geräusche, die andere nicht wahrnehmen können?	ja/nein
8.	katat. Beweg.störg	Sind Arme und Beine manchmal willentlich schwer bewegbar?	ja/nein
9.	Depersonalisation	Fühlen Sie sich unwirklich, fremd, kein Mensch?	ja/nein
10.	Gedankenentzug	Sind ihre Gedanken plötzlich weg, als ob Sie Ihnen jemand entzogen hätte?	ja/nein
11.	Gedankenausbreit	Breiten sich Ihre Gedanken aus, so daß andere Menschen wissen, was Sie denken?	ja/nein
		Besteht ein paranoid-halluzinatorisches Syndrom?	**ja/nein**

12.	Euphorisch	Fühlen Sie sich ohne besonderen Anlaß sehr frohgestimmt?	ja/nein
13.	Ideenflucht	Kommen Ihnen ständig neue Gedanken/Ideen in den Kopf, so daß Sie kaum den einen Gedanken zu Ende denken können?	ja/nein
14.	Größenideen	Können oder leisten Sie so viel wie kaum ein anderer Mensch?	ja/nein
15.	Logorrhoe	Sprechen Sie viel flüssiger und mehr als früher und als andere Menschen?	ja/nein
16.	Antriebssteigerg	Fühlen Sie sich viel voller an Energie und Unternehmungsgeist als früher?	ja/nein
17.	Schlaf vermind	Brauchen Sie jetzt viel weniger Schlaf als früher?	ja/nein
18.	Über Verhältn leb	Haben Sie in letzter Zeit mehr Geld ausgegeben/ Einkäufe gemacht als früher üblich?	ja/nein
		Besteht ein manisches Syndrom?	**ja/nein**

19.	Merkfähigkeit		Können Sie sich im Moment weniger merken als früher?		ja/nein
20.	Merkprobe	Arzt:	368491 nachsprechen oder 2710843	Störg?	ja/nein
21.	Gedächtnis		Vergessen Sie viel mehr als früher? Haben Sie Gedächtnislücken?		ja/nein
22.	GedächProbe	Arzt:	Was machten Sie gestern, was gab es gestern zum Mittag- bzw. zum Abendessen?	Störg?	ja/nein
23.	Auffassgsstörung		Verstehen Sie oft nicht, was man Ihnen sagt?		ja/nein
24.	Konzentrstörung		Hat Ihre Konzentrationsfähigkeit deutlich nachgelassen?		ja/nein
25.	Orient.störg	Arzt:	Wo sind Sie hier? Welches Jahr/Monat, welcher Tag ist heute? Wer bin ich? Ihr Alter?	Störg.	ja/nein
26.	affektstarr		Bleiben Sie sehr lange an einem Gefühl hängen, kommen schwer wieder davon weg?		ja/nein
			Besteht ein chronisches hirnorganisches Syndrom?		**ja/nein**

27.	Konfabulat	Arzt:	Der Pat. füllt Gedächtnislücken durch erfundene Antworten aus	ja/nein
28.	Affektinkontin.		Wechseln Ihre Gefühle stark, daß Sie z.B. plötzlich weinen müssen?	ja/nein
29.	Perseverat	Arzt:	Der Pat. bleibt bei einer Aussage, wiederholt sie mehrfach	ja/nein
30.	Antr.armut	Arzt:	Der Pat. wirkt apathisch, verlangsamt	ja/nein
31.	Antr.steig.	Arzt:	Der Pat. wirkt antriebsgesteigert	ja/nein
32.	Bewusst.stör.	Arzt:	Der Pat. wirkt schwer ansprechbar, abwesend	ja/nein
33.	Opt. Halluzinat.		Sehen Sie Dinge, die andere anwesende Menschen nicht sehen können?	ja/nein
34.	Benommen	Arzt:	Der Pat. wirkt nicht bewusstseinsklar, schläfrig, benommen	ja/nein
35.	Verwirrtheit		Der Pat. wirkt wie im Traum sich in einer anderen unrealen Situation befindend.	ja/nein
36.	Desorient.	Arzt:	Der Pat. weiß nicht, wo er ist, wie er hierherkam, wozu er hier ist	ja/nein
37.	Organ. Wahn	Arzt:	Der Pat. ist unkorrigierbar von einem objektiv falschen Sachverhalt überzeugt	ja/nein
38.	Erregung	Arzt:	Der Pat. wirkt in unnachvollziehbarem Ausmaß erregt	ja/nein
39.	Apathie	Arzt:	Der Pat. wirkt sehr apathisch	ja/nein
			Besteht ein akutes hirnorganisches Syndrom?	**ja/nein**

40.	niedergeschlagen	Ich fühle mich traurig und niedergeschlagen	ja/nein
41.	hoffnungslos	Haben Sie die Hoffnung verloren?	ja/nein
42.	Insuffiziengefühl	Glauben Sie, daß Sie zu den für Sie wichtigen Tätigkeiten nicht in der Lage sind?	ja/nein
43.	Selbstabwertung	Halten Sie sich für unwert, weniger wert als andere Menschen?	ja/nein
44.	erschöpfbar	Erschöpfen Sie Tätigkeiten des normalen Alltags viel schneller als früher?	ja/nein
45.	Interessenverlust	Haben Sie das Interesse an vielen Dingen verloren?	ja/nein
46.	Selbstvorwürfe	Machen Sie sich wiederholt Vorwürfe und quälen Sie diese Vorwürfe?	ja/nein
47.	Schuldgefühle	Haben Sie das Gefühl, sich schuldig gemacht zu haben?	ja/nein
48.	innere Unruhe	Fühlen Sie sich innerlich unruhig?	ja/nein
49.	Jammern Arzt:	Der Pat. wendet sich mit Klagen und Jammern an den Therapeuten, so daß dieser kaum in der Lage ist über ein anderes Thema mit dem Patienten zu reden	ja/nein
50.	Denken verlangs.	Geht Ihr Denken langsamer und schwerer voran als früher?	ja/nein
51.	Grübeln	Grübeln Sie mehr als Sie wollen, so daß Sie sich anderen weniger zuwenden können?	ja/nein
52.	Schlafstörungen	Können Sie schlecht einschlafen/durchschlafen/wachen Sie sehr früh auf?	ja/nein
53.	Schlafstör.welche	Welche der angegebenen Schlafstörungen haben Sie ....?	
54.	Tagesschwank.	Ist Ihre Stimmung zu bestimmten Tageszeiten schlechter (z.B. morgens oder abends)?	ja/nein
55.	Suizidgedanken	Denken Sie daran, sich das Leben zu nehmen?	ja/nein
56.	Suizidtendenzen	Haben Sie manchmal konkret vor, sich das Leben zu nehmen?	ja/nein
57.	Suizidversuche	Haben Sie kürzlich versucht, sich das Leben zu nehmen?	ja/nein
58.	Suizidvers. wie?	Was haben Sie konkret getan? ....?	

Besteht ein depressives Syndrom? **ja/nein**

59.	Angst	Haben Sie öfter als früher oder intensiver oder anhaltender Angst?	ja/nein
60.	Angst wovor?	Wovor haben Sie Angst..? Phobie	ja/nein
61.	Angst wann?	Wann haben Sie Angst ....? ständig?	ja/nein
62.	Angstsituation	In welchen Situationen haben Sie Angst ....? situativ?	ja/nein
63.	Angstflucht	Müssen Sie die Situation sofort verlassen und künftig meiden?	ja/nein
64.	Schwitzen	Führt Ihre Angst zum Schwitzen?	ja/nein
65.	Atemnot	Führt Ihre Angst zu Atemnot?	ja/nein
66.	Pulsrasen	Führt Ihre Angst zu Pulsrasen?	ja/nein
67.	Schwindel	Führt Ihre Angst zu Schwindelgefühlen?	ja/nein
68.	Harn/Stuhldrang	Führt Ihre Angst zu Harn- oder Stuhldrang?	ja/nein
69.	Übelkeit	Führt Ihre Angst zu Übelkeit?	ja/nein
70.	Kalte Akren	Führt Ihre Angst zu kalten Fingern, Händen oder Füßen?	ja/nein
71.	Zittern	Führt Ihre Angst zu Zittern?	ja/nein
72.	Erröten	Leiden Sie unter extrem häufigem Erröten?	ja/nein
		Besteht ein Angst-Syndrom?	**ja/nein**

73.	Vorbeired. Arzt:	Die Antworten des Pat. beziehen sich meist nicht auf die gestellte Frage	ja/nein
74.	Mißtrauen	Sind Sie mißtrauisch, entdecken Sie gegen Sie gerichtete Äußerungen oder Handlungen möglichst schnell?	ja/nein
75.	Hypochondrie	Sind Sie längere Zeit davon überzeugt unter einer bestimmten körperlichen Krankheit zu leiden, dann wieder unter einer anderen Krankheit usw.?	ja/nein
76.	Ambivalenz	Haben Sie zu Menschen und Ereignissen meist eine sehr geteilte Einstellung, ohne sich für die eine oder andere Seite entscheiden zu können?	ja/nein
77.	mot. Unruhe Arzt:	Der Patient ist in ständiger unruhiger Bewegung	ja/nein

Es besteht Hinweis auf ein ....-Syndrom

78.	aggressiv	Reagieren Sie wütender, zorniger, sarkastischer als früher?	ja/nein
79.	aggr.Impulsstörg.	Können Sie Wut/Aggression nicht kontrollieren (aggr. Ausbrüche, Handgreiflichkeit)	ja/nein
80.	Selbstbeschädig.	Verletzen Sie sich in letzter Zeit fahrlässig oder absichtlich selbst?	ja/nein
		Besteht ein aggressives Syndrom?	**ja/nein**
81.	Sexual. vermind.	Hat Ihr sexuelles Interesse deutlich nachgelassen?	ja/nein
82.	Sexual. störg.	Leiden Sie unter einer spezifischen sexuellen Störung?	ja/nein
83.	Sex.störg. welche?	Welche Störung?Inwiefern ist Ihre Sexualität gestört?..?	
		Besteht eine Sexualstörung?	**ja/nein**
84.	Zwänge	Leiden Sie unter Zwängen wie Kontrollieren, Ordnen, Putzen, Waschen, Zählen, Wiederholen oder anderen Zwängen (Ich mach das ohne es zu wollen und ohne daß jemand mich zwingt)	ja/nein
85.	Zwänge welche?	Welche Zwänge haben Sie..?	
		Besteht ein Zwangs-Syndrom?	**ja/nein**
86.	Alkoh.mißbrauch	Trinken Sie viel alkoholische Getränke?	ja/nein
87.	Alk. wieviel?	Wieviel Alkohol pro Tag: ......Bier,..........Wein,............Schnaps,..........Sonstiges?	
88.	Alk. wann?	Wann trinken Sie Alkohol...?	
89.	Alk.situation	In welchen Situationen trinken Sie..?	
90.	Suchtmittelmißbr	Verwenden Sie Schlaf-, Beruhigungs-, Schmerz-, Aufputsch- oder andere Mittel, die süchtig machen können, ohne ärztliche Verordnung?	ja/nein
91.	Suchtm.welche?	Welche Suchtmittel nehmen Sie...?	
92.	Suchtm.wieviel?	Wieviel Suchtmittel nehmen Sie..?	
93.	Entzugssymptome	Kommt es bei einer Unterbrechung der Einnahme von Suchtmitteln zu Entzugserscheinungen, so daß Sie möglichst schnell das Getränk/Mittel wieder zu sich nehmen müssen?	ja/nein
		Besteht eine stoffliche Abhängigkeit oder ein Suchtmittel-Mißbrauch?	**ja/nein**

94.	Appetitverlust	Hat Ihr Appetit deutlich nachgelassen(Appetitlosigkeit)?	ja/nein
95.	App.verl.stimmg.	Tritt Ihr Appetitverlust abhängig von niedergeschlagener Stimmung auf?	ja/nein
96.	Gewichtsabnahme	Haben Sie in den letzten 6 Monaten an Gewicht abgenommen (mehr als 2kg)?	ja/nein
97.	Appetit gesteigert	Hat Ihr Appetit zugenommen, essen Sie mehr als früher?	ja/nein
98.	App.steig.stimmg.	Ist Ihr Appetit vergrößert, wenn Sie niedergeschlagener Stimmung sind?	ja/nein
99.	Gewichtszunahme	Haben Sie in den letzten 6 Monaten mehr als 2kg zugenommen?	ja/nein
100.	Fasten	Fasten Sie so, daß Sie erheblich an Gewicht abgenommen haben ?	ja/nein
101.	Fasten wieviel kg?	Wieviel kg haben Sie in den letzten 6 Monaten durch Fasten abgenommen ....?	
102.	Freßanfälle	Haben Sie Freßanfälle, die sie nicht steuern können?	ja/nein
103.	Freß. wie oft?	Wie oft pro Woche tritt ein Freßanfall auf? ....?	
		Besteht eine Eßstörung?	**ja/nein**

104.	Tics	Machen Sie unwillkürliche Bewegungen oder Zuckungen mit einem Körperteil, ohne es zu wollen oder beeinflußen zu können?	ja/nein
105.	Tic welcher?	Welcher Körperteil? Welche Bewegung? ....?	
106.	Stottern	Haben Sie Sprechstörungen wie Stottern oder Poltern?	ja/nein
		Besteht ein Tic oder Stottern?	**ja/nein**

107.	Kopfschmerzen	Leiden Sie unter chronischen Kopfschmerzen?(Spannungskopfschmerz oder Migräne?)	ja/nein
108.	Kopfschm.wie?	Wo?................ Wie?.................... Wann?.................Wie lange?......................?	
109.	Schmerzen	Leiden Sie (außer Kopfschmerz)unter chronischen Schmerzen?	ja/nein
110.	Schmerz welche?	z.B. Arme, Beine, Rücken, Gelenke oder woanders Wo?.................. Wie?....................... Wann?...............Wie lange?..................?	
		Besteht ein Schmerz-Syndrom?	**ja/nein**

111.	Somat.Beschwerd.	Haben Sie in den letzten Jahren oft körperliche Beschwerden gehabt, die vom Arzt nicht einer nachweisbaren körperlichen Krankheit zugeordnet werden konnten?	ja/nein
112.	Somat.Behandlg.	Haben Sie jeweils den Arzt aufgesucht, verschreibungspflichtige Medikamente genommen oder eine gesund machende Lebensweise begonnen?	ja/nein
113.	Inadäqu.Beunruh.	Falls eine körperl. Krankheit nachgewiesen wurde, war das Ausmaß Ihrer Beunruhigung bzw. die Einschränkungen Ihrer Arbeitsfähigkeit/ Ihrer Freizeitgestaltung unverhältnismäßig groß?	ja/nein
Hautprobleme:			
114.	Hautprobleme	Kam es zu Hautproblemen mit Rötungen, Flecken, Jucken, Brennen?	ja/nein
115.	empfind.Haut	Kam es zu Hautproblemen mit einer sehr empfindlichen Haut?	ja/nein
Herz-Kreislauf:			
116.	Brustk.schmerz	Kam es zu Herz-Kreislaufbeschwerden mit Schmerzen im Brustkorb?	ja/nein
117.	Palpitationen	Kam es zu Herz-Kreislaufbeschwerden mit spürbarem Herzklopfen?	ja/nein
118.	Schwindel	Kam es zu Herz-Kreislaufbeschwerden mit Schwindelgefühlen oder Benommenheit?	ja/nein
Atemwege:			
119.	Atemnot	Kam es zu Atemwegsbeschwerden mit Atemnot ohne körperliche Anstrengung?	ja/nein
120.	Erkältungen	Kam es zu Atemwegsbeschwerden mit Erkältungserscheinungen ohne Erkältung?	ja/nein
Magen-Darm-(Verdauung):			
114.	Erbrechen	Kam es zu Magen-Darm-Beschwerden mit Erbrechen?	ja/nein
115.	Bauchschmerzen	Kam es zu Magen-Darm-Beschwerden mit Bauchweh?	ja/nein
116.	Blähungen	Kam es zu Magen-Darm-Beschwerden mit Blähungen?	ja/nein
117.	Diarrhoe	Kam es zu Magen-Darm-Beschwerden mit Durchfall?	ja/nein
118.	Speisenunvertr.	Kam es zu Magen-Darm-Beschwerden mit Speisenunverträglichkeit?	ja/nein
Urogenitalsystem:			
119.	Brennen	Kam es zu Harnwegs/Genitalbereichsbeschwerden mit Brennen der Genitalorgane?	ja/nein
120.	Miktionsschmerz	Kam es zu Harnwegs/Genitalbereichsbeschwerden mit Schmerzen beim Wasserlassen?	ja/nein
121.	Harndrang	Kam es zu Harnwegs/Genitalbereichsbeschwerden mit häufigem Harndrang?	ja/nein
122.	Harnverhaltung	Kam es zu Harnwegs/Genitalbereichsbeschwerden mit Schwierigkeiten Wasser zu lassen?	ja/nein
123.	Dysmenorrhoe	Kam es zu Harnwegs/Genitalbereichsbeschwerden mit schmerzhafter Menstruation?	ja/nein
124.	Unregelm.Menses	Kam es zu Harnwegs/Genitalbereichsbeschwerden mit unregelmäßiger Menstruation?	ja/nein
125.	starke Mens.blut.	Kam es zu Harnwegs/Genitalbereichsbeschwerden mit starken Regelblutungen	ja/nein
126.	Schwang.erbrech.	Kam es zu Harnwegs/Genitalbereichsbeschwerden mit Erbrechen während der ganzen Schwangerschaft	ja/nein
127.	Kohab.schmerz	Kam es zu Harnwegs/Genitalbereichsbeschwerden mit Schmerz b. Geschlechtsverkehr?	ja/nein
Stützapparat (Gelenke und Knochen, siehe auch 110. (Schmerzen)):			
128.	Gelenkbeschw.	Kam es zu Gelenkbeschwerden mit Einschränkung der Beweglichkeit?	ja/nein
129.	Knochenbeschw.	Kam es zu Knochenbeschwerden mit verminderter Belastbarkeit durch Gewichte?	ja/nein
Muskelkraft			
130.	Muskelschwäche	Kam es zu Muskelbeschwerden mit Verminderung der Muskelkraft?	ja/nein
131.	Lähmungen	Kam es zu Muskelbeschwerden mit Lähmungen?	ja/nein

Neurologisch:

132.	Amnesie	Kam es zu neurologischen Beschwerden mit Verlust des Gedächtnisses?	ja/nein
133.	Schluckbeschw.	Kam es zu neurologischen Beschwerden mit Schluckbeschwerden?	ja/nein
134.	Blindheit	Kam es zu neurologischen Beschwerden mit Verlust des Sehvermögens (Blindheit?	ja/nein
135.	Doppelbilder	Kam es zu neurologischen Beschwerden mit Doppelbildern?	ja/nein
136.	Verschwimmen	Kam es zu neurologischen Beschwerden mit Verschwommen-Sehen?	ja/nein
137.	Taubheit	Kam es zu neurologischen Beschwerden mit Verlust des Hörvermögens (Taubheit)?	ja/nein
138.	Aphonie	Kam es zu neurologischen Beschwerden mit Verlust der Stimme?	ja/nein
139.	Ohnmacht	Kam es zu neurologischen Beschwerden mit Verlust des Bewußtseins (Ohnmacht)?	ja/nein
140.	Krampfanfall	Kam es zu neurologischen Beschwerden mit Krampfanfällen?	ja/nein

Hinweis: Zählen Sie nur die Beschwerden, denen keine organ. Krankheit zugrunde liegt

Besteht ein Somatisierungs-Syndrom? **ja/nein**

Welches Organsystem wird bevorzugt?...................

Haben Sie weitere, bisher nicht genannte Beschwerden/Symptome? Wenn ja, nennen Sie diese:

141. Sonstige Sympt...?
142. Sonstige Sympt...?
143. Sonstige Sympt...?
144. Sonstige Sympt...?
145. Sonstige Sympt...?

Es besteht Hinweis auf ein ....-Syndrom

Tabelle A2: Gefühle-Fragebogen Ihr Name: ....

Das Gefühl	gehört zu mir ja/nein	in Beziehung zu welchem Menschen?	als Reaktion auf welches Verhalten i. welcher.Situat.?
Freude	ja/nein		
Begeisterung	ja/nein		
Glück	ja/nein		
Übermut	ja/nein		
Leidenschaft	ja/nein		
Lust	ja/nein		
Zufriedenheit	ja/nein		
Stolz	ja/nein		
Selbstvertrauen	ja/nein		
Gelassenheit	ja/nein		
Überlegenheit	ja/nein		
Dankbarkeit	ja/nein		

1. Fortsetzung Tab. A2: Gefühle-Fragebogen			
Das Gefühl	gehört zu mir ja/nein	in Beziehung zu welchem Menschen?	als Reaktion auf welches Verhalten i. welcher.Situat.?
Vertrauen	ja/nein		
Zuneigung, Liebe	ja/nein		
Rührung	ja/nein		
Traurigkeit	ja/nein		
Verzweiflung	ja/nein		
Sehnsucht	ja/nein		
Einsamkeit	ja/nein		
Leere, Langeweile	ja/nein		
Enttäuschung	ja/nein		
Beleidigtsein	ja/nein		
Mitgefühl	ja/nein		
Angst, Furcht	ja/nein		

2. Fortsetzung Tab. A2: Gefühle-Fragebogen			
Das Gefühl	gehört zu mir ja/nein	in Beziehung zu welchem Menschen?	als Reaktion auf welches Verhalten i. welcher.Situat.?
Anspannung, Nervosität	ja/nein		
Verlegenheit	ja/nein		
Selbstunsicherheit	ja/nein		
Unterlegenheit	ja/nein		
Scham	ja/nein		
Schuldgefühl	ja/nein		
Reue	ja/nein		
Sorge	ja/nein		
Ekel	ja/nein		
Ärger, Wut, Zorn	ja/nein		
Mißmut	ja/nein		
Ungeduld	ja/nein		

3. Fortsetzung Tab. A2: Gefühle-Fragebogen			
Das Gefühl	gehört zu mir ja/nein	in Beziehung zu welchem Menschen?	als Reaktion auf welches Verhalten i. welcher.Situat.?
Widerwille, Trotz	ja/nein		
Abneigung, Haß	ja/nein		
Verachtung	ja/nein		
Mißtrauen	ja/nein		
Neid	ja/nein		
Eifersucht	ja/nein		
Anzahl der Gefühle, die bejaht wurden: _____			

Welches der bejahten Gefühle gehört am meisten zu Ihnen (d.h. mit diesemGefühl reagiere ich am häufigsten oder stärksten)? 1. ____________

welches am zweitmeisten? 2. ____________

welches am drittmeisten? 3. ____________

welches am viertmeisten? 4. ____________

welches am fünftmeisten? 5. ____________

Welcher Mensch löst am häufigsten oder stärksten diese Gefühle in Ihnen aus?

____

Durch welches Verhalten? ____________________________

In welchen Situationen? ____________________________

Tabelle A3: Ein ....-Störungs-Modell		
Die Situation	**Was ist gestört?**	
Pathogene Lebens-gestaltung	Pathogene Lebensgestaltung (auf welche Weise wird das übrige Leben so gestaltet, daß es unbefriedigend sein oder bleiben muß bzw. scheitern muß)	
Pathogene Beziehungs-gestaltung	Pathogene Beziehungsgestaltung (auf welche Weise wird in den aktuellen intimen und näheren Beziehungen mit den anderen Menschen so umgegangen, daß diese Beziehungen unbefriedigend werden müssen oder scheitern müssen)	
Auslösende Lebenssituation	Auslösende Lebenssituation (Welche konkreten Ereignisse im letzten Jahr bzw. welche größeren Veränderungen im Leben der letzten zwei Jahre führten zur Symptombildung und damit zur Auslösung der psychischen Erkrankung? Welches Problem konnte nicht anders als durch Symptombildung gelöst werden? - Bei Persönlichkeitsstörungen ist hiermit diejenige ohne fremde Hilfe nicht mehr zu bewältigende Lebenssituation gemeint, die den Leidensdruck so groß machte, daß Psychotherapie begonnen wurde)	
Die Person	**Was ist gestört?**	
Angeborene Disposition	Angeborene Disposition körperlicher oder psychischer Art, die anfällig für die Symptombildung macht	
Lerngeschichte	Lerngeschichte (Verhalten der Eltern)	

1. Fortsetzung Tabelle A3 (...-Störungsmodell)		
Kindliches Weltbild	Kindliches Bild der Welt: Frustrierendes bzw. traumatisierendes Elternverhalten wird ungeprüft auf die Erwachsenenwelt übertragen	
Kindliches Selbstbild	Kindliches Selbstbild (eigene Bedürfnisse, Erwartungen, Fertigkeiten)	
Kindliche Grundannahmen	Kindliche Grundannahmen über das Funktionieren der Welt (Erfahrungen mit den Eltern)	
Überlebensregel	Überlebensregel (Was muß ich unbedingt tun, was darf ich auf keinen Fall tun, um von der sozialen Umwelt die zum emotionalen Überleben benötigten Reaktionen zu erhalten)	
dysfunktionale Verhaltensstereotypien	dysfunktionale Verhaltensstereotypien (habituelle Erlebens- und Reaktionstendenzen, die in der Kindheit funktionale Copingstrategien waren und jetzt im Erwachsenenalter in den meisten Situationen dysfunktional geworden sind - sie definieren die Persönlichkeit)	
Dauerdilemma	Dauerdilemma (Konflikt zwischen den Geboten und Verboten der Überlebensregel und meinen zentralen Wünschen und Bedürfnissen)	

2. Fortsetzung Tabelle A3 (..-Störungsmodell)		
Reaktion/Symptom	**Was ist gestört?**	
primäre Emotion	primäre Emotion, die die natürliche Antwort auf das problematische Ereignis der Lebens-Situation S wäre (meist tabuisiert oder bedrohlich, z.B. Wut, Ärger, Trauer)	
primärer Handlungs-impuls	primärer Handlungsimpuls, der sich aus der primären Emotion ergäben würde a) inadäquat intensiver Impuls (unzivilisiert, daher allgemein sozial abgelehnt) b) adäquates Coping (wegen emotionaler Abhängigkeit zu bedrohlich)	
Antizipation der Konsequenz	Antizipation der Konsequenz dieses primären Handlungsimpulses, die eine extreme Bedrohung des Organismus bzw. der Person bedeuten würde (Ablehnung, Zurückweisung)	
gegensteuernde Gefühle	gegensteuernde Gefühle (Angst, Scham, Schuldgefühle, Ekel), die verhindern sollen, daß der primäre Handlungsimpuls in eine Handlung umgesetzt wird.	
Vermeidung	Vermeidung: Unterdrückung des primären Handlungsimpulses	
Neue verhaltens-steuernde Gefühle	Neue verhaltenssteuernde Gefühle, die unmittelbar zu diskriminativen oder reflexhaft auslösenden Stimuli des Symptomverhaltens werden (z.B. Hilflosigkeit bei Depression, Angst beim Paniksyndrom)	
Symptom	Symptom als qualitativ neues Verhalten, das einerseits eine partielle Problemlösung in der auslösenden Situation bringt, andererseits aber auch nicht die Verbote und Gebote der Überlebensregel verletzt	

1. Fortsetzung Tabelle A3 (..............................-Störungsmodell)		
sekundäre Verhaltensweisen	Verhaltensweisen, die sekundär versuchen, die Auswirkungen des Symptoms abzumildern bzw. deren negat. Auswirkungen entgegenzusteuern	
Konsequenzen	**Was ist gestört?**	
Vermeiden aversiver Konsequenzen	Vermeiden der aversiven Konsequenzen einer „gesunden“ Copingreaktion als autonomem selbstverantwortlichem Verhalten, wie das Risiko der Ablehnung, des Unmutes	
Bewahren von Verstärkungen	Bewahren von Verstärkungen (Gratifikationen aus der Abhängigkeit von wichtigen Bezugspersonen und Beziehungen)	
Bestätigung der Selbst- und Weltsicht	Bestätigung der alten Selbst- und Weltsicht	
positive Verstärkung durch de soziale Umwelt	Zusätzliche positive Verstärkung des Symptomverhaltens durch die soziale Umwelt	

NOTIZEN:

Tabelle A4: Zielbewertung durch den Patienten

Mein Ziel	sein Vorteil	mein Gefühl	sein Nachteil	mein Gefühl	meine Entschei dung (ja/nein)
1. Ziel:					
2. Ziel:					
3. Ziel:					
4. Ziel:					
5. Ziel:					

ANHANG 2 (Abbildungen)

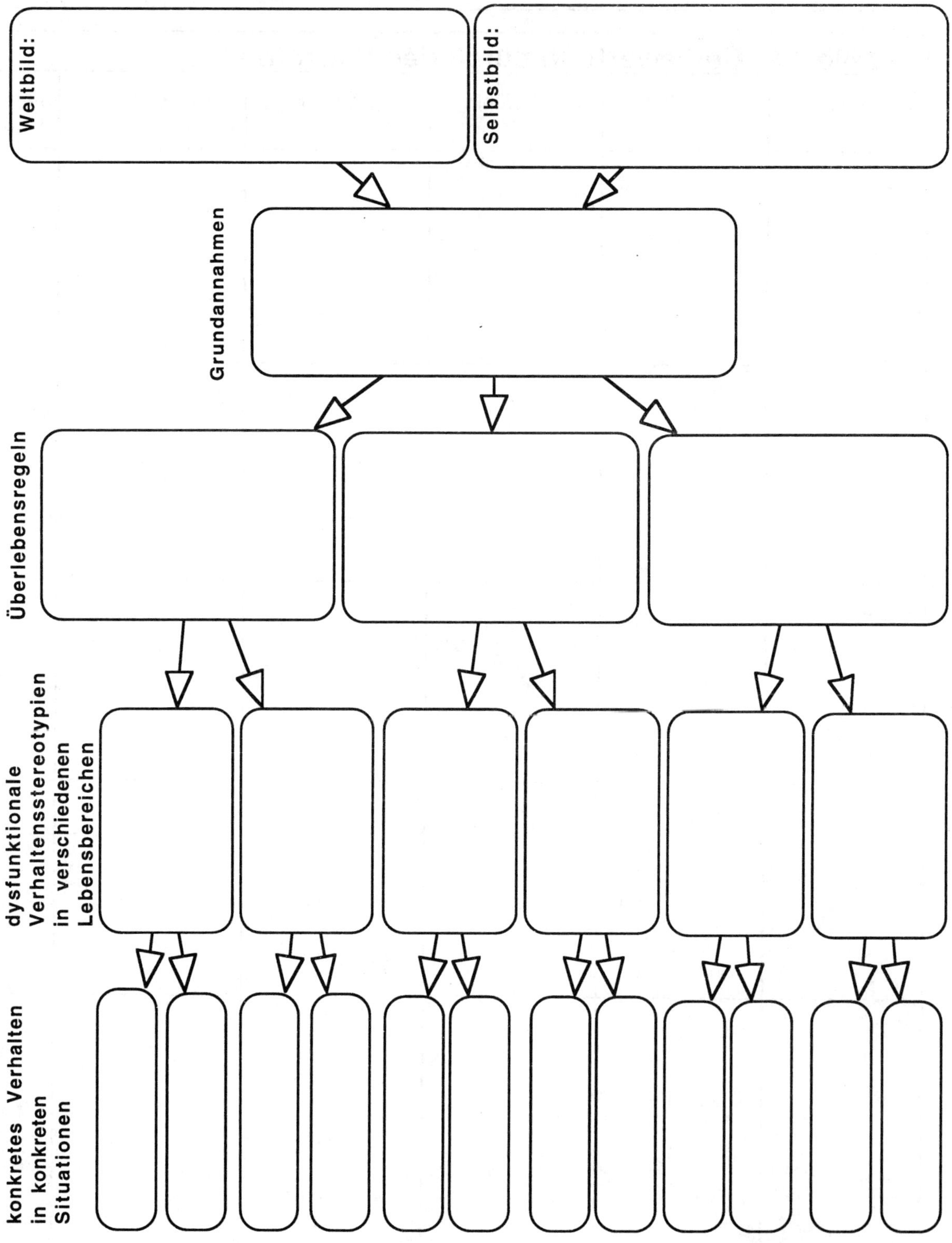

Abbildung A1:

Vertikale Verhaltensanalyse der Störung: .... bei Frau/Herrn ....

Abbildung A2:
Individuelle Bedingungsanalyse (Makroebene)

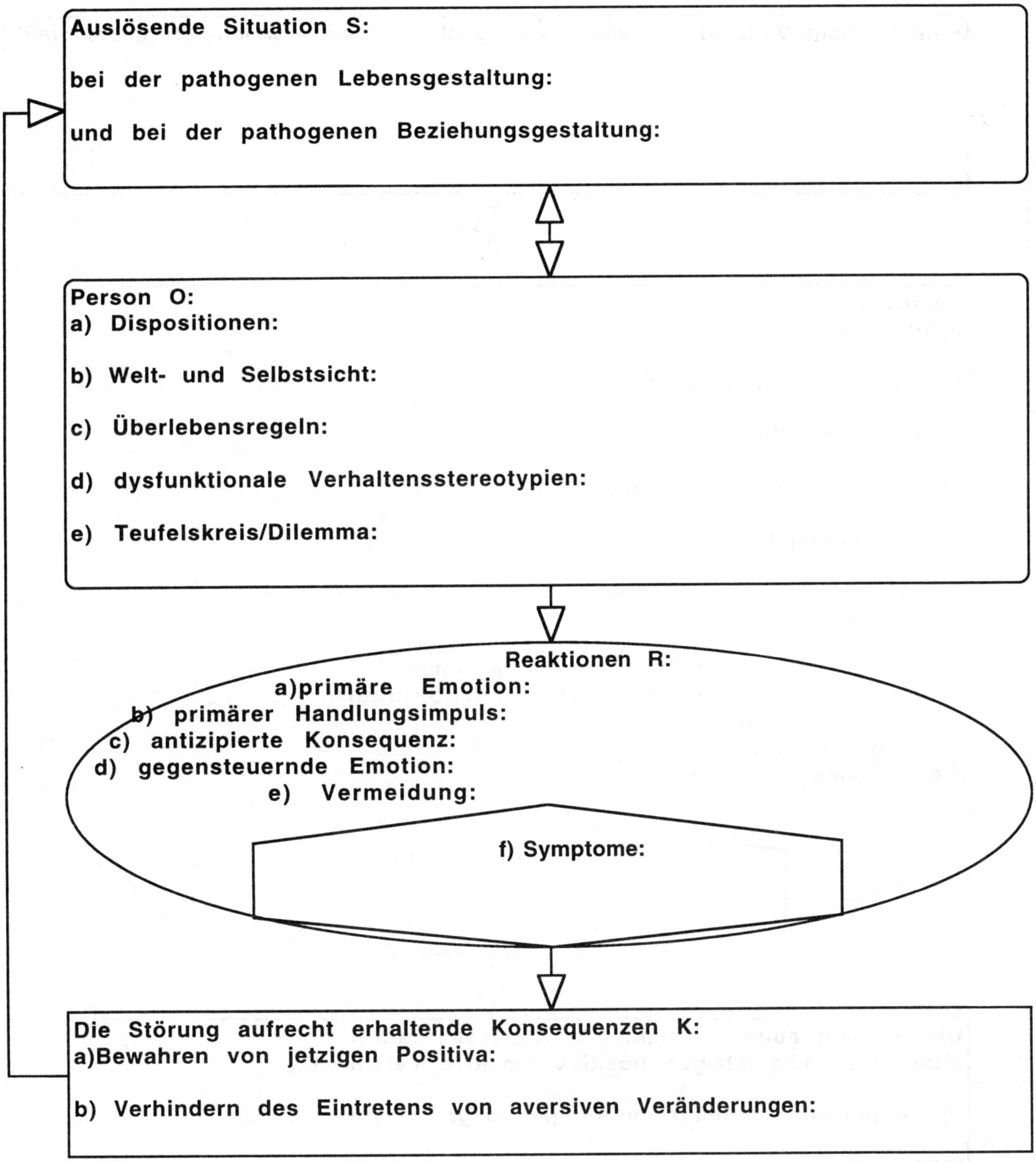

Abbildung A3:
Individuelle Verhaltensanalyse (Mikroebene)

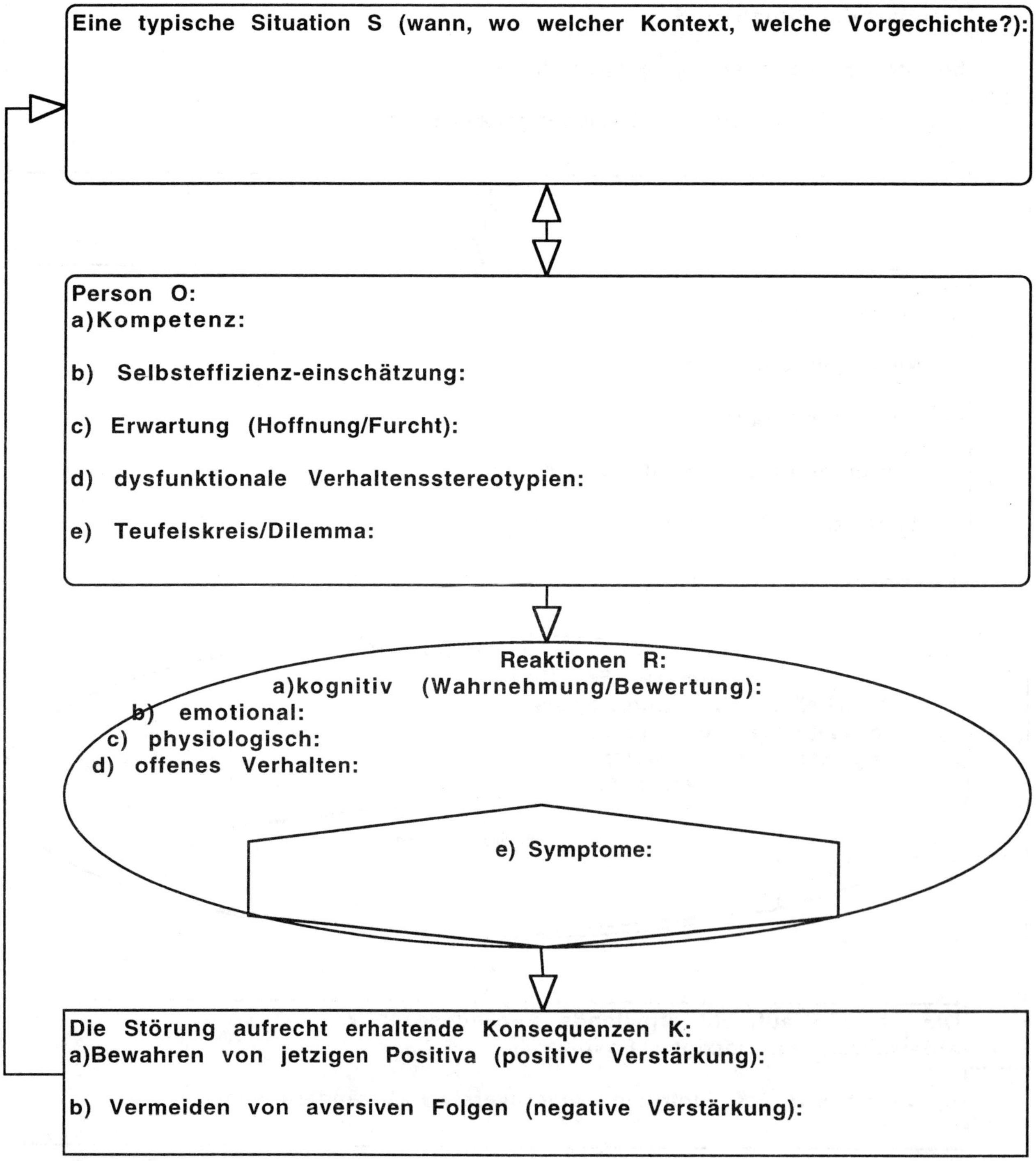

Abbildung A4:
Individuelle Zielanalyse: Ziel-Liste

Gesamt-Ziel:

Teilziele:	Rangreihe oder Reihenfolge	Zu wieviel % erreicht ?
a) Hauptziele:		
1. Ziel (S):		
2. Ziel (O):		
3. Ziel (R):		
4. Ziel (K):		
5. Ziel (Symptom):		
b) eventuelles weiteres Ziel:		
6. Ziel:		

Abbildung A5:
Individueller Therapieplan

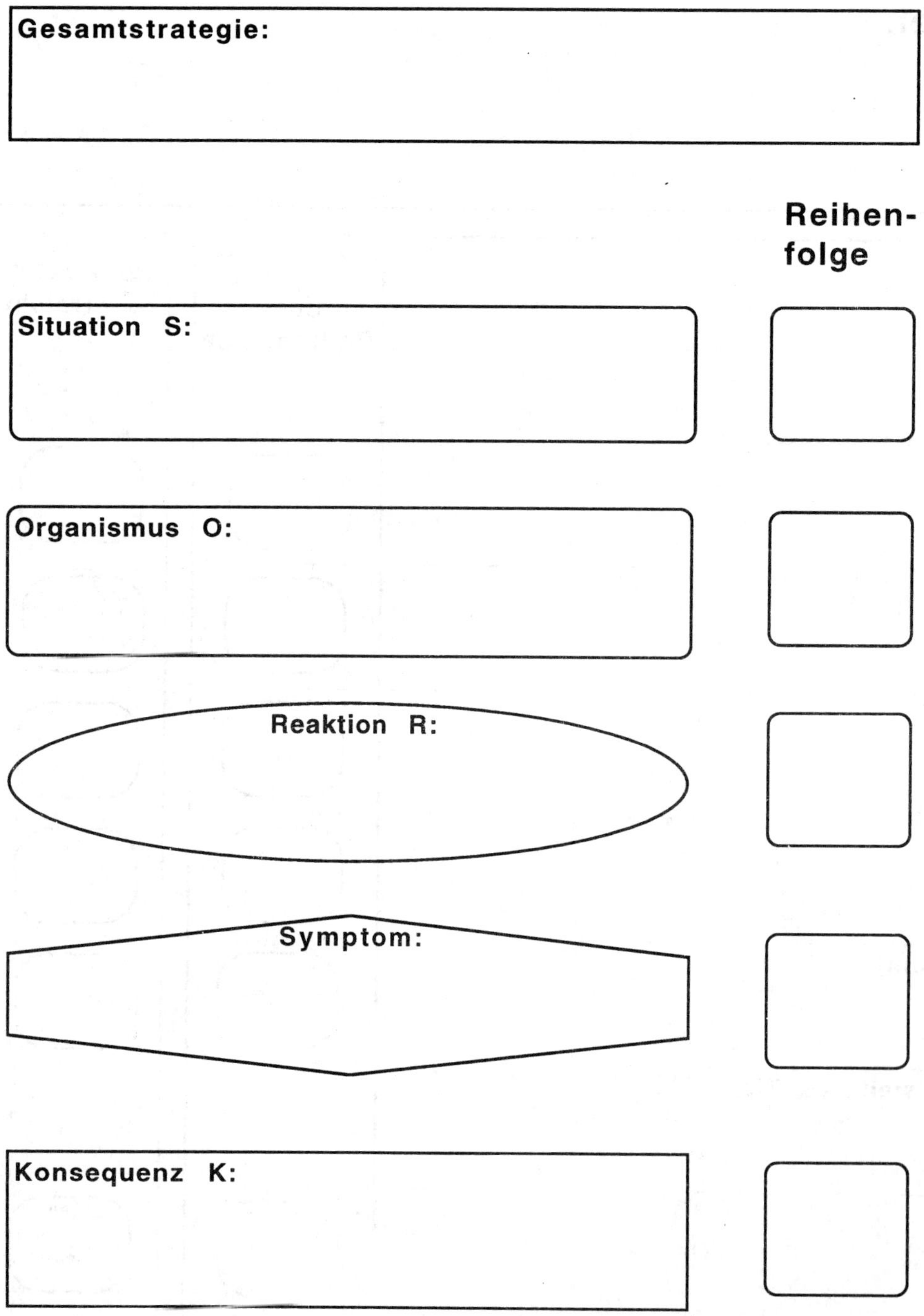

Literaturverzeichnis

1. Ainsworth M. Infant-mother attachment and social development: Socialization as a product of reciprocal responsiveness to signals. In: Richards P, ed. The integration of the child into a social world. Cambridge: University Press, 1974:

2. Bandura A. Principles of behavior modification.New York: Holt, Rinehart & Winston, 1969

3. Bandura A. Sozial-kognitive Lerntheorie.Stuttgart: Klett-Cotta, 1975

4. Bauriedl T. Beziehungsanalyse. Das dialektisch-emanzipatorische Prinzip der Psychoanalyse und seine Konsequenzen für die psychoanalytische Familientherapie.1984

5. Birbaumer N, ed. Neuropsychologie der Angst. München: Urban & Schwarzenberg, 1973:

6. Bowlby J. Trennung.Frankfurt: Fischer, 1976

7. Brunner G. In: Sulz S, ed. Das Therapiebuch. München: CIP-Medien, 1994:

8. Caspar F, Grawe K. Vertikale Verhaltensanalyse (VVA). Analyse des Interaktionsverhaltens als Grundlage für die Problemdefiniton und Therapieplanung. In: Bommert H, Petermann F, ed. Diagnostik und Praxis-Kontrolle in der Klinischen Psychologie. Tübingen: DGVT, 1982:

9. Dilling H, Mombour W, Schmidt M, ed. Internationale Klassifikation psychischer Störungen. ICD-10 Kapitel V (F). Bern: Huber, 1991:346.

10. Dornes M. Der kompetente Säugling. Die präverbale Entwicklung des Menschen.Frankfurt: Fischer, 1993:310.

11. Ehlers A, Margraf J. Agoraphobien und Panikanfälle. In: Reinecker H, ed. Lehrbuch der Klinischen Psychologie. Göttingen: Hogrefe, 1990: 73-106.

12. Fiedler P, ed. Psychotherapieziel Selbstbehandlung. Weinheim
Deerfield Beach, Florida
Basel: edition psychologie, 1981:

13. Gebsattel von V. Die Welt des Zwangskranken. In: VE Gv, ed. Prolegomena einer medizinischen Anthropologie. Berlin: Springer, 1954: 74-128.

14. George W, Marlatt G. Alcoholism. The evolution of a behavioral perspective. In: Galanter M, ed. Recent developments in alcoholism. New York: Plenum, 1983: vol 1).

15. Gordon T. Familienkonferenz. Die Lösung von Konflikten zwischen Eltern und Kind.Hamburg: Hoffmann und Campe, 1972

16. Grawe K. Psychotherapie als Entwicklungsstimulation von Schemata. Ein Prozeß mit nicht vorhersehbarem Ausgang. In: Caspar H, ed. Problemanalyse in der Psychotherapie. Tübingen: DGVT, 1987: 72-87.

17. Hand I. Verhaltenstherapie und Kognitive Therapie in der Psychiatrie. In: Kisker K, Lauter H, Meyer J, Müller C, Strömgren E, ed. Psychiatrie der Gegenwart 1: Neurosen, Psychosomatische Erkrankungen, Psychotherapie. 3 ed. Berlin: Springer, 1986: 277-306. vol 1).

18. Hiller W, Zaudig M, Mombour W. MDCL. Münchner Diagnosen Checklisten für DSM-III-R und ICD-10.München: Logomed, 1990

19. Hoffmann N. Wenn Zwänge das Leben einengen. Mannheim: PAL, 1990

20. Kanfer F, Reinecker H, Schmelzer D. Selbstmanagement-Therapie.Berlin: Springer, 1990

21. Kegan R. Die Entwicklungsstufen des Selbst - Fortschritte und Krisen im menschlichen Leben.München: Kindt, 1986:392.

22. Kelly G. The Psychology of Personal Constructs. New York: Norton, 1955:1218. ; vol 1).

23. Kiresuk T, Sherman R. Goal Attainment Scaling: A general method evaluating comprehensive community mental health programs. Community Mental Health Journal 1968;4:443-453.

24. Klepsch R. Is Computer Assessment of Obsession and Compulsion Applicable in Obsessive-Compulsive Disorder?: Preliminary Results Using the Hamburg Obsession Compulsion Inventory - Computer Short Form (HOCI-CS). Computer in Human Behavior 1990;6:133-139.

25. Klerman G, Weissman M, Rounsaville B, Chevron E. Interpersonal Psychotherapy of Depression. New York: Basic Books, 1984

26. Kohlberg L, ed. The psychology of moral development. The nature and validity of moral stages. New York: Harper & Row, 1984:; vol 2 (Essays on moral development)).

27. Kruse O. Emotionsentwicklung und Neurosenentstehung.Stuttgart: Enke, 1991:330.

28. Lazarus A. Multimodale Verhaltenstherapie.Frankfurt: Fachbuchhandlung für Psychologie, 1978

29. Lazarus R. The self-regulation of emotion. In: Levi L, ed. Emotions: their parameters and measurement. New York: Raven, 1975: 195-205.

30. Lewin K. Feldtheorie in den Sozialwissenschaften.Bern: Huber, 1963:395.

31. Lewis M, Miller S, ed. Handbook of Developmental Psychopathology. New York: Plenum Press, 1990:

32. Linehan M. Cognitive-Behavioral Treatment of Borderline Personality Disorder. New York: Guilford, 1993:558.

33. Ludwig A, Wikler A. „Craving“ and relapse to drink. Quarterly Journal of Studies on Alcohol 1974;35:108-130.

34. Mahler M. Die psychische Geburt des Menschen. Frankfurt: Fischer, 1980:376.

35. Margraf J, Schneider S. Panik. Angstanfälle und ihre Behandlung. Berlin: Springer, 1990

36. Marlatt G, Gordon J. Determinants of relapse. Implications for the maintenance of behavior change. In: Davidson P, SM D, ed. Behavioral medicine. Changing health lifestyles. New York: Brunner Mazel, 1980:

37. Meichenbaum D. Intervention bei Streß. Bern: Huber, 1991.

38. Miller N. Experimental studies of conflict. In: McV. HJ, ed. Personality and the behavioral disorders. New York: Ronald Press, 1944: 431-465.

39. Piaget J, Inhelder B. Die Psychologie des Kindes. Frankfurt: Fischer, 1981

40. Potreck-Rose F. Anorexia nervosa und Bulimia. Therapieerfolg und Therapieprozeß bei stationärer verhaltenstherapeutischer Behandlung.Weinheim: Deutscher Studien Verlag, 1987

41. Quint H. Die Zwangsneurose aus psychoanalytischer Sicht. Berlin: Springer, 1988

42. Reich W. Der Einbruch der sexuellen Zwangsmoral. Frankfurt: Fischer Taschenbuch Verlag, 1975:176.

43. Reinecker H. Zwänge: Diagnosen, Theorien und Behandlung. Bern: Huber, 1991
44. Reinecker H. Phobien.Göttingen: Hogrefe, 1993
45. Revenstorf D, Mentsch H. Lerntheoretische Grundlage der Sucht. In: Feuerlein W, ed. Theorie der Sucht. Berlin: Springer, 1986: 121-150.
46. Riemann F. Grundformen der Angst. Eine tiefenpsychologische Studie. (13 ed.) München: Ernst Reinhardt, 1978:213.
47. Roth D, Rehm L. Therapiemanual zur Selbstkontrolltherapie der Depression in Gruppen. In: Sulz S, ed. Verständnis und Therapie der Depression. München: Ernst Reinhardt, 1986: 165-.
48. Russell J, Mehrabian A. The mediating role of emotions in alcohol use. J Stud Alcohol 1975;36(11):1508-1536.
49. Schachter S, Singer J. Cognitive, social and physiological determinants of emotional state. Psychol. Rev. 1964;69:379-399.
50. Schindler L. Die empirische Analyse der therapeutischen Beziehung. Beiträge zur Prozeßforschung in der Verhaltenstherapie. Berlin: Springer, 1991
51. Schmidt—Atzert L, Ströhm W. Ein Beitrag zur Taxonomie der Emotionswörter. Psychologische Beiträge 1983;25:126-141.
52. Seligman M. Erlernte Hilflosigkeit. München: Urban & Schwarzenberg, 1979
53. Sifneos P. Short-term Dynamic Psychotherapy: Evaluation and Technique.New York: Plenum Press, 1979
54. Solomon R. An opponent-process theory of acquired motivation. The affective dynamics of addiction. In: Maser J, Seligmann M, ed. Psychopathology. Experimental models. San Francisco: Freeman, 1977:
55. Stern D. Tagebuch eines Babys. Was ein Kind sihet, spürt, fühlt und denkt. München: Piper, 1991
56. Stern D, Hofer L, Haft W, Dore J. Affect attunement: the sharing of feeling states between mother and infant by means of intermodal fluency. In: Field T, Fox N, ed. Social Perception in Infants. Norwood, NJ: Ablex, 1985: 249-268.
57. Sulz SKD. Psychotherapie in der klinischen Psychiatrie.Stuttgart: Thieme, 1987
58. Sulz SKD. Das Verhaltensdiagnostiksystem VDS: Von der Anamnese zum Therapieplan. München: CIP-Medien, 1992
59. Sulz SKD. Depression Ratgeber für Betroffene, für Angehörige, für alle beruflichen Helfer.München: CIP-Medien, 1993:69.
60. Sulz SKD. Selbstkontrolltherapie derDepression. In: Sulz SKD, ed. Verständnis und Therapie der Depression. 1 ed. München: Ernst Reinhardt, 1986: 149-164.
61. Sulz SKD, Gigerenzer G. Psychiatrische Diagnose und nosologische Theorie: Untersuchungen zum individuellen Diagnoseschema des Arztes. Arch Psychiatr Nervenkr 1982;232:39-51.
62. Sulz SKD, Gigerenzer G. Über die Beeinflussung psychiatrischer Diagnoseschemata durch implizite nosologische Theorien. Arch Psychiatr Nervenkr 1982;232:5-14.
63. Ulich D, Mayring P. Psychologie der Emotionen. Stuttgart: Kohlhammer, 1992
64. Ullrich R, Ullrich R. Das Situationsbewertungssystem. Testmappe SB/EMI-S. Anleitung für den Therapeuten. Teil III. München: Pfeiffer, 1979

65. Ullrich R, Ullrich R. Der Unsicherheitsfragebogen. Testmappe U. Anleitung für den Therapeuten. Teil II.München: Pfeiffer, 1979

66. Watzlawick P, Weakland J, Fisch R. Lösungen. Zur Theorie und Praxis menschlichen Wandels. (2 ed.) Bern: Huber, 1979

67. Weizäcker Vv. Der Gestaltkreis. Theorie der Einheit von Wahrnehmen und Bewegen.Stuttgart: Thieme, 1986

68. Willi J. Die Zweierbeziehung. Spannungsursachen/ Störungsmuster/ Klärungsprozesse/ Lösungsmodelle. Hamburg: Rowohlt, 1981:289.

69. Winnicott D. Vom Spiel zur Kreativität. (7 ed.) Stuttgart: Klett-Cotta, 1993

70. Wippich J, Sulz SKD. Neurolinguistisches Programmieren und die Psychotherapie Milton H. Ericksons. In: Sulz SKD, ed. Verständnis und Therapie der Depression. München: Ernst Reinhardt, 1986: 355-392.

71. Wittchen H, Saß H, Zaudig M, K K. Diagnostisches und Statistisches Manual Psychischer Störungen DSM-III-R. (3. Auflage ed.) Weinheim: Beltz, 1991

72. Wittchen H, Zaudig M, Schramm E, et al. SKID Strukturiertes klinisches Interview für DSM-III-R, Interviewheft. Weinheim: Beltz Test, 1990

73. Wright J, Beck A. Kognitive Therapie der Depression. In: Sulz S, ed. Verständnis und Therapie der Depression. München: Ernst Reinhardt, 1986: 124-148.

74. Yalom I. Theorie und Praxis der Gruppenpsychotherapie. Ein Lehrbuch.München: Pfeifer, 1989

Autorenverzeichnis

Schlagwortverzeichnis

A

B

C

D

E

F

G

H

I

K

L

M

N

O

P

R

S

T

U

V

Das Verhaltensdiagnostik-System VDS von Serge K.D. Sulz

Das Verhaltensdiagnostik-System dient der Diagnose, Therapieplanung und Antragstellung verhaltenstherapeutischer Patienten mit psychischen oder psychosomatischen Störungen. Alle Einzelteile haben die exakt gleiche Gliederung. Dies ist besonders zeitsparend im Vergleich zu herkömmlichen Anamnesebögen, bei denen man immer wieder hin und her blättern muß, um die gerade wichtige Information zu finden, wenn man eine Falldokumentation/Kassenantrag schreibt. Es enthält derzeit einen sehr ausführlichen
VDS1 Gesamtanamnese-Fragebogen für Patienten, der vom Patienten zu Hause auszufüllen ist, alternativ
VDS2 Kurzanamnese-Fragebogen, der stattdessen dem Patienten zum Ausfüllen mitgegeben wird, der zu ergänzen ist durch einen
VDS3 Nachexploration-Interviewleitfaden mit Bedingungsanalyse
und Therapiezielformulierung. Im Kurzanamnese-Fragebogen wurden Fakten abgefragt, im persönlichen Gespräch der Nachexploration werden die persönlicheren Themen angesprochen.
VDS4 Interviewleitfaden Gesamtanamnese
Wenn Sie die gesamte Anamnese und Exploration selbst in Interviewform durchführen wollen, so können Sie den Interviewleitfaden Gesamtanamnese verwenden. Er enthält in einem einzigen Heft die Inhalte von Kurzanamnese und Nachexploration incl. Bedingungsanalyse. Darüber hinaus ist ein Auswertungsschema integriert, das für alle Person- und Lebensbereiche deren stützenden bzw. belastenden Charakter festhält, sowie das Ausmaß des geschätzten Beitrags zur jetzigen Erkrankung, skalierbar auf einer 3- und einer 5-stufigen Skala. Diese Angaben machen Patient und Interviewer getrennt, so daß beider Einschätzung vorliegt.
VDS5 Leitfaden zur Verhaltens- & Bedingungsanalyse incl. SORK
Wenn Sie die Anamnese nicht mit obigen Interviewleitfäden erhoben haben, sondern es vorziehen, diese im freien, unstrukturierten Gespräch durchzuführen, so können Sie mit Hilfe dieses Leitfadens systematisch Ihre Verhaltens- und Bedingungsanalyse erarbeiten, in kurzer Zeit und treffsicher.
VDS6a Fragebogen zur FALLDOKUMENTATION (Erstantrag) und
VDS6b Fragebogen VERLAUFSDOKUMENTATION (Verlängerungsantrag) Dieser ist so aufgebaut, daß durch die kurze Beantwortung dieser Fragen der Antragstext für die Krankenkasse komplett erstellt ist.
VDS8a-e Störungsmodelle und Therapieplanung VDS enthält bereits einige störungsspezifischen Modelle der Krankheitsentstehung und -aufrechterhaltung, Therapiezielformulierungen und Behandlungspläne (**Angst, Depression , Alkoholismus, Bulimie, Zwang**)
VDS9 Handbuch Verhaltensdiagnostik-System VDS: Von der Anamnese zum Therapieplan. Eine theoretische und praktische Basis für sämtliche Teilprozesse des verhaltensdiagnostischen Ablaufs vom Erstgespräch, Anamnese und Exploration, Verhaltens- und Selbstbeobachtung, Fragebögen, Verhaltens- und Bedingungsanalyse, Therapiezielformulierung, Therapieevaluation, goal-attainment-scaling, Therapieverlaufskontrolle,Behandlungsplan bis zur Antragstellung. Außerdem werden exemplarische Störungsmodelle beschrieben
VDS10 VDS-Materialmappe Sie enthält je ein Exemplar VDS 1 bis 6, 8a bis e.
VDS11 Therapie-Protokoll-Heft Dieser Spiral-Ringbuchblock enthält einen Strategie-Teil mit Störungsmodell, SORK, Zielanalyse, Goal-Attainment-Skalierung, vertikale Verhaltensanalyse, Therapieplanung und einen Protokollteil mit 40 Stundenprotokollen und 10 Supervisonsprotokollen.
VDS12 Verlaufsbericht für Falldokumentationen
Dieser Leitfaden ist für Weiterbildungsteilnehmer gedacht, die ihre Therapiefälle bei der LÄK oder ihrem Institut einreichen müssen und eine Orientierungshilfe suchen.
VDS13a VDS-Expert I software zur Antragstellung mit dem Computer. Der Fragen-Antwort-Dialog erscheint am Monitor. Sie tippen die Antwort zu jeder Frage ein und lassen gleich danach den fertigen Antrag ausdrucken. Je Frage erscheint automatisch auf dem Bildschirm: 1) ein Beispieltext eines Falles gleicher Diagnose, 2) störungsspezifische VDS-Textvorschläge aus den Störungsmodellen VDS8.
VDS13b VDS-Expert II software: Bedingungs-, Zielanalyse und effiziente Kurzzeittherapie **NEU!**
Diese Weiterentwicklung enthält die zum ganzheitlichen Fallverständnis führende störungsspezifische und individualisierte strategische Therapieplanung als optimale Basis effizienter Kurzzeittherapie
VDS14 VDS-Befund: Vom Symptom zur Syndromdiagnose **NEU!**
Die systematische Befunderhebung: zu jedem psychischen & psychosomatichen Symptom finden Sie die richtige Frage an den Patienten, nach Syndromen geordnet: paranoides, manisches, depressives, ängstliches, Zwangs-, Schmerz-, Somatisierungs-Syndrom usw.. Ergebnis ist der psychische Befund und die Syndromdiagnose.**Information:** CIP-Mediendienst, Nymphenburger Str. 185, 80634 München
Tel. 089/1684006 , Fax 089-132133 (Stand 2/94)

CIP-Mediendienst
Nymphenburger Str. 185 FAX 089/132133
80634 München

BESTELLUNG

Ich bestelle verbindlich folgende VDS-Hilfsmittel zur Verhaltensdiagnostik VDS von S. Sulz

VDS 1 Gesamtanamnese-Fragebogen für Patienten .... Stück zu je DM 8.- DM__________
(Inhalt Kurzanamnese + Nachexploration) Mindestmenge 10 Stück

VDS 2 Kurzanamnese-Fragebogen für Patienten .... Stück zu je DM 4.- DM__________
Mindestmenge 10 Stück

VDS 3 Nachexploration-Leitfaden für Therapeuten. .... Stück zu je DM4.- DM__________
Mindestmenge 10 Stück

VDS 4 Gesamtanamnese-Leitfaden für Therapeuten .... Stück zu je DM 15.- DM__________
(Inhalt Kurzanamnese + Nachexploration + Auswertungs-schema) (10-Stück-Mengenpreis DM 10.-)

VDS 5 Verhaltensanalyseleitfaden für Therapeuten .... Stück zu je DM 2.- DM__________
Mindestmenge 10 Stück

VDS 6a Antragstellung-Fragebogen für Therapeuten .... Stück zu je DM 2.- DM__________
Mindestmenge 10 Stück

VDS 6b Verlängerungsantrag-Fragebogen .... Stück zu je DM 1.- DM__________

VDS 7 Einführung in Psychexpert - eine gut verständliche Beschreibung eines Praxisprogramms für ärztliche und psychologische Psychotherapeuten. Autor: S. Sulz DM 30.- vergriffen
(Broschüre mit 115 Seiten und über 100 Abbildungen.)(Progr. nur für Apple Macintosh.!!)

VDS 8 Störungsmodelle ....Stück je DM 7.- DM__________
(derzeit ANGST, ALKOHOLISMUS, DEPRESSION, BULIMIE, ZWANG)
(Inhalt Störungsmodell, SORK-Schema, Therapieziele, Behandlungsplan)
* Gewünschtes Störungsmodell unterstreichen

VDS 9 Handbuch Verhaltensdiagnostik-System VDS - von der Anamnese zur Antragstellung. Verf. S.K.D. Sulz, etwa 380 Seiten ....Stück je DM 98.- DM__________

VDS 10 Materialmappe (je 1x VDS1 bis VDS6, VDS8a-e) ....Stück je DM 70.- DM__________

VDS 11 Therapie-Protokoll-Heft, Spiralblock f. 40 Sitzungen .... Stück je DM 15.- DM__________
incl. Strategie- u.Evaluationsteil , Supervisionsprot. (10-StückMengenpreis DM 10.-)

VDS12 Verlaufsbericht-Leitfaden für Ausbildungsfälle für die abschließende Falldokumentation zum Einreichen bei der LÄK oder beim Weiterbildungsinstitut .... Stück zu je DM 2.- DM__________

VDS13a VDS-Expert I-Diagnostikprogramm (bitte zutreffendes unterstreichen: für MS-DOS - Rechner mit Windows oder für Apple-Rechner) DM 980.- DM__________

VDS13b VDS-Expert II-Diagnoseprogramm (bitte zutreffendes unterstreichen: für MS-DOS - Rechner mit Windows oder für Apple-Rechner) DM 1980.- DM__________

VDS 14 VDS-Symptomliste (psych. Befunderhebung/Syndromdiagnose)..... Stück zu je DM 2.- DM__________
Mindestmenge 10 Stück

VDS15 Strategische Kurzzeittherapie. Wege zu einer effizienten Kurzeit-Psychotherapie
Verf. S.K.D. Sulz, etwa 280 Seiten, erscheint 1/94 ....Stück je DM 98.- DM__________

Sulz, S. Depression - Ratgeber für Betroffene, Angehörige und für alle beruflichen Helfer. Alles, was Sie für das Verständnis und den Umgang mit Krankheit und Kranken wissen sollten. 69 Seiten, CIP-Medien, München 1993 .... Stück je DM 19.- DM__________

Versandkosten DM 8.-

Ein Scheck über die Gesamtkosten liegt bei in Höhe von DM__________

( ) Informieren Sie mich kostenlos über die Computer-Software VDS-Expert I und II

An den
CIP-Mediendienst
Nymphenburger Str. 185
80634 München

BESTELLUNG

Hiermit bestelle ich verbindlich folgende Bücher/Materialien:

Autor	Titel	Bestell-Nr.	Preis
Zusätzlich Versandkosten			8.-
Ich habe einen Verrechnungsscheck beigelegt über d. Gesamtbetrag			incl. 7% MwSt.

Mein Name: .... Vorname: .... Titel: ....

Meine Berufsbezeichnung: ....

Name der Institution, falls hier z.B. die Instituts- oder Klinikadresse angegeben wird:

....

Straße: .... Haus-Nr. ....

PLZ: ________ Ort:: ....

DATUM. .... UNTERSCHRIFT; .... STEMPEL: bitte hier